제10판 공인회계사시험 준비를 위한

# 상법 진도별 모 의 고 사 600제

이상수 편저

會經社

이 책의 **머리말**

　수험생 여러분의 따듯한 사랑으로 〈상법 진도별 모의고사〉 제10판을 발간하게 되었다. 아무쪼록 본서가 공인회계사 시험을 준비하는 수험생에게 도움을 드릴 수 있는 조그만 역할을 할 수 있었으면 한다. 본서는 상법 시험 준비를 어느 정도 마친 수험생 여러분께서 마지막으로 진도에 따라 문제들을 정리해 볼 수 있도록 함에 그 의미가 있다.

　본서의 진도별 모의고사는 총 40문제씩 15회로 구성되어 있고, 2021년 기출문제까지 모두 포함하고 있고, 최신 개정법과 최신판례를 반영하여 기출문제를 수정·보완하였다.

　본서가 공인회계사 시험을 준비하는 수험생 여러분에게 마지막 정리에 도움이 되기를 바라는 바이다.

　그동안 수험생 여러분의 도움으로 출간될 때마다 완판되는 것에 대해 지면으로나마 감사를 드린다.

　본서의 출간에 힘써주신 회경사 사장님과 편집부 전 직원에게 감사드린다.

2021년 7월

편저자 이 상 수

상법 진도별
모의고사 600제

contents

이 책의 **차례**

# 진도별 모의고사

## 상법총칙

**문 1_상법의 이념 및 법원에 관한 설명으로 틀린 것은?**

(2019년 공인회계사)

① 상법은 원칙적으로 회사정관에 우선하여 적용된다.
② 기업의 영리성 보장에 관한 각종 제도는 기업의 존속 및 강화를 위한 것이다.
③ 공시제도 및 외관주의의 관철은 거래안전의 보호에 기여한다.
④ 자본시장과 금융투자업에 관한 법률과 채무자 회생 및 파산에 관한 법률은 상법에 우선하여 적용된다.
⑤ 영업양도 및 회사의 합병·분할에 관한 제도는 기업의 유지라는 상법이념의 구체화라고 볼 수 있다.

**문 2_상법의 적용에 관한 설명으로 옳은 것은?**

(2017년 공인회계사)

① 상인과 비상인 간의 상거래에 있어서 상인인 당사자에게는 상법이 적용되고 비상인인 당사자에게는 민법이 적용된다.
② 공법인의 상행위에 대하여는 법령에 다른 규정이 있는 경우에도 상법이 우선 적용된다.
③ 상사에 관하여 상법에 규정이 없으면 민법에 의하고 민법에 규정이 없으면 상관습법에 의한다.
④ 판례에 의하면 새마을금고가 상인인 회원에게 영업자금을 대출한 경우 그 대출금채권의 소멸시효에 관해서는 상법이 적용된다.
⑤ 민사회사는 영리를 목적으로 하지만 상행위를 하지 않으므로 상법이 아니라 민법이 적용된다.

## 해 설 및 정 답

① 상법의 적용순서에 있어서는 상사자치법규가 상법에 우선한다.

정답_①

① 쌍방적 상행위뿐만 아니라 일방적 상행위의 경우에도 그 전원에게 상법이 적용되므로(제3조), 상인과 비상인 간의 상거래에 있어서도 상법이 적용된다.
② 공법인의 상행위에 대하여는 법령에 다른 규정이 있는 없는 경우에 상법이 적용된다(제2조).
③ 상사에 관하여 상법에 규정이 없으면 상관습법에 의하고, 상관습법이 없으면 민법에 의한다(제1조).
④ 판례에 의하면 새마을금고가 상인인 회원에게 영업자금을 대출한 경우 그 대출채권의 소멸시효에 관해서는 상법이 적용된다(대판1998.7.10., 98다10793).
⑤ 민사회사는 상행위를 하지 아니하더라도 상인으로 본다(제5조 제2항). 따라서 민사회사에도 상법이 적용된다.

정답_④

**문 3_** 상사(商事)에 관한 일반적인 법 적용순위가 바르게 연결된 것은? (2002년 공인회계사)

| A. 상관습법 | B. 상사특별법 | C. 민사조약 |
| --- | --- | --- |
| D. 상법전 | E. 민법전 | F. 민사자치법 |
| G. 상사자치법 | | |

① B → D → A → C → E → G → F
② B → D → A → G → C → E → F
③ G → B → D → A → F → C → E
④ G → B → D → F → C → E → A
⑤ A → B → D → G → C → E → F

법적용순서는 상사자치법 → 상사특별법·상사조약 → 상법전 → 상관습법 → 민사특별법·민사조약 → 민법전의 순이다(제1조 참조).
정답_③

**문 4_** 상법의 법원에 관한 설명 중 틀린 것은? (2006년 공인회계사)

① 주식회사의 정관은 상법의 법원으로서의 효력을 갖는다.
② 자본시장과 금융투자업에 관한 법률은 상법의 법원이다.
③ 상업등기법은 상법의 법원이다.
④ 판례에 따르면, 보통거래약관은 상관습법으로서 상법의 법원이다.
⑤ 헌법에 의하여 체결·공포된 상사에 관한 국제조약은 상법의 법원이다.

보통거래약관의 법원성을 부인하는 것이 판례의 입장이다(대판1986.10.14., 84다카122). 이에 의하면 약관은 거래 당사자간의 의사의 합의내용으로 본다.
정답_④

**문 5_** 상법에 관한 설명으로 옳은 것은? (2013년 공인회계사)

① 형식적 의의의 상법은 학문적 입장에서 통일성 및 체계성을 중요시하여 파악된 개념이다.
② 상사에 관한 특별한 법령은 새로운 상법이 시행된 후에는 그 효력이 없다.
③ 계약자유의 원칙은 상법상의 원칙이 보편화되어 민법에 흡수된 경우이다.
④ 판례에 따르면 예금통장의 제시가 없어도 예금지급청구서에 찍힌 인영과 미리 계출된 인영이 맞기만 하면 예금을 지급하는 것은 은행거래에 있어서의 상관습법에 해당한다.
⑤ 판례에 따르면 보통거래약관은 그 내용에 따라 계약당사자를 구속하기 때문에 해당 거래계에 있어서의 법규범으로 인정된다.

① 실질적 의의의 상법은 학문적 입장에서 통일성 및 체계성을 중요시하여 파악된 개념이다.
② 상사에 관한 특별한 법령은 새로운 상법이 시행된 후에도 그 효력이 있다(상법시행령 제3조).
④ 판례에 따르면 예금통장의 제시가 없어도 예금지급청구서에 찍힌 인영과 미리 계출된 인영이 맞기만 하면 예금을 지급하는 것은 은행거래에 있어서의 상관습법에 해당하지 않는다(대판 1962.1.11, 4294민상 195).
⑤ 판례에 따르면 보통거래약관은 그 내용에 따라 계약당사자를 구속하지만 해당 거래계에 있어서의 법규범으로 인정되지는 않는다(대판 1989.3.28., 88다4645)
정답_③

**문 6_다음 중 상인에 관한 설명으로 옳은 것은?**

(2007년 공인회계사)

① 회사는 모두 당연상인이다.

② 자기명의로써 타인의 계산으로 물건의 매매를 영업으로 하는 자는 상인이라 할 수 없다.

③ 소상인에 대하여는 상업장부에 관한 규정이 적용되지 않는다.

④ 설립 중의 회사와 마찬가지로 청산중의 회사는 상인이 아니다.

⑤ 미성년자를 위하여 영업을 하는 법정대리인은 상인이다.

① 회사는 상행위를 영업으로 하는 경우 당연상인이 되고, 상행위를 하지 아니하는 경우에는 의제상인으로서의 회사가 된다(제5조 제2항).
② 상인은 자기명의로 영업으로 하는 자이므로, 계산은 자기의 계산이든 타인의 계산이든 관계없다.
③ 제9조
④ 청산중의 회사는 청산목적의 범위내에서 존속하고, 청산절차가 종료하기 전까지는 법인격이 소멸되지 않으므로 상인의 지위를 상실하지 않는다.
⑤ 미성년자가 상인이며, 법정대리인은 미성년자의 영업을 대리하는 자에 불과하다.

정답_③

**문 7_당연상인에 관한 다음 설명 중 옳지 않은 것은?**

① 당연상인의 영업은 동종행위를 반복하는 계속성이 있어야 하므로, 한번에 국한된 행위나 기회가 있을 때마다 하는 투기행위는 영업으로 인정할 수 없다.

② 당연상인은 자기명의의 상행위를 하는 경우에는 자기의 계산으로 하든 타인의 계산으로 하든 관계가 없다.

③ 행정관청에 대한 신고명의인이나 납세명의인은 그가 권리의무의 귀속주체가 되지 않더라도 상인이 된다.

④ 명의대여가 된 경우에 명의대여자는 상인이 되지 못하고, 명의차용자가 상인이 된다.

⑤ 당연상인의 상행위는 기본적 상행위와 특별법에서 상행위로 인정한 것을 말하며, 이러한 상행위는 한정적으로 열거되어 있다.

행정관청에 대한 신고명의인이나 납세명의인이라도 그가 상행위로 인한 권리의무의 귀속주체가 되지 않는다면 상인이 아니다(참고판례: 대판1962. 3.29, 4294민상962).

정답_③

**문 8_다음 중 당연상인의 상행위의 상행위가 될 수 없는 것은?**

① 경영의 투자자문행위

② 작업 또는 노무의 도급의 인수

③ 광고, 통신 또는 정보에 관한 행위

④ 수신, 여신, 환 기타의 금융거래

⑤ 상호부금 기타 이와 유사한 행위

①은 상법 제46조의 행위에 해당하지 않으므로, 의제상인의 행위는 될 수 있을 것이다. ②③④⑤는 상법 제46조에 열거된 행위이므로, 당연상인의 상행위가 된다.

정답_①

**문 9_** 상법상 상인 및 상인자격에 관한 설명 중 옳은 것은?

(2008년 공인회계사)

① 사무실과 종업원을 갖추고 "○○정보센터"라는 상호 아래 타인의 재산이나 신용상태를 조사해 주는 것을 영업으로 하는 자는 당연상인이다.

② 광산업을 운영하는 회사는 민사회사로서 의제상인에 해당한다.

③ 법정대리인의 동의없이 광고수선업을 영위하는 미성년자는 상인으로 인정되지 않는다.

④ 최저자본금액에 관한 규정이 없는 합명회사나 합자회사는 자본금 규모에 따라 소상인이 될 수 있다.

⑤ 금치산자는 영업능력이 인정되지 않기 때문에 상인자격을 취득할 수 없다.

① 신용상태의 조사제공은 제46조 제7호의 "정보에 관한 행위"에 해당하므로, 이를 영업으로 하는 자는 당연상인이다.
② 광산업을 운영하는 회사는 제46조 제18호의 "광물의 채취에 관한 행위"를 영업으로 하는 자이므로 당연상인에 해당한다.
③⑤ 미성년자나 금치산자와 같은 행위무능력자라도 상인자격은 인정된다. 다만, 그 영업능력이 인정되지 않을 뿐이다.
④ 소상인은 자본금 1천만원 미만으로 회사아닌 자에 한하여 인정되므로, 회사는 소상인이 될 수 없다.

정답_①

**문 10_** 상법상 상인과 상인자격에 관한 설명으로 틀린 것은?

(2013년 공인회계사)

① 자기명의로 신용카드, 전자화폐 등을 이용한 지급결제 업무의 인수를 영업으로 하는 자는 상법상의 당연상인이 아니다.

② 판례에 따르면 대한광업진흥공사가 광업자금을 광산업자에게 융자하여 주고 소정의 금리에 따른 이자 및 연체이자를 지급받는다고 하더라도 이는 영리를 목적으로 하는 행위로 인정되지 않는다.

③ 판례에 따르면 세무서에 신고된 사업자등록상의 명의와 실제영업상의 주체가 다른 경우 실제영업상의 주체가 상인으로 인정된다.

④ 판례에 따르면 새마을금고가 이자를 받는 대가로 금고의 회원에게 자금을 대출하는 경우 이는 영리를 목적으로 하는 행위로 인정되지 않는다.

⑤ 판례에 따르면 농업협동조합법에 의하여 설립된 조합이 사업의 일환으로 조합원이 생산하는 물자의 판매사업을 하는 경우 상법상의 상인으로 볼 수 없다.

자기명의로 신용카드, 전자화폐 등을 이용한 지급결제 업무의 인수를 영업으로 하는 자는 상법상의 당연상인이다(제46조 제22호).
② 대판 1994.4.29., 93다54842
③ 대판 1962. 3.29, 4294민상 962
④ 대판 1998.7.10., 98다10793
⑤ 대판 2000. 2.11, 99다53292

정답_①

**문 11_상인에 관한 판례의 입장으로 틀린 것은?**

(2009년 공인회계사)

① 영업을 위한 준비행위를 하는 자연인은 영업으로 상행위를 할 의사를 실현하는 것이므로 그 준비행위를 한 때 상인자격을 취득한다.

② 회사는 그 설립준비행위가 객관적으로 인정될 때에 상인자격을 취득하므로 설립 중의 회사도 상인자격이 있다.

③ 변호사는 상인적 방법에 의하여 영업을 하는 자라고 볼 수 없어 의제상인에 해당하지 않는다.

④ 행정관청에 대한 신고명의인이나 납세명의인이라도 그가 거래상 권리의무의 주체가 되지 않는 이상 상인이 되지 못한다.

⑤ 자신의 명의를 사용하여 영업할 것을 허용한 명의대여자가 반드시 상인임을 요하는 것은 아니다.

**문 12_상인자격의 취득과 상실에 관한 다음 설명으로 옳지 않은 것은?**

① 자연인의 상인자격은 영업행위를 개시한 때에 취득하며, 이 때의 영업행위는 영업의 준비행위에 착수한 때에 상인자격을 취득한다는 것이 판례의 입장이다.

② 자연인의 상인자격은 영업의 종료로써 소멸하며, 여기서 영업의 종료란 영업활동의 사실상의 종결을 의미한다.

③ 영리법인은 설립등기를 함으로써 상인자격을 취득하며, 청산절차를 사실상 종결한 때에 상인자격을 상실한다. 다만 설립중의 회사는 상인자격이 인정된다는 것이 통설의 입장이다.

④ 공익법인은 상인자격을 취득할 수 있으며, 그 취득시기는 영업행위를 개시한 때이다.

⑤ 한국농촌공사와 같은 특수공법인의 경우에는 애초부터 상인능력이 없고 상인자격을 취득할 여지가 없다.

**문 13_상법상 상인자격에 관한 설명으로 옳은 것은?**

(2017년 공인회계사)

① 미성년자가 영업을 하는 경우 법정대리인의 허락을 얻은 때에 비로소 상인자격을 취득한다.

② 법정대리인이 한정치산자를 위하여 영업을 하고자 하는 경우 이를 등기하는 때에 한정치산자의 상인자격이 인정된다.

---

해 설 및 정 답

설립 중의 회사는 법인격이 없을 뿐만 아니라 상인자격이 인정되지 않는다. 다만, 설립 중의 회사의 설립준비행위는 보조적 상행위라고 할 수 있어 상법의 규정이 적용된다는 것이 통설의 입장이다.

정답_②

영리법인은 설립등기를 함으로써 상인자격을 취득하고, 청산절차를 사실상 종결한 때에 상인자격을 상실한다. 그런데, 설립 중의 회사의 상인자격에 대해서는 이를 부정하는 것이 통설의 입장이다. 다만, 설립 중의 회사의 설립준비행위는 보조적 상행위로 인정될 수 있다.

정답_③

① 미성년자가 영업을 하는 경우 상인자격을 취득하며, 법정대리인의 허락을 얻은 때에는 영업능력을 갖게 되고 이를 등기하여야 한다 (제6조).

② 법정대리인이 한정치산자를 위하여 영업을 하고자 하는 경우 이를 등기하는 때에는 이로써 선의의 제3자에게 대항할 수 있고(제37조 제1항), 상인자격은 한정치산자에게 인정된다.

③ 판례에 의하면 공익법인은 자연인과 같이 개업시에 상인자격을 취득한다.

③ 판례에 의하면 공익법인은 설립등기를 하는 때에 상인자격을 취득한다.

④ 판례에 의하면 농업협동조합은 조합원의 생산물자에 대한 판매사업을 하는 때에도 상인자격이 인정되지 않는다.

⑤ 자연인의 상인자격은 그 상인이 사망한 때 상실되며 법인의 상인자격은 행정관청에 폐업신고를 하는 때에 상실된다.

④ 대판2000.2.11., 99다53292.
⑤ 자연인의 상인자격은 그 상인이 사망한 때 상실되며 법인의 상인자격은 청산절차가 완료한 때에 상실된다.

정답_④

**문 14_상법상 상인과 상업사용인에 관한 설명으로 틀린 것은?**
(2019년 공인회계사)

① 자기명의로 상법 제46조의 기본적 상행위를 하는 자는 당연상인이다.

② 회사는 상행위를 하지 아니하더라도 상인으로 본다.

③ 회사가 아닌 자본금액 1천만원 미만의 상인에 대해서는 지배인, 상호, 상업등기와 상업장부에 관한 규정을 적용하지 아니한다.

④ 거래상대방이 영업주에게 하는 의사표시는 공동지배인 모두에게 하여야 영업주에게 효력이 있다.

⑤ 영업주는 상업사용인이 경업금지의무를 위반한 경우 개입권을 행사할 수 있고 사용인에 대하여 계약의 해지 또는 손해배상청구를 할 수 있다.

① 자기명의로 상법 제46조의 기본적 상행위를 하는 자는 당연상인이다(상법 제4조).
② 회사는 상행위를 하지 아니하더라도 상인으로 본다(상법 제5조 제1항).
③ 회사가 아닌 자본금액 1천만원 미만의 상인에 대해서는 지배인, 상호, 상업등기와 상업장부에 관한 규정을 적용하지 아니한다(상법 제9조).
④ 거래상대방이 영업주에게 하는 의사표시는 <u>공동지배인중 1인에게 하더라도</u> 영업주에게 효력이 있다(상법 제12조 제2항).
⑤ 영업주는 상업사용인이 경업금지의무를 위반한 경우 개입권을 행사할 수 있고 사용인에 대하여 계약의 해지 또는 손해배상청구를 할 수 있다(상법 제17조 제2항, 제3항).

정답_④

**문 15_상법상 지배인에 관한 설명으로 틀린 것은?**
(2021년 공인회계사)

① 지배인은 부분적 포괄대리권을 가진 사용인을 해임할 수 있다.

② 지배인은 영업주의 허락없이 다른 상인의 사용인이 되지 못한다.

③ 지배인에 관한 상법 규정은 소상인에게 적용하지 아니한다.

④ 표현지배인은 영업주의 영업에 관한 재판상 행위에 관하여 그 영업소의 지배인과 동일한 권한이 있는 것으로 본다.

⑤ 상인은 지배인의 대리권의 소멸에 관하여 그 지배인을 둔 본점 또는 지점소재지에서 등기하여야 한다.

① 지배인은 부분적 포괄대리권을 가진 사용인을 해임할 수 있다(상법 제11조 제2항).
② 지배인은 영업주의 허락없이 다른 상인의 사용인이 되지 못한다(상법 제17조 제1항).
③ 지배인에 관한 상법 규정은 소상인에게 적용하지 아니한다(상법 제9조).
④ 표현지배인은 영업주의 영업에 관한 <u>재판외의 행위</u>에 관하여 그 영업소의 지배인과 동일한 권한이 있는 것으로 본다(상법 제14조).
⑤ 상인은 지배인의 대리권의 소멸에 관하여 그 지배인을 둔 본점 또는 지점소재지에서 등기하여야 한다(상법 제13조).

정답_④

**문 16_** 상법상 상업사용인에 관한 설명으로 옳은 것은?(이견이 있는 경우 판례에 의함)  (2018년 공인회계사)

① A가 운영하는 전기제품 판매점의 점원인 B가 그 판매점에서 외상으로 제품을 구매하였던 C의 사무실을 찾아가 A의 허락없이 C로부터 외상대금을 수령한 경우 C의 B에 대한 외상대금의 변제행위는 유효하다.

② 영업주로부터 지배인으로 선임된 A가 지배인 선임등기가 이루어지기 전에 B와 영업주의 영업상 거래를 한 경우 A와 B의 거래행위의 효력은 영업주에게 미친다.

③ 甲회사의 공동지배인 A, B, C는 D와 물품매매계약을 체결하고 계약금을 공동으로 수령한 후 1개월 뒤 D가 B에게만 잔금을 지급하였다면 甲회사에 대해서는 잔금지급의 효력이 인정되지 않는다.

④ 상업사용인은 영업주의 허락이 없어도 다른 회사의 무한책임사원이나 이사가 될 수 있다.

⑤ 영업의 특정한 종류 또는 특정한 사항에 대한 위임을 받은 사용인은 이에 관한 재판상 또는 재판외의 모든 행위를 할 수 있다.

① 판례에 따르면 A가 운영하는 전기제품 판매점의 점원인 B는 그 판매점에서 외상으로 제품을 구매하였던 C의 사무실을 찾아가 A의 허락없이 C로부터 외상대금을 수령할 권한이 없으므로(상법 제16조;대법원 1971.3.30.선고 71다65판결 참고), 이 경우 C의 B에 대한 외상대금의 변제행위는 효력이 없다.
② 지배인선임등기는 선언적 효력이 있는 것이므로(상법 제13조), 이미 선임행위로 지배인의 지위가 인정된다. 따라서 이 지문은 옳다.
③ 甲회사의 공동지배인 A, B, C는 D와 물품매매계약을 체결하고 계약금을 공동으로 수령한 후 1개월 뒤 D가 B에게만 잔금을 지급하였다면 이는 상법 제12조 제2항에 따라 甲회사에 대해서는 잔금지급의 효력이 인정된다.
④ 상업사용인은 영업주의 허락이 있어야 다른 회사의 무한책임사원이나 이사가 될 수 있다(상법 제17조 제1항).
⑤ 영업의 특정한 종류 또는 특정한 사항에 대한 위임을 받은 사용인은 이에 관한 재판외의 모든 행위를 할 수 있다(상법 제15조 제1항). 특별한 수권이 없는 한 재판상의 행위는 하지 못한다.

정답_②

**문 17_** 상법상 상업사용인에 관한 설명으로 틀린 것은?  (2020년 공인회계사)

① 상업사용인은 영업주의 허락없이 자기 또는 제3자의 계산으로 영업주의 영업부류에 속한 거래를 하지 못한다.

② 상인이 수인의 지배인에게 공동으로 대리권을 행사하게 한 경우 및 이를 변경한 경우에는 그 사항을 등기하여야 한다.

③ 상업사용인이 경업금지의무를 위반하여 거래를 한 경우, 그 거래가 제3자의 계산으로 한 것인 때에는 영업주는 그 제3자에 대하여 그 거래로 취득한 이득의 양도를 청구할 수 있다.

④ 영업의 특정한 종류 또는 특정한 사항에 대한 위임을 받은 사용인은 이에 관한 재판 외의 모든 행위를 할 수 있다.

⑤ 부분적 포괄대리권을 가진 상업사용인의 대리권에 대한 제한은 선의의 제3자에게 대항하지 못한다.

① 상업사용인은 영업주의 허락없이 자기 또는 제3자의 계산으로 영업주의 영업부류에 속한 거래를 하지 못한다(상법 제17조 제1항).
② 상인이 수인의 지배인에게 공동으로 대리권을 행사하게 한 경우 및 이를 변경한 경우에는 그 사항을 등기하여야 한다(상법 제13조).
③ 상업사용인이 경업금지의무를 위반하여 거래를 한 경우, 그 거래가 제3자의 계산으로 한 것인 때에는 영업주는 상업사용인에 대하여 그 거래로 취득한 이득의 양도를 청구할 수 있다(상법 제17조 제2항).
④ 영업의 특정한 종류 또는 특정한 사항에 대한 위임을 받은 사용인은 이에 관한 재판 외의 모든 행위를 할 수 있다(상법 제15조 제1항).
⑤ 부분적 포괄대리권을 가진 상업사용인의 대리권에 대한 제한은 선의의 제3자에게 대항하지 못한다(상법 제15조 제2항, 제11조 제3항).

정답_③

**문 18_**상법상 상업사용인에 관한 설명으로 옳은 것은?

(2016년 공인회계사)

① 지배인은 영업주의 허락 없이 영업주를 위하여 다른 영업을 양수하고 그 영업의 지배인을 선임할 수 있다.

② 회사가 구매부장의 구매업무에 관한 대리권을 제한하더라도 이로써 선의의 제3자에게 대항하지 못한다.

③ 표현지배인은 재판 외의 행위뿐만 아니라 재판상의 모든 행위에 관하여도 그 영업소의 지배인과 동일한 권한을 가진다.

④ 영업주는 상업사용인이 경업금지의무를 위반하여 한 거래행위가 제3자의 계산으로 한 경우 제3자에 대하여 그가 얻은 이득의 양도를 청구할 수 있다.

⑤ 주식회사의 지배인은 당해 회사의 감사의 직무를 겸할 수 있으며 지배인은 의사능력을 갖춘 자연인이어야 한다.

① 지배인은 영업주의 허락 없이 영업주를 위하여 다른 영업을 양수하고 그 영업의 지배인을 선임할 수 없다(제11조 제2항).

③ 표현지배인은 재판 외의 모든 행위에 관하여만 그 영업소의 지배인과 동일한 권한을 가진다(제14조 제1항 단서).

④ 영업주는 상업사용인이 경업금지의무를 위반하여 한 거래행위가 제3자의 계산으로 한 경우 상업상요인에 대하여 그가 얻은 이득의 양도를 청구할 수 있다(제17조 제2항).

⑤ 주식회사의 지배인은 당해 회사의 감사의 직무를 겸할 수 없다(제411조).

정답_②

**문 19_**다음 사안에 관한 설명으로 옳은 것은?

(2011년 공인회계사)

> 영업주 A는 B를 지배인으로 선임하고 선임등기를 하였다. 그로부터 6개월 후 A는 지배인 B를 해임하였고, B는 해임에도 불구하고 A의 지배인으로서 C와 거래계약을 체결하였다.

① 계약체결시 B의 해임등기가 있으나 C가 B의 해임사실을 과실없이 몰랐다면 A는 C의 이행청구를 거절할 수 없다.

② 계약체결시 B의 해임등기가 없고 C가 B의 해임사실을 과실없이 몰랐다면 C는 B의 해임사실을 들어 계약의 무효를 주장할 수 있다.

③ 계약체결시 C가 B의 해임사실을 알았으나 B의 해임등기가 없었다면 A는 C의 이행청구를 거절할 수 없다.

④ 계약체결시 B의 해임등기가 없고 C가 B의 해임사실을 과실없이 몰랐다면 C는 A에게 B와 체결한 계약의 이행을 청구할 수 없다.

⑤ 지배인의 선·해임의 사실은 상대적 등기사항이나 B의 지배인 선임이 등기된 이상 그 해임의 경우에도 등기하여야 한다.

사례에서의 지배인 선임 또는 해임등기는 선언적 등기사항으로서 상법 제37조의 적용을 받는다. 따라서 해임등기를 하지 않았다면 선의의 제3자에게 대항하지 못한다. 그러나 해임등기를 한 때에는 선의의 제3자에게도 대항할 수 있다. 다만, 정당한 사유가 있는 선의의 제3자에게는 대항하지 못한다.

①의 경우 해임등기를 했으므로 C는 악의가 의제되므로, A는 C에게 이행청구를 거절할 수 있다. ②의 경우 해임등기가 없었으므로 선의의 C에게 대항하지 못한다. 그러므로 C는 A에게 B의 해임사실을 들어 계약의 무효를 주장할 수 있다. ③의 경우 해임등기가 없었지만 C가 악의이므로 A는 C의 이행청구를 거절할 수 있다. ④의 경우 해임등기가 없었으므로 선의의 C는 A에게 이행청구를 할 수 있다. ⑤ 지배인 해임등기는 절대적 등기사항이다(상법 제13조),

정답_②

**문 20_**상법상 지배인에 관한 설명으로 틀린 것은?

(2017년 공인회계사)

① 지배인은 영업주에 갈음하여 그 영업에 관한 재판상 또는 재판 외의 모든 행위를 할 수 있다.

② 판례에 의하면 표현지배인의 행위가 영업주의 영업에 관한 것인가의 여부는 표현지배인의 행위 당시의 주관적인 의사에 따라 구체적으로 판단하여야 한다.

③ 지배인의 대리권에 대한 제한은 선의의 제3자에게 대항하지 못한다.

④ 판례에 의하면 지배인의 대리권 제한에 대항할 수 있는 제3자에는 그 지배인으로부터 직접 어음을 취득한 상대방은 물론 그로부터 어음을 다시 배서 · 양도받은 자도 포함된다.

⑤ 지배인은 영업주의 허락없이 자기 또는 제3자의 계산으로 영업주의 영업부류에 속한 거래를 하거나 회사의 무한책임사원, 이사 또는 다른 상인의 사용인이 되지 못한다.

**문 21_**상법상 상업사용인에 관한 설명으로 옳은 것은?

(2014년 공인회계사)

① 상업사용인은 영업주의 허락없이 다른 합자회사의 유한책임사원이 될 수 없다.

② 상업사용인이 경업금지의무를 위반하여 제3자와 거래를 한 경우에 그 거래는 제3자의 선의 · 악의를 불문하고 유효하다.

③ 물건판매점포사용인은 다른 상업사용인과 마찬가지로 법률행위에 대한 대리권의 수여행위가 있어야 한다.

④ 합명회사의 경우 지배인의 선임과 해임은 정관에 다른 정함이 없으면 총사원 전원의 동의가 있어야 한다.

⑤ 지배인의 대리권에 대한 제한을 등기하면 선의의 제3자에게 대항할 수 있다.

판례에 의하면 표현지배인의 행위가 영업주의 영업에 관한 것인가의 여부는 표현지배인의 행위 당시의 객관적인 사실에 의하여 구체적으로 판단하여야 하고(대판1998.8.21, 97다6704 참조), 주관적 의사에 의하는 것은 아니다.

정답_②

① 상업사용인은 영업주의 허락없이 다른 합자회사의 유한책임사원이 될 수 있다(제17조제1항 참조).

② 유효하기 때문에 개입권이 인정된다(제17조 제2항).

③ 물건판매점포사용인은 대리권의 수여가 없더라도 제3자가 선의인 경우 대리권이 있는 것으로 본다(제16조).

④ 합명회사의 경우 지배인의 선임과 해임은 정관에 다른 정함이 없으면 총사원 과반수의 동의가 있어야 한다(제203조).

⑤ 지배인의 대리권에 대한 제한은 등기사항이 아니며, 이를 등기하더라도 선의의 제3자에게 대항할 수 없다.

정답_②

**문 22**_부분적 포괄대리권을 가진 상업사용인에 관한 설명 중 **틀린** 것은? (2009년 공인회계사)

① 영업주로부터 수권받은 영업의 특정한 종류 또는 특정한 사항에 관한 재판 이외의 모든 행위를 할 수 있다.

② 영업주뿐만 아니라 지배인도 부분적 포괄대리권을 가진 상업사용인을 선임할 수 있다.

③ 판례에 의하면, 주식회사의 기관인 상무이사는 같은 회사의 부분적 포괄대리권을 가진 상업사용인의 지위를 겸할 수 없다.

④ 판례에 의하면, 주식회사의 경리부장은 자금차용에 관한 부분적 포괄대리권을 가진 상업사용인으로 볼 수 없다.

⑤ 판례에 의하면, 그 업무처리상 사장 등 상사의 결재를 받아 그 업무를 시행한 경우에도 부분적 포괄대리권을 가진 상업사용인의 성립에 지장이 없다.

주식회사의 기관인 상무이사는 같은 회사의 부분적 포괄대리권을 가진 상업사용인의 지위를 겸할 수 있다는 것이 판례의 입장이다(대판 1968.7.23., 68다442).
정답_③

**문 23**_甲은 乙회사의 구매과장이다. 甲에 관한 설명 중 **틀린** 것은? (2002년 공인회계사)

① 甲의 선임과 종임은 등기사항이 아니다.

② 乙회사의 지배인은 甲을 선임할 수 없다.

③ 甲은 구매업무에 관해서 포괄적이고 정형적인 대리권을 갖는다.

④ 甲의 대리권은 재판상의 행위에는 미치지 않는다.

⑤ 甲의 대리권에 대한 제한은 선의의 제3자에게 대항하지 못한다.

갑은 을회사의 구매과장이므로 부분적 포괄대리권을 갖는 사용인이 될 수 있다. 그렇다면 지배인은 구매과장을 선임할 수 있다.
정답_②

**문 24**_다음 중 상업사용인의 의무에 관한 설명으로 **틀린** 것은? (2007년 공인회계사)

① 상업사용인은 영업주의 허락 없이는 자기 또는 제3자의 계산으로 영업주의 영업부류에 속하는 거래를 하지 못한다.

② 상업사용인은 영업주의 허락이 있으면 회사의 무한책임사원 또는 이사는 될 수 있지만 다른 상인의 사용인은 되지 못한다.

③ 영업주의 영업부류에 속한 거래는 영업의 목적인 거래를 의미하는 것으로 영업주의 이익과 충돌될 염려가 없는 행위는 제외된다.

④ ①의 의무위반이 있는 경우에 영업주는 개입권을 행사할 수 있으며, 손해배상청구권 및 계약해지권의 행사도 가능하다.

⑤ ①의 의무에 위반한 상업사용인의 행위가 무효로 되는 것은 아니다.

상업사용인은 영업주의 허락이 있으면 회사의 무한책임사원 또는 이사가 될 수 있고, 다른 상인의 사용인이 될 수 있다(제17조 제1항).
정답_②

**문 25**_상업사용인의 경업금지의무에 관한 설명 중 **틀린** 것은?

(2005년 공인회계사)

① 상업사용인의 경업금지의무는 영업주와 상업사용인 사이의 신뢰관계를 유지하고 영업주의 이익을 보호하기 위하여 상법상 특별히 인정되는 의무이다.

② 부동산매매업을 하는 회사의 지배인이 자신의 주택을 마련하기 위하여 토지와 건물을 매입하는 경우에는 그 회사의 허락을 받을 필요가 없다.

③ 상업사용인이 경업금지의무를 위반하여 제3자와 거래를 한 경우에, 그 거래는 제3자가 선의이면 유효하나 악의이면 무효가 된다.

④ 상업사용인이 경업금지의무를 위반하여 영업주가 개입권을 행사한 후에도 손해가 있으면 영업주는 그 배상을 청구할 수 있다.

⑤ 상업사용인이 영업주의 허락 없이 다른 회사의 무한책임사원이 된 경우에, 영업주는 그 상업사용인에 대하여 계약을 해지하거나 손해배상을 청구할 수 있을 뿐이고 개입권을 행사할 수는 없다.

상업사용인이 경업금지의무를 위반하여 제3자와 거래를 한 경우, 영업주는 개입권을 행사하여 그로 인한 이익의 양도를 상업사용인에게 청구할 수 있다(제17조 제2항). 개입권을 행사할 수 있도록 하고 있는 것은 제3자와의 거래가 비록 경업금지의무를 위반한 경우라도 그 행위는 유효하다는 것이 전제가 되는 것이다.

정답_③

**문 26**_상법상 상호에 관한 설명으로 옳은 것은? (이견이 있으면 판례에 의함)

(2015년 공인회계사)

① 상법 제23조에서 말하는 타인의 영업으로 오인할 수 있는 상호란 그 타인의 영업과 동종영업에 사용되는 상호에 한정되지 않는다.

② 합명회사나 합자회사가 상호나 목적 또는 상호와 목적을 변경하는 경우에는 상호의 가등기를 신청할 수 없다.

③ 동일 또는 인접한 특별시·광역시·시·군에서 동종영업으로 타인이 등기한 상호를 사용하는 자는 부정한 목적으로 사용하는 것으로 추정한다.

④ 상법은 정당한 사유 없이 2년간 등기상호를 사용하지 아니하면 이를 폐지한 것으로 추정한다.

⑤ 타인이 자신의 성명이나 명칭을 이용하여 주체를 오인시킬 상호를 사용하는 경우에 상인이 아닌 자는 상법 제23조를 근거로 그 상호사용의 폐지를 청구할 수 없다.

② 합명회사나 합자회사가 상호나 목적 또는 상호와 목적을 변경하는 경우에는 상호의 가등기를 신청할 수 있다(제22조의2 제2항).

③ 동일한 특별시·광역시·시·군에서 동종영업으로 타인이 등기한 상호를 사용하는 자는 부정한 목적으로 사용하는 것으로 추정한다(제23조 제4항).

④ 상법은 정당한 사유 없이 2년간 등기상호를 사용하지 아니하면 이를 폐지한 것으로 본다(제26조).

⑤ 타인이 자신의 성명이나 명칭을 이용하여 주체를 오인시킬 상호를 사용하는 경우에 상인이 아닌 자도 상법 제23조를 근거로 그 상호사용의 폐지를 청구할 수 있다.

정답_①

**문 27_** 상법상 상호에 관한 설명으로 옳은 것은?

(2018년 공인회계사)

① 개인 상인이 수개의 영업을 영위하는 경우에도 하나의 상호만을 사용하여야 한다.

② 상인의 상호는 영업내용 및 영업주의 실질과 일치하여야 한다.

③ 동일한 영업에는 단일상호를 사용하여야 하며 지점의 상호에는 본점과의 종속관계를 표시하여야 한다.

④ 상호를 등기한 자가 정당한 사유없이 1년간 상호를 사용하지 아니하는 때에는 이를 폐지한 것으로 본다.

⑤ 상인의 상호의 등기 여부는 자유이지만 등기한 상호에 대해서는 상법에 의한 보호를 받는다.

① 개인 상인이 수개의 영업을 영위하는 경우 각 영업에 대하여 상호를 사용할 수 있다(상법 제21조 제1항).
② 상인의 상호는 성명 또는 기타의 명칭으로 할 수 있으므로(상법 제18조), 영업내용 및 영업주의 실질과 일치하여야 하는 것은 아니다.
③ 상법 제21조 제1항, 제2항
④ 상호를 등기한 자가 정당한 사유없이 2년간 상호를 사용하지 아니하는 때에는 이를 폐지한 것으로 본다(상법 제26조).
⑤ 개인상인의 상호의 등기 여부는 자유이지만, 회사의 상호는 반드시 등기하여야 한다(상법 제317조 참고). 등기한 상호에 대해서는 상법에 의한 보호를 받는다(상법 제22조, 제23조 등).

정답_③

**문 28_** 상법상 상호에 관한 설명으로 틀린 것은?

(2020년 공인회계사)

① 상인은 그 성명 기타의 명칭으로 상호를 정할 수 있다.

② 회사가 아닌 개인상인의 경우에는 동일한 영업에 대하여 단일상호를 사용하지 않아도 된다.

③ 누구든지 부정한 목적으로 타인의 영업으로 오인할 수 있는 상호를 사용하지 못한다.

④ 등기된 상호의 경우 상호의 양도는 등기하지 아니하면 제3자에게 대항하지 못한다.

⑤ 상호를 폐지한 경우, 2주간 내에 그 상호를 등기한 자가 폐지의 등기를 하지 아니하는 때에는 이해관계인은 그 등기의 말소를 청구할 수 있다.

① 상인은 그 성명 기타의 명칭으로 상호를 정할 수 있다(상법 제18조).
② 회사가 아닌 개인상인의 경우에는 동일한 영업에 대하여 단일상호를 사용하여야 한다(상법 제21조 제1항).
③ 누구든지 부정한 목적으로 타인의 영업으로 오인할 수 있는 상호를 사용하지 못한다(상법 제23조 제1항).
④ 등기된 상호의 경우 상호의 양도는 등기하지 아니하면 제3자에게 대항하지 못한다(상법 제25조 제2항).
⑤ 상호를 폐지한 경우, 2주간 내에 그 상호를 등기한 자가 폐지의 등기를 하지 아니하는 때에는 이해관계인은 그 등기의 말소를 청구할 수 있다(상법 제27조).

정답_②

**문 29_** 요식업자 甲은 2003년부터 1억원을 투자하여 "신선보쌈"이라는 상호로 이를 등기하지 않고 영업 중인데, 乙은 2006년부터 같은 동네에서 음식점을 개업하고 "신선보쌈"을 자기의 상호로 등기하였다. 이 경우의 법률관계로 옳은 것은? (2007년 공인회계사)

① 甲이 乙에게 상호사용폐지청구권을 행사하기 위해서는 乙의 부정목적을 반드시 입증하여야 한다.

② 乙은 甲에게 등기배척권을 행사할 수 있다.

③ 甲은 乙에게 등기말소청구권을 행사할 수 없다.

④ 등기된 乙의 상호가 우선적으로 보호되기 때문에, 甲은 동일한 상호를 사용하지 못한다.

위 설문은 미등기상호권자의 상호전용권에 관한 것이다. 미등기상호권자라도 상대방이 부정목적으로 미등기상호권자의 상호로 오인할 수 있는 상호를 사용한다면 부정목적을 입증하여 상호폐지청구권을 행사할 수 있고, 손해를 입증하여 손해배상청구를 할 수 있다.
따라서 위의 설문의 경우 갑은 을의 부정목적을 입증하여 상호사용폐지청구권을 행사할 수 있고, 을이 상호를 등기하였으므로 등기말소청구권을 행사할 수 있으므로 ③은 틀린 지문이다. 상호전용권은 등기되었느냐에 따라 우선순위가 주어지는 것은 아니라 먼저 사용하는 자에게 주어지는 권리이므로 ④는 틀린 지문이 된다. 을이 보호되어지는 것은 아니므로 을은 상법 제22조에 따른 등기배척권은 인정

⑤ 등기되지 아니한 甲의 상호는 영업을 폐지하더라도 양도하지 못한다.

되지 않으므로 ②는 틀린 지문이다. 한편, 갑은 영업을 폐지한 때에는 상호만의 양도가 가능하므로(제25조), ⑤는 틀린 지문이다.

정답_①

**문 30_상호의 가등기에 관한 설명 중 틀린 것은?**

(2003년 공인회계사 수정)

① 합명회사를 설립하고자 할 때에는 본점의 소재지를 관할하는 등기소에 상호의 가등기를 신청할 수 있다.
② 합자회사는 상호나 목적을 변경하고자 할 때에는 본점의 소재지를 관할하는 등기소에 상호의 가등기를 신청할 수 있다.
③ 합명회사는 본점을 이전하고자 할 때에는 이전할 곳을 관할하는 등기소에 상호의 가등기를 신청할 수 있다.
④ 상호의 가등기에 있어서 본등기를 할 때까지의 기간, 공탁금의 공탁과 그 회수, 가등기의 말소 기타 필요한 절차는 상업등기법에서 규정하고 있다.
⑤ 타인이 가등기한 상호는 동일한 특별시·광역시·시·군에서 동종영업의 상호로 등기하지 못한다.

합명회사의 설립시에는 상호가등기제도가 인정되지 않는다. 설립시 상호가등기는 주식회사와 유한회사에서만 인정된다(제22조의2 제1항).

정답_①

**문 31_상법상 명의대여자의 책임에 관한 설명 중 틀린 것은?**

(2006년 공인회계사)

① 상법이 명의대여자의 책임을 인정한 것은 영업의 외관을 믿고 거래한 제3자를 보호하기 위한 것이다.
② 명의대여자는 명의차용인의 거래와 무관한 사실행위적 불법행위로 인한 제3자의 손해에 대해서도 명의차용인과 연대하여 변제할 책임이 있다.
③ 명의대여자의 책임발생요건으로서 대여하는 명의는 반드시 성명 또는 상호에 국한되는 것은 아니다.
④ 판례에 따르면, 면허 없는 자가 면허를 타인에게 빌려서 영업을 하는 것과 같은 위법한 명의대여에 대해서도 명의대여자의 책임이 인정된다.
⑤ 판례에 따르면, 타인에게 자기의 성명을 영업에 사용할 것을 묵시적으로 허락한 경우에도 명의대여자의 책임이 발생한다.

명의대여자는 명의차용인의 거래와 무관한 사실행위적 불법행위로 인한 제3자의 손해에 대해서는 명의대여자의 책임이 인정되지 않는다는 것이 판례의 입장이다(대판1998.3.24., 97다55621).

정답_②

**문 32_**명의대여자의 책임에 관한 다음 설명 중 옳지 <u>않은</u> 것은?

① 명의대여자의 책임은 독일법상의 외관이론과 영미법상의 표시에 의한 금반언의 법리를 그 이론적 근거로 한다.

② 명의대여자의 책임이 인정되기 위해서는 명의차용자에게 자기의 성명 또는 상호를 사용하여 영업할 것을 허락하여야 하며, 단순히 자기의 상호를 1회에 한하여 사용하도록 허락한 경우도 명의대여자의 책임이 인정된다.

③ 명의대여자의 책임이 발생하기 위해서는 명의차용자의 영업이 명의대여자의 영업인 듯한 외관이 존재하여야 하며, 명의대여자가 영업을 하는 경우에 영업외관의 동일성까지 인정되어야 한다.

④ 명의대여자의 책임이 인정되기 위해서는 명의차용자와 거래하는 상대방이 명의대여자를 영업주로 오인하여 거래하였어야 한다.

⑤ 명의대여자의 책임의 범위는 명의차용자의 영업상의 거래에 관련하여 생긴 채무에 한한다.

**해 설 및 정 답**

명의대여자가 자기의 명의를 단순히 1회에 한하여 사용하도록 한 경우에는 명의대여자의 책임이 인정되지 않는다. 이 경우에는 표현대리의 문제가 될 뿐이다.

정답_②

**문 33_**甲은 乙에게 자기의 상호를 사용하여 영업을 할 것을 허락하였다. 乙과 거래한 丙에 대한 甲의 책임에 관한 설명 중 틀린 것은? (2002년 공인회계사)

① 甲은 자기를 영업주로 오인하여 거래한 丙에 대하여 乙과 연대하여 변제할 책임이 있다.

② 甲의 상법상 책임의 이론적 근거로는 외관이론 또는 표시에 의한 금반언의 법리를 들 수 있다.

③ 甲의 허락에는 구두 또는 서면에 의한 명시의 허락뿐만 아니라 묵시의 허락도 포함된다.

④ 丙은 甲과 乙 가운데 누구에 대해서나 변제를 청구할 수 있다.

⑤ 乙이 丙에게 변제한 경우에는 甲에게 구상할 수 있다.

명의대여자의 책임에 있어서, 명의대여자가 책임을 부담한 경우에는 명의차용자에게 구상권을 행사할 수 있으나, 명의차용자가 책임을 부담한 경우에 명의대여자에게 구상권을 행사할 수는 없다.

정답_⑤

**문 34_** A는 B로부터 영업용 대지와 사무실을 임차한 후 B의 허락을 얻어 B의 상호를 사용하여 영업을 하고 있다. 이에 대한 상법상 명의대여자의 책임에 관한 설명으로 옳은 것은? (이견이 있으면 판례에 의함) (2017년 공인회계사)

① B가 상인이 아니라면 B는 책임을 부담하지 않는다.

② 만약 A가 C와의 거래를 위하여 B의 상호를 사용한 사실이 없었더라도 B는 그 거래에 대한 책임을 부담한다.

③ B는 영업과 관련없는 A의 불법행위로 인한 채무에 대하여 책임을 부담하지만 어음행위에 의한 채무에 대해서는 그 책임을 부담하지 않는다.

④ A의 상업사용인이 아닌 피용자가 B의 상호를 사용하여 D로부터 사업과 무관하게 금원을 차용한 경우 B는 D에 대한 대여금 반환채무에 대하여 책임을 부담한다.

⑤ B가 책임을 면하기 위하여는 A와 거래한 상대방의 악의 또는 중과실에 대한 입증책임을 부담한다.

① B가 상인이 아니라도 명의대여자의 책임이 인정되므로 B는 책임을 부담한다.
② 만약 A가 C와의 거래를 위하여 B의 상호를 사용한 사실이 없다면, 외관의 존재가 없으므로 명의대여자의 책임이 인정되지 않는다. 따라서 B는 그 거래에 대한 책임을 부담하지 않는다.
③ B는 영업과 관련없는 A의 불법행위로 인한 채무에 대하여 책임을 부담하지 않고, 어음행위에 의한 채무에 대해서는 그 책임을 부담한다는 것이 판례의 입장이다.
④ A의 상업사용인이 아닌 피용자가 B의 상호를 사용하여 D로부터 사업과 무관하게 금원을 차용한 경우 B는 D에 대한 대여금 반환채무에 대하여 책임을 부담하지 않는다.
⑤ B가 책임을 면하기 위하여는 A와 거래한 상대방의 악의 또는 중과실에 대한 입증책임을 부담한다는 것이 판례의 입장이다.

정답_⑤

**문 35_** A는 B에게 자신의 명의를 사용하여 영업을 할 것을 허락하였다. 그 후 B는 A의 명의를 사용하여 C와 영업거래를 하였다. 이 경우에 관한 설명으로 틀린 것은? (이견이 있으면 판례에 의함) (2014년 공인회계사)

① A가 지방자치단체라도 A는 C에 대하여 명의대여자의 책임을 질 수 있다.

② B가 C와의 영업거래에서 부담하는 어음상 채무에 대하여도 A가 명의대여자의 책임을 질 수 있다.

③ C가 A에게 명의대여자의 책임을 추궁하기 위해서는 자신이 선의였고 중과실이 없었음을 입증하여야 한다.

④ 상법상 명의대여자의 책임이 인정되는 경우 C는 A와 B 누구에 대하여도 순서에 상관없이 채무의 변제를 청구할 수 있다.

⑤ A가 호텔영업을 하고 있는 자이고 B가 A의 명의를 사용하여 한 영업이 같은 호텔 내 나이트클럽 영업이라면 A는 명의대여자의 책임을 질 수 있다.

A는 명의대여자의 책임을 지지 않기 위해서는 자신이 선의였고 중과실이 없었음을 입증하여야 한다(대판 2001.4.13., 2000다10512).

정답_③

**문 36_상법상 상호에 관한 설명으로 옳은 것으로만 묶은 것은?**

(2019년 공인회계사)

> ㄱ. 회사가 상이한 수개의 영업을 영위하는 경우 단일상호를 사용할 수 없다.
>
> ㄴ. 상호를 등기한 자가 정당한 사유없이 2년간 상호를 사용하지 아니한 때에는 이를 폐지한 것으로 본다.
>
> ㄷ. 주식회사, 유한회사는 설립시에 상호의 가등기를 신청할 수 있으나 상호와 목적을 변경할 때에는 상호의 가등기를 신청할 수 없다.
>
> ㄹ. 명의대여자는 명의차용자인 영업주의 거래상대방이 악의인 경우 이를 입증함으로써 면책될 수 있다.
>
> ㅁ. 부정한 목적으로 타인의 영업으로 오인할 수 있는 상호를 사용하는 자가 있는 경우 상호를 등기한 자만이 상호의 폐지를 청구할 수 있다.

① ㄱ, ㄴ  ② ㄱ, ㄷ  ③ ㄴ, ㄹ
④ ㄷ, ㅁ  ⑤ ㄹ, ㅁ

**문 37_상법상 상인의 물적 설비에 관한 설명으로 틀린 것은?**

(2013년 공인회계사)

① 개인상인은 수개의 영업을 영위하는 경우 단일상호를 사용할 수도 있고 각 영업마다 별개의 상호를 사용하여도 무방하다.

② 인접한 특별시·광역시·시·군에서 동종영업으로 타인이 등기한 상호를 사용하는 자는 부정목적으로 사용하는 것으로 추정되지 않는다.

③ 개인상인은 소상인이 아닌 한 회계장부와 대차대조표를 상법상의 의무로서 작성하여야 한다.

④ 상인은 상업장부와 영업에 관한 중요서류를 그 작성일로부터 10년간 보존하여야 하며, 전표 또는 이와 유사한 서류는 5년간 이를 보존하여야 한다.

⑤ 채권자의 지점에서의 거래로 인한 채무이행의 장소가 그 행위의 성질 또는 당사자의 의사표시에 의하여 특정되지 아니한 경우 특정물 인도 외의 채무이행은 그 지점을 이행장소로 본다.

**문 38_** 상업장부에 관한 설명 중 틀린 것은?

(2005년 공인회계사 수정)

① 상업장부는 마이크로필름 기타의 전산정보처리조직에 의하여 이를 보존할 수 있다.

② 회사 이외의 상인은 영업을 개시한 때와 매년 1회 이상 일정 시기에 대차대조표를 작성하여야 한다.

③ 상업장부와 영업에 중요한 서류는 10년간 보존하여야 한다.

④ 전표 또는 이와 유사한 서류는 5년간 이를 보존하여야 한다.

⑤ 법원은 신청이 있는 경우에만 소송당사자에게 상업장부의 제출을 명할 수 있다.

**문 39_** 상법상 상업등기에 관한 설명 중 틀린 것은?

(2005년 공인회계사)

① 상호의 양도는 등기하지 않으면 제3자의 선의·악의를 불문하고 제3자에게 대항하지 못한다.

② 본점 소재지에서의 등기사항을 등기하면 지점소재지에서 이를 등기하지 않아도 그 지점의 거래에 관하여 선의의 제3자에게 대항할 수 있다.

③ 부실등기의 공신력은 제한적으로 인정되므로, 고의 또는 과실로 인하여 사실과 상위한 사항을 등기한 자는 그 상위를 선의의 제3자에게 대항할 수 없다.

④ 등기한 사항에 변경이 있거나 그 사항이 소멸한 때에는 당사자는 지체없이 변경 또는 소멸의 등기를 하여야 한다.

⑤ 판례에 따르면, 등기할 사항은 등기 전에는 선의의 제3자에게 대항하지 못하나, 국가가 조세의 부과처분을 하는 경우에는 국가는 여기서의 제3자에 해당되지 않는다.

**문 40**_상법상 상업등기에 관한 설명으로 옳은 것은?

(2014년 공인회계사)

① 타인이 등기한 상호는 동일한 특별시·광역시·시·군에서 다른 종류의 영업의 상호로 등기하지 못한다.

② 판례에 의하면 주식회사등기부에 대표이사로 등기되어 있는 자는 반증이 없는 한 정당한 절차에 의해 선임된 적법한 대표이사로 추정된다.

③ 법정대리인이 미성년자를 대신하여 영업을 하는 경우 상법상 등기의무가 없다.

④ 상호를 등기한 자가 상호를 폐지한 경우 2년 이내에 폐지등기를 하지 않으면 이해관계인은 그 등기의 말소청구를 할 수 있다.

⑤ 유한책임회사를 설립하고자 할 때에는 본점의 소재지를 관할하는 등기소에 상호의 가등기를 할 수 있다.

① 타인이 등기한 상호는 동일한 특별시·광역시·시·군에서 동종의 영업의 상호로 등기하지 못한다(제22조).

③ 법정대리인이 미성년자를 대신하여 영업을 하는 경우 이를 등기하여야 한다(제8조 제1항).

④ 상호를 등기한 자가 상호를 폐지한 경우 2주간 내에 폐지등기를 하지 않으면 이해관계인은 그 등기의 말소청구를 할 수 있다(제22조의2 제1항).

⑤ 유한책임회사를 설립하고자 할 때에는 본점의 소재지를 관할하는 등기소에 상호의 가등기를 할 수 없다(제22조의2 제1항). 이 점에 대해서 입법론상으로는 유한회사의 설립과 유사하므로 가등기제도를 인정하는 것이 바람직할 것이다.

정답_②, ⑤

> **상법총칙**

> **해설 및 정답**

**문 1_상법상 상업등기에 관한 설명으로 옳은 것은?**

(2016년 공인회계사)

① 개인 상인의 상호가 일단 등기된 후에 이루어진 상호의 변경 또는 소멸은 지체없이 등기를 해야 하는 절대적 등기사항이다.

② 판례에 의하면 법원의 등기관은 등기신청요건에 관한 형식적 심사권은 물론 그 신청사항의 진위여부까지 심사할 실질적 심사권을 가진다.

③ 상인이 등기된 상호를 A, B순으로 이중양도한 경우 선의의 B가 먼저 등기하더라도 A에게 이를 대항할 수 없다.

④ 자본금액 2,000만원으로 미성년자가 법정대리인의 허락을 얻어 영업을 하는 때에는 등기를 하여야 하나 그 법정대리인이 미성년자를 위하여 영업을 하는 때에는 등기할 사항이 아니다.

⑤ 상인이 A를 지배인으로 선임하였으나 과실로 B를 지배인으로 선임등기한 경우 B가 지배인이 아니라는 사실을 선의의 제3자에게 대항할 수 있다.

② 판례에 의하면 법원의 등기관은 등기신청 요건에 관한 형식적 심사권은 있으나, 그 신청사항의 진위여부까지 심사할 실질적 심사권은 없다.

③ 상인이 등기된 상호를 A, B순으로 이중양도한 경우 선의의 B가 먼저 등기한 때에는 A에게 이를 대항할 수 있다(제25조 제2항).

④ 자본금액 2,000만원으로 미성년자가 법정대리인의 허락을 얻어 영업을 하는 때에는 등기를 하여야 하며(제6조), 그 법정대리인이 미성년자를 위하여 영업을 하는 때에도 등기할 사항에 해당한다(제8조 제1항).

⑤ 상인이 A를 지배인으로 선임하였으나 과실로 B를 지배인으로 선임등기한 경우 B가 지배인이 아니라는 사실을 선의의 제3자에게 대항할 수 없다(제39조).

정답_①

**문 2_상업등기의 효력에 관한 설명 중 틀린 것은?** 2009년 공인회계사)

① 판례에 의하면, 이사로 등기되어 있는 경우 특단의 사정이 없는 한 정당한 절차에 의해 선임된 적법한 이사로 추정된다.

② 지배인 甲의 해임등기를 하지 않아 그 사실을 모르고 甲과 거래한 乙에 대하여 영업주 A는 무권대리행위임을 주장할 수 없다.

③ 위 ②의 경우 영업주 A가 甲이 자신의 지배인임을 인정하더라도 乙은 무권대리행위임을 주장할 수 있다.

④ 고의 또는 중과실이 있는 경우와는 달리 경과실로 인하여 사실과 상위한 사항을 등기한 자는 그 상위를 선의의 제3자에게 대항할 수 있다.

⑤ 창설적 효력이 있는 회사의 설립등기와 회사의 합병등기에는 상업등기의 일반적 효력에 관한 상법 제37조는 적용되지 않는다.

고의 또는 과실로 사실과 상위한 사항을 등기한 자는 그 상위를 선의의 제3자에게 대항할 수 없다(제39조). 따라서 고의뿐만 아니라 중과실 또는 경과실로 사실과 상위한 사항을 등기한 자에 대해서도 제39조의 부실등기의 효력에 관한 규정이 적용된다.

정답_④

**문 3_** 상법상 상업등기에 관한 설명으로 틀린 것은?

(2012년 공인회계사)

① 회사의 설립이나 합병의 경우 그 등기를 하기 전에는 제3자의 선의·악의를 불문하고 회사의 설립 또는 합병의 효력이 발생하지 않는다.

② 합명회사 또는 합자회사를 설립하는 경우 상호의 가등기는 인정되지 않는다.

③ 판례에 의하면 법인등기부에 이사 또는 감사로 등재되어 있는 자는 특단의 사정이 없는 한 정당한 절차에 의하여 선임된 적법한 이사 또는 감사로 추정된다.

④ 판례에 의하면 국가에 의한 조세의 부과처분 등과 같은 공법적 관계에 대하여는 상업등기의 일반적 효력이 인정되지 않는다.

⑤ 상업등기는 그 내용을 신문이나 관보에 공고함으로써 그 등기의 효력이 발생한다.

상업등기는 그 등기로써 효력이 발생하며, 상업등기의 공고제도는 폐지되었다.

정답_⑤

**문 4_** 상법상 상호 및 상업등기에 관한 설명으로 옳은 것은?

(2010년 공인회계사)

> ㄱ. 법정대리인에 의한 영업은 등기사항이 아니다.
> ㄴ. 개인상인은 수개의 영업을 영위하는 경우 별개의 상호를 사용할 수 있다.
> ㄷ. 회사가 아닌 자도 상호 중에 회사임을 나타내는 문자를 사용할 수 있다.
> ㄹ. 상호는 등기하지 아니하면 법적 보호를 받지 못한다.
> ㅁ. 다수설에 의하면, 등기소의 잘못으로 등기되지 않은 경우에도 상업등기의 소극적 공시의 원칙이 적용된다.

① ㄱ, ㄴ       ② ㄴ, ㄷ       ③ ㄴ, ㅁ
④ ㄷ, ㄹ       ⑤ ㄹ, ㅁ

ㄱ. 법정대리인이 영업을 하는 경우 이를 등기하여야 한다(제8조 제1항).
ㄷ. 회사가 아닌 자는 상호 중에 회사임을 나타내는 문자를 사용할 수 없다.
ㄹ. 미등기상호의 경우에도 상호사용권과 상호전용권이 인정된다.

정답_③

**문 5_** 회사합병과 구별되는 영업양도의 특징에 관한 설명 중 틀린 것은?

(2009년 공인회계사)

① 영업양도의 당사자는 회사 이외에 자연인도 될 수 있다.
② 영업의 일부양도가 인정된다.
③ 영업양도의 양도인은 경업금지의무가 인정된다.
④ 영업양도의 무효는 소로만 주장할 수 있다.
⑤ 영업양도는 회사의 해산사유가 되지 않는다.

영업양도는 양도인과 양수인 간의 일반 개인법상의 거래계약에 해당하므로, 그 무효는 소에 의하지 않고도 주장할 수 있다는 점에서 합병과 구별된다.

정답_④

## 문 6_ 상법상 영업양도에 관한 설명으로 틀린 것은?

(2018년 공인회계사)

① 영업양도계약에 있어 양수인은 반드시 상인일 필요가 없다.

② 영업양도계약 당사자 간에 별도의 합의가 없는 한 양도인의 영업상 채무가 당연히 양수인에게 이전되는 것은 아니다.

③ 채무인수를 광고한 양수인이 양도인의 영업상 채무에 대하여 변제책임을 부담하는 경우 채권자에 대한 양도인의 채무는 영업양도 후 2년이 경과하면 소멸한다.

④ 양도인의 영업으로 인한 채권의 채무자가 양도인의 상호를 계속 사용하는 양수인에게 선의이며 중대한 과실 없이 변제한 경우에는 변제의 효력이 인정된다.

⑤ 판례에 의하면 영업이 양도되면 반대의 특약이 없는 한 양도인과 근로자 간의 근로관계도 원칙적으로 양수인에게 승계된다.

채무인수를 광고한 양수인이 양도인의 영업상 채무에 대하여 변제책임을 부담하는 경우 채권자에 대한 양도인의 채무는 광고 후 2년이 경과하면 소멸한다(상법 제45조).

④ 상법 제43조  ⑤ 대법원 1991.8.9.선고 91다15225판결

정답_③

## 문 7_ 상법상 영업양도에 관한 설명으로 틀린 것은?

(2012년 공인회계사)

① 회사의 영업양도는 상법상 회사의 해산사유에 해당하지 않는다.

② 양수인은 양도인의 상호를 계속 사용하더라도 양도인의 영업상의 채무에 대하여 책임 없음을 광고한 때에는 양도인의 영업상의 채무에 대하여 책임이 없다.

③ 영업양도의 당사자 간에 합의가 없는 한 양도인의 영업상의 채권이나 채무는 양수인에게 당연히 이전되지 않는다.

④ 판례에 의하면 영업을 현물출자하여 주식회사를 설립하고 기존 영업의 상호를 계속 사용하는 경우 새로 설립된 회사는 출자자의 영업상의 채무에 대하여 변제할 책임이 있다.

⑤ 다른 약정이 없는 경우 양도인은 동일한 특별시·광역시·시·군뿐만 아니라 인접 특별시·광역시·시·군에서도 10년간 경업금지의무를 진다.

양수인은 양도인의 상호를 계속 사용하더라도 양도인의 영업상의 채무에 대하여 책임 없음을 등기한 때에는 양도인의 영업상의 채무에 대하여 책임이 없다(제42조 제2항).

정답_②

**문 8_** 상법상 영업양도에 관한 설명으로 옳은 것은? (이견이 있으면 판례에 의함) (2021년 공인회계사)

① 양수인이 양도인의 상호를 속용하는 경우에는 채권의 양도가 없더라도 채권양도가 있는 것으로 간주되어 양도인의 채무자는 반드시 양수인에게 변제해야 한다.

② 영업양도에서의 영업은 영리적 목적을 수행하기 위해 결합시킨 조직적 재산으로 개개의 영업용 재산 또는 단순한 영업용 재산만을 가리키는 것이다.

③ 양수인이 양도인의 상호를 속용하지 않는 경우, 양도인의 영업으로 인한 채무를 인수할 것을 광고한 때에는 양수인도 변제할 책임을 진다.

④ 상호를 속용하는 양수인의 책임에 있어서, 영업으로 인하여 발생한 양도인의 채무에는 영업상의 활동과 관련하여 발생한 불법행위로 인한 채무는 포함되지 않는다.

⑤ 당사자간에 다른 약정이 없으면 양도인은 20년간 동일한 특별시 · 광역시 · 시 · 군에서 동종영업을 하지 못한다.

① 양수인이 양도인의 상호를 속용하는 경우에는 채권의 양도가 없더라도 양도인의 채무자가 선의이고 중과실없이 양수인에게 변제한 때에는 유효한 변제로 간주하는 것일 뿐(상법 제43조), 반드시 양수인에게 변제하여야 하는 것은 아니다.
② 영업양도에서의 영업은 영리적 목적을 수행하기 위해 결합시킨 조직적 일체의 재산(영업용재산과 사실관계 등을 포함)을 말하므로, 개개의 영업용 재산 또는 단순한 영업용 재산만을 가리키는 것이 아니나(참조판례 · 상법상의 영업양도는 일정한 영업목적에 의하여 조직화된 업체, 즉 인적 · 물적 조직을 그 동일성을 유지하면서 일체로서 이전하는 것을 의미하고(대법원 2011. 9. 8. 선고 2009다24866 판결), 영업양도가 있다고 볼 수 있는지의 여부는 양수인이 유기적으로 조직화된 수익의 원천으로서의 기능적 재산을 이전받아 양도인이 하던 것과 같은 영업적 활동을 계속하고 있다고 볼 수 있는지의 여부에 따라 판단되어야 한다(대법원 2010. 9. 30. 선고 2010다35138 판결).
③ 양수인이 양도인의 상호를 속용하지 않는 경우, 양도인의 영업으로 인한 채무를 인수할 것을 광고한 때에는 양수인도 변제할 책임을 진다(상법 제44조).
④ 상호를 속용하는 양수인의 책임에 있어서, 영업으로 인하여 발생한 양도인의 채무에는 영업상의 활동과 관련하여 발생한 불법행위로 인한 채무는 포함된다. 영업과 무관한 채무는 포함되지 않는다.
⑤ 당사자간에 다른 약정이 없으면 양도인은 10년간 동일한 특별시 · 광역시 · 시 · 군에서 동종영업을 하지 못한다(상법 제41조 제1항).
정답_③

**문 9_** A는 B로부터 영업을 양수하여 B의 상호를 사용하면서 영업을 하고 있고, B는 C에 대하여 영업양도 전에 발생한 영업상 채무를 가지고 있다. 이에 대한 상법상 설명으로 틀린 것은? (2017년 공인회계사)

① A는 B의 C에 대한 채무를 변제할 책임이 있다.

② A와 B가 지체없이 B의 C에 대한 채무에 대하여 A의 책임이 없음을 C에게 통지한 경우 A는 그 채무를 변제할 책임이 없다.

③ A가 지체없이 B의 C에 대한 채무에 대하여 책임이 없음을 등기한 경우 A는 그 채무를 변제할 책임이 없다.

④ 판례에 의하면 A는 B가 영업활동과 관련한 불법행위로 인하여 D에게 입힌 손해를 배상할 책임이 있다.

⑤ A는 영업양수 후 2년이 경과하면 B의 C에 대한 채무를 변제할 책임이 없다.

**문 10_**상법상 영업양도에 관한 설명으로 **틀린** 것은? (이견이 있으면 판례에 의함) (2015년 공인회계사)

① 양도인이 영업재산의 이전의무를 이행함에 있어서는 특정승계의 방법에 의하여 재산의 종류에 따라 개별적으로 이전행위를 하여야 한다.

② 양도인이 동종영업을 하지 않을 것을 약정한 때에는 동일한 특별시·광역시·시·군과 인접 특별시·광역시·시·군에 한하여 20년을 초과하지 않는 범위 내에서 그 효력이 있다.

③ 양수인이 양도인의 상호를 계속 사용하는 경우에 양도인의 영업으로 인한 채권에 대하여 채무자가 선의이며 중대한 과실 없이 양수인에게 변제한 때에는 그 효력이 있다.

④ 상호의 속용으로 인하여 양수인이 양도인의 영업상 채무에 대하여 변제책임을 지는 경우 양수인은 지체 없이 채권자에게 영업상 채무에 대한 책임이 없음을 통지하면 통지를 받은 채권자에 대하여는 변제책임을 면한다.

⑤ 채무인수의 광고로 인하여 양수인이 양도인의 영업상의 채무에 대하여 변제책임을 지는 경우 채권자에 대한 양도인의 책임은 광고 후 2년이 경과하면 소멸한다.

**해 설 및 정 답**

상호의 속용으로 인하여 양수인이 양도인의 영업상 채무에 대하여 변제책임을 지는 경우, 양도인과 양수인은 지체 없이 채권자에게 영업상 채무에 대한 책임이 없음을 통지하면 통지를 받은 채권자에 대하여는 변제책임을 면한다(제42조 제2항).

정답_④

---

▶ **상행위**

**문 11_**다음 중 상행위에 관한 설명으로 옳지 **않은** 것은?

① 의제상인이 영업으로 하는 행위를 준상행위라 하며, 준상행위에도 상행위에 관한 규정이 준용된다.

② 당연상인이 영업으로 하는 상행위를 기본적 상행위라 한다.

③ 상인이 영업을 위하여 하는 상행위를 보조적 상행위라 하며, 영업을 위하여 하는 행위는 영업과 관련된 모든 재산상의 행위를 의미한다.

④ 상인의 행위는 영업을 위하여 하는 것으로 본다.

⑤ 쌍방적 상행위란 당사자의 쌍방에게 상행위가 되는 행위를 말하며, 일반상사유치권은 쌍방적 상행위의 경우에만 적용된다.

상인의 행위는 영업을 위하여 하는 것으로 추정한다(제47조 제2항).

정답_④

**문 12**_A는 당구장을 개업하기 위하여 자본금액 500만원으로 상업빌딩의 점포를 임차하고 장사를 시작하였다. 5년 후 당구장이 번창하자 B와 점포확장공사계약을 체결하고 완공한 다음 현재 운영하고 있다. 이에 대한 상법상의 설명으로 틀린 것은?

(2016년 공인회계사)

① A의 당구장 영업은 공중접객업에 해당한다.
② A의 당구장 개업을 위한 점포임대차계약의 체결은 보조적 상행위로 본다.
③ A의 당구장 영업을 위한 점포확장공사계약의 체결은 보조적 상행위로 본다.
④ A가 옆가게 음식점 주인 C에게 금전을 대여한 것은 영업을 위하여 하는 것으로 간주한다.
⑤ A가 자본금액 500만원으로 당구장을 개업한 당시에 지배인을 선임하더라도 상법상 지배인의 규정이 적용되지 않는다.

A가 옆가게 음식점 주인 C에게 금전을 대여한 것은 영업을 위하여 하는 것으로 추정한다(제47조 제2항).

정답_④

**문 13**_보조적 상행위에 해당하거나 이로 추정되는 것을 모두 고르면?

(2009년 공인회계사)

> ㄱ. 임금을 받을 목적으로 물건을 제조하는 행위
> ㄴ. 도매상인이 영업자금을 차용하는 행위
> ㄷ. 증권회사가 고객의 위탁을 받아 행하는 주식매수행위
> ㄹ. 상인의 매매대금 지급을 위한 수표발행행위
> ㅁ. 프랜차이즈 인수(이용)자의 영업행위

① ㄱ, ㄴ, ㄷ     ② ㄱ, ㄴ, ㅁ     ③ ㄴ, ㄹ
④ ㄴ, ㄷ, ㄹ     ⑤ ㄹ, ㅁ

사례 중 ㄱ.의 오로지 "임금을 받을 목적으로 물건을 제조하는 행위"는 상행위로 보지 않는다(제46조 단서). ㅁ.의 프랜차이즈 인수(이용)자의 영업행위는 프랜차이즈 인수(이용)자의 기본적 상행위가 된다.

정답_④

**문 14**_상법상 쌍방적 상행위에만 적용되는 규정이 <u>아닌</u> 것은?

(2010년 공인회계사 수정)

① 상사법정이율
② 상사매매의 매수인의 검사 및 하자통지의무
③ 일반상사유치권
④ 확정기매매의 해제
⑤ 상사매매의 매도인의 공탁·경매권

상사법정이율은 일방적 상행위의 경우에도 적용된다.

정답_①

**문 15_**상법상 상행위에 관한 설명으로 옳은 것은? (이견이 있으면 판례에 의함) (2021년 공인회계사)

① 상인이 영업을 위하여 하는 행위는 상행위로 추정한다.

② 상인의 행위는 영업을 위하여 하는 것으로 본다.

③ 상행위로 인하여 생긴 채권을 담보하기 위한 유질계약은 허용되고, 이 경우 질권설정자는 반드시 상인이어야 한다.

④ 상인이 그 영업범위 내에서 이자를 약정하지 않고 타인을 위하여 금전을 체당하였을 때에는 법정이자를 청구할 수 없다.

⑤ 오로지 임금을 받을 목적으로 물건을 제조하거나 노무에 종사하는 자의 행위가 아닌 한, 영업으로 하는 상호부금은 기본적 상행위에 해당한다.

해 설 및 정 답

① 상인이 영업을 위하여 하는 행위는 상행위로 본다(상법 제47조 제1항).

② 상인의 행위는 영업을 위하여 하는 것으로 추정한다(상법 제47조 제2항).

③ 질권설정계약에 포함된 유질계약이 상법 제59조에 따라 유효하기 위해서는 질권설정계약의 피담보채권이 상행위로 인하여 생긴 채권이면 충분하고, 질권설정자가 상인이어야 하는 것은 아니다(대법원 2017. 7. 18. 선고 2017다214886 판결).

④ 상인이 그 영업범위 내에서 이자를 약정하지 않고 타인을 위하여 금전을 체당하였을 때에는 법정이자를 청구할 수 있다(상법 제55조 제2항).

⑤ 오로지 임금을 받을 목적으로 물건을 제조하거나 노무에 종사하는 자의 행위가 아닌 한, 영업으로 하는 상호부금은 기본적 상행위에 해당한다(상법 제46조 16호).

정답_⑤

**문 16_**상법상 상행위 특칙에 관한 설명으로 틀린 것은? (2019년 공인회계사)

① 상행위의 대리인이 본인을 위한 것임을 표시하지 아니하여도 그 행위는 본인에 대하여 효력이 있다.

② 상행위로 인한 채권은 상법에 다른 규정이 없고 다른 법령에 보다 단기의 시효규정이 없는 때에는 5년간 행사하지 아니하면 소멸시효가 완성한다.

③ 상행위로 인하여 생긴 채권을 담보하기 위하여 설정한 질권에 대해서 유질계약은 허용되지 않는다.

④ 상인이 그 영업에 관하여 금전을 대여한 경우에는 이자의 약정이 없더라도 연 6분의 법정이자를 청구할 수 있다.

⑤ 상인이 그 영업범위 내에서 물건의 임치를 받은 경우에는 보수를 받지 아니하는 때에도 선량한 관리자의 주의를 하여야 한다.

① 상행위의 대리인이 본인을 위한 것임을 표시하지 아니하여도 그 행위는 본인에 대하여 효력이 있다(상법 제48조).

② 상행위로 인한 채권은 상법에 다른 규정이 없고 다른 법령에 보다 단기의 시효규정이 없는 때에는 5년간 행사하지 아니하면 소멸시효가 완성한다(상법 제64조).

③ 상행위로 인하여 생긴 채권을 담보하기 위하여 설정한 질권에 대해서 유질계약은 허용된다(상법 제59조 참조).

④ 상인이 그 영업에 관하여 금전을 대여한 경우에는 이자의 약정이 없더라도 연 6분의 법정이자를 청구할 수 있다(상법 제55조 제1항).

⑤ 상인이 그 영업범위 내에서 물건의 임치를 받은 경우에는 보수를 받지 아니하는 때에도 선량한 관리자의 주의를 하여야 한다(상법 제62조).

정답_③

**문 17_** 다음 각 채권과 채무에 대해 연 6분의 상사법정이율이 적용되는 경우는 모두 몇 개인가?(이자지급 및 이율에 관한 별도의 약정이 없다고 가정하며 이견이 있는 때에는 판례에 의함)

(2018년 공인회계사)

> ㄱ. 甲주식회사의 대표이사 A가 개인 명의로 용도를 밝히지 않고 회사원인 친구 B로부터 금전을 차용한 경우의 차용 금채무
>
> ㄴ. 부동산중개업자 A가 B에게 건물을 매수해 오면 일정한 수수료를 지급하기로 약정하고 매수대금 용도로 B에게 금전을 대여한 경우의 대여금채권
>
> ㄷ. 당구장을 경영하고 있는 A가 당구장에 사용할 재료를 구입하기 위해 자동차를 운전하던 중 교통사고로 노점상 B에게 상해를 입히게 되어 부담하게 되는 손해배상채무
>
> ㄹ. A가 과수원에서 수확한 포도를 고속도로 휴게소에서 자신이 운영하는 판매점에서 고객 B에게 판매한 경우의 포도판매 대금채권

① 0개        ② 1개        ③ 2개
④ 3개        ⑤ 4개

**문 18_** 상행위의 대리에 관한 설명으로 옳은 것은?

(2011년 공인회계사)

① 상인이 사망한 경우 그가 영업에 관하여 수여한 대리권은 소멸한다.
② 상행위의 대리에 있어서 비현명주의에 관한 상법규정은 기본적 상행위에 적용되며 보조적 상행위에는 적용되지 않는다.
③ 상행위의 대리에 있어서 비현명주의에 관한 상법규정은 어음 및 수표행위에 적용된다.
④ 거래의 상대방은 대리인의 비현명대리행위가 본인을 위한 것임을 알았다면 대리인에 대하여 이행을 청구할 수 없다.
⑤ 거래의 상대방은 대리인의 비현명대리행위가 본인을 위한 것임을 알지 못하였다면 대리인에게만 이행을 청구할 수 있다.

**문 19_**민법 규정에 대한 상법상 특칙에 관한 설명으로 옳은 것은?

(2014년 공인회계사)

① 상행위로 인한 채권을 담보하기 위하여 설정한 질권에 있어서 유질계약은 허용되지 않는다.

② 상행위로 인한 채권은 다른 법령에 단기의 시효규정이 있는 경우에도 5년의 소멸시효가 적용된다.

③ 상법상 다수채무자의 연대책임이 인정되기 위해서는 채권자가 상인이어야 한다.

④ 상인이 그 영업부류에 속한 계약의 청약을 받아 견품을 받은 경우 그 청약의 거절시 견품의 보관으로 인해 손해를 받을 염려가 있는 때에는 보관의무를 부담하지 않는다.

⑤ 상인이 그 영업에 관하여 금전을 대여한 경우 상대방이 상인이 아니어도 법정이자청구권을 가지며 법정이율은 연 5%이다.

① 상행위로 인한 채권을 담보하기 위하여 설정한 질권에 있어서 유질계약은 허용된다(제59조).

② 상행위로 인한 채권은 다른 법령에 단기의 시효규정이 없는 경우에 5년의 소멸시효가 적용된다(제64조).

③ 상법상 다수채무자의 연대책임이 인정되기 위해서는 채무자의 1인 또는 전원이 상인이어야 한다(제57조 제1항).

⑤ 상인이 그 영업에 관하여 금전을 대여한 경우 상대방이 상인이 아니어도 법정이자청구권을 가지며(제55조 제1항), 법정이율은 연 6%이다(제54조).

정답_④

**문 20_**상법상 상행위에 관한 설명으로 틀린 것은?

(2020년 공인회계사)

① 상행위의 위임을 받은 자는 위임의 본지에 반하지 아니한 범위 내에서 위임을 받지 아니한 행위를 할 수 있다.

② 당사자간에 다른 약정이 없는 한, 상인간의 상행위로 인한 채권이 변제기에 있는 때에는 채권자는 변제를 받을 때까지 그 채무자에 대한 상행위로 인하여 자기가 점유하고 있는 채무자 소유의 물건을 유치할 수 있다.

③ 수인이 그 1인 또는 전원에게 상행위가 되는 행위로 인하여 채무를 부담한 때에는 연대하여 변제할 책임이 있다.

④ 상인이 그 영업범위 내에서 타인을 위하여 행위를 한 때에는 이에 대하여 상당한 보수를 청구할 수 있다.

⑤ 상인이 그 영업에 관하여 수여한 대리권은 본인의 사망으로 인하여 소멸한다.

① 상행위의 위임을 받은 자는 위임의 본지에 반하지 아니한 범위 내에서 위임을 받지 아니한 행위를 할 수 있다(상법 제49조).

② 당사자간에 다른 약정이 없는 한, 상인간의 상행위로 인한 채권이 변제기에 있는 때에는 채권자는 변제를 받을 때까지 그 채무자에 대한 상행위로 인하여 자기가 점유하고 있는 채무자 소유의 물건을 유치할 수 있다(상법 제58조).

③ 수인이 그 1인 또는 전원에게 상행위가 되는 행위로 인하여 채무를 부담한 때에는 연대하여 변제할 책임이 있다(상법 제57조 제1항).

④ 상인이 그 영업범위 내에서 타인을 위하여 행위를 한 때에는 이에 대하여 상당한 보수를 청구할 수 있다(상법 제61조).

⑤ 상인이 그 영업에 관하여 수여한 대리권은 본인의 사망으로 인하여 소멸하지 않는다(상법 제50조).

정답_⑤

**문 21** 상법 제58조의 상사유치권에 관한 설명으로 **틀린** 것은?

(2012년 공인회계사)

① 채권자와 채무자는 유치권의 성립시점에는 모두 상인이어야 하지만 유치권을 행사하는 시점에는 상인자격을 요하지 아니한다.

② 채권자는 유치의 목적물이 채무자 소유의 물건 또는 유가증권이 아니더라도 유치권을 행사할 수 있다.

③ 피담보채권은 상인 간의 쌍방적 상행위로 인하여 발생한 채권으로 유치권의 행사를 위하여는 변제기가 도래하여야 한다.

④ 채권자는 유치의 목적물과 피담보채권 사이에 개별적 견련성이 없는 경우에도 유치권을 행사할 수 있다.

⑤ 채권자는 유치의 목적물의 점유를 채무자에 대한 상행위로 인하여 취득하여야 한다.

채권자는 유치의 목적물이 채무자 소유의 물건 또는 유가증권이어야 그 목적물에 대해 유치권을 행사할 수 있다(제58조 제1항).

정답_②

**문 22** 다음 중 일반상사유치권(상법 제58조)의 성립요건에 관한 설명으로 **틀린** 것은?

(2004년 공인회계사)

① 당사자 쌍방이 상인이어야 한다.

② 피담보채권이 변제기에 있어야 한다.

③ 목적물은 채무자에 대한 상행위로 인하여 채권자가 점유하고 있는 것이어야 한다.

④ 피담보채권과 목적물과는 개별적인 견련성(관련성)을 필요로 한다.

⑤ 목적물은 채무자 소유의 물건 또는 유가증권이어야 한다.

피담보채권과 목적물과는 개별적 관련성을 필요로 하지 않는다. 즉, 채권의 발행원인인 상행위와 목적물을 점유하게 된 원인인 상행위가 달라도 유치권이 인정된다는 것이다.

정답_④

**문 23** 다음의 사례에 관한 설명으로 **틀린** 것은? (유치권 배제의 특약은 <u>없는</u> 것으로 가정함)

(2010년 공인회계사)

> 중고자동차 매매수리업자 A는 운송업자 B에게 중고트럭을 매도하고 소유권을 이전한 다음 일주일 후 잔금을 지급받기로 하였다. 10일이 지난 후 잔금을 지급하지 않은 상황에서 B는 자기 소유의 승용차가 고장이 나자 A에게 그 수리를 맡겼다. 수리가 끝난 후 B가 수리비를 지급하고 승용차를 가져가려고 하자, A는 트럭에 대한 잔금의 미지급을 이유로 그

민법상 유치권은 피담보채권과 목적물의 개별적 견련관계가 있어야 하므로 ①과 ③은 맞는 내용이 된다. ⑤에서 운송인의 유치권의 목적물은 운송물로써 반드시 송하인의 소유에 해당할 필요가 없다. 따라서 송하인의 소유가 아니더라도 유치권행사가 가능하다.

정답_⑤

승용차에 대해 유치권을 행사하려 한다.
한편 트럭으로 운송업을 영위하는 C는 창고업자 D와 물건
의 운송계약을 체결하고 운송을 완료한 후 운임채권을 갖게
되었다. 이후 변제기가 도래한 운임채무를 D가 이행하지 않
자 C는 D의 소유가 아닌 그 물건을 유치하려 한다.

① A는 민법상의 유치권을 행사할 수 없다.
② A는 일반상사유치권을 행사하여 승용차의 인도를 거절할 수
  있다.
③ C는 민법상의 유치권을 행사할 수 있다.
④ 운송인 C의 특별상사유치권은 피담보채권과 유치물 사이의
  견련관계를 필요로 한다.
⑤ 운송한 물건이 D의 소유가 아니므로 C는 운송인의 특별상
  사유치권을 행사할 수 없다.

**문 24_상법상 유치권에 관한 설명으로 틀린 것은?**

(2017년 공인회계사)

① 당사자 간 다른 약정이 없는 한 상인간의 상행위로 인한 채
  권이 변제기에 있는 경우 채권자는 변제를 받을 때까지 그
  채무자에 대한 상행위로 인하여 자기가 점유하고 있는 채무
  자소유의 물건 또는 유가증권을 유치할 수 있다.
② 당사자 간 다른 약정이 없는 한 중개인은 거래의 중개로 인
  한 채권이 변제기에 있는 때에는 그 변제를 받을 때까지 본
  인을 위하여 점유하는 물건 또는 유가증권을 유치할 수
  있다.
③ 당사자 간 다른 약정이 없는 한 대리상은 거래의 대리로 인
  한 채권이 변제기에 있는 때에는 그 변제를 받을 때까지 본
  인을 위하여 점유하는 물건 또는 유가증권을 유치할 수 있다.
④ 운송주선인은 운송물에 관하여 받을 보수, 운임, 기타 위탁
  자를 위한 체당금이나 선대금에 관하여서만 그 운송물을 유
  치할 수 있다.
⑤ 물건운송인은 운송물에 관하여 받을 보수, 운임, 기타 위탁
  자를 위한 체당금이나 선대금에 관하여서만 그 운송물을 유
  치할 수 있다.

중개인의 유치권은 쌍방적 상행위의 경우에는
상법 제58조가 적용되고, 일방적 상행위의 경
우에는 특별규정이 없으므로 민법에 의한다.
따라서 당사자 간 다른 약정이 없는 중개인
은 거래의 중개로 인한 채권이 변제기에 있는
때에는 그 변제를 받을 때까지 그 중재한 물건
또는 유가증권을 유치할 수 있다(민법 제132
조).

정답_②

**문 25_상행위에 관한 다음 설명 중 옳은 것은?**

① 상행위로 인한 채무의 이율은 약정이 없는 때에는 연 5푼(分)이며, 여기서 상행위로 인한 채무는 쌍방적 상행위로 인한 채무이든 일방적 상행위로 인한 채무이든 관계없다.

② 상인과 비상인간의 금전의 소비대차를 한 때에도 소비대차가 상행위에 해당하는 경우에는 당사자간의 이자약정의 유무에 불구하고 대주(貸主)는 법정이자를 청구할 수 없다.

③ 상인이 그 영업범위 내에서이든 영업범위 외에서든 타인의 이익을 위하여 행위를 한 때에는 이에 대하여 상당한 보수를 청구할 수 있다.

④ 상인이 그 영업범위 내에서든 영업범위 외에서든 타인을 위하여 금전을 체당한 때에는 체당한 날 이후의 법정이자를 청구할 수 있다.

⑤ 상인이 그 영업범위 내에서 물건의 임치를 받은 경우에는 보수를 받지 아니하는 때에도 선량한 관리자의 주의를 하여야 한다.

① 상행위로 인한 채무의 법정이자는 연 6푼으로 한다(제54조).
② 상인과 비상인간의 금전의 소비대차에 대해서는 이자약정이 없는 때에도 법정이자를 청구할 수 있다(제55조 제1항 참조).
③ 상인이 그 영업범위 내에서 타인의 이익을 위하여 한 행위를 한 때에는 이에 상당한 보수를 청구할 수 있다(제61조).
④ 상인이 그 영업범위 내에서 타인을 위하여 금전을 체당한 때에는 체당한 날 이후의 법정이자를 청구할 수 있다(제55조 제2항).
⑤ 제62조.

정답_⑤

**문 26_상법상 연대채무에 관한 설명으로 틀린 것은?**

(2010년 공인회계사)

① 다수채무자가 연대책임을 지기 위하여 채무자 중 1인은 반드시 상인이어야 한다.

② 다수채무자가 연대책임을 지기 위하여 채권자는 상인이어야 한다.

③ 다수설에 의하면, 상행위로 인한 채무와 실질적으로 동일성을 갖는 원상회복의무도 연대채무의 적용대상이 된다.

④ 판례에 의하면, 상행위로 인해 발생한 채무의 일부가 부당이득이 되는 경우 그 반환채무도 연대채무의 대상이 된다.

⑤ 판례에 의하면, 조합채무가 조합원 전원을 위해 상행위가 되는 행위로 인하여 부담하게 된 것이라면 그 채무에 관하여 조합원들이 연대책임을 부담한다.

다수채무자가 연대책임을 지는 경우에는 채무자 1인 또는 전원이 상인이어야 하지만, 채권자는 상인이든 아니든 관계없다.

정답_②

**문 27_상법상 상행위 특칙에 관한 설명으로 틀린 것은? (이견이 있으면 판례에 의함)** (2015년 공인회계사)

① 대화자 간의 상사계약에 있어서 계약의 청약을 받은 자가 즉시 승낙을 하지 않은 때에는 그 청약은 효력을 잃는다.

② 상인이 그 영업에 관하여 타인에게 금전을 대여한 경우에는 상대방이 상인인지 여부에 관계 없이 연 6분의 법정이자를 청구할 수 있다.

③ 채무자의 지점에서의 거래로 인한 채무이행의 장소가 그 행위의 성질 또는 당사자의 의사표시에 의하여 특정되지 아니한 경우 특정물 인도 외의 채무이행은 그 지점을 이행장소로 본다.

④ 상인간의 매매에 있어서 목적물의 하자가 즉시 발견할 수 없는 하자인 경우 매수인은 목적물을 수령한 후 6월 이내에 하자를 발견하여 즉시 통지를 발송하지 아니하면 목적물의 하자로 인한 담보책임을 물을 수 없다.

⑤ 상인이 그 영업범위 내에서 물건의 임치를 받은 경우에는 보수를 받지 아니하는 때에도 선량한 관리자의 주의를 하여야 한다.

채권자의 지점에서의 거래로 인한 채무이행의 장소가 그 행위의 성질 또는 당사자의 의사표시에 의하여 특정되지 아니한 경우 특정물 인도 외의 채무이행은 그 지점을 이행장소로 본다(제56조).

정답_③

**문 28_상법상 상행위 특칙에 관한 설명으로 옳은 것은?** (2011년 공인회계사)

① 상인이 그 영업범위 내에서 물건의 임치를 받은 경우에는 보수를 받지 아니하는 때에도 자기재산과 동일한 주의를 하여야 한다.

② 상인이 그 영업에 관하여 비상인에게 금전을 대여한 경우 이자지급의 약정이 없더라도 상사법정이자를 청구할 수 있다.

③ 채권자의 지점에서의 거래로 인한 채무이행의 장소가 그 행위의 성질 또는 당사자의 의사표시에 의하여 특정되지 아니한 경우 특정물 인도 외의 채무이행은 채무자의 현영업소를 이행장소로 본다.

④ 격지자간의 계약의 청약은 승낙기간이 없으면 상대방이 상당한 기간 내에 승낙의 통지를 발송하지 아니한 때에는 그 효력을 잃는다.

⑤ 상인이 영업부류에 속한 계약의 청약과 함께 견품 기타의 물건을 받은 경우 그 청약을 거절하는 때에는 그 물건의 보관의무를 부담하지 않는다.

① 상인이 그 영업범위 내에서 물건의 임치를 받은 경우에는 보수를 받지 아니하는 때에도 선량한 관리자로서의 주의를 하여야 한다(상법 제62조).

③ 채권자의 지점에서의 거래로 인한 채무이행의 장소가 그 행위의 성질 또는 당사자의 의사표시에 의하여 특정되지 아니한 경우 특정물 인도 외의 채무이행은 그 지점을 이행장소로 본다(상법 제56조).

④ 격지자간의 계약의 청약은 승낙기간이 없으면 상대방이 상당한 기간 내에 승낙의 통지가 도달하지 아니한 때에는 그 효력을 잃는다(민법 제529조).

⑤ 상인이 영업부류에 속한 계약의 청약과 함께 견품 기타의 물건을 받은 경우 그 청약을 거절하는 때에도 청약자의 비용으로 그 물건의 보관하여야 한다(상법 제60조).

정답_②

해 설 및 정 답

**문 29**_상사매매에 관한 설명 중 **틀린** 것은?   (2009년 공인회계사)

① 통설에 의하면 상사매매에 관한 상법 규정은 대체로 매도인을 보호하기 위한 취지이며, 임의규정이므로 당사자 간의 특약으로 배제할 수 있다.

② 매수인이 매매 목적물의 수령을 거부하는 경우 매도인은 이를 공탁할 수 있다.

③ 판례에 의하면, 목적물상 즉시 발견할 수 없는 하자에 대한 통지를 6월 내에 하지 않았다면 매수인은 매도인에 대하여 이로 인한 손해배상을 청구할 수 없다.

④ 매수인의 목적물보관·공탁의무는 목적물의 인도장소가 매도인의 영업소 또는 주소와 동일한 특별시·광역시·시·군에 있는 때에는 이를 적용하지 아니한다.

⑤ 확정기 매매에서는 이행시기가 도래하여도 채무자가 이행하지 않으면 이행의 최고 없이 해제의사표시로써 계약을 해제할 수 있다.

확정기 매매에서는 이행시기가 도래하여도 채무자가 이행하지 않으면 즉시 이행의 청구가 없는 한 계약은 해제된 것으로 본다(제68조). 따라서 민법의 정기행위와 달리 확정기 매매에서는 해제의사표시를 요하지 아니한다.

정답_⑤

**문 30**_상법상 상사매매에 관한 설명으로 **틀린** 것은?

(2014년 공인회계사)

① 확정기매매에 있어 당사자 일방이 이행시기를 경과한 때에는 상대방은 즉시 그 이행을 청구하지 않으면 계약을 해제한 것으로 본다.

② 판례에 의하면 매매목적물에 즉시 발견할 수 없는 하자가 있는 경우 매수인이 6개월 내에 이를 발견하여 지체없이 통지하지 않으면 매수인은 매도인에게 하자담보책임을 물을 수 없다.

③ 매도인은 매수인이 목적물의 수령을 거부한 때에는 그 물건을 공탁하거나 상당한 기간을 정하여 최고한 후 경매할 수 있다.

④ 매수인은 목적물의 인도장소가 매도인의 영업소 또는 주소와 동일한 특별시·광역시·시·군에 있는 때에는 목적물보관·공탁의무를 부담하지 않는다.

⑤ 매수인이 목적물을 수령하여 검사한 결과 수량초과를 발견한 경우에는 매수인은 그 초과부분에 대하여 매도인의 비용으로 지체없이 매도인에게 반환하여야 한다.

매수인이 목적물을 수령하여 검사한 결과 수량초과를 발견한 경우에는 매수인은 그 초과부분에 대하여 매도인의 비용으로 보관 또는 공탁하거나 법원의 허가를 얻어 경매하여야 한다(제71조, 제70조 제1항).

정답_⑤

**문 31** 상법상 상사매매에 관한 설명으로 틀린 것은?(매도인은 선의이며 목적물의 인도장소가 매도인의 영업소 또는 주소와 다른 특별시 · 광역시 · 시 · 군이라고 가정함) (2018년 공인회계사)

① 매수인이 목적물을 수령한 때에는 지체없이 이를 검사하여야 하며 목적물의 하자를 발견한 경우에는 즉시 매도인에게 하자통지를 발송하지 아니하면 매도인은 하자담보책임을 부담하지 않는다.

② 매매목적물에 즉시 발견할 수 없는 하자가 있는 경우에 매수인이 목적물 수령 후 6월 내에 하자를 발견한 때에는 매도인에게 즉시 하자통지 후 계약해제, 대금감액 또는 손해배상을 청구할 수 있다.

③ 매수인이 목적물 검사의무와 하자통지의무를 이행하고 매매목적물의 하자를 원인으로 매매계약을 해제한 경우 매수인은 매도인의 비용으로 매매목적물을 보관하거나 공탁하여야 한다.

④ 매수인이 목적물 검사의무와 하자통지의무를 이행하고 매매계약을 해제한 경우 매매목적물이 멸실될 염려가 있는 때에는 매수인은 법원의 허가를 얻어 경매하고 그 대가를 보관 또는 공탁하여야 한다.

⑤ 매수인이 목적물의 수령을 거부하는 경우에는 매도인은 그 물건을 공탁하거나 상당한 기간을 정하여 최고한 후 법원의 허가를 얻어 목적물을 경매할 수 있다.

**문 32** 상법상 상사매매에 있어서 매수인의 목적물 검사와 하자통지의무를 규정하는 상법 제69조 제1항의 내용에 관한 설명으로 틀린 것은? (2016년 공인회계사)

① 매수인의 목적물 검사 및 하자통지의무는 상인 간 매매에서 적용되고 상인과 비상인간의 매매에서는 적용되지 않는다.

② 판례에 의하면 특정한 주문자의 수요를 맞추기 위한 것과 같이 대체할 수 없는 물건을 제작 공급하는 계약에서는 적용되지 않는다.

③ 매수인이 상법의 규정대로 목적물을 검사하고 하자통지의무를 이행한 경우 선의의 매도인에게 손해배상 또는 대금감액을 청구할 수 있으나 계약해제는 할 수 없다.

④ 매수인이 목적물검사 및 하자통지의무를 위반한 경우 매수인은 선의의 매도인에 대하여 하자담보책임을 추궁할 수 없을 뿐 이로 인한 어떠한 책임이 생기는 것은 아니다.

⑤ 판례에 의하면 상법 제69조 제1항은 임의규정으로 당사자는 그 적용을 배제하는 특약을 할 수 있다.

**문 33_상법상 상인간의 매매에 관한 설명으로 틀린 것은?**

(2020년 공인회계사)

① 원칙적으로 매수인이 목적물을 수령할 수 없는 때에는 매도인은 그 물건을 공탁하거나 상당한 기간을 정하여 최고한 후 경매할 수 있다.

② 매수인의 수령거부로 인하여 매도인이 목적물을 경매하는 경우에, 매도인은 지체없이 매수인에 대하여 그 통지를 발송하여야 한다.

③ 매수인의 수령거부로 인하여 매도인이 목적물을 경매한 때에는, 그 대금에서 경매비용을 공제한 잔액을 공탁하여야 하고, 그 전부나 일부를 매매대금에 충당할 수 없다.

④ 확정기매매의 경우에 당사자의 일방이 이행시기를 경과한 때에는, 상대방이 즉시 그 이행을 청구하지 아니하면 계약을 해제한 것으로 본다.

⑤ 매수인이 목적물을 수령할 수 없는 경우에, 그 목적물이 멸실 또는 훼손될 염려가 있는 때에는 매도인은 최고없이 경매할 수 있다.

① 원칙적으로 매수인이 목적물을 수령할 수 없는 때에는 매도인은 그 물건을 공탁하거나 상당한 기간을 정하여 최고한 후 경매할 수 있다(상법 제67조 제1항 1문).
② 매수인의 수령거부로 인하여 매도인이 목적물을 경매하는 경우에, 매도인은 지체없이 매수인에 대하여 그 통지를 발송하여야 한다(상법 제67조 제1항 2문)..
③ 매수인의 수령거부로 인하여 매도인이 목적물을 경매한 때에는, 그 대금에서 경매비용을 공제한 잔액을 공탁하여야 하고, 그 전부나 일부를 매매대금에 충당할 수 있다(상법 제67조 제3항).
④ 확정기매매의 경우에 당사자의 일방이 이행시기를 경과한 때에는, 상대방이 즉시 그 이행을 청구하지 아니하면 계약을 해제한 것으로 본다(상법 제68조).
⑤ 매수인이 목적물을 수령할 수 없는 경우에, 그 목적물이 멸실 또는 훼손될 염려가 있는 때에는 매도인은 최고없이 경매할 수 있다(상법 제67조 제2항).

정답_ ③

**문 34_상법상 상호계산에 관한 설명으로 옳은 것은?**

(2019년 공인회계사)

① 상호계산은 민법상 상계와 유사한 제도로서 상인 간에만 적용된다.

② 상호계산기간은 6개월로 하며 당사자가 특약으로 다르게 정할 수 없다.

③ 어음 · 수표로 인한 채권채무는 상호계산에 계입될 수 없다.

④ 상호계산제도는 하나의 계산단위로 하는 것이므로 상계로 인한 잔액에 대해 이자가 발생할 여지가 없다.

⑤ 당사자가 채권채무의 각 항목을 기재한 계산서를 승인한 때에는 착오나 탈루가 있는 때를 제외하고는 그 각 항목에 대해 이의를 제기하지 못한다.

① 상호계산은 상인간 또는 상인과 비상인간에 적용된다(상법 제72조).
② 상호계산기간은 원칙적으로 6개월로 하며, 당사자가 특약으로 다르게 정할 수 있다(상법 제74조 참조).
③ 어음·수표로 인한 채권채무는 상호계산에 계입될 수 있다(상법 제73조).
④ 상호계산제도는 하나의 계산단위로 하는 것이므로 상계로 인한 잔액에 대해 계산폐쇄일 이후의 법정이자를 청구할 수 있다(상법 제76조 제1항).
⑤ 당사자가 채권채무의 각 항목을 기재한 계산서를 승인한 때에는 착오나 탈루가 있는 때를 제외하고는 그 각 항목에 대해 이의를 제기하지 못한다(상법 제75조).

정답_⑤

**문 35**_상법상 상호계산에 관한 설명으로 틀린 것은?

(2016년 공인회계사)

① 상인과 비상인간에 상시 거래관계가 있는 경우 상호계산계약을 체결할 수 있다.

② 각 당사자는 언제든지 상호계산계약을 해지할 수 있고 이 경우 즉시 계산을 폐쇄하고 그 잔액의 지급을 청구할 수 있다.

③ 상계로 인한 잔액채권에 대하여 채권자는 계산폐쇄일 이후의 법정이자를 청구할 수 있다.

④ 당사자가 채권채무의 각 항목을 기재한 계산서를 승인한 때라도 그 각 항목에 착오가 있는 경우 이의를 제기할 수 있다.

⑤ 어음으로 인한 채권채무가 상호계산에 계입된 경우 어음채무자가 변제하지 않더라도 당사자는 그 채무의 항목을 상호계산에서 제거할 수가 없다.

어음으로 인한 채권채무가 상호계산에 계입된 경우 어음채무자가 변제하지 아니한 때에는 당사자는 그 채무의 항목을 상호계산에서 제거할 수가 있다(제73조).

정답_⑤

**문 36**_상법상 익명조합에 관한 설명으로 옳은 것은?

(2015년 공인회계사)

① 익명조합원의 출자는 금전 기타 재산으로 출자할 수 있을 뿐만 아니라 신용이나 노무의 출자도 허용된다.

② 익명조합원의 이익배당을 받을 권리 및 손실분담의무는 익명조합의 본질적 요소이기 때문에 당사자 간의 특약에 의하여 배제할 수 없다.

③ 익명조합계약은 영업자가 파산한 경우는 물론 익명조합원이 파산한 경우에도 종료한다.

④ 영업자의 손실이 출자액을 초과하는 경우 당사자 간에 다른 약정이 없으면 익명조합원은 이미 받은 이익을 반환하거나 추가로 출자할 의무가 있다.

⑤ 익명조합계약은 존속기간을 정하지 아니하거나 어느 당사자의 종신까지 존속할 것을 약정한 때에는 각 당사자는 3월 전에 상대방에게 예고를 하고 계약을 해지할 수 있다.

① 익명조합원의 출자는 금전 기타 재산으로만 출자할 수 있다(제86조, 제272조).

② 익명조합원의 이익배당을 받을 권리는 익명조합의 본질적 요소이지만, 손실분담의무는 본질적 요소가 아니다(제78조, 제82조 제3항).

④ 영업자의 손실이 출자액을 초과하는 경우 당사자 간에 다른 약정이 없으면 익명조합원은 이미 받은 이익을 반환하거나 추가로 출자할 의무가 없다(제82조 제2항).

⑤ 익명조합계약은 존속기간을 정하지 아니하거나 어느 당사자의 종신까지 존속할 것을 약정한 때에는 각 당사자는 6월 전에 상대방에게 예고를 하고 계약을 해지할 수 있다(제83조 제1항).

정답_③

**문 37_**상법상 익명조합에 관한 설명으로 틀린 것은?

(2021년 공인회계사)

① 익명조합은 당사자의 일방이 상대방의 영업을 위하여 출자하고 상대방은 그 영업으로 인한 손실을 분담할 것을 약정함으로써 그 효력이 생긴다.

② 익명조합원이 자기의 상호를 영업자의 상호로 사용할 것을 허락한 때에는 그 사용 이후의 채무에 대하여 영업자와 연대하여 변제할 책임이 있다.

③ 조합계약이 종료한 때에는 영업자는 익명조합원에게 그 출자의 가액을 반환하여야 하지만, 출자가 손실로 인하여 감소된 때에는 그 잔액을 반환하면 된다.

④ 조합의 존속기간의 약정의 유무에 불구하고 부득이한 사정이 있는 때에는 각 당사자는 언제든지 계약을 해지할 수 있다.

⑤ 익명조합원의 파산은 익명조합계약의 종료사유이다.

① 익명조합은 당사자의 일방이 상대방을 위하여 출자하고 상대방은 그 영업으로 인한 이익을 배당할 것을 약정함으로써 그 효력이 생긴다(상법 제78조).

② 익명조합원이 자기의 상호를 영업자의 상호로 사용할 것을 허락한 때에는 그 사용 이후의 채무에 대하여 영업자와 연대하여 변제할 책임이 있다(상법 제81조).

③ 조합계약이 종료한 때에는 영업자는 익명조합원에게 그 출자의 가액을 반환하여야 하지만, 출자가 손실로 인하여 감소된 때에는 그 잔액을 반환하면 된다(상법 제86조).

④ 조합의 존속기간의 약정의 유무에 불구하고 부득이한 사정이 있는 때에는 각 당사자는 언제든지 계약을 해지할 수 있다(상법 제83조 제2항).

⑤ 익명조합원의 파산은 익명조합계약의 종료 사유이다(상법 제84조 3호).

정답_①

**문 38_**익명조합과 합자회사의 비교에 관한 설명으로 옳지 않은 것은?

① 익명조합은 사단성이 없으나, 합자회사는 사단성을 갖는다.

② 익명조합의 익명조합원만이 출자의무가 있으나, 합자회사에서는 모든 사원이 출자의무를 부담한다.

③ 익명조합원은 신용이나 노무를 출자할 수 있으나, 합자회사의 유한책임사원은 노무나 신용을 출자할 수 없다.

④ 익명조합은 영업자만이 채권자에 대하여 책임을 지지만, 합자회사는 모든 사원이 채권자에 대하여 책임을 진다.

⑤ 익명조합에서는 이익분배가 요소이지만, 합자회사에서는 이익분배가 요소에 해당하지 아니한다.

익명조합원은 합자회사의 유한책임사원과 같이 노무나 신용을 출자할 수 없으며, 재산출자만 가능하다(제86조, 제272조).

정답_③

**문 39_**상법상 익명조합에 관한 설명 중 틀린 것은? (2006년 공인회계사)

① 익명조합원이 출자한 금전 기타의 재산은 영업자의 재산이 되므로, 영업자가 그 영업의 이익금을 임의로 소비했다 하더라도 횡령죄가 되지 않는다.

② 익명조합의 경우 금전, 동산 등의 재산출자만이 인정되므로, 익명조합원은 신용 또는 노무를 출자의 목적으로 할 수 없다.

③ 익명조합원이 자기의 성명을 영업자의 상호 중에 사용하게 하였을 때에는 그 사용 이후의 채무에 대하여 영업자와 연대하여 변제할 책임이 있다.

익명조합원은 손실이 출자액을 초과한 경우에도 이미 받은 이익의 반환 또는 증자할 의무가 없다(제82조 제2항).

정답_④

④ 익명조합원은 영업상의 손실이 출자액을 초과한 경우에 다른 약정이 없는 한 이미 받은 이익의 범위 내에서 출자할 의무를 부담한다.
⑤ 익명조합원은 계약으로 조합의 존속기간을 정하였더라도 부득이한 사정이 있는 때에는 언제든지 계약을 해지할 수 있다.

**문 40_**상법상 익명조합에 관한 설명 중 옳은 것은?

(2009년 공인회계사)

① 익명조합원이 출자한 부동산이 영업자의 재산으로 귀속되려면 소유권 변동에 필요한 요건을 갖추어야 한다.
② 손실이 출자액을 초과한 경우에 다른 약정이 없으면 익명조합원은 이미 받은 이익의 반환 또는 증자할 의무가 있다.
③ 익명조합원은 출자의무를 이행한 후 영업자의 동의가 없더라도 그 지위를 타인에게 양도할 수 있다.
④ 영업자는 익명조합원의 대리인으로서 거래하는 것이므로 익명조합원은 영업상의 채무에 대하여 연대하여 변제할 책임이 있다.
⑤ 영업자 또는 익명조합원의 사망·금치산·파산은 익명조합계약의 당연종료사유가 된다.

② 손실이 출자액을 초과한 경우에 다른 약정이 없으면 익명조합원은 이미 받은 이익의 반환 또는 증자할 의무가 없다(제82조 제2항).
③ 익명조합원은 출자의무를 이행한 후 영업자의 동의가 없으면 그 지위를 타인에게 양도할 수 없다. 즉, 지위불양도의무를 부담한다.
④ 영업자는 자신이 권리의무의 주체로서 책임을 부담하며, 익명조합원은 제3자에 대하여 권리의무를 취득하지 못한다(제80조).
⑤ 영업자의 사망·금치산·파산, 익명조합원의 파산은 익명조합계약의 당연종료사유가 된다(제84조). 익명조합원의 사망과 금치산은 당연종료사유로 규정되어 있지 않다. 이에 대해 입법의 불비로 보는 견해도 있다.

정답_①

# 03 진도별 모의고사

## ▶ 상행위

**문 1**_합자조합 甲은 무한책임조합원 A, B, C, 그리고 유한책임조합원 D가 공동사업을 경영하기 위하여 상호출자하여 설립한 조합이다. 甲조합계약상으로는 무한책임조합원이 업무집행에 대한 권한을 가진다. 이 경우에 관한 설명으로 **틀린** 것은?

(2015년 공인회계사)

① A, B, C는 조합계약에 다른 규정이 없으면 각자가 합자조합의 업무를 집행하고 대리할 권리와 의무가 있다.

② B는 A, C, D 전원의 동의를 받아야 자신의 지분을 타인에게 양도할 수 있다.

③ A는 자신의 업무집행에 대하여 B가 이의를 제기하는 경우 조합계약에 다른 정함이 없으면 그 행위를 중지하고 자신을 제외한 업무집행조합원 과반수의 결의에 따라야 한다.

④ D는 A와 B의 동의를 받은 경우 자기 또는 제3자의 계산으로 조합과 거래할 수 있다.

⑤ D는 다른 조합원의 동의를 받지 않아도 자기 또는 제3자의 계산으로 조합의 영업부류에 속하는 거래를 할 수 있다.

A는 자신의 업무집행에 대하여 B가 이의를 제기하는 경우 조합계약에 다른 정함이 없으면 그 행위를 중지하고 업무집행조합원 과반수의 결의에 따라야 한다(제86조의5 제3항).

정답_③

**문 2**_상법상 합자조합에 관한 설명으로 옳은 것은? (2013년 공인회계사)

① 합자조합은 상법상의 특수조합으로서 상법상의 요건을 갖추어 설립등기를 함으로써 설립된다.

② 유한책임조합원은 조합계약에 정함이 없어도 무한책임조합원 전원이 동의하면 신용이나 노무를 출자할 수 있다.

③ 업무집행조합원은 다른 조합원 전원의 동의를 받지 아니하면 그 지분의 전부 또는 일부를 타인에게 양도하지 못한다.

④ 유한책임조합원은 조합계약에 정함이 없어도 무한책임조합원 전원이 동의하면 자신의 지분을 타인에게 양도할 수 있다.

① 합자조합은 상법상의 특수조합으로서 상법상의 요건을 갖추어 조합원간의 약정으로써 설립된다(제86조의2). 설립 후 2주 내에 설립등기를 하여야 한다(제86조의4 제1항).
② 유한책임조합원은 조합계약에 다른 정함이 없으면 무한책임조합원 전원이 동의하더라도 신용이나 노무를 출자할 수 없다(제86조의8 제3항, 제272조).
④ 유한책임조합원은 조합계약에 정함에 따라 자신의 지분을 타인에게 양도할 수 있다(제86조의7 제2항).
⑤ 둘 이상의 업무집행조합원이 있는 경우에 조합계약에 다른 정함이 없으면 그 각 업무집

⑤ 둘 이상의 업무집행조합원이 있는 경우에 조합계약에 다른 정함이 없으면 그 각 업무집행조합원의 업무집행에 관한 행위에 대하여 다른 업무집행조합원의 이의가 있는 경우에는 그 행위를 중지하고 업무집행조합원 전원의 결의에 따라야 한다.

행조합원의 업무집행에 관한 행위에 대하여 다른 업무집행조합원의 이의가 있는 경우에는 그 행위를 중지하고 업무집행조합원 과반수의 결의에 따라야 한다(제86조의5 제3항).

정답_③

**문 3_** A는 상인 B로부터 물건판매의 중개를 위탁받은 대리상이다. 상법상 이 경우에 관한 설명으로 틀린 것은? (2019년 공인회계사)

① A는 해당 거래의 중개로 인한 채권이 변제기에 있는 때에는 다른 약정이 없는 한 그 변제를 받을 때까지 B의 소유가 아니더라도 B를 위하여 점유하는 물건 또는 유가증권을 유치할 수 있다.

② A는 매매목적물의 하자 또는 수량부족 기타 매매의 이행에 관하여 그 통지를 받을 권한이 있다.

③ A의 B에 대한 보상청구권에 의한 보상금액은 원칙적으로 계약종료전 5년간의 평균년보수액을 초과할 수 없다.

④ A는 B의 허락없이 자기나 제3자의 계산으로 B의 영업부류에 속한 거래를 하거나 동종영업을 목적으로 하는 회사의 무한책임사원 또는 이사가 되지 못한다.

⑤ 계약의 존속기간에 대한 약정이 있는 경우에도 A와 B는 2개월 전에 예고한 후 계약을 해지할 수 있다.

① A는 해당 거래의 중개로 인한 채권이 변제기에 있는 때에는 다른 약정이 없는 한 그 변제를 받을 때까지 B의 소유가 아니더라도 B를 위하여 점유하는 물건 또는 유가증권을 유치할 수 있다(상법 제91조).
② A는 매매목적물의 하자 또는 수량부족 기타 매매의 이행에 관하여 그 통지를 받을 권한이 있다(상법 제94조).
③ A의 B에 대한 보상청구권에 의한 보상금액은 원칙적으로 계약종료전 5년간의 평균년보수액을 초과할 수 없다(상법 제92조의2 제2항).
④ A는 B의 허락없이 자기나 제3자의 계산으로 B의 영업부류에 속한 거래를 하거나 동종영업을 목적으로 하는 회사의 무한책임사원 또는 이사가 되지 못한다(상법 제89조 제1항).
⑤ 계약의 존속기간에 대한 약정하지 아니한 때에는 A와 B는 2개월 전에 예고한 후 계약을 해지할 수 있다(상법 제92조).

정답_⑤

**문 4_** 상법상 대리상에 관한 설명으로 틀린 것은? (2010년 공인회계사)

① 대리상은 특정 상인의 영업을 보조하지만 상업사용인은 아니다.

② 대리상이 보조하는 상인은 다수인이어도 무방하다.

③ 대리상은 본인의 허락없이 자기나 제3자의 계산으로 본인의 영업부류에 속한 거래를 하지 못한다.

④ 대리상은 본인의 허락없이 동종영업을 목적으로 하는 회사의 무한책임사원 또는 이사가 되지 못한다.

⑤ 대리상계약의 종료 전에도 본인이 현저한 이익을 얻고 있는 경우 대리상은 보상청구권을 행사할 수 있다.

대리상계약의 종료 후에만 대리상의 보상청구권이 인정된다.

정답_⑤

해 설 및 정 답

**문 5_상법상 대리상에 관한 설명으로 틀린 것은?**

(2015년 공인회계사)

① 상인의 영업부류에 속하지 않는 거래의 대리 또는 중개를 하는 경우에는 상법상의 대리상이 아니다.

② 대리상은 거래의 대리 또는 중개로 인한 채권이 변제기에 있는 때에는 당사자 간에 다른 약정이 없으면 그 변제를 받을 때까지 본인을 위하여 점유하는 물건 또는 유가증권을 유치할 수 있다.

③ 대리상은 본인의 허락 없이 자기나 제3자의 계산으로 본인의 영업부류에 속한 거래를 하거나 동종영업을 목적으로 하는 회사의 무한책임사원 또는 이사가 되지 못한다.

④ 대리상의 보상청구권은 대리상계약의 종료가 대리상의 책임 있는 사유로 인한 경우에는 인정되지 않는다.

⑤ 중개대리상은 체약대리상과 달리 매매목적물의 하자 또는 수량부족 기타 매매의 이행에 관한 사항에 대하여 통지를 수령할 권한이 인정되지 않는다.

중개대리상이든 체약대리상이든 매매목적물의 하자 또는 수량부족 기타 매매의 이행에 관한 사항에 대하여 통지를 수령할 권한이 인정된다(제90조).

정답_⑤

**문 6_상법상 대리상에 관한 설명으로 틀린 것은?**

(2021년 공인회계사)

① 대리상이 거래의 대리 또는 중개를 한 때에는 지체없이 본인에게 그 통지를 발송하여야 한다.

② 대리상은 본인의 허락없이 자기나 제3자의 계산으로 본인의 영업부류에 속한 거래를 하지 못한다.

③ 물건의 판매나 그 중개의 위탁을 받은 대리상은 매매의 목적물의 하자 또는 수량부족에 관한 통지를 받을 권한이 있다.

④ 대리상의 보상청구권은 대리상계약이 종료한 날부터 6월을 경과하면 소멸한다.

⑤ 상인이 아닌 자를 위해 그 거래의 대리 또는 중개를 영업으로 하는 자도 상법상 대리상이다.

① 대리상이 거래의 대리 또는 중개를 한 때에는 지체없이 본인에게 그 통지를 발송하여야 한다(상법 제88조).

② 대리상은 본인의 허락없이 자기나 제3자의 계산으로 본인의 영업부류에 속한 거래를 하지 못한다(상법 제89조 제1항).

③ 물건의 판매나 그 중개의 위탁을 받은 대리상은 매매의 목적물의 하자 또는 수량부족에 관한 통지를 받을 권한이 있다(상법 제90조).

④ 대리상의 보상청구권은 대리상계약이 종료한 날부터 6월을 경과하면 소멸한다(상법 제92조의2 제4항).

⑤ 대리상은 일정한 상인을 위하여 항시 그 거래의 대리 또는 중개를 영업으로 하는 자(상법 제87조)이므로, 상인이 아닌 자를 위해 그 거래의 대리 또는 중개를 영업으로 하는 자는 상법상 대리상이 아니다.

정답_⑤

**문 7_** 상법상 중개인에 관한 설명으로 틀린 것은?

(2020년 공인회계사)

① 중개인이 그 중개한 행위에 관하여 견품을 받은 때에는 그 행위가 완료될 때까지 이를 보관하여야 한다.

② 중개에 의한 계약이 성립한 경우, 중개인이 임의로 당사자 일방의 성명 또는 상호를 상대방에게 표시하지 아니한 때에는 상대방은 중개인에 대하여 이행을 청구할 수 있다.

③ 중개인에 의해 당사자 간에 계약이 성립된 때에는 당사자는 지체없이 결약서를 작성하여 중개인에게 교부하여야 한다.

④ 다른 약정이나 관습이 없으면, 중개인은 그 중개한 행위에 관하여 당사자를 위하여 지급 기타의 이행을 받지 못한다.

⑤ 당사자는 언제든지 자기를 위하여 중개한 행위에 관한 장부의 등본의 교부를 청구할 수 있다.

① 중개인이 그 중개한 행위에 관하여 견품을 받은 때에는 그 행위가 완료될 때까지 이를 보관하여야 한다(상법 제95조).

② 중개에 의한 계약이 성립한 경우, 중개인이 임의로 당사자 일방의 성명 또는 상호를 상대방에게 표시하지 아니한 때에는 상대방은 중개인에 대하여 이행을 청구할 수 있다(상법 제99조).

③ 중개인에 의해 당사자 간에 계약이 성립된 때에는 중개인은 지체없이 결약서를 작성하여 당사자에게 교부하여야 한다(상법 제96조 제1항).

④ 다른 약정이나 관습이 없으면, 중개인은 그 중개한 행위에 관하여 당사자를 위하여 지급 기타의 이행을 받지 못한다(상법 제94조).

⑤ 당사자는 언제든지 자기를 위하여 중개한 행위에 관한 장부의 등본의 교부를 청구할 수 있다(상법 제98조 제2항).

정답_③

**문 8_** 상법상 중개업에 관한 설명으로 옳은 것은?

(2013년 공인회계사)

① 비상인 간의 거래를 영업으로 중개하는 자는 상법상의 상인은 될 수 있으나 상법상의 중개인은 아니다.

② 중개인이 그 중개한 행위에 관하여 견품을 받은 때에는 중개한 계약이 이행되면 더 이상 이를 보관하지 않아도 된다.

③ 중개인은 중개한 계약이 이행된 시점부터 보수를 청구할 수 있으며 중개인의 보수는 당사자 쌍방이 균분하여 부담한다.

④ 중개인이 일방 당사자의 청구에 의하여 그 자의 성명 또는 상호를 상대방에게 표시하지 아니한 때에는 상대방은 중개인에 대하여 이행을 청구할 수 없다.

⑤ 중개인은 당사자 간에 성립된 계약이 즉시 이행하여야 하는 것인 때에는 지체 없이 결약서를 작성하여 각 당사자로 하여금 기명날인 또는 서명하게 한 후 그 상대방에게 교부하여야 한다.

② 중개인이 그 중개한 행위에 관하여 견품을 받은 때에는 중개한 계약의 이행이 되더라도 그 행위가 완료될 때까지 보관하고(95조), 이를 반환하여야 한다.

③ 중개인은 결약서의 교부의무를 종료하면 보수를 청구할 수 있고, 중개인의 보수는 당사자 쌍방이 균분하여 부담한다(제100조).

④ 중개인이 일방 당사자의 청구에 의하여 그 자의 성명 또는 상호를 상대방에게 표시하지 아니한 때에는 상대방은 중개인에 대하여 이행을 청구할 수 있다(제99조).

⑤ 중개인은 당사자 간에 성립된 계약이 즉시 이행을 하여야 하는 경우를 제외하고 결약서를 작성하여 각 당사자로 하여금 기명날인 또는 서명하게 한 후 그 상대방에게 교부하여야 한다(제96조 제2항).

정답_①

**문 9_** 중고차판매상 A는 영업을 위하여 위탁매매업자인 B에게 중고차의 구입을 위탁하고, B는 자신의 명의로 중고차를 C로부터 매수하는 계약을 체결하고 자동차를 인도받았다. 이 사안에 관한 상법상 설명으로 옳은 것은? (2013년 공인회계사)

① B가 C로부터 인도받은 자동차를 A가 수령을 거부하는 경우 B는 자동차를 공탁하거나 법원의 허가를 얻어 경매할 수 있다.

② 만일 C가 B에게 사동차를 인도하지 않았다면 자동차대금을 B에게 지급한 A는 C에 대하여 자신에게 자동차의 인도를 청구할 수 있다.

③ A와 B사이의 위탁계약이 상법상 확정기매매에 해당한다면 그 인도시기 내에 자동차가 A에게 인도되지 않은 경우 A가 즉시 그 이행을 청구하지 아니하면 위탁계약은 해제된 것으로 본다.

④ 판례에 따르면 A가 B로부터 인도받은 자동차에 즉시 발견할 수 없는 하자를 8개월이 되는 시점에서 발견하면 A는 B에게 하자담보책임을 물을 수 있다.

⑤ A가 변제기에 이른 B에 대한 다른 채무를 이행하지 않더라도 A가 자동차대금을 지급하였다면 B는 자동차를 A에게 인도하지 않고 유치할 수 없다.

① B가 C로부터 인도받은 자동차를 A가 수령을 거부하는 경우 B는 자동차를 공탁하거나 (법원의 허가없이) 경매할 수 있다(제109조, 제67조 제1항).
② A는 권리의무의 주체가 될 수 없으므로, C가 B에게 자동차를 인도하지 않았다고 하여 자동차대금을 B에게 지급한 A가 C에 대하여 자신에게 자동차의 인도를 청구할 수는 없다. 위탁매매계약의 권리의무주체는 위탁매매인 B이다(제102조 참조).
④ 판례에 따르면 A가 B로부터 인도받은 자동차에 즉시 발견할 수 없는 하자를 8개월이 되는 시점에서 발견하면 A는 B에게 하자담보책임을 물을 수 없다(제110조, 제69조;대판 1999.1.29, 98다1584).
⑤ A가 변제기에 이른 B에 대한 다른 채무를 이행하지 않더라도 A가 자동차대금을 지급하였다면 B는 자동차를 A에게 인도하지 않고 유치할 수 있다(제111조, 제91조).

정답_③

**문 10_** 상법상 위탁매매업에 관한 설명으로 틀린 것은? (2019년 공인회계사)

① 위탁매매인이 위탁받은 매매를 한 때에는 지체없이 위탁자에 대하여 그 계약의 요령과 상대방의 주소, 성명의 통지를 발송하여야 하며 계산서를 제출하여야 한다.

② 위탁매매인이 거래소의 시세가 있는 물건의 매수를 위탁받은 경우에는 직접 그 매도인이 될 수 있으며 이 경우 매매대가는 위탁자가 목적물을 수령한 때의 거래소의 시세에 따른다.

③ 물건의 매수위탁을 받은 위탁매매인은 위탁자가 목적물의 수령을 거부하는 경우 위탁자가 비상인이더라도 목적물을 공탁하거나 상당한 기간을 정하여 최고한 후 경매할 수 있다.

④ 매수위탁자가 상인인 경우 목적물을 수령한 때에는 지체없이 이를 검사하여야 하며 하자 또는 수량의 부족을 발견한 경우에는 즉시 위탁매매인에게 그 통지를 발송하지 아니하면 이로 인한 계약해제, 대금감액 또는 손해배상을 청구하지 못한다.

① 위탁매매인이 위탁받은 매매를 한 때에는 지체없이 위탁자에 대하여 그 계약의 요령과 상대방의 주소, 성명의 통지를 발송하여야 하며 계산서를 제출하여야 한다(상법 제104조).
② 위탁매매인이 거래소의 시세가 있는 물건의 매수를 위탁받은 경우에는 직접 그 매도인이 될 수 있으며 이 경우 매매대가는 위탁매매인이 매매의 통지를 발송할 때의 거래소의 시세에 따른다(상법 제107조 제1항).
③ 물건의 매수위탁을 받은 위탁매매인은 위탁자가 목적물의 수령을 거부하는 경우 위탁자가 비상인이더라도 목적물을 공탁하거나 상당한 기간을 정하여 최고한 후 경매할 수 있다(상법 제109조, 제67조).
④ 매수위탁자가 상인인 경우 목적물을 수령한 때에는 지체없이 이를 검사하여야 하며 하자 또는 수량의 부족을 발견한 경우에는 즉시 위탁매매인에게 그 통지를 발송하지 아니하면 이로 인한 계약해제, 대금감액 또는 손해배상을 청구하지 못한다(상법 제110조, 제69조 제1항).
⑤ 확정기매매위탁계약의 이행시기가 도래하였음에도 위탁매매인이 이행하지 않는 경우 상인인 매수위탁자가 즉시 그 이행을 청구하지 아니하면 계약을 해제한 것으로 본다(상법 제110조, 제68조).

정답_②

⑤ 확정기매매위탁계약의 이행시기가 도래하였음에도 위탁매
　　매인이 이행하지 않는 경우 상인인 매수위탁자가 즉시 그 이
　　행을 청구하지 아니하면 계약을 해제한 것으로 본다.

**문 11**_상법상 이행담보책임(개입의무)이 인정되는 자는?

(2008년 공인회계사)

① 대리상　　　② 위탁매매인　　　③ 운송주선인
④ 운송인　　　⑤ 창고업자

위탁매매인은 위탁자를 위한 매매에 관하여
상대방이 채무를 이행하지 아니하는 경우에는
위탁자에 대하여 이를 이행할 책임이 있다. 그
러나 다른 약정이나 관습이 있으면 그러하지
아니한다(제105조).

정답_②

**문 12** 상법상 위탁매매인에 관한 설명으로 **틀린** 것은?

(2015년 공인회계사)

① 위탁매매인은 그 영업행위로서 매매계약을 체결한 경우 거
　　래상대방에 대하여 직접 계약상의 권리를 취득하고 의무를
　　부담한다.
② 상인인 위탁자가 그 영업에 관하여 확정기거래로서 물건의
　　매수를 위탁한 경우 그 이행시기가 경과한 때에 위탁자가 즉
　　시 그 이행을 청구하지 않으면 위탁계약은 해제된 것으로 간
　　주된다.
③ 위탁매매인은 당사자간에 다른 약정이 없으면 위탁자를 위
　　한 물건 또는 유가증권의 매매로 인하여 생긴 채권이 변제기
　　에 있는 때에는 그 변제를 받을 때까지 위탁자를 위하여 점
　　유하고 있는 물건 또는 유가증권을 유치할 수 있다.
④ 위탁매매인은 위탁자를 위한 매매에 관하여 상대방이 채무를
　　이행하지 아니하는 경우에는 다른 약정이나 관습이 없으면
　　위탁자에 대하여 이를 이행할 책임이 있다.
⑤ 위탁매매인이 매수위탁을 받고 이를 이행하였으나 위탁자가
　　매수물의 수령을 거부하거나 수령할 수 없는 경우 위탁매매
　　인은 위탁자가 상인인 경우에 한하여 매수물을 공탁 또는 경
　　매할 수 있다.

위탁매매인이 매수위탁을 받고 이를 이행하였
으나 위탁자가 매수물의 수령을 거부하거나
수령할 수 없는 경우 위탁매매인은 위탁자가
상인이든 비상인이든 매수물을 공탁 또는 경
매할 수 있다(제109조, 제67조).

정답_⑤

**문 13_**甲은 A 정보통신(주)의 주식을 매수하고자 乙 증권회사의 영업팀장에게 위 주식을 적당한 시기에 주당 1만원으로 3만주를 매수하여 줄 것을 위탁하면서 3억원을 인도하고 위탁증거금 통장을 교부받았다. 이때의 법률관계에 대한 설명으로 **틀린** 것은?

(2006년 공인회계사)

① 주식을 매도한 자와의 법률관계에서 권리의무의 주체는 乙 증권회사이다.

② 乙 증권회사는 주식을 매수한 후 지체 없이 甲에게 매매계약의 요령과 상대방의 주소, 성명의 통지를 발송하여야 하며 계산서를 제출해야 한다.

③ 乙 증권회사가 지정가액보다 고가로 주식을 매입했을지라도 乙이 그 차액을 부담한 때에는 甲에 대해 효력이 있다.

④ 乙 증권회사가 지정가액보다 주식을 염가로 매입했을 경우, 그 차액은 다른 약정이 없으면 甲의 이익이 된다.

⑤ 만약 A 정보통신(주)의 주식이 거래소에 상장되어 있을 경우에, 乙 증권회사는 직접 매도인이 될 수 있으나 거래의 당사자이므로 甲에게 보수를 청구할 수 없다.

위 설문은 위탁매매인의 법률관계에 관한 내용을 묻는 것이다. 위탁매매인은 자기의 명의로 매매행위를 하므로, 권리의무의 주체가 된다. 다만 타인의 계산으로 하므로, 위탁매매행위를 한 때에는 이에 대해 보수를 청구할 수 있다(제61조).

정답_⑤

**문 14_**상법상 위탁매매인에 관한 설명으로 **틀린** 것은?

(2010년 공인회계사)

① 위탁매매인은 수임인으로서의 선관주의의무를 부담한다.

② 위탁매매인이 위탁받은 매매를 한 때에는 위탁자의 청구가 있는 경우에 한해 위탁자에 대하여 그 상대방의 주소·성명의 통지를 발송하여야 한다.

③ 위탁매매인은 위탁자를 위한 매매에 관하여 상대방이 채무를 이행하지 아니하는 경우, 다른 약정이나 관습이 없는 한 위탁자에 대하여 이를 이행할 책임이 있다.

④ 위탁자가 매도가액 또는 매수가액을 지정한 때에는 위탁매매인은 이에 따라야 한다.

⑤ 위탁매매인이 지정가액보다 고가로 양도하거나 염가로 매수한 경우에는 그 차익은 당사자간에 다른 약정이 없으면 위탁자의 이익으로 한다.

위탁매매인은 민법의 위임계약의 경우와 달리 위탁자의 청구가 없더라도 위탁매매를 실행한 때에는 위탁자에게 계약내용을 통지하고 계산서를 제출하여야 할 의무를 부담한다.

정답_②

**문 15_상법상 개입제도에 대한 설명으로 옳은 것은?**

(2016년 공인회계사)

① 대리상이 본인의 허락없이 자기의 계산으로 경업거래를 한 경우 본인이 개입권을 행사하면 직접 대리상의 거래상대방에 대하여 그 계약상의 권리를 취득한다.

② 이사의 경업거래금지의무위반에 대한 주식회사의 개입권은 그 거래가 있은 날로부터 1년이 경과하면 소멸한다.

③ 위탁매매인이 개입권을 행사한 경우 위탁매매인이 직접 그 매도인이나 매수인이 되기 때문에 위탁매매인은 위탁자에게 보수를 청구할 수 없다.

④ 운송주선인이 개입권을 행사하기 위해서는 운임에 관한 거래소의 시세가 있어야 한다.

⑤ 중개인이 임의로 당사자 일방의 성명 또는 상호를 상대방에게 표시하지 않은 경우 중개인은 그 상대방에 대하여 중개한 계약의 당사자가 된다.

해 설 및 정 답

① 대리상이 본인의 허락없이 자기의 계산으로 경업거래를 한 경우 본인이 개입권을 행사하면 직접 대리상의 거래상대방에 대하여 그 계약상의 권리를 취득하는 것은 아니며, 대리상의 계산을 본인의 계산으로 본다(제89조 제2항, 제17조 제2항).

③ 위탁매매인이 개입권을 행사한 경우 위탁매매인이 직접 그 매도인이나 매수인이 되며, 위탁매매인은 위탁자에게 보수를 청구할 수 있다(제107조 제2항).

④ 운송주선인이 개입권을 행사하는데에는 운임에 관한 거래소의 시세를 필요로 하지 않는다(제116조 제1항).

⑤ 중개인이 임의로 당사자 일방의 성명 또는 상호를 상대방에게 표시하지 않은 경우 중개인은 그 상대방에 대하여 중개한 계약의 당사자가 되는 것은 아니며, 상대방은 중개인에 대하여 이행을 청구할 수 있다(제99조).

정답_②

---

**문 16_상법상의 운송주선업에 관한 설명으로 옳은 것은?**

(2013년 공인회계사)

① 상법상의 운송주선인은 위탁자의 의뢰를 받아 자기의 명의로 물건과 여객운송의 주선을 영업으로 하는 자이다.

② 운송주선인은 다른 약정이 없으면 위탁자의 동의를 받아야 자신이 운송인이 되어 직접 운송할 수 있으며, 이 경우에는 운송주선인은 운송인과 동일한 권리의무가 있다.

③ 운송주선인이 위탁자의 청구에 의하여 화물상환증을 작성·교부한 경우에는 운송주선인이 직접 운송하는 것으로 추정한다.

④ 운송주선인은 운송물을 운송인에게 인도한 때에는 즉시 보수를 청구할 수 있으며 운송주선계약으로 운임의 액을 정한 경우에는 다른 약정이 없으면 따로 보수를 청구하지 못한다.

⑤ 운송주선인의 채무불이행에 대한 책임은 운송주선인이나 그 사용인의 선의, 악의에 관계없이 수하인이 운송물을 수령한 날로부터 6개월이 경과하면 소멸시효가 완성한다.

① 상법상의 운송주선인은 위탁자의 의뢰를 받아 자기의 명의로 물건운송의 주선을 영업으로 하는 자이다(제114조). 여객운송의 주선을 영업으로 하는 자는 준위탁매매인에 해당한다.

② 운송주선인은 다른 약정이 없으면 자신이 운송인이 되어 직접 운송할 수 있으며, 이 경우에는 운송주선인은 운송인과 동일한 권리의무가 있다(제116조 제1항). 위탁자의 동의를 요하지 않는다.

③ 운송주선인이 위탁자의 청구에 의하여 화물상환증을 작성·교부한 경우에는 운송주선인이 직접 운송하는 것으로 본다(제116조 제2항).

⑤ 운송주선인의 채무불이행에 대한 책임은 운송주선인이나 그 사용인의 선의인 경우 1년, 악의인 경우 수하인이 운송물을 수령한 날로부터 5년이 경과하면 소멸시효가 완성한다(제121조 제1항 및 제3항, 제64조).

정답_④

**문 17_**상법상 운송주선업을 영업으로 하는 A가 B로부터 물건운송주선을 위탁받았다. 이에 대한 상법상 설명으로 틀린 것은?

(2016년 공인회계사)

① A가 B와의 운송주선계약으로 운임의 액을 정한 경우에는 다른 약정이 없으면 따로 보수를 청구하지 못한다.

② A가 B의 청구에 의하여 화물상환증을 작성한 경우에는 직접 운송하는 것으로 본다.

③ A의 경과실로 물건이 전부 멸실한 경우 A의 B에 대한 채무불이행책임에는 운송인의 정액배상책임규정이 준용된다.

④ A는 운송물에 관하여 받을 보수, 운임, 기타 위탁자를 위한 체당금이나 선대금에 관하여서만 그 운송물을 유치할 수 있다.

⑤ A의 B 또는 수하인에 대한 채권은 1년간 행사하지 않으면 소멸시효가 완성된다.

A의 경과실로 물건이 전부 멸실한 경우 A의 B에 대한 채무불이행책임에는 운송인의 정액배상책임규정이 준용되지 않는다(제124조 참조).

정답_③

**문 18_**상법상 운송주선업에 관한 설명으로 틀린 것은?

(2018년 공인회계사)

① 운송주선인의 위탁자 또는 수하인에 대한 채권은 1년간 행사하지 아니하면 소멸시효가 완성한다.

② 운송주선인은 자기의 명의로 물건운송의 주선을 영업으로 하는 자를 말하며 여객운송의 주선을 영업으로 하는 자는 운송주선인이 아니다

③ 운송주선인이 위탁자의 청구에 의하여 화물상환증을 작성한 경우에는 직접 운송하는 것으로 본다.

④ 운송주선인이 송하인의 지정가액보다 염가로 운송계약을 체결한 경우 그 차액은 다른 약정이 없으면 운송주선인의 이익으로 한다.

⑤ 운송주선인은 운송물에 관하여 받을 보수, 운임, 기타 위탁자를 위한 체당금이나 선대금에 관하여서만 그 운송물을 유치할 수 있다.

운송주선인이 송하인의 지정가액보다 염가로 운송계약을 체결한 경우 그 차액은 다른 약정이 없으면 송하인의 이익으로 한다(상법 제114조, 제106조 제2항).
① 상법 제122조 ② 상법 제114조, 제113조
③ 상법 제116조 제2항 ⑤ 상법 제120조

정답_④

**문 19_**상법상 운송주선인에 관한 설명으로 <u>틀린</u> 것은?

(2021년 공인회계사)

① 운송주선인이란 자기의 명의로 물건운송의 주선을 영업으로 하는 자를 말한다.

② 선의의 운송주선인의 책임은 운송인이 운송물을 수령한 날로부터 1년을 경과하면 소멸시효가 완성한다.

③ 운송주선인은 다른 약정이 없으면 직접 운송할 수 있고, 이 경우 그 운송주선인은 운송인과 동일한 권리의무가 있다.

④ 운송주선인은 운송물에 관하여 받을 보수, 운임, 기타 위탁자를 위한 체당금이나 선대금에 관하여서만 그 운송물을 유치할 수 있다.

⑤ 수인이 순차로 운송주선을 하는 경우에, 후자는 전자에 갈음하여 그 권리를 행사할 의무를 부담한다.

① 운송주선인이란 자기의 명의로 물건운송의 주선을 영업으로 하는 자를 말한다(상법 제114조).
② 선의의 운송주선인의 책임은 운송인이 운송물을 수령한 날로부터 1년을 경과하면 소멸시효가 완성한다. 다만, 전부멸실의 경우에는 그 운송물을 인도할 날로부터 1년을 경과하면 소멸시효가 완성한다(상법 제121조 제1항, 제2항).
③ 운송주선인은 다른 약정이 없으면 직접 운송할 수 있고, 이 경우 그 운송주선인은 운송인과 동일한 권리의무가 있다(상법 제116조).
④ 운송주선인은 운송물에 관하여 받을 보수, 운임, 기타 위탁자를 위한 체당금이나 선대금에 관하여서만 그 운송물을 유치할 수 있다(상법 제120조).
⑤ 수인이 순차로 운송을 하는 경우에, 후자는 전자에 갈음하여 그 권리를 행사할 의무를 부담한다(상법 제117조).

정답_②

**문 20_**상법상 운송업에 관한 설명으로 <u>틀린</u> 것은? (이견이 있으면 판례에 의함)

(2021년 공인회계사)

① 송하인은 운송인의 청구에 의하여 화물명세서를 교부하여야 한다.

② 여객운송인은 여객으로부터 인도를 받은 수하물에 관하여는 그 수하물에 관한 운임을 받은 경우에 한하여 물건운송인과 동일한 책임이 있다.

③ 여객운송의 경우 손해배상의 액을 정함에는 법원은 피해자와 그 가족의 정상을 참작하여야 한다.

④ 화폐, 유가증권 기타의 고가물에 대하여는 송하인이 운송을 위탁할 때에 그 종류와 가액을 명시한 경우에 한하여 운송인은 그 채무불이행으로 인한 손해를 배상할 책임이 있다.

⑤ 송하인 또는 화물상환증이 발행된 때에는 그 소지인이 운송인에 대하여 운송의 중지, 운송물의 반환 기타의 처분을 청구할 수 있다.

① 송하인은 운송인의 청구에 의하여 화물명세서를 교부하여야 한다(상법 제126조 제1항).
② 여객운송인은 여객으로부터 인도를 받은 수하물에 관하여는 그 수하물에 관한 운임을 받지 않은 경우에도 물건운송인과 동일한 책임이 있다(상법 제149조 제1항).
③ 여객운송의 경우 손해배상의 액을 정함에는 법원은 피해자와 그 가족의 정상을 참작하여야 한다(상법 제148조 제2항).
④ 화폐, 유가증권 기타의 고가물에 대하여는 송하인이 운송을 위탁할 때에 그 종류와 가액을 명시한 경우에 한하여 운송인은 그 채무불이행으로 인한 손해를 배상할 책임이 있다(상법 제136조).
⑤ 송하인 또는 화물상환증이 발행된 때에는 그 소지인이 운송인에 대하여 운송의 중지, 운송물의 반환 기타의 처분을 청구할 수 있다(상법 제139조 제1항).

정답_②

**문 21**_상법상 화물상환증이 작성된 경우 그 효력에 관한 설명으로 틀린 것은? (2021년 공인회계사)

① 운송물에 관한 처분은 화물상환증으로써 하여야 한다.
② 화물상환증과 상환하지 아니하면 운송물의 인도를 청구할 수 없다.
③ 배서를 금지하는 뜻의 기재가 없는 한, 화물상환증은 기명식인 경우에노 배서에 의하여 양노할 수 있다.
④ 운송인과 송하인 사이에는 화물상환증에 적힌 대로 운송계약이 체결되고 운송물을 수령한 것으로 본다.
⑤ 화물상환증에 의하여 운송물을 받을 수 있는 자에게 화물상환증을 교부한 때에는, 운송물 위에 행사하는 권리의 취득에 관하여 운송물을 인도한 것과 동일한 효력이 있다.

① 운송물에 관한 처분은 화물상환증으로써 하여야 한다(상법 제132조).
② 화물상환증과 상환하지 아니하면 운송물의 인도를 청구할 수 없다(상법 제129조).
③ 배서를 금지하는 뜻의 기재가 없는 한, 화물상환증은 기명식인 경우에도 배서에 의하여 양도할 수 있다(상법 제130조).
④ 운송인과 송하인 사이에는 화물상환증에 적힌 대로 운송계약이 체결되고 운송물을 수령한 것으로 추정한다(상법 제131조 제1항).
⑤ 화물상환증에 의하여 운송물을 받을 수 있는 자에게 화물상환증을 교부한 때에는 운송물 위에 행사하는 권리의 취득에 관하여 운송물을 인도한 것과 동일한 효력이 있다(상법 제133조).

정답_④

**문 22**_상법상 화물상환증에 관한 설명으로 옳은 것은? (2017년 공인회계사)

① 화물상환증이 발행된 때에는 운송인과 송하인 사이에 화물상환증에 적힌 대로 운송계약이 체결되고 운송물을 수령한 것으로 간주한다.
② 화물상환증이 발행되지 않은 때에는 수하인이 운송인에 대하여 운송의 중지, 운송물의 반환 기타의 처분을 청구할 수 있다.
③ 화물상환증에 의하여 운송물을 받을 수 있는 자에게 화물상환증을 교부한 때에는 운송물 위에 행사하는 권리의 취득에 관하여 운송물을 인도한 것과 동일한 효력이 있다.
④ 운송인이 화물상환증과 상환하지 않고 운송물을 인도한 때에는 정당한 화물상환증 소지인에 대하여 채무불이행으로 인한 손해배상책임을 부담하지 않는다.
⑤ 화물상환증이 발행된 때에는 운송물에 관한 처분은 화물상환증으로써 하여야 하며 화물상환증이 기명식인 경우에는 배서에 의해서도 양도할 수 없다.

① 화물상환증이 발행된 때에는 운송인과 송하인 사이에 화물상환증에 적힌 대로 운송계약이 체결되고 운송물을 수령한 것으로 추정한다(제131조 제1항).
② 화물상환증이 발행되지 않은 때에는 송하인이 운송인에 대하여 운송의 중지, 운송물의 반환 기타의 처분을 청구할 수 있다(제139조 제1항).
④ 운송인이 화물상환증과 상환하지 않고 운송물을 인도한 때에는 정당한 화물상환증 소지인에 대하여 상법 제135조에 따른 채무불이행으로 인한 손해배상책임을 부담한다.
⑤ 화물상환증이 발행된 때에는 운송물에 관한 처분은 화물상환증으로써 하여야 하며 화물상환증이 기명식인 경우에도 배서에 의해서도 양도할 수 있다(제130조).

정답_③

**문 23_상법상 물건운송업에 관한 설명으로 옳은 것은?**

(2012년 공인회계사)

① 화물상환증이 기명식으로 발행된 경우에는 배서에 의하여 이를 양도할 수 없다.

② 화물상환증이 발행되어 제3자에게 교부된 경우에도 운송인은 운송물이 도착지에 도착할 때까지는 운송물에 대한 처분권을 행사할 수 있다.

③ 수하인은 운송물을 수령하는 경우 다른 약정이 없는 한 운송인에게 운임 기타 운송에 관한 비용과 체당금을 지급할 의무가 없다.

④ 수하인 또는 화물상환증소지인이 유보 없이 운송물을 수령하고 운임 기타의 비용을 지급하더라도 운송물에 즉시 발견할 수 없는 훼손 또는 일부 멸실이 있는 경우 운송물의 수령일로부터 2주간 내에 운송인에게 그 통지를 발송하면 운송인의 책임은 소멸하지 않는다.

⑤ 수하인이 운송물의 수령을 거부하거나 수령할 수 없는 경우 운송인은 송하인에 대하여 상당한 기간을 정하여 운송물의 처분에 대한 지시를 최고하고 그 기간 내에 지시가 없으면 운송물을 공탁할 수 있다.

**문 24_상법상 육상운송인에 관한 설명으로 옳은 것은? (이견이 있으면 판례에 의함)**

(2015년 공인회계사)

① 운송인은 운송물을 수하인 또는 화물상환증소지인에게 현실적으로 인도한 때에 한하여 운임의 지급을 청구할 수 있다.

② 운송인의 책임은 수하인 또는 화물상환증소지인이 유보없이 운송물을 수령하고 운임 기타의 비용을 지급한 때에는 소멸하는 것이 원칙이다.

③ 운송인의 책임은 수하인이 운송물을 수령한 날로부터 6개월을 경과하면 소멸시효가 완성한다.

④ 운송인의 책임이 동시에 계약상의 채무불이행책임과 불법행위 책임이 인정되는 경우 불법행위로 인한 손해배상책임이 배제되고 채무불이행으로 인한 손해배상책임만 인정된다.

⑤ 수하인이 운송물의 수령을 거부하는 경우에는 운송인은 송하인에 대한 최고에 갈음하여 수하인에 대하여 운송물의 수령을 최고하고 운송물을 수령하지 않으면 운송물을 경매할 수 있다.

**해 설 및 정 답**

① 화물상환증이 기명식으로 발행된 경우에는 배서에 의하여 이를 양도할 수 있다(제130조).
② 화물상환증이 발행되어 제3자에게 교부된 경우에는 그 운송물에 대한 소유권자는 화물상환증소지인이므로, 운송인은 운송물에 대한 처분권을 행사할 수 없다.
③ 수하인은 운송물을 수령하는 경우 다른 약정이 없는 한 운송인에게 운임 기타 운송에 관한 비용과 체당금을 지급할 의무가 있다(제141조).
④ 제146조
⑤ 수하인이 운송물의 수령을 거부하거나 수령할 수 없는 경우 운송인은 수하인에게 수령의 최고를 한 후 다시 송하인에 대하여 상당한 기간을 정하여 운송물의 처분에 대한 지시를 최고하고 그 기간 내에 지시가 없으면 운송물을 경매할 수 있다(제143조).

정답_④

① 운송인은 원칙적으로 운송물을 수하인 또는 화물상환증소지인에게 현실적으로 인도한 때에 운임의 지급을 청구할 수 있다(제134조 제1항).
③ 운송인의 책임은 수하인이 운송물을 수령한 날로부터 1년을 경과하면 소멸시효가 완성한다(제147조, 제121조 제1항).
④ 운송인의 책임이 동시에 계약상의 채무불이행책임과 불법행위 책임이 인정되는 경우 선택하여 행사할 수 있다(청구권경합설 : 판례).
⑤ 수하인이 운송물의 수령을 거부하는 경우에는 운송인은 수하인에 대하여 운송물의 수령을 최고하고 운송물을 수령하지 않으면 송하인에게 최고한 후에 운송물을 경매할 수 있다(제143조).

정답_②

**문 25**_서울에 있는 송하인 A는 운송인 B와 고가의 물건을 부산에 있는 수하인 C에게 운송해 줄 것을 내용으로 하는 계약을 체결하였다. 이에 대한 상법상 설명으로 옳은 것은? (2017년 공인회계사)

① A가 운송물의 종류 및 가액을 명시한 때에는 운송물이 일부 멸실된 경우 B의 손해배상액은 명시가액을 최고한도로 하여 인도한 날의 도착지 가격에 의한다.

② A가 운송물의 종류 및 가액을 명시한 때에는 운송물이 전부 멸실된 경우 B의 손해배상액은 명시가액을 최고한도로 하여 운송계약을 체결한 날의 출발지 가격에 의한다.

③ 판례에 의하면 A는 B의 하도급을 받아 물건을 운송하는 자에게까지 운송물의 종류 및 가액을 명시하여야 B에게 운송물에 대한 손해 배상책임을 물을 수 있다.

④ A가 운송물의 종류 및 가액을 명시하지 않은 때에는 운송물이 연착된 경우 B의 손해배상액은 운송물을 인도한 날의 도착지 가격에 의한다.

⑤ 판례에 의하면 A가 운송물의 종류 및 가액을 명시하지 않은 경우 B는 채무불이행으로 인한 손해배상책임은 물론 불법행위로 인한 손해배상책임도 부담한다.

① A가 운송물의 종류 및 가액을 명시한 때에는 운송물이 일부 멸실된 경우 B의 손해배상액은 명시가액을 최고한도로 하여 인도한 날의 도착지 가격에 의한다(제137조 제2항).
② A가 운송물의 종류 및 가액을 명시한 때에는 운송물이 전부멸실된 경우 B의 손해배상액은 명시가액을 최고한도로 하여 인도할 날의 도착지 가격에 의한다(제137조 제1항).
③ 판례에 의하면 A는 B에게 운송물의 종류 및 가액을 명시하면 B에게 운송물에 대한 손해배상책임을 물을 수 있다.
④ A가 운송물의 종류 및 가액을 명시하지 않은 때에는 운송물이 연착된 경우 B는 책임이 없다(제136조).
⑤ 판례에 의하면 상법 제136조는 채무불이행에 관한 규정이므로 A가 운송물의 종류 및 가액을 명시하지 않은 경우 B는 채무불이행으로 인한 손해배상책임은 부담하지 않는다(대판1977. 12.13, 75다107). 그러나 불법행위로 인한 손해배상책임에는 제136조가 적용되지 않으므로, 불법행위로 인한 손해배상책임은 부담한다.

정답_①

**문 26**_상법상 여객운송업에 관한 설명으로 옳은 것은?

(2014년 공인회계사)

① 여객운송인은 자기 또는 사용인이 운송에 관한 주의를 다하였음을 증명하는 경우에도 여객의 손해에 대한 배상책임을 면할 수 없다.

② 여객운송인의 여객의 사상으로 인한 손해배상액은 정액배상주의에 따라 산정한다.

③ 여객운송인은 여객으로부터 인도받은 수하물에 대해서 운임을 받지 않은 경우 수하물이 연착된 때의 손해배상액은 수하물을 인도받은 날의 도착지 가격에 따른다.

④ 여객운송인은 여객으로부터 인도받지 않은 수하물의 멸실 또는 훼손에 대하여는 과실이 없음을 입증할 책임을 부담하지 않는다.

⑤ 여객운송인은 수하물이 도착지에 도착한 날로부터 1월 이내에 여객이 그 물건을 수령하지 않은 경우 수하물을 공탁하거나 경매할 수 있다.

① 여객운송인은 자기 또는 사용인이 운송에 관한 주의를 다하였음을 증명하는 경우에는 여객의 손해에 대한 배상책임을 면한다(제148조 제1항).
② 여객운송인의 여객의 사상으로 인한 손해배상은 여객의 정상을 참작하여야 한다(제148조 제2항).
③ 여객운송인은 여객으로부터 인도받은 수하물에 대해서 운임을 받지 않은 경우 수하물이 연착된 때의 손해배상액은 수하물을 인도할 날의 도착지 가격에 따른다(제149조 제1항, 제137조 제1항).
⑤ 여객운송인은 수하물이 도착지에 도착한 날로부터 10일 이내에 여객이 그 물건을 수령하지 않은 경우 수하물을 공탁하거나 경매할 수 있다(제149조 제2항).

정답_④

**문 27_** 상법상 공중접객업에 관한 설명으로 **틀린** 것은?

(2020년 공인회계사)

① 극장, 여관, 음식점, 그 밖의 공중이 이용하는 시설에 의한 거래를 영업으로 하는 자를 공중접객업자라 한다.

② 공중접객업자는 자기 또는 그 사용인이 고객으로부터 임치받은 물건의 보관에 관하여 주의를 게을리하지 아니하였음을 증명하지 아니하면, 그 물건의 멸실 또는 훼손으로 인한 손해를 배상할 책임이 있다.

③ 공중접객업자는 고객으로부터 임치받지 아니한 경우에도 그 시설 내에 휴대한 물건이 자기 또는 그 사용인의 과실로 인하여 멸실 또는 훼손되었을 때에는 그 손해를 배상할 책임이 있다.

④ 공중접객업자는 고객의 휴대물에 대하여 책임이 없음을 알린 경우에, 그 물건의 멸실이나 훼손으로 인한 손해에 대하여 배상책임을 면한다.

⑤ 상법은 화폐, 유가증권, 그 밖의 고가물(高價物)에 대하여는 고객이 그 종류와 가액을 명시하여 임치하지 아니하면, 공중접객업자는 그 물건의 멸실 또는 훼손으로 인한 손해를 배상할 책임이 없다고 규정하고 있다.

**문 28_** 공중접객업에 관한 설명 중 옳은 것은?

(2005년 공인회계사)

① 공중접객업자의 책임은 고객이 휴대물을 가져간 후 1년을 경과하면 소멸시효가 완성한다.

② 공중접객업자가 고객의 휴대물에 대하여 책임이 없음을 게시한 경우는 공중접객업자는 그 책임을 면할 수 있다.

③ 공중접객업자는 고객으로부터 임치받은 물건의 멸실 또는 훼손에 대하여 법률상 당연히 결과책임을 지므로, 어떠한 경우에도 그 손해를 배상할 책임을 면하지 못한다.

④ 통설에 따르면, 고객으로부터 임치받은 물건에 대한 공중접객업자의 손해배상책임은 당사자간의 특약에 의하여 경감 또는 면제될 수 있다.

⑤ 공중접객업자는 임치받지 않은 물건에 대하여는 자기 또는 사용인의 중과실에 의하여 손해가 발생한 경우에만 책임을 진다.

**문 29_**상법상 공중접객업에 관한 설명으로 **틀린** 것은?

(2011년 공인회계사)

① 공중접객업에 있어서 고객으로 인정되기 위하여 공중접객업자의 시설에 대한 이용계약이 체결될 필요는 없다.

② 공중접객업자는 임치받은 물건의 보관에 관하여 자기 또는 그 사용인이 주의를 게을리하지 아니하였음을 증명하지 못하면 그 물건의 멸실 또는 훼손에 대하여 손해배상책임을 진다.

③ 공중접객업자는 고객이 시설 내에 휴대한 물건이 자기 또는 그 사용인의 과실로 인하여 멸실 또는 훼손되었을 경우 그 손해를 배상할 책임이 있다.

④ 공중접객업자의 책임은 자기나 그 사용인에 악의가 없는 한 공중접객업자가 임치물을 반환하거나 고객이 휴대물을 가져간 후 6개월이 지나면 소멸시효가 완성된다.

⑤ 공중접객업자의 책임은 자기나 그 사용인이 악의인 경우에는 공중접객업자가 임치물을 반환하거나 고객이 휴대물을 가져간 후 3년이 경과하면 소멸시효가 완성된다.

공중접객업자의 책임은 자기나 그 사용인이 악의인 경우에는 공중접객업자가 임치물을 반환하거나 고객이 휴대물을 가져간 후 5년이 경과하면 소멸시효가 완성된다(상법 제64조 참조).

정답_⑤

**문 30_**상법상 창고업에 관한 설명으로 옳은 것은?

(2014년 공인회계사)

① 창고업자는 임치물을 일부 출고하는 경우에는 그 비율에 따른 보관료 기타의 비용과 체당금의 지급을 청구할 수 없다.

② 기명식으로 발행된 창고증권은 배서금지의 기재가 없는 한 배서에 의해서 양도가 가능하다.

③ 창고업자가 임치물에 대하여 보관료를 받지 않는 경우에는 보관에 관하여 선관주의의무를 부담하지 않는다.

④ 임치물의 멸실 또는 훼손으로 인한 창고업자의 책임은 그 물건을 출고한 날 이후 3년이 경과하면 소멸시효가 완성된다.

⑤ 창고업자는 임치기간을 정하지 않은 경우 임치물을 받은 날로부터 3개월이 경과한 후에는 언제든지 이를 반환할 수 있다.

① 창고업자는 임치물을 일부 출고하는 경우에는 그 비율에 따른 보관료 기타의 비용과 체당금의 지급을 청구할 수 있다(제162조 제2항).

③ 창고업자가 임치물에 대하여 보관료를 받지 않는 경우에도 보관에 관하여 선관주의의무를 부담한다(제62조).

④ 임치물의 멸실 또는 훼손으로 인한 창고업자의 책임은 그 물건을 출고한 날 이후 1년이 경과하면 소멸시효가 완성된다(제166조 제1항).

⑤ 창고업자는 임치기간을 정하지 않은 경우 임치물을 받은 날로부터 6개월이 경과한 후에는 언제든지 이를 반환할 수 있다(제163조 제1항).

정답_②

**문 31_창고업에 관한 설명 중 틀린 것은?**

(2005년 공인회계사)

① 창고증권소지인은 창고업자에 대하여 이미 발행된 창고증권을 반환하고 임치물을 분할하여 각 부분에 대한 창고증권의 교부를 청구할 수 있다.

② 창고업자가 임치물의 훼손·하자의 통지를 하였으나 임치인의 지시를 받을 수 없거나 그 지시가 지연되는 때에는, 창고업자는 임치인의 이익을 위하여 임치물을 처분할 수 있다.

③ 창고업자의 손해배상책임은 원칙적으로 임치인 또는 창고증권소지인이 유보 없이 임치물을 수령하고 보관료 기타의 비용을 지급한 때에 소멸한다.

④ 창고업자는 보관기간이 경과한 후에는 출고 전이라도 보관료를 청구할 수 있으며, 보관기간 경과 전이라도 일부출고의 경우는 그 비율에 따라 보관료의 지급을 청구할 수 있다.

⑤ 임치기간의 약정이 없는 경우에는 창고업자는 임치물을 받은 날로부터 6월을 경과한 후에는 예고 없이 언제든지 이를 반환할 수 있다.

임치기간의 약정이 없는 경우에는 창고업자는 임치물을 받은 날로부터 6월을 경과한 후에는 언제든지 이를 반환할 수 있다. 그러나 임치물을 반환함에는 2주간 전에 예고하여야 한다 (제163조 제1항, 제2항).

정답_⑤

**문 32_상법상 권리 또는 책임의 존속기간에 관한 설명으로 틀린 것은?**

(2012년 공인회계사)

① 대리상의 보상청구권은 대리상계약이 종료한 날부터 6개월을 경과하면 소멸한다.

② 운송주선인의 책임은 운송물이 전부 멸실한 경우 운송인 또는 그 사용인의 악의가 없는 한 운송인이 운송물을 인도할 날로부터 1년을 경과하면 소멸시효가 완성한다.

③ 운송인의 수하인에 대한 채권은 1년간 행사하지 아니하면 소멸시효가 완성한다.

④ 상업사용인이 경업금지의무에 위반하여 거래한 경우 영업주의 개입권은 영업주가 그 거래를 안 날로부터 2주간을 경과하거나 그 거래가 있는 날로부터 1년을 경과하면 소멸한다.

⑤ 창고업자가 임치물을 출고한 경우 창고업자의 임치인 또는 창고증권 소지인에 대한 채권은 그 출고일로부터 6개월간 행사하지 아니하면 소멸시효가 완성한다.

창고업자가 임치물을 출고한 경우 창고업자의 임치인 또는 창고증권 소지인에 대한 채권은 그 출고일로부터 1년간 행사하지 아니하면 소멸시효가 완성한다(제167조).

정답_②⑤(정답확정위원회 심의결과)

**문 33_상법상 손해배상책임에 관한 설명 중 옳은 것은?**

(2008년 공인회계사)

① 육상물건운송에서 수하인이 유보없이 수령한 운송물에 즉시 발견할 수 없는 훼손이 있는 경우 수하인이 운송물을 수령한 날로부터 2주간 내에 그 통지를 발송하면 운송인에게 손해배상을 청구할 수 있다.

② 운송주선인은 자신의 사용인 또는 운송인의 과실로 운송물이 멸실 또는 훼손된 경우에도 송하인에게 손해배상책임을 져야 한다.

③ 여객이 직접 휴대한 수하물이 멸실된 경우 여객운송인은 그 멸실에 대하여 자기나 사용인의 고의 · 중과실이 없음을 입증하면 손해배상책임을 지지 않는다.

④ 임치받은 물건이 멸실된 경우 공중접객업자는 물건의 보관에 있어 자기나 사용인의 고의 · 중과실이 없음을 입증하면 책임을 면한다.

⑤ 임치물이 멸실된 경우 창고업자는 자기 또는 사용인이 임치물의 보관에 관하여 고의 · 중과실이 없음을 증명하지 못하면 손해를 배상하여야 한다.

① 육상물건운송에서 수하인이 유보없이 수령한 운송물에 즉시 발견할 수 없는 훼손이 있는 경우 수하인이 운송물을 수령한 날로부터 2주간 내에 그 통지를 발송하면 운송인에게 손해배상을 청구할 수 있다(제146조 제1항).

② 운송주선인은 자신 또는 사용인이 운송물의 수령, 인도, 보관, 운송인이나 다른 운송주선인의 선택 기타 운송에 관하여 주의를 해태하지 아니하였음을 증명하지 아니하면 운송물의 멸실 또는 훼손, 연착으로 인한 손해의 배상책임을 진다(제115조). 따라서 다른 운송인의 과실로 인한 손해에 대해서까지 손해배상책임을 지는 것은 아니다.

③ 여객이 직접 휴대한 수하물이 멸실된 경우 여객운송인은 여객이 운송인이나 그의 사용인에게 과실이 있음을 입증하지 못하면 손해배상책임을 지지 않는다(제150조).

④ 임치받은 물건이 멸실된 경우 공중접객업자는 물건의 보관에 있어 주의를 게을리 하지 아니하였음을 입증하지 못하면 책임을 진다(제152조 제1항).

⑤ 임치물이 멸실된 경우 창고업자는 자기 또는 사용인이 임치물의 보관에 관하여 주의의무를 해태하지 않았음을 증명하지 못하면 손해를 배상하여야 한다(제160조).

정답_①

**문 34_상법상 가맹업에 관한 설명으로 틀린 것은?**

(2016년 공인회계사)

① 가맹업자는 가맹상의 영업을 위하여 필요한 지원을 하여야 한다.

② 가맹상이 그 영업을 양도하기 위하여 가맹업자에게 동의를 요구하는 경우 가맹업자는 특별한 사유가 없더라도 동의하지 않을 수 있다.

③ 가맹상은 계약이 종료한 후에도 가맹계약과 관련하여 알게 된 가맹업자의 영업상의 비밀을 준수하여야 한다.

④ 가맹업자는 다른 약정이 없으면 가맹상의 영업지역 내에서 동일 또는 유사한 업종의 영업을 하거나 동일 또는 유사한 업종의 가맹계약을 체결할 수 없다.

⑤ 가맹계약상 존속기간에 대한 약정이 있더라도 부득이한 사정이 있다면 각 당사자는 상당한 기간을 정하여 예고한 후 가맹계약을 해지할 수 있다.

가맹상이 그 영업을 양도하기 위하여 가맹업자에게 동의를 요구하는 경우 가맹업자는 특별한 사유가 없는 한 동의하여야 한다(제168조의9 제2항).

정답_②

**문 35_**상법상 새로운 상행위에 관한 설명으로 틀린 것은?

(2019년 공인회계사)

① 금융리스물건수령증을 발급한 경우에는 금융리스계약 당사자 사이에 적합한 금융리스물건이 수령된 것으로 추정한다.

② 금융리스물건이 공급계약에서 정한 시기와 내용에 따라 공급되지 아니한 경우 금융리스이용자는 직접 공급자에 대하여 공급계약의 내용에 적합한 금융리스물건의 인도를 청구할 수 없다.

③ 금융리스이용자는 중대한 사정변경으로 인하여 금융리스물건을 계속 사용할 수 없는 경우에는 3개월 전에 예고하고 금융리스계약을 해지할 수 있다.

④ 가맹계약상 존속기간에 대한 약정의 유무에 관계없이 부득이한 사정이 있으면 각 당사자는 상당한 기간을 정하여 예고한 후 가맹계약을 해지할 수 있다.

⑤ 영업채권의 채무자가 채무를 이행하지 아니하는 경우 채권매입업자는 다른 약정이 없는 한 채권매입계약의 채무자에게 그 영업채권액의 상환을 청구할 수 있다.

## ▶ 회사법 총론

**문 36_**상법상 회사의 법률관계에 관한 설명으로 옳은 것은? (이견이 있으면 판례에 의함)

(2015년 공인회계사)

① 회사는 상행위나 그 밖의 영리를 목적으로 설립한 법인으로서 그 종류에 관계없이 1인 회사를 설립할 수 있다.

② 1인 주식회사에서 주주총회가 정관상 요구되는 이사회 소집결의 없이 이루어진 경우 1인주주가 아무런 이의 없이 참석하여 결의하고 의사록이 작성되었더라도 그 결의는 무효이다.

③ 1인 주식회사에서 주주총회의 특별결의를 요하는 회사의 영업전부를 양도하는 경우 1인 주주의 의사결정으로 주주총회의 특별결의를 대체할 수 없다.

④ 이사가 1인인 주식회사에서 이사가 자기 또는 제3자의 계산으로 회사와 거래하기 위해서는 미리 주주총회에서 해당 거래에 관한 중요사실을 밝히고 주주총회의 승인을 받아야 한다.

⑤ 상법은 이사가 2인인 주식회사에서 감사는 이사가 법령 또는 정관에 위반한 행위를 하거나 그 행위를 할 염려가 있다고 인정되는 경우 주주총회를 소집하여 이를 보고하도록 규정하고 있다.

① 금융리스물건수령증을 발급한 경우에는 금융리스계약 당사자 사이에 적합한 금융리스물건이 수령된 것으로 추정한다(상법 제168조의3 제3항).

② 금융리스물건이 공급계약에서 정한 시기와 내용에 따라 공급되지 아니한 경우 금융리스이용자는 직접 공급자에 대하여 공급계약의 내용에 적합한 금융리스물건의 인도를 청구할 수 있다(상법 제168조의4 제2항).

③ 금융리스이용자는 중대한 사정변경으로 인하여 금융리스물건을 계속 사용할 수 없는 경우에는 3개월 전에 예고하고 금융리스계약을 해지할 수 있다(상법 제168조의5 제3항).

④ 가맹계약상 존속기간에 대한 약정의 유무에 관계없이 부득이한 사정이 있으면 각 당사자는 상당한 기간을 정하여 예고한 후 가맹계약을 해지할 수 있다(상법 제168조의10).

⑤ 영업채권의 채무자가 채무를 이행하지 아니하는 경우 채권매입업자는 다른 약정이 없는 한 채권매입계약의 채무자에게 그 영업채권액의 상환을 청구할 수 있다(상법 제168조의12).

정답_②

① 회사는 상행위나 그 밖의 영리를 목적으로 설립한 법인으로서 주식회사, 유한책임회사, 유한회사에 한하여 1인 회사를 설립할 수 있다.

② 1인 주식회사에서 주주총회가 정관상 요구되는 이사회 소집결의 없이 이루어진 경우 1인주주가 아무런 이의 없이 참석하여 결의하고 의사록이 작성되었더라도 그 결의는 유효이다(판례).

③ 1인 주식회사에서 주주총회의 특별결의를 요하는 회사의 영업전부를 양도하는 경우 1인 주주의 의사결정으로 주주총회의 특별결의를 대체할 수 있다(판례).

⑤ 감사는 이사가 법령 또는 정관에 위반한 행위를 하거나 그 행위를 할 염려가 있다고 인정되는 때에는 이를 이사회에 보고하여야 한다(제391조의2 제2항). 그러나 소규모 회사로서 이사회가 존재하지 아니하는 경우에는 동 규정을 적용하지 아니한다. 제383조 제5항 참조.

정답_④

**문 37**_상법상 회사에 관한 설명 중 옳은 것을 모두 포함하고 있는 것은? (2006년 공인회계사)

ㄱ. 회사의 목적은 상행위이어야 할 필요는 없다.
ㄴ. 민사회사는 상법상의 회사가 아니다.
ㄷ. 수단으로서 영리사업을 수행하는 공법인은 회사가 아니지만, 상법이 적용된다.
ㄹ. 비영리사단법인도 영리사업을 수행하는 범위에서 회사가 되고 상법의 적용을 받는다.
ㅁ. 합명회사와 합자회사의 내부관계에 대하여는 민법의 조합에 관한 규정이 준용된다.
ㅂ. 회사가 아니면 상호에 회사임을 나타내는 문구를 사용할 수 없지만, 다른 회사의 영업을 양수한 경우는 예외이다.

① ㄱ, ㄴ, ㅂ  ② ㄷ, ㅁ, ㅂ  ③ ㄷ, ㄹ, ㅁ
④ ㄱ, ㄷ, ㅁ  ⑤ ㄱ, ㅁ, ㅂ

ㄱ. 회사의 목적은 기본적 상행위이든 기본적 상행위가 아니든 관계없다. 따라서 옳은 지문이다.
ㄴ. 민사회사도 상법상의 회사에 속한다(제169조). 따라서 틀린 지문이다.
ㄷ. 공법인이 영리사업을 하는 경우에는 상법이 적용될 수 있으며(제2조 참조), 회사는 될 수 없다. 따라서 옳은 지문이다.
ㄹ. 비영리법인도 영리사업을 하는 경우에는 상법이 적용될 수는 있으나, 영리사단법인이 아니므로 회사는 될 수 없다. 따라서 틀린 지문이다.
ㅁ. 제195조. 옳은 지문이다.
ㅂ. 제20조. 틀린 지문이다.
정답_④

**문 38**_상법상 회사에 관한 설명으로 옳은 것은? (2018년 공인회계사)

① 민사회사는 상행위 이외의 행위를 영업으로 하는 회사로서 영리성이 없기 때문에 상법상 회사가 될 수 없다.
② 회사가 아니면 상호에 회사임을 표시하는 문구를 사용하지 못하지만 회사의 영업을 양수한 경우에는 그러하지 아니하다.
③ 유한책임회사의 외부관계에 관하여는 정관이나 상법에 다른 규정이 없으면 합명회사에 관한 규정을 준용한다.
④ 합자회사의 유한책임사원은 신용 또는 노무를 출자의 목적으로 할 수 있다.
⑤ 합명회사의 사원은 신용 또는 노무는 물론 채권을 출자의 목적으로 할 수 있다.

① 상사회사(상행위를 영리의 목적으로 하는 회사)나 민사회사(상행위 이외의 영리를 목적으로 하는 회사) 모두 상법상 회사에 해당한다(상법 제169조).
② 회사가 아니면 상호에 회사임을 표시하는 문구를 사용하지 못하며 회사의 영업을 양수한 경우에도 같다(상법 제20조).
③ 유한책임회사의 내부관계에 관하여는 정관이나 상법에 다른 규정이 없으면 합명회사에 관한 규정을 준용한다(상법 제287조의 18).
④ 합자회사의 유한책임사원은 신용 또는 노무를 출자의 목적으로 할 수 없다(상법 제272조).
⑤ 상법 제196조, 제222조 참조
정답_⑤

**문 39_** 상법상 1인회사에 관한 설명으로 **틀린** 것은? (이견이 있으면 판례에 의함)  (2019년 공인회계사)

① 합명회사와 합자회사는 1인회사가 인정되지 않지만 주식회사, 유한회사, 유한책임회사는 1인회사가 인정된다.

② 1인주식회사에서 주주총회의 소집절차가 위법하더라도 1인주주가 참석하여 총회개최에 동의하고 아무 이의없이 결의한 것이라면 그 결의는 효력이 있다.

③ 이사의 자기거래에 대하여 사전에 1인주주의 동의가 있었다면 그 1인주식회사는 이사회의 승인이 없었음을 이유로 책임을 회피할 수 없다.

④ 1인주식회사에서 1인주주인 대표이사가 임무위반행위로써 회사에 재산상의 손해를 발생케 하였더라도 배임죄가 성립되지 않는다.

⑤ 1인주식회사에서 1인주주가 회사 소유의 돈을 임의로 소비하였다면 횡령죄가 성립한다.

① 합명회사와 합자회사는 1인회사가 인정되지 않지만 주식회사, 유한회사, 유한책임회사는 1인회사가 인정된다(상법 제178조, 제268조, 제287조의2, 제288조, 제543조 제1항 참조).
② [참조판례] 주식회사에서 총 주식을 한 사람이 소유하고 있는 1인회사의 경우에는 그 주주가 유일한 주주로서 주주총회에 출석하면 전원총회로서 성립하고 그 주주의 의사대로 결의될 것임이 명백하므로 따로이 총회소집절차가 필요없다 할 것이고, 실제로 총회를 개최한 사실이 없다 하더라도 1인주주에 의하여 의결이 있었던 것으로 주주총회 의사록이 작성되었다면 특별한 사정이 없는 한 그 내용의 결의가 있었던 것으로 볼 수 있어 형식적인 사유에 의하여 결의가 없었던 것으로 다툴 수는 없다(대법원 1993. 6. 11. 선고 93다8702 판결).
③ [참조판례] 회사의 채무부담행위가 상법 제398조 소정의 이사의 자기거래에 해당하여 이사회의 승인을 요한다고 할지라도, 위 규정의 취지가 회사 및 주주에게 예기치 못한 손해를 끼치는 것을 방지함에 있다고 할 것이므로, 그 채무부담행위에 대하여 사전에 주주 전원의 동의가 있었다면 회사는 이사회의 승인이 없었음을 이유로 그 책임을 회피할 수 없다(대법원 2002. 7. 12. 선고 2002다20544 판결).
④⑤ [참조판례] 주식회사의 주식이 사실상 1인의 주주에 귀속하는 1인회사에 있어서는 행위의 주체와 그 본인 및 다른 회사와는 별개의 인격체이므로, 그 법인인 주식회사 소유의 금원은 임의로 소비하면 횡령죄가 성립되고 그 본인 및 주식회사에게 손해가 발생하였을 때에는 배임죄가 성립한다(대법원 1996. 8. 23. 선고 96도1525 판결).

정답_④

**문 40_** 상법상 1인주식회사에 관한 설명으로 **옳은** 것은? (판례에 의함)  (2011년 공인회계사)

① 주주총회의 소집권한 없는 자가 총회를 소집하였더라도 1인주주가 참석하여 이의없이 결의한 경우 총회소집의 하자는 치유된다.

② 1인주주 겸 대표이사가 임무위반행위로써 회사에 손해를 가한 경우 회사의 손해는 그 1인주주의 손해이므로 배임행위에 해당하지 않는다.

③ 실제로 주주총회를 개최한 사실이 없었던 경우 1인주주에 의하여 의결이 있었던 것으로 총회의사록이 작성되었더라도 그 내용의 결의가 있었다고 볼 수 없다.

④ 주주총회가 법령 또는 정관상 요구되는 이사회의 결의 없이 소집되었다면 1인주주가 참석하여 이의없이 결의하였더라도 해당 총회의 결의는 무효이다.

⑤ 회사의 영업을 양도함에 있어서 1인주주 겸 대표이사가 동의하였더라도 주주총회의 특별결의를 대신할 수 없다.

② 1인주주 겸 대표이사가 임무위반행위로써 회사에 손해를 가한 경우 회사의 손해는 회사 채권자에게 손해가 될 수 있기 때문에 배임행위에 해당한다(대법원 1983.12.13. 선고, 83도2330 판결).
③ 실제로 주주총회를 개최한 사실이 없었던 경우 1인주주에 의하여 의결이 있었던 것으로 총회의사록이 작성되었더라도 그 내용의 결의가 있었다고 볼 수 있다(대법원 1976.4.13. 선고 74다1955 판결).
④ 주주총회가 법령 또는 정관상 요구되는 이사회의 결의 없이 소집되었다면 1인주주가 참석하여 이의없이 결의하였더라도 해당 총회의 결의는 유효이다(대법원 1966.9. 20. 선고 66다1187.1188 판결).
⑤ 회사의 영업을 양도함에 있어서 1인주주 겸 대표이사가 동의하였더라도 주주총회의 특별결의를 대신할 수 있다(대법원 1976.5.11. 선고 74다52 판결).

정답_①

# 진도별 모의고사

> ## 회사법 총론

**문 1_회사의 법인성에 관한 다음 설명 중 옳지 <u>않은</u> 것은?**

① 회사는 법인명의로 권리의무의 주체가 되고, 법인 자체의 명의로 소송당사자가 될 수 있다.

② 회사가 외형상으로는 법인의 형식을 갖추고 있으나 그 실질에 있어서는 완전히 그 법인격의 배후에 있는 자에 대한 법률적용을 회피하기 위한 수단으로 쓰여지는 경우에는 그 배후자인 타인에게 회사의 행위에 관한 책임을 물을 수 있다.

③ 회사의 대표이사가 회사의 운영이나 기본재산의 처분에 있어서 주식회사 운영에 관한 법적 절차 등을 무시하고 위법부당한 절차에 의하여 외형상태를 유지하는데 불과한 경우에는 회사의 법인격이 부인될 수 있다.

④ A회사가 B회사와 기업의 형태나 내용이 실질적으로 동일하고 B회사의 채무를 면탈할 목적으로 설립되었다면, 법인격부인의 법리가 적용될 수 있다.

⑤ A회사가 B회사와 기업의 형태나 내용이 실질적으로 동일하고 B회사의 채무를 면탈할 목적으로 설립되었다면, B회사에 대한 판결의 기판력 및 집행력의 범위를 A회사에까지 확장할 수 있다.

법인격부인판결은 당해 사건에 대해서만 그 기판력 및 집행력이 인정되는 것이며, 기판력 및 집행력의 확장력은 인정되지 않는다.

정답_⑤

**문 2_상법상 회사에 관한 설명 중 틀린 것은?** (2009년 공인회계사)

① 판례에 의하면, 1인주주와 1인회사는 별개의 인격이라고 보아 회사에 대한 1인주주의 배임죄가 성립한다.

② 주식회사의 대표이사가 회사의 업무집행으로 인하여 타인에게 손해를 가한 경우 회사는 사용자배상책임을 진다.

③ 합명회사의 행위능력은 그 대표사원의 행위무능력으로 인하여 제한을 받지 않는다.

주식회사의 대표이사가 회사의 업무집행으로 인하여 타인에게 손해를 가한 경우 회사는 대표이사와 연대하여 책임을 진다(제389조 제3항, 제210조).

정답_②

④ 상법상 주식회사의 재산은 원칙적으로 주주개인의 채권자에 의한 강제집행의 대상이 되지 않는다.

⑤ 법인격부인의 경우 채권자의 회사에 대한 승소판결의 기판력이 책임있는 지배주주에게 당연히 미치는 것은 아니다.

**문 3**_각종의 회사사원의 의무 및 책임에 관한 내용으로 옳은 것은?

① 주식회사의 사원은 원칙적으로 납입의무 이외에 어떠한 의무도 부담하지 않는다.

② 유한회사의 사원은 설립시 납입미필액에 대하여 이사 및 감사와 함께 연대책임을 지지만, 총사원의 동의로 면제될 수 있다.

③ 합명회사의 사원은 퇴사등기 전의 채무에 대하여 퇴사등기 후 5년이 경과하면 책임을 면한다.

④ 합자회사의 유한책임사원은 해산등기 후 2년 내에는 해산등기전의 회사채무에 대하여 다른 사원과 연대하여 책임을 진다.

⑤ 합자회사의 유한책임사원과 유한회사의 유한책임사원은 유한책임만 부담하므로 그 지위가 동일하다.

① 주식회사의 사원은 주식인수인으로서 납입의무 이외에는 추가출자의무 등이 인정되지 않는다.
② 유한회사의 사원은 설립시 납입미필액에 대하여 이사 및 감사와 함께 연대책임을 지며, 이사 및 감사의 책임은 총사원의 동의로 면제될 수 있으나 사원은 책임을 면할 수 없다(제551조 제3항 참조).
③ 합명회사의 사원은 퇴사등기전의 채무에 대하여 퇴사등기 후 2년이 경과하면 책임을 면한다(제225조 제1항).
④ 합자회사의 유한책임사원은 해산등기후 5년 내에는 해산등기전의 회사채무에 대하여 다른 사원과 연대하여 책임을 진다(제267조 제1항).
⑤ 합자회사의 유한책임사원은 직접 · 유한 · 연대책임을 지는 반면, 유한회사의 유한책임사원은 간접 · 유한책임을 진다.

정답_①

**문 4**_인적회사와 물적회사의 구별에 관한 설명 중 틀린 것은?

(2006년 공인회계사)

① 인적회사에는 법정청산만 있고 임의청산은 인정되지 않지만, 물적회사에는 법정청산 이외에 임의청산도 인정된다.

② 인적회사의 무한책임사원은 금전 기타 재산, 노무, 신용의 출자도 가능하지만, 물적회사의 사원은 금전 기타 재산만 출자할 수 있다.

③ 인적회사는 소유와 경영이 분리되지 아니하나, 물적회사는 소유와 경영이 분리된다.

④ 인적회사는 1인회사의 설립과 존속이 불가능하지만, 물적회사는 1인회사의 설립과 존속이 가능하다.

⑤ 인적회사에는 퇴사제도 및 제명제도가 인정되지만, 물적회사에는 이러한 제도가 인정되지 않는다.

인적회사는 임의청산(제247조)과 법정청산(제250조)이 인정되지만, 물적회사에서는 법정청산만 인정된다(제531조 이하).

정답_①

**문 5** 상법상 회사에 관한 다음 설명 중 옳은 것을 모두 포함하고 있는 것은?

(2005년 공인회계사)

> ㄱ. 상법상 회사는 합명회사, 합자회사, 유한책임회사, 주식회사 및 유한회사로 구별되는데, 합자회사의 유한책임사원과 유한회사의 사원의 책임은 같다.
> ㄴ. 합자회사의 무한책임사원은 합명회사의 사원과 마찬가지로 회사채권자에 대하여 직접·연대·무한책임을 진다.
> ㄷ. 주식회사의 사원인 주주는 회사채권자에 대하여 간접·유한책임을 부담하므로 합자회사의 유한책임사원의 책임과 동일하다.
> ㄹ. 합자회사의 무한책임사원은 정관에 다른 규정이 없는 때에는 각자가 업무집행권을 가지고 있으나, 유한책임사원은 업무집행에는 참가하지 못하는 대신 감시권을 갖는다.
> ㅁ. 유한회사의 사원의 지분은 원칙적으로 그 양도가 제한된다.
> ㅂ. 합자회사의 유한책임사원이 회사채권자에 대하여 부담하는 책임은 약속한 출자가액에서 이미 이행한 부분을 공제한 가액을 한도로 한다.

① ㄱ, ㄴ, ㄷ    ② ㄴ, ㄷ, ㄹ    ③ ㄷ, ㄹ, ㅁ
④ ㄱ, ㄴ, ㄹ    ⑤ ㄴ, ㄹ, ㅂ

위 설문의 내용에 대한 사항 중 틀린 것만을 검토하면 다음과 같다.
ㄱ. 합자회사의 유한책임사원은 직접·유한책임을 부담하고, 유한회사의 사원은 간접·유한책임을 부담한다는 점에서 차이가 있다.
ㄷ. 주식회사의 사원인 주주는 회사채권자에 대하여 간접·유한책임을 부담하지만, 합자회사의 유한책임사원은 직접·유한책임을 부담한다.
ㅁ. 유한회사 사원의 지분의 양도는 원칙적으로 자유이다(제556조). 다만 정관으로 그 지분의 양도를 제한할 수 있다.

정답_ ⑤

**문 6** 상법상 회사에 관한 설명으로 틀린 것은?

(2020년 공인회계사)

① 회사란 상행위나 그 밖의 영리를 목적으로 하여 설립한 법인을 말한다.
② 회사는 본점소재지에서 설립등기를 함으로써 성립한다.
③ 회사의 주소는 본점소재지에 있는 것으로 한다.
④ 회사의 업무를 집행하는 사원이 정관에 위반하여 회사의 존속을 허용할 수 없는 행위를 한 때에는, 법원은 직권으로 회사의 해산을 명할 수 있다.
⑤ 해산 후의 회사는 존립 중의 회사를 존속하는 회사로 하는 경우에는 합병할 수 없다.

① 회사란 상행위나 그 밖의 영리를 목적으로 하여 설립한 법인을 말한다(상법 제169조).
② 회사는 본점소재지에서 설립등기를 함으로써 성립한다(상법 제172조).
③ 회사의 주소는 본점소재지에 있는 것으로 한다(상법 제171조).
④ 회사의 업무를 집행하는 사원이 정관에 위반하여 회사의 존속을 허용할 수 없는 행위를 한 때에는, 법원은 직권으로 회사의 해산을 명할 수 있다(상법 제176조 제1항 3호).
⑤ 해산 후의 회사는 존립 중의 회사를 존속하는 회사로 하는 경우에는 합병할 수 있다(상법 제174조 제2항).

정답_ ⑤

**문 7**_상법상 회사의 종류에 관한 설명 중 틀린 것은?

(2008년 공인회계사)

① 합명회사의 사원은 회사의 업무집행권과 대표권을 갖는 대신 회사채권자에 대하여 직접 연대하여 무한책임을 진다.

② 합자회사에 대하여는 별도의 규정이 없는 한 합명회사에 관한 규정을 준용한다.

③ 합자회사의 유한책임사원은 유한회사의 사원과 마찬가지로 회사채권자에 대하여 직접 연대책임을 부담한다.

④ 주식회사의 주주는 인수한 주식금액을 한도로 하는 출자의무 이외에는 회사채권자에 대하여 어떠한 책임도 부담하지 않는다.

⑤ 유한책임회사의 사원은 회사채권자에 대하여 직접 책임을 지지 아니한다.

합자회사의 유한책임사원은 회사채권자에 대하여 직접 연대하여 책임을 부담하지만, 유한회사의 사원은 회사채권자에 대하여 직접 책임을 지지 않으며 회사에 대해 출자한 재산으로만 책임을 진다(간접책임).

정답_③

**문 8**_상법상 회사에 관한 설명으로 옳은 것만을 모두 고른 것은?

(2020년 공인회계사)

> ㄱ. 합명회사는 주식회사의 주주가 될 수 없다.
> ㄴ. 판례에 의하면, 1인회사의 경우 실제로 주주총회를 개최한 사실이 없더라도 1인주주에 의하여 의결이 있었던 것으로 주주총회 의사록이 작성되었다면 특별한 사정이 없는 한 그 내용의 결의가 있었던 것으로 볼 수 있다.
> ㄷ. 판례에 의하면, 회사의 권리능력은 회사의 정관상의 목적에 의하여 제한되나 그 목적범위 내의 행위라 함은 정관에 명시된 목적 자체에 국한되는 것이 아니라, 그 목적을 수행하는 데 있어 직접 또는 간접으로 필요한 행위는 모두 포함된다.
> ㄹ. 회사는 정관으로 정하지 않아도 이사회 결의에 의하여 발행된 액면주식을 무액면주식으로 전환할 수 있다.

① ㄱ, ㄴ　　　② ㄱ, ㄷ　　　③ ㄱ, ㄹ

④ ㄴ, ㄷ　　　⑤ ㄴ, ㄷ, ㄹ

ㄱ. 회사는 다른 회사의 무한책임사원이 될 수 없으나(상법 제173조), 유한책임사원은 될 수 있다. 따라서 합명회사는 주식회사의 주주가 될 수 있다.

ㄴ. 주식회사에서 총 주식을 한 사람이 소유하고 있는 1인회사의 경우에는 그 주주가 유일한 주주로서 주주총회에 출석하면 전원총회로서 성립하고 그 주주의 의사대로 결의될 것임이 명백하므로 따로이 총회소집절차가 필요없다 할 것이고, 실제로 총회를 개최한 사실이 없다 하더라도 1인주주에 의하여 의결이 있었던 것으로 주주총회 의사록이 작성되었다면 특별한 사정이 없는 한 그 내용의 결의가 있었던 것으로 볼 수 있어 형식적인 사유에 의하여 결의가 없었던 것으로 다툴 수는 없다(대법원 1993. 6. 11. 선고 93다8702 판결).

ㄷ. 회사의 권리능력은 회사의 설립 근거가 된 법률과 회사의 정관상의 목적에 의하여 제한되나 그 목적범위 내의 행위라 함은 정관에 명시된 목적 자체에 국한되는 것이 아니라, 그 목적을 수행하는 데 있어 직접, 간접으로 필요한 행위는 모두 포함되고 목적수행에 필요한지의 여부는 행위의 객관적 성질에 따라 판단할 것이고 행위자의 주관적, 구체적 의사에 따라 판단할 것은 아니다(대법원 1999. 10. 8. 선고 98다2488 판결).

ㄹ. 회사는 정관에서 정하는 바에 따라 (이사회 결의에 의하여) 발행된 액면주식을 무액면주식으로 전환할 수 있다(상법 제329조 제4항).

정답_④

**문 9_** 상법상 회사의 능력에 관한 설명으로 옳은 것은?

(2017년 공인회계사)

① 판례에 의하면 회사의 형법상 일반적인 범죄능력은 인정되지 않는다.

② 회사는 다른 회사의 유한책임사원이 될 수 없고 청산중의 회사는 청산의 목적범위 내로 권리능력이 제한된다.

③ 판례에 의하면 회사는 정관에서 정한 목적범위 내로 그 권리능력이 제한되지 않는다.

④ 대표이사가 그 업무집행으로 인하여 타인에게 손해를 가한 경우 그 타인에 대하여 회사가 배상할 책임이 있고 대표이사는 책임을 지지 않는다.

⑤ 회사는 친권, 상속권, 유증을 받을 권리 등 자연인에게 인정되는 특유한 권리를 가질 수 없다.

① 대판1984.10.10, 82도2595
② 회사는 다른 회사의 유한책임사원이 될 수 있고(제173조 참조), 청산중의 회사는 청산의 목적범위 내로 권리능력이 제한된다.
③ 판례에 의하면 회사는 정관에서 정한 목적 범위 내로 그 권리능력이 제한된다(대판 1999.10.8, 98다2488).
④ 대표이사가 그 업무집행으로 인하여 타인에게 손해를 가한 경우 그 타인에 대하여 회사와 대표이사는 연대하여 변제할 책임이 있다(제389조 제3항, 제210조).
⑤ 회사는 친권, 상속권 등 자연인에게 인정되는 특유한 권리를 가질 수 없으나, 유증을 받을 권리는 가질 수 있다.

정답_①

**문 10_** 회사의 권리능력제한에 관한 다음 설명 중 옳지 않은 것은?

① 회사는 법인이므로 자연인에게 존재하는 특수한 권리 예를 들어 친권, 상속권, 생명권 등은 가질 수 없다.

② 회사는 유증을 받을 권리가 인정된다.

③ 청산 중의 회사는 청산목적의 범위내로 권리능력이 제한되므로, 새로운 영업활동을 할 수 없다.

④ 정관상의 목적에 의한 권리능력제한을 부정하는 것이 판례의 입장이다.

⑤ 정관상의 목적에 의한 권리능력제한을 부정하는 견해에 의하면 정관상의 목적은 회사기관의 권한을 내부적으로 제한하는 기능을 하는 것으로 해석한다.

판례는 일관되게 정관상의 목적에 의한 권리능력의 제한을 긍정하는 견해를 취하고 있다. 다만, 최근의 판례는 목적범위를 넓게 해석하여 거래안전을 도모하고 있으므로 사실상 제한부정설과 큰 차이는 없다고 할 것이다.

정답_④

**문 11_** 상법상 회사의 설립등기사항에 관한 연결로 옳은 것은?

(2004년 공인회계사)

① 주식회사 - 자본금의 총액

② 합명회사 - 이사와 감사의 성명 및 주민등록번호

③ 유한회사 - 사원의 성명·주민등록번호 및 주소

④ 합명회사 - 회사가 공고를 하는 방법

⑤ 합자회사 - 출자1좌의 금액

주식회사의 자본금은 등기사항이다(제317조 제2항 2호). 합명회사에서는 이사와 감사가 존재하지 않으며, 회사가 공고하는 방법을 필요로 하지 않는다(제180조참조). 합자회사의 경우 출자1좌의 금액은 존재하지 않는다(제271조 참조). 유한회사의 사원의 성명 등은 정관의 기재사항이지 등기사항은 아니다(제549조 제2항 참조).

정답_①

**문 12_** 상법상 회사의 능력에 관한 설명으로 틀린 것은? (이견이 있으면 판례에 의함) (2015년 공인회계사)

① 회사의 권리능력은 회사의 설립근거가 된 법률과 회사의 정관상의 목적에 의하여 제한을 받는다.

② 회사를 대표하는 이사가 회사의 업무집행으로 인하여 타인에게 손해를 가한 경우에는 회사의 불법행위책임이 인정된다.

③ 회사의 대표기관 이외의 임원 또는 사용인이 회사의 업무집행으로 인하여 타인에게 불법행위를 한 경우에는 회사의 사용자배상책임이 인정되지 않는다.

④ 회사는 다른 회사의 주주나 유한책임사원 또는 유한책임회사의 업무집행자가 될 수 있으나 다른 회사의 무한책임사원은 될 수 없다.

⑤ 회사는 신체상의 자유권, 생명권, 친족권 또는 상속권 등의 권리는 없으나 유증을 받을 수는 있다.

> 회사의 대표기관 이외의 임원 또는 사용인이 회사의 업무집행으로 인하여 타인에게 불법행위를 한 경우에는 회사의 사용자배상책임이 인정된다(민법 제756조).
>
> 정답_③

**문 13_** 상법상 회사설립시 신용이나 노무의 출자가 허용되는 자는? (2015년 공인회계사)

① 합명회사의 사원　　② 합자회사의 유한책임사원
③ 유한책임회사의 사원　　④ 주식회사의 주주
⑤ 유한회사의 사원

> 합명회사의 사원은 신용이나 노무의 출자가 가능하다. 다른 회사의 유한책임사원은 노무나 신용을 출자할 수 없다(제272조, 제287조의4 제1항 등 참조).
>
> 정답_①

**문 14_** 회사설립의 하자에 관한 다음 설명 중 옳지 않은 것은?

① 모든 회사는 설립에 하자가 있는 경우 소를 통해 설립무효 또는 취소를 주장할 수 있다.

② 합명회사의 설립무효의 소제기권자는 사원에 한정되고, 주식회사의 설립무효의 소제기권자는 주주·이사·감사에 한정된다.

③ 설립무효·취소의 소의 관할법원은 회사의 본점소재지의 지방법원에 전속한다.

④ 원고가 승소하면 설립무효·취소의 판결의 효력은 제3자에게도 미치며, 판결의 효력은 소급하지 않는다.

⑤ 원고가 패소하면 원고에게 악의 또는 중대한 과실이 있는 때에는 원고는 회사에 대하여 연대하여 손해를 배상할 책임이 있다.

> 합명회사·합자회사·유한책임회사·유한회사의 경우에는 설립의 하자에 대해 설립무효나 설립취소의 소를 제기할 수 있으나, 주식회사의 경우에는 설립무효의 소만 인정될 뿐 설립취소의 소는 인정되지 않는다.
>
> 정답_①

**문 15_**다음은 주식회사에 관련된 상법상의 소 중 일부를 열거한
것이다. 그 중 회사채권자의 소제기를 인정하는 것을 모두 고르
면? (2007년 공인회계사)

> ㄱ. 위법배당금반환청구의 소
> ㄴ. 신주발행무효의 소
> ㄷ. 자본감소무효의 소
> ㄹ. 합병무효의 소
> ㅁ. 주주총회결의취소의 소

① ㄱ, ㄴ, ㄷ　　② ㄱ, ㄷ, ㄹ　　③ ㄴ, ㄷ, ㅁ
④ ㄴ, ㄹ, ㅁ　　⑤ ㄷ, ㄹ, ㅁ

**문 16_**상법상 회사설립의 무효 또는 취소의 소에 관한 설명 중
틀린 것은? (2015년 공인회계사)

① 합명회사 설립의 무효는 그 사원에 한하여, 설립의 취소는
그 취소권있는 자에 한하여 회사성립의 날로부터 2년 내에
소만으로 이를 주장할 수 있다.

② 주식회사 설립의 무효는 주주, 이사 또는 감사에 한하여 회
사성립의 날로부터 2년 내에 소만으로 이를 주장할 수 있다.

③ 주식회사 설립무효의 소에서 원고가 승소한 경우 그 판결의
대세적 효력과 소급적 효력이 인정되며 회사는 해산에 준하
여 청산절차가 개시된다.

④ 창립총회에 출석하여 권리를 행사한 주식인수인은 회사성립
전에도 사기, 강박 또는 착오를 이유로 하여 그 인수를 취소
하지 못한다.

⑤ 주식회사 설립무효의 소에서 원고가 패소한 경우 원고에게
악의 또는 중대한 과실이 있는 때에는 회사에 대하여 연대하
여 손해를 배상할 책임이 있다.

**문 17**_상법상 회사의 조직변경에 관한 설명 중 옳은 것은?

(2008년 공인회계사)

① 합자회사를 주식회사로 조직변경을 하는 것은 총사원의 동의가 있으면 가능하다.

② 유한회사를 주식회사로 조직변경을 하는 경우에는 채권자보호절차를 밟을 필요가 없다.

③ 사채를 발행하지 않은 주식회사를 유한회사로 조직변경을 하는 것은 총주주의 일치에 의한 총회의 결의가 있으면 언제든지 가능하다.

④ 유한회사는 총사원의 일치에 의한 총회의 결의가 있는 경우에는 법원의 인가를 얻지 아니하고도 주식회사로의 조직변경이 가능하다.

⑤ 합명회사를 합자회사로 조직변경하는 경우 기존의 무한책임사원이 유한책임사원으로 된 때에 그 사원은 모든 회사채무에 대하여 조직변경의 등기를 한 때로부터 유한책임을 부담한다.

① 합자회사는 주식회사로 조직변경을 할 수 없고, 합명회사로의 조직변경만이 인정된다.

② 유한회사를 주식회사로 조직변경을 하는 경우에는 채권자보호절차를 밟아야 한다(제608조, 제232조).

④ 유한회사는 총사원의 일치에 의한 총회의 결의가 있는 경우에는 법원의 인가를 얻어 주식회사로의 조직변경이 가능하다. 즉, 법원의 인가를 얻지 아니하면 조직변경의 효력이 없다(제607조 제3항).

⑤ 합명회사를 합자회사로 조직변경하는 경우 기존의 무한책임사원이 유한책임사원으로 된 때에 그 사원은 모든 회사채무에 대하여 조직변경의 등기를 한 때로부터 2년 내에는 무한책임사원의 책임을 면하지 못한다(제244조).

정답_③

**문 18**_상법상 회사의 조직변경에 관한 설명으로 옳은 것은?

(2018년 공인회계사)

① 유한회사가 주식회사와 합병하여 합병후 존속하는 회사가 주식회사인 경우에는 이를 법원에 신고하여야 한다.

② 유한책임회사가 총사원의 동의에 의하여 주식회사로 변경하는 경우 조직변경할 때 발행하는 주식의 발행가액 총액은 회사에 현존하는 순재산액을 초과하지 못한다.

③ 주식회사가 유한회사로 변경하는 경우에는 사채의 상환을 완료한 때에 한하여 주주총회에 출석한 주주의 의결권의 3분의 2 이상의 수와 발행주식총수의 3분의 1 이상의 수의 결의로 그 조직을 변경할 수 있다.

④ 유한회사가 주식회사로 그 조직을 변경하는 경우 회사에 현존하는 순재산액이 조직변경으로 발행하는 주식의 발행가액 총액에 부족할 때에는 조직변경된 주식회사의 이사 및 감사는 연대하여 회사에 그 부족액을 지급할 책임이 있다.

⑤ 유한회사 또는 유한책임회사가 주식회사로 조직변경하는 경우에는 합병에서와 같은 채권자보호절차를 거치지 않아도 된다.

① 유한회사가 주식회사와 합병하여 합병후 존속하는 회사가 주식회사인 경우에는 이를 법원의 인가를 얻어야 한다(상법 제600조 제1항).

② 상법 제607조 제3항

③ 주식회사가 유한회사로 변경하는 경우에는 사채의 상환을 완료한 때에 한하여 총주주의 동의를 얻어야 한다(상법 제604조 제1항).

④ 유한회사가 주식회사로 그 조직을 변경하는 경우 회사에 현존하는 순재산액이 조직변경으로 발행하는 주식의 발행가액 총액에 부족할 때에는 조직변경전 유한회사의 사원, 이사 및 감사는 연대하여 회사에 그 부족액을 지급할 책임이 있다(상법 제607조 제4항).

⑤ 유한회사 또는 유한책임회사가 주식회사로 조직변경하는 경우에도 채권자보호절차를 거쳐야 한다(상법 제608조, 제287조의44, 제232조 참조).

정답_②

**문 19_**상법상 회사의 조직변경에 관한 다음 설명 중 옳은 것은 모두 몇 개인가? *(2009년 공인회계사)*

> ㄱ. 합자회사가 합명회사로 조직변경을 하는 경우에는 회사채 권자를 보호하는 별도의 조치가 필요하지 않다.
>
> ㄴ. 사채의 상환을 완료하지 아니한 주식회사도 총주주 일치의 총회 결의에 따라 유한회사로 조직을 변경할 수 있다.
>
> ㄷ. 유한회사는 총사원의 일치에 의한 총회 결의가 있는 경우 법원의 인가를 얻지 아니하고도 주식회사로 조직을 변경할 수 있다.
>
> ㄹ. 합자회사는 유한책임사원 전원의 동의로 유한책임사원을 무한책임사원으로 변경하여 합명회사로 조직을 변경할 수 있다.
>
> ㅁ. 유한회사를 주식회사로 조직변경하는 경우 유한회사에 현존하는 순재산액이 조직변경으로 발행하는 주식의 발행가액 총액에 미달하면 그 조직변경은 무효이다.

① 1개      ② 2개      ③ 3개
④ 4개      ⑤ 5개

ㄱ. 합자회사가 합명회사로 조직변경을 하는 경우에는 사원이 직접책임을 부담하므로, 회사채권자를 보호하는 별도의 조치가 필요하지 않다.
ㄴ. 사채의 상환을 완료하지 아니한 주식회사는 총주주 일치의 총회 결의에 따라 유한회사로 조직을 변경할 수 없으며, 이를 위반하면 조직변경무효의 사유에 해당한다(제604조 제1항 단서).
ㄷ. 유한회사는 총사원의 일치에 의한 총회 결의가 있는 경우 법원의 인가를 얻지 아니하고는 주식회사로 조직을 변경할 수 없다(제607조 제3항).
ㄹ. 합자회사는 총사원의 동의로 유한책임사원을 무한책임사원으로 변경하여 합명회사로 조직을 변경할 수 있다(제286조).
ㅁ. 유한회사를 주식회사로 조직변경하는 경우 유한회사에 현존하는 순재산액이 조직변경으로 발행하는 주식의 발행가액 총액에 미달하면 그 조직변경 당시의 이사, 감사와 사원은 회사에 대하여 연대하여 그 부족액을 지급할 책임이 있을 뿐(제607조 제4항), 조직변경무효가 되는 것은 아니다.

정답_①

**문 20_**회사의 합병에 관한 설명 중 옳은 것은? *(2006년 공인회계사)*

① 회사의 합병 후 존속하는 회사 또는 신설회사는 소멸한 회사의 권리의무의 일부를 한정적으로 승계할 수 있다.

② 유한회사가 주식회사와 합병하는 경우에 합병 후 존속회사 또는 신설회사가 유한회사인 때에는, 법원의 인가를 얻어야 합병의 효력이 발생한다.

③ 소멸회사의 권리의무는 개별적 이전절차 없이 존속회사로 승계되며, 대항요건을 필요로 하는 권리의 경우에도 별도의 대항요건을 갖출 필요가 없다.

④ 소멸회사의 사원은 단주(端株)로 인하여 제외되는 부분, 합병교부금만을 교부받는 부분, 주식매수청구권을 행사한 부분에 대하여는 존속회사나 신설회사의 사원이 될 수 없다.

⑤ 회사가 채권자의 이의제출을 위한 공고 및 개별 최고절차를 이행하지 않으면 합병취소의 원인이 된다.

① 회사의 합병 후 존속하는 회사 또는 신설회사는 소멸한 회사의 권리의무를 포괄적으로 승계한다(제235조).
② 유한회사가 주식회사와 합병하는 경우에 합병 후 존속회사 또는 신설회사가 유한회사인 때에는, 소멸하는 주식회사에 미상환사채가 없어야 한다(제600조 제2항).
③ 소멸회사의 권리의무는 개별적 이전절차 없이 존속회사로 승계되며, 대항요건을 필요로 하는 권리의 경우에도 별도의 대항요건을 갖추어야 한다.
⑤ 회사가 채권자의 이의제출을 위한 공고 및 개별 최고절차를 이행하지 않으면 합병무효의 원인이 된다. 합병취소라는 제도는 없다.

정답_④

**문 21_상법상 회사의 합병에 관한 설명 중 틀린 것은?**

(2008년 공인회계사)

① 상법상 회사는 어느 종류의 회사와도 합병할 수 있다.

② 합병을 승인한 회사채권자도 그 승인 후 합병요건에 중대한 하자가 있음을 안 때에는 합병무효의 소를 제기할 수 있다.

③ 존속회사의 발행주식총수의 100분의 20 이상을 소유한 주주가 반대하는 의사를 통지한 때에는 소규모합병을 할 수 없다.

④ 판례에 의하면 합병결의에 하자가 있는 경우, 합병등기 전에는 결의취소의 소와 결의무효의 주장이 가능하지만, 합병등기 후에는 합병무효의 소만 인정된다.

⑤ 합병무효판결은 확정판결 전에 생긴 존속회사와 사원 및 제3자간의 권리의무에 영향을 미치지 않는다.

합병무효의 소를 제기할 수 있는 채권자는 "합병에 반대한 채권자"에 한한다. 따라서 합병에 찬성한 채권자는 합병무효의 소를 제기할 수 없다.

정답_②

**문 22_상법상 주식회사의 합병에 관한 설명으로 틀린 것은?**

(2018년 공인회계사)

① 합병계약서를 승인하기 위하여 주주총회를 소집하는 경우 소집통지에 합병계약의 요령을 기재하여야 한다.

② 소멸회사의 주주에게 제공하는 재산이 존속회사의 모회사주식을 포함하는 경우에는 존속회사는 그 지급을 위하여 모회사주식을 취득할 수 있다.

③ 소멸회사의 발행주식총수의 100분의 90 이상을 존속회사가 소유하고 있는 때에는 소멸회사의 주주총회의 승인은 이를 이사회의 승인으로 갈음할 수 있다.

④ 존속회사가 합병으로 인하여 발행하는 신주 및 이전하는 자기주식의 총수가 그 회사의 발행주식총수의 100분의 10을 초과하지 아니하는 경우에는 채권자보호절차를 거치지 않아도 된다.

⑤ 존속회사 또는 신설회사가 합병으로 인하여 전환사채 또는 신주인수권부사채를 승계한 때에는 합병의 등기와 동시에 사채의 등기를 하여야 한다.

존속회사가 합병으로 인하여 발행하는 신주 및 이전하는 자기주식의 총수가 그 회사의 발행주식총수의 100분의 10을 초과하지 아니하는 경우에는 존속회사의 주주총회의 결의는 이사회의 결의로 갈음할 수 있다(상법 제527조의3 제1항). 채권자보호절차를 거치지 않으면 합병무효의 사유가 된다(상법 제527조의5, 제529조 참조).
① 상법 제522조 제2항 ② 상법 제523조의2 ③ 상법 제527조의2 제1항 ⑤ 상법 제528조 제2항

정답_④

**문 23_**상법상 주식회사의 합병에 관한 설명으로 옳은 것은?

(2020년 공인회계사)

① 간이합병에 반대하는 소멸회사의 주주에게는 주식매수청구권이 인정되지 않는다.

② 존속회사가 소멸회사의 주주에게 제공하기 위하여 취득한 존속회사의 모회사주식 중 합병등기 후 남아 있는 주식은 즉시 처분하여야 한다.

③ 소멸회사의 주주에게 제공할 금액 및 기타 재산의 가액이 존속회사의 최종 대차대조표상으로 현존하는 순자산액의 100분의 5를 초과하는 경우에는, 존속회사의 주주총회의 특별결의가 있어야 합병이 가능하다.

④ 소규모합병의 경우에는 존속회사는 채권자보호절차를 거치지 않아도 된다.

⑤ 존속회사는 소멸회사의 주주에게 합병대가의 일부로서 금전이나 그 밖의 재산을 제공할 수는 있으나, 합병대가의 전부를 금전이나 그 밖의 재산으로 제공할 수는 없다.

① 간이합병에 반대하는 소멸회사의 주주에게는 주식매수청구권이 인정된다(상법 제522조의3 제2항).

② 존속회사가 소멸회사의 주주에게 제공하기 위하여 취득한 존속회사의 모회사주식 중 합병등기 후 남아 있는 주식은 합병의 효력이 발생한 날로부터 6개월 이내에 처분하여야 한다(상법 제523조의2 제2항).

③ 소멸회사의 주주에게 제공할 금액 및 기타 재산의 가액이 존속회사의 최종 대차대조표상으로 현존하는 순자산액의 100분의 5를 초과하는 경우에는, 존속회사의 주주총회의 특별결의가 있어야 합병이 가능하다(상법 제527조의3 제1항 단서).

④ 소규모합병의 경우에는 존속회사는 채권자보호절차를 거쳐야 한다(상법 제527조의5).

⑤ 존속회사는 소멸회사의 주주에게 합병대가의 일부 또는 전부를 금전이나 그 밖의 재산으로 제공할 수는 있다.(상법 제523조 제4호 참조)

정답_③

**문 24_**합병과 영업양도의 차이에 관한 설명으로 옳지 <u>않은</u> 것은?

① 합병은 회사에서만 인정되는 단체법상의 법률행위이지만, 영업양도는 모든 상인에게 인정되는 개인법상의 거래행위이다.

② 합병 후 해산회사는 상인자격을 상실하지만, 영업양도의 양도인은 영업을 양도한 후에도 상인자격을 상실하지 않는다.

③ 합병의 경우에는 채권자보호절차를 필요로 하지만, 영업양도의 경우에는 채권자보호 절차를 필요로 하지 않는다.

④ 합병은 반드시 소송에 의하여 무효를 주장할 수 있지만, 영업양도는 일반 거래법상의 원칙에 따라 무효주장이 가능하므로 반드시 소송에 의하여 무효를 주장할 필요는 없다.

⑤ 합병은 재산의 이전을 위해 개별적 이전절차를 필요로 하지만, 영업양도는 재산의 포괄적 이전이 가능하다.

영업양도는 재산의 이전을 위해 개별적 이전절차를 필요로 하지만, 합병은 회사의 재산의 포괄적 이전이 가능하다.

정답_⑤

**문 25_**상법상 회사의 합병에 관한 설명으로 틀린 것은? (이견이 있으면 판례에 의함)

① 해산 후의 회사는 존립 중의 회사를 존속회사로 하는 경우에 한하여 합병할 수 있다.

② 유한회사가 주식회사와 합병하는 경우에 합병 후 존속하는 회사가 유한회사인 때에는 법원의 인가를 얻지 아니하면 합병의 효력이 없다.

③ 소규모합병의 경우 그 합병에 반대하는 존속회사의 주주에게는 주식매수청구권이 인정되지 않는다.

④ 합병승인을 위한 주주총회 결의에 무효사유가 있는 경우, 합병등기 전에는 주주총회 결의무효확인의 소를 제기할 수 있지만 합병등기 후에는 합병무효의 소만 인정된다.

⑤ 합병을 무효로 한 판결이 확정된 때에는, 합병을 한 회사는 합병 후 존속한 회사의 합병 후 부담한 채무에 대하여 연대하여 변제할 책임이 있다.

**문 26_**합병의 무효에 관한 설명으로 옳지 않은 것은?

① 주식회사의 합병무효의 소는 주주, 이사, 감사, 청산인, 파산관재인, 합병을 승인하지 않은 채권자만이 제기할 수 있다.

② 합병무효의 소는 합병등기 후 6월 내에 제기하여야 한다.

③ 합병을 승인하지 않은 채권자에게 악의가 있음을 소명한 회사는 법원에 원고에게 담보제공을 명령할 것을 청구할 수 있다.

④ 합병무효의 판결은 대세적 효력과 불소급의 효력이 인정된다.

⑤ 원고가 패소한 경우 원고는 악의가 있는 경우에 한하여 회사에 대해 손해배상책임을 부담한다.

**해 설 및 정 답**

① 해산 후의 회사는 존립 중의 회사를 존속회사로 하는 경우에 한하여 합병할 수 있다(상법 제174조 제3항).

② 유한회사가 주식회사와 합병하는 경우에 합병 후 존속하는 회사가 주식회사인 때에는 법원이 인가를 얻지 아니하면 합병의 효력이 없다(상법 제600조 제1항).

③ 소규모합병의 경우 그 합병에 반대하는 존속회사의 주주에게는 주식매수청구권이 인정되지 않는다(상법 제527조의3 제5항).

④ 합병승인을 위한 주주총회 결의에 무효사유가 있는 경우, 합병 등기 전에는 주주총회 결의무효확인의 소를 제기할 수 있지만 합병등기 후에는 합병무효의 소로 흡수되어진다(판례) 따라서 합병등기 후에는 합병무효의 소만 인정된다.

⑤ 합병을 무효로 한 판결이 확정된 때에는 합병을 한 회사는 합병 후 존속한 회사의 합병 후 부담한 채무에 대하여 연대하여 변제할 책임이 있다(상법 제239조).

정답_②

원고가 패소한 경우 원고는 악의 또는 중대한 과실이 있는 경우에 회사에 대해 손해배상책임을 부담한다(제240조, 제191조).

정답_⑤

해 설 및 정 답

**문 27_** 상법상 합명회사의 합병에 관한 설명으로 틀린 것은?

(2013년 공인회계사)

① 합병 후 존속하는 회사가 주식회사인 경우에 합병할 회사의 일방이 합명회사인 때에는 총사원의 동의를 얻어 합병계약서를 작성하여야 한다.

② 합병결의는 총사원의 동의가 있어야 하며 합명회사 간에는 간이합병이나 소규모합병은 인정되지 아니한다.

③ 회사가 채권자이의기간 내에 이의를 제출할 것을 공고한 이상 알고 있는 채권자에 대하여 따로따로 이를 최고할 필요는 없다.

④ 합병의 무효는 합병등기가 있은 날로부터 6월내에 소만으로 이를 주장할 수 있다.

⑤ 합병무효판결은 제3자에 대하여도 그 효력이 있으나 그 판결확정 전에 생긴 회사와 사원 및 제3자간의 권리의무에 영향을 미치지 아니한다.

회사가 채권자이의기간 내에 이의를 제출할 것을 공고한 이상 알고 있는 채권자에 대하여 따로따로 이를 최고하여야 한다(제232조 제1항).

정답_③

**문 28_** 회사의 합병시 채권자보호절차에 관한 설명으로 옳은 것은?

① 회사는 합병결의가 있은 후 2주간 내에 회사채권자에 대하여 합병에 이의가 있으면 2월 이상의 일정한 기간 내에 이를 제출할 것을 공고하여야 한다.

② 회사가 알고 있는 채권자에 대하여는 합병이의제출에 대한 통지나 공고를 필요로 하지 않는다.

③ 채권자가 이의제출기간 내에 이의를 제출하지 아니한 때에는 합병을 승인한 것으로 추정한다.

④ 채권자의 이의제출은 반드시 서면에 의하여야 한다.

⑤ 주식회사에서 사채권자가 이의를 제출하는 경우에 사채권자집회의 결의가 있어야 하나, 이 경우 법원은 사채권자만을 위해 이해관계인의 청구에 의해 이의기간을 연장할 수 있다.

① 회사는 합병결의가 있은 후 2주간 내에 회사채권자에 대하여 합병에 이의가 있으면 1월 이상의 일정한 기간 내에 이를 제출할 것을 공고하여야 한다(제232조 제1항).

② 회사가 알고 있는 채권자에 대하여는 합병이의제출에 대한 통지를 각별로 하여야 한다(제232조 제1항).

③ 채권자가 이의제출 기간 내에 이의를 제출하지 아니한 때에는 합병을 승인한 것으로 본다(제232조 제2항).

④ 채권자의 이의제출은 서면에 의하든 구두에 의하든 관계없다.

⑤ 제439조 참조.

정답_⑤

**문 29_상법상 주식회사의 합병에 관한 설명으로 틀린 것은?**

(2016년 공인회계사)

① 회사가 주주에게 합병계약서를 승인하기 위한 주주총회의 소집을 통지할 때에는 소집통지서에 합병계약의 요령을 기재하여야 한다.

② 간이합병의 경우 소멸회사의 주주총회는 이사회승인으로 갈음하므로 소멸회사의 주주는 주식매수청구권을 행사할 수 없다.

③ 소멸회사의 주주에게 제공하는 재산이 존속회사의 모회사의 주식을 포함하는 경우 존속회사는 그 지급을 위하여 모회사의 주식을 취득할 수 있다.

④ 회사는 합병계약서를 승인하는 주주총회의 결의가 있는 날부터 2주내에 채권자에 대하여 합병에 이의가 있으면 1월 이상으로 정한 기간 내에 이를 제출할 것을 공고해야 한다.

⑤ 존속회사의 이사로서 합병 전에 취임한 자는 합병계약서에 다른 정함이 있는 경우를 제외하고는 합병 후 최초로 도래하는 결산기의 정기총회가 종료하는 때에 퇴임한다.

간이합병의 경우 소멸회사의 주주는 주식매수청구권을 행사할 수 있다(제522조의3 제2항).
정답_②

**문 30_상법상 비상장 주식회사의 합병에 관한 설명으로 옳은 것은?**

(2012년 공인회계사)

① 소규모합병의 경우와 달리 간이합병의 경우는 이사회의 승인결의가 있는 날로부터 2주간 내에 채권자에 대하여 이의를 제출할 것을 공고 또는 최고하여야 한다.

② 흡수합병의 경우 소멸회사가 보유한 소멸회사의 자기주식은 물론이고 존속회사가 보유한 존속회사의 자기주식도 소멸한다.

③ 합병 후 존속하는 회사의 이사로서 합병 전에 취임한 자는 합병계약서에 다른 정함이 없는 한 합병 후 최초로 도래하는 결산기의 정기주주총회가 종료하는 때에 퇴임한다.

④ 판례에 의하면 주주총회의 합병결의에 무효원인이 있는 경우 합병등기 전에는 주주총회결의 무효의 소에 의하고 합병등기 후에는 주주총회결의 무효의 소와 합병무효의 소가 모두 가능하다.

⑤ 합병무효의 원고승소 판결이 있으면 존속회사 또는 신설회사가 합병 후에 취득한 재산은 합병당사회사의 합유가 되고 합병 후에 부담한 채무는 연대채무가 된다.

① 소규모합병의 경우나 간이합병의 경우나 모두 채권자보호절차를 거쳐야 한다(제527조의5).

② 흡수합병의 경우 소멸회사는 소멸하므로 그가 보유한 소멸회사의 자기주식은 소멸하지만, 존속회사가 보유한 존속회사의 자기주식은 소멸하지 않는다.

④ 판례에 의하면 주주총회의 합병결의에 무효원인이 있는 경우 합병등기 전에는 주주총회결의 무효의 소에 의하고 합병등기 후에는 합병무효의 소에 주주총회결의 무효의 소가 흡수된다.

⑤ 합병무효의 원고승소 판결이 있으면 존속회사 또는 신설회사가 합병 후에 취득한 재산은 합병당사회사의 공유가 되고 합병 후에 부담한 채무는 연대채무가 된다(제239조).
정답_③

**문 31**_상법상 회사의 합병에 관한 설명으로 **틀린** 것은?

(2017년 공인회계사)

① 흡수합병의 경우 존속회사는 소멸회사의 주주에게 합병대가
의 전부 또는 일부로서 금전이나 그 밖의 재산을 제공할 수
있다.

② 간이합병에 반대하는 소멸회사의 주주로서 의결권이 없거나
제한되는 주주는 주식매수청구권을 행사할 수 없다.

③ 소멸회사의 주주에게 제공할 금전의 금액이 존속회사의 최
종 대차대조표상으로 현존하는 순자산액의 100분의 5를 초
과하는 경우에는 소규모합병을 할 수 없다.

④ 판례에 의하면 주주는 합병비율이 현저하게 불공정한 경우
합병무효의 소를 제기할 수 있다.

⑤ 자회사가 흡수합병을 하는 경우 소멸회사의 주주에게 제공하
는 합병대가가 존속회사의 모회사주식을 포함하는 때에는 존
속회사는 그 지급을 위하여 모회사주식을 취득할 수 있다.

간이합병에 반대하는 소멸회사의 주주로서 의
결권이 없거나 제한되는 주주는 주식매수청구
권을 행사할 수 있다(제522조의3 제1항).

정답_②

**문 32**_甲주식회사(비상장회사)는 乙주식회사(비상장회사)의 발행
주식총수의 90%를 소유하고 있는데, 양 회사를 합병하여 甲회사
만 존속시키기로 하였다. 乙회사의 2009. 2. 20. 합병결의 전에
그 주주 A는 서면으로, 주주 B는 구두로 합병 반대의견을 제출하였
다. 乙회사는 동년 3. 5.부터 4. 10.까지 이의를 제출할 것을 동년
2. 27. 공고만 하였을 뿐, 알고 있는 기명사채권자 C에게 개별
최고를 하지 않았고, 이후 C는 동년 5. 1. 이의를 제출하였다.
한편 甲회사는 합병절차가 종료된 후 D로부터 1억원을 차용하였
다. 이에 관한 설명으로 옳은 것은? (2010년 공인회계사)

ㄱ. 乙회사는 주주총회를 거치지 않고 이사회의 승인을 얻어 합
병결의를 할 수 있다.
ㄴ. 甲회사의 주주 E는 甲회사가 교부하는 합병신주의 비율이
현저히 불공정한 경우 합병무효의 소를 제기할 수 있다.
ㄷ. 乙회사의 주주인A와 B는 주식매수청구권을 행사하여 투하
자본을 회수할 수 있다.
ㄹ. C는 乙회사의 합병절차의 위반을 이유로 합병무효의 소를
제기할 수 있다.
ㅁ. D의 채권이 합병무효의 판결 전에 발생한 경우 甲회사만 그
채무를 부담한다.

① ㄱ, ㄴ, ㄹ      ② ㄱ, ㄴ, ㅁ      ③ ㄱ, ㄷ, ㄹ
④ ㄴ, ㄷ, ㅁ      ⑤ ㄷ, ㄹ, ㅁ

설문은 "간이합병, 주식매수청구, 합병무효의
효과"에 관한 내용이다.
ㄷ. 乙회사의 주주인 A의 주식매수청구는 인
정되지만, 구두로 반대의견을 제출한 B는 주
식매수청구권을 행사할 수 없다.
ㅁ. D의 채권이 합병무효의 판결 전에 발생한
경우 甲회사와 乙회사는 연대하여 그 채무를
부담한다.

정답_①

**문 33_**상법상 주식회사의 합병에 관한 설명으로 옳은 것은?

(2014년 공인회계사)

① 자회사(甲)가 다른 회사(乙)를 흡수합병하면서 소멸되는 회사(乙)의 주주에게 모회사(丙)의 주식을 교부하고 합병할 수 있다.

② 존속회사(甲)의 주식을 발행하지 않고 소멸회사(乙)의 주주에게 합병대가의 전부를 금전으로만 지급하는 흡수합병은 인정되지 않는다.

③ 합병무효는 각 회사의 주주 또는 이사나 감사가 소만으로 이를 주장할 수 있지만 합병을 승인하지 아니한 채권자는 합병무효의 소를 제기할 수 없다.

④ 존속회사가 합병으로 인하여 발행하는 신주의 총수가 그 회사의 발행주식총수의 100분의 10을 초과하지 않는 경우 그 합병에 반대하는 존속회사의 주주는 주식매수청구권을 행사할 수 있다.

⑤ 사채권자가 합병결의에 이의를 제기하는 경우 그 사채권자는 단독으로 이의제기할 수 있다.

**문 34_**무역업과 건설업을 하는 甲주식회사는 건설업 부문을 분할하여 새로 乙주식회사를 설립하는 분할을 하려고 한다. 이와 관련한 상법상 설명으로 틀린 것은? (2016년 공인회계사)

① 甲회사가 분할을 하기 위해서는 분할계획서에 대한 甲회사의 주주총회의 특별결의에 의한 승인이 필요하다.

② 甲회사가 분할을 하기 위해서는 반드시 채권자보호절차를 거쳐야 한다.

③ 乙회사는 분할 전의 甲회사의 채무에 관하여 원칙적으로 甲회사와 연대하여 변제할 책임이 있다.

④ 분할로 인하여 설립되는 乙회사는 甲회사의 권리와 의무를 분할계획서가 정하는 바에 따라서 승계한다.

⑤ 甲회사의 감사는 분할등기가 있은 날로부터 6월내에 분할무효의 소를 제기할 수 있다.

**문 35_**상법상 주식회사의 분할에 관한 설명으로 틀린 것은?

(2017년 공인회계사)

① 회사는 분할에 의하여 1개 또는 수개의 존립 중의 회사와 합병할 수 있다.

② 회사분할의 승인을 위한 주주총회 특별결의에 관하여는 의결권이 배제되는 종류주식을 가진 주주도 의결권이 있다.

③ 회사의 분할은 분할계획서에 정한 분할을 할 날에 그 효력이 발생한다.

④ 분할계획서에 다른 정함이 없으면 분할회사와 단순분할신설회사는 분할 전의 분할회사 채무에 관하여 연대하여 변제할 책임이 있다.

⑤ 분할합병으로 인하여 분할합병에 관련되는 각 회사의 주주의 부담이 가중되는 경우에는 주주총회의 특별결의 및 종류주주총회의 결의 이외에 그 주주 전원의 동의가 있어야 한다.

회사의 분할은 분할계획서에 정한 분할등기를 함으로써 그 효력이 발생한다(제530조의11 제1항, 제234조).

정답_③

**문 36_**상법상 주식회사의 분할에 관한 설명으로 옳은 것은?

(2018년 공인회계사)

① 인적분할에 의하여 1개 또는 수개의 회사를 설립하는 단순분할의 경우 이에 반대하는 주주는 주식매수청구를 할 수 있다.

② 물적분할에 의하여 설립되는 회사의 주식의 총수를 분할회사가 취득하는 단순분할의 경우 이에 반대하는 주주는 주식매수청구를 할 수 있다.

③ 분할계획서를 승인하는 주주총회의 결의에 있어 의결권이 배제되는 주주는 의결권을 행사할 수 없다.

④ 인적분할의 경우 단순분할신설회사의 주식의 총수를 분할회사의 주주가 취득하므로 단순분할신설회사의 이사는 분할에 관한 사항을 기재한 서면을 일정기간 본점에 비치할 의무가 없다.

⑤ 단순분할신설회사는 분할회사의 권리와 의무를 분할계획서에서 정하는 바에 따라 승계한다.

① 인적분할에 의하여 1개 또는 수개의 회사를 설립하는 단순분할의 경우 이에 반대하는 주주의 주식매수청구권이 인정되지 않는다(상법 제530조의11 제1항 참조).

② 물적분할에 의하여 설립되는 회사의 주식의 총수를 분할회사가 취득하는 단순분할의 경우 이에 반대하는 주주에게는 주식매수청구권이 인정되지 않는다(상법 제530조의12 참조).

③ 분할계획서를 승인하는 주주총회의 결의에 있어 의결권이 배제되는 주주도 의결권을 행사할 수 있다(상법 제530조의3 제3항).

④ 단순분할신설회사의 이사는 분할에 관한 사항을 기재한 서면을 일정기간 본점에 비치하여야 한다(상법 제530조의7 제1항).

⑤ 상법 제530조의10

정답_⑤

**문 37_**건설업과 토목업을 영위하는 A주식회사는 건설부문을 B주식회사에, 토목부문을 C주식회사에 이전하는 분할합병계약을 각각 체결하였다. 이 때 A회사는 분할 이후의 책임에 관하여 아무런 약정을 하지 않으면서, 무의결권 주식을 보유하고 있는 주주 甲에게는 분할합병의 승인을 위한 주주총회의 소집통지를 하지 않았다. 또한 A회사는 채권자의 이의제출을 위한 공고는 하였지만 자신이 알고 있는 채권자 丙에게는 개별 최고를 하지 않았다. 다음의 설명 중 옳은 것은?

(2007년 공인회계사)

① 의결권이 없는 甲은 위 주주총회에서 의결권을 행사할 수 없기 때문에, 그 소집통지를 받지 않더라도 분할합병무효의 소를 제기할 수 없다.

② 분할합병을 위한 주주총회의 소집통지를 받은 주주 乙은 A회사에 대하여 주식매수청구권을 행사할 수 없다.

③ 채권자 丙은 개별최고를 받지 않았기 때문에 A회사를 상대로 분할합병 무효의 소를 제기할 수 있지만, 분할당사회사에게 연대책임을 물을 수는 없다.

④ A회사가 알지 못하는 채권자 丁이 이의제출을 위한 공고기간 내에 이의를 제출하지 않은 경우, 丁은 분할합병을 승인한 것으로 본다.

⑤ 각 분할합병계약서에 분할합병 이후의 책임에 관하여 달리 약정하지 않았으므로, B회사와 C회사는 각각에게 승계된 채무의 범위 내에서 책임을 부담한다.

**문 38_**상법상 회사분할에 관한 설명 중 옳은 것은?

(2009년 공인회계사 변형)

① 단순분할신설회사가 분할회사의 채무 중에서 분할계획서에 승계하기로 정한 채무에 대한 책임만을 부담하는 경우 별도의 채권자보호절차를 요하지 않는다.

② 회사분할의 승인에 관한 주주총회의 경우에 의결권 없는 주식의 주주는 의결권을 행사할 수 없다.

③ 회사의 분할은 기업의 구조조정을 제도적으로 지원하기 위한 것으로 상법상 주식회사와 유한회사에 한하여 인정하고 있다.

④ 단순분할시는 물론 분할합병의 경우에도 반대주주의 주식매수청구권이 인정되지 않는다.

⑤ 분할로 인하여 분할에 관련된 각 회사의 주주의 부담이 가중되는 경우에는 일반적인 분할승인 결의절차 외에 그 주주 전원의 동의가 있어야 한다.

위 설문은 분할합병에 관한 내용으로, 위 설문의 내용을 살펴보면 다음과 같다.

① 의 경우 의결권없는 주주도 의결권을 행사할 수 있고, 분할합병무효의 소는 주주도 제기할 수 있으므로 틀린 지문이다(제530조의3 제3항, 제530조의11 제1항, 제529조).

② 분할합병에 반대하는 주주는 주식매수청구권을 행사할 수 있다(제530조의11 제2항, 제522조의3).

③ 분할합병의 당사회사는 원칙적으로 연대책임을 지므로(제530조의9 제1항), 채권자는 당사회사에 대해 연대책임을 물을 수 있다.

④ 이의제출기간내에 이의를 제출하지 아니한 경우, 그 채권자는 분할합병을 승인한 것으로 본다(제530조의11, 제527조의5, 제232조 제2항).

⑤ 분할합병 이후의 책임에 관하여 달리 약정이 없는 한 분할 후의 회사는 연대하여 책임을 진다(제530조의9 제1항).

정답_④

① 단순분할신설회사가 분할회사의 채무 중에서 분할계획서에 승계하기로 정한 채무에 대한 책임만을 부담하는 경우는 채권자보호절차를 거쳐야 한다. 제530조의9④.

② 회사분할의 승인에 관한 주주총회의 경우에 의결권 없는 주식의 주주도 의결권을 행사할 수 있다(제530조의3 제3항).

③ 회사의 분할은 기업의 구조조정을 제도적으로 지원하기 위한 것으로 상법상 주식회사에 한하여 인정하고 있다.

④ 단순분할시는 반대주주의 주식매수청구권이 인정되지 않으나, 분할합병의 경우에는 반대주주의 주식매수청구권이 인정된다(제530조의11 제2항, 제522조의3).

정답_⑤

**문 39_**상법상 주식회사의 분할에 관한 설명으로 <u>틀린</u> 것은?

(2020년 공인회계사)

① 분할의 승인을 위한 주주총회의 특별결의에 관하여는 의결권이 배제되는 주주도 의결권이 있다.

② 단순분할에 반대하는 분할회사의 주주에게는 주식매수청구권이 인정되지 않는다.

③ 분할회사가 단순분할에 의하여 설립되는 회사의 주식의 총수를 취득하는 경우, 이에 반대하는 주주에게는 주식매수청구권이 인정되지 않는다.

④ 단순분할신설회사가 분할회사의 분할 전 채무에 대해 연대책임을 지는 경우, 분할회사는 이의를 제기하는 채권자에 대해서 변제 또는 상당한 담보를 제공하거나 이를 목적으로 하여 상당한 재산을 신탁회사에 신탁하여야 한다.

⑤ 단순분할신설회사는 분할회사의 권리와 의무를 분할계획서에서 정하는 바에 따라 승계한다.

**문 40_**상법상 회사분할에 관한 설명 중 <u>틀린</u> 것은? (판례에 의함)

(2006년 공인회계사 변형)

> D조합은 A회사를 상대로 손실을 입었다고 주장하면서 그 보상을 지속적으로 요구하였다. 이후 A회사는 그 사업의 일부를 분리하여 B회사와 C회사를 신설하는 방식으로 회사를 분할하기로 하고, 각 신설회사가 A회사의 채무 중에서 분할계획서에 승계하기로 한 채무만을 승계하여 부담하는 내용의 분할계획서를 작성하여 주주총회의 특별결의에 의한 인을 받았다. 이 때 A회사는 D조합에 대하여 채권자의 이의제출을 위한 개별 최고절차를 이행하지 않은 상태에서 분할을 하였다.

① 사안에서 분할당사회사의 연대책임이 배제된다면, B회사와 C회사는 A회사의 채무 중에서 분할계획서에서 승계하기로 정한 채무에 관한 책임만을 부담하고, A회사는 B회사와 C회사가 부담하지 아니하는 채무에 대한 책임만을 부담한다.

② ①의 경우 A회사와 B회사 및 C회사의 책임관계의 법적 성질은 분할채무이다.

③ A회사의 분할에 반대하는 주주는 주식매수청구권을 행사할 수 있다.

④ A회사를 상대로 손실을 입었다고 주장하면서 그 보상을 지속적으로 요구하는 D조합은 A회사가 알고 있는 채권자에 해당한다.

⑤ A회사가 D조합에 대해 개별 최고를 누락한 경우에는, 그 채권자에 대하여 분할채무관계의 효력이 발생할 수 없고 원칙으로 돌아가 A회사와 B회사 및 C회사가 연대하여 변제할 책임을 진다.

① 분할의 승인을 위한 주주총회의 특별결의에 관하여는 의결권이 배제되는 주주도 의결권이 있다(상법 제530조의3 제3항).
② 단순분할에 반대하는 분할회사의 주주에게는 주식매수청구권이 인정되지 않는다(상법 제530조의11 참조). 분할합병의 경우(소규모 분할합병제외)에는 반대주주의 주식매수청구권이 인정된다.
③ 분할회사가 단순분할에 의하여 설립되는 회사의 주식의 총수를 취득하는 경우, 이에 반대하는 주주에게는 주식매수청구권이 인정되지 않는다(상법 제530조의12 참조).
④ <u>단순분할신설회사가 분할회사의 분할 전 채무에 대해 연대책임을 지는 경우에는 채권자보호절차를 필요로 하지 않는다.</u> 다만 분할회사의 분할 전 채무 중에서 분할계획서에 승계하기로 정한 채무에 대한 책임을 부담하는 것으로 정한 때에는 분할회사는 이의를 제기하는 채권자에 대해서 변제 또는 상당한 담보를 제공하거나 이를 목적으로 하여 상당한 재산을 신탁회사에 신탁하여야 한다(상법 제530조의9 제4항, 제527조의5, 제232조).
⑤ 단순분할신설회사는 분할회사의 권리와 의무를 분할계획서에서 정하는 바에 따라 승계한다(상법 제530조의10).

정답_④

주식회사의 분할(단순분할)이 이루어지는 경우에는, 주주의 지위에 변동이 없으므로 주식매수청구권은 인정되지 않는다. 다만, 분할합병의 경우에는 반대주주의 주식매수청구권이 인정된다(제530조의11 제2항, 제522조의3). 위 설문의 경우에는 단순분할이므로 반대주주의 주식매수청구권이 인정되지 않는다.

정답_③

# 05 진도별 모의고사

## ▶ 회사법 총론

**문.1_** 상법상 회사의 분할에 관한 설명으로 틀린 것은?

(2010년 공인회계사 변형)

① 해산후의 회사는 존립중의 회사를 존속하는 회사로 하거나 새로 회사를 설립하는 경우에 한하여 분할할 수 있다.

② 분할 또는 분할합병에 의해 회사를 설립하는 경우에는 주식회사의 설립에 관한 규정을 준용한다.

③ 회사가 종류주식을 발행한 경우에 분할로 인하여 어느 종류의 주주에게 손해를 미치게 될 때에는 그 종류주주총회의 결의를 요한다.

④ 단순분할신설회사가 분할회사의 채무 중에서 분할계획서에서 승계하기로 정한 채무에 대한 책임만을 부담할 것을 정한 경우, 분할회사는 단순분할신설회사가 부담하지 않는 채무에 대한 책임만을 부담한다.

⑤ 분할되는 회사의 출자만으로 회사가 설립되는 경우에는 검사인의 조사·보고절차를 밟아야 한다.

분할되는 회사의 출자만으로 설립되는 회사의 경우 주식회사의 설립에 관한 규정이 준용되지만, 검사인의 조사·보고절차는 준용되지 않는다. 제530조의4

정답_⑤

**문 2_** 상법상 회사의 해산사유에 관한 설명 중 옳은 것은?

(2003년 공인회계사)

① 합명회사는 총사원의 3분의 2 이상의 동의가 있는 경우 해산한다.

② 합자회사는 유한책임사원의 전원이 퇴사한 때에는 해산한다.

③ 합자회사는 사원 전원의 동의로 그 조직을 유한회사로 변경하여 계속할 수 있다.

④ 주식회사는 주주가 1인으로 된 때 해산한다.

⑤ 유한회사에만 있는 해산사유로는 휴면회사의 해산의제제도가 있다.

① 합명회사는 총사원의 동의가 있는 경우에 해산할 수 있다(제227조 2호).
② 제285조 제1항
③ 합자회사는 유한회사로 조직변경할 수 없으며, 오직 합명회사로만 조직변경을 할 수 있다.
④ 주식회사는 주주가 1인으로 된 때라도 해산하지 않는다(제517조 참조).
⑤ 유한회사는 휴면회사의 해산의제제도가 인정되지 않으며, 주식회사의 경우에만 인정된다(제520조의2).

정답_②

**문 3_** 상법상 회사의 해산명령에 관한 설명으로 틀린 것은?

(2017년 공인회계사)

① 법원은 회사의 설립목적이 불법한 것인 때에는 직권으로 회사의 해산을 명할 수 있다.

② 법원은 회사가 정당한 사유없이 1년 이상 영업을 휴지하는 때에는 이해관계인의 청구에 의하여 회사의 해산을 명할 수 있다.

③ 법원은 이사가 법령에 위반하여 회사의 존속을 허용할 수 없는 행위를 한 때에는 검사의 청구에 의하여 회사의 해산을 명할 수 있다.

④ 법원은 이해관계인이 회사의 해산을 청구한 때에는 직권으로 그 이해관계인에 대하여 상당한 담보를 제공할 것을 명할 수 있다.

⑤ 법원은 해산을 명하기 전이라도 이해관계인이나 검사의 청구 또는 직권으로 회사재산의 보전을 위하여 관리인을 선임할 수 있다.

법원은 이해관계인이 회사의 해산을 청구한 때에는 회사의 청구에 의하여 그 이해관계인에 대하여 상당한 담보를 제공할 것을 명할 수 있다(제176조 제3항).

정답_④

**문 4_** 상법상 회사의 해산에 관한 설명으로 옳은 것은?

(2021년 공인회계사)

① 회사의 분할은 합자회사의 해산사유이다.

② 사원이 1인으로 된 때는 유한책임회사의 해산사유이다.

③ 휴면회사의 해산의제는 유한회사의 해산사유이다.

④ 유한책임사원 전원이 퇴사한 때는 합명회사의 해산사유이다.

⑤ 회사가 정당한 사유없이 설립 후 1년 내에 영업을 개시하지 아니하는 때에는 법원은 직권으로 회사의 해산을 명할 수 있다.

① 회사의 분할은 주식회사의 해산사유이다(상법 제517조 1의2호).

② 사원이 1인으로 된 때는 유한책임회사의 해산사유에 해당하지 않는다(사원이 없게 된 때에 해산사유가 된다 : 상법 제287조의38 2호).

③ 휴면회사의 해산의제는 주식회사의 해산사유이다(상법 제520조의2 참조).

④ 유한책임사원 전원이 퇴사한 때는 합자회사의 해산사유다(상법 제285조 제2항). 합명회사는 유한책임사원이 존재하지 않는다.

⑤ 회사가 정당한 사유없이 설립 후 1년 내에 영업을 개시하지 아니하는 때에는 법원은 직권으로 회사의 해산을 명할 수 있다(상법 제176조 제1항 2호).

정답_⑤

**문 5_** 상법상 회사의 해산명령사유에 해당하는 것은 모두 몇 개인가?

(2008년 공인회계사)

> ㄱ. 회사재산의 관리의 현저한 실당으로 인하여 회사의 존립을 위태롭게 한 때
> ㄴ. 회사의 업무집행사원의 행위가 정관에 위반하여 회사의 존속을 허용할 수 없는 행위를 한 때
> ㄷ. 회사의 업무가 현저한 정돈상태를 계속하여 회복할 수 없는 손해가 생긴 때
> ㄹ. 정당한 사유없이 1년 이상 영업을 휴지한 때
> ㅁ. 이사가 회사재산을 부당하게 유용하여 주주의 정당한 이익을 보호할 수 없는 때
> ㅂ. 정당한 사유없이 설립 후 1년 내 영업을 개시하지 아니한 때
> ㅅ. 회사의 설립목적이 불법한 것인 때

① 1개　　　　② 2개　　　　③ 3개
④ 4개　　　　⑤ 5개

해산명령의 사유로는 ① 회사의 설립목적이 불법한 것인 때, ② 정당한 사유없이 설립후 1년내 영업을 개시하지 아니하거나 1년 이상 영업을 휴지하는 때, ③ 이사 또는 회사의 업무를 집행하는 사원이 법령 또는 정관에 위반하여 회사의 존속을 허용할 수 없는 행위를 한 때이다.

정답_④

**문 6_** 해산판결 및 해산명령에 관한 설명 중 옳은 것은?

(2006년 공인회계사)

① 회사는 해산사유가 발생하면 즉시 회사의 권리능력이 상실된다.
② 회사가 정당한 이유없이 설립 후 1년 내에 영업을 개시하지 않는 경우에 법원은 해산을 명해야 한다.
③ 회사의 업무집행사원의 행위가 정관에 위반한 것만으로는 법원이 회사의 해산을 명할 수 없다.
④ 주식회사의 경우 발행주식총수의 100분의 3 이상에 해당하는 주식을 가진 주주는 법원에 회사의 해산을 청구할 수 있다.
⑤ 해산판결에서 원고가 패소한 경우에도 원고는 악의 또는 과실이 없는 한 회사에 대하여 손해배상책임을 지지 않는다.

① 회사는 해산사유가 발생하면, 청산의 목적 범위 내에서 권리능력을 갖는다(제245조 참조).
② 회사가 정당한 이유없이 설립 후 1년 내에 영업을 개시하지 않는 경우에 법원은 해산을 명할 수 있다(제176조 제1항).
④ 주식회사의 경우 발행주식총수의 100분의 10 이상에 해당하는 주식을 가진 주주는 법원에 회사의 해산을 청구할 수 있다(제520조 제1항).
⑤ 해산판결에서 원고가 패소한 경우에도 원고는 악의 또는 중대한 과실이 없는 한 회사에 대하여 손해배상책임을 지지 않는다(제520조, 제191조).

정답_③

**문 7_** 상법상 주식회사의 해산 및 청산에 관한 설명으로 틀린 것은?

(2015년 공인회계사)

① 회사의 업무가 현저한 정돈상태를 계속하여 회복할 수 없는 손해가 생긴 경우 발행주식총수의 100분의 10 이상에 해당하는 주식을 가진 주주는 회사의 해산을 법원에 청구할 수 있다.

② 회사가 청산절차에 늘어간 경우 송선의 감사는 그 시위를 상실한다.

③ 정관에 회사의 존립기간을 설립 후 10년으로 정한 경우 회사는 그 기간의 만료로 인하여 해산한다.

④ 회사가 법원의 해산명령이나 해산판결에 의해 해산하는 경우에는 주주총회의 특별결의에 의하여도 회사를 계속할 수 없다.

⑤ 회사가 해산한 때에는 합병·분할·분할합병 또는 파산의 경우 외에는 정관에 다른 정함이 있거나 주주총회에서 타인을 선임한 경우가 아니라면 이사가 청산인이 된다.

**문 8_** 상법상 회사의 해산과 청산에 관한 설명으로 틀린 것은? (판례에 의함)

(2012년 공인회계사)

① 청산회사는 해산 후 청산의 목적을 위하여 존속하는 회사로서 그 목적이 청산의 범위 내에 한정된다는 점을 제외하고는 해산 전의 회사와 동일성이 인정된다.

② 회사의 해산 전에 직무집행정지 가처분과 함께 선임된 이사 직무대행자는 회사가 해산하는 경우 당연히 청산인 직무대행자가 된다.

③ 법인이 해산결의를 하고 해산등기를 마치지 않은 이상 사실상 청산사무를 종결하였더라도 제3자에 대하여 법인의 소멸을 주장할 수 없다.

④ 청산종결의 등기를 하였더라도 청산할 채권·채무가 남아 있는 이상 청산은 종료되지 않으므로 그 한도에서 청산법인은 당사자능력이 있다.

⑤ 동업약정에 의해 회사가 설립되어 주식회사로서의 실체를 갖추고 있는 경우 상법상 주식회사의 청산절차에 의하지 않고 동업자들간의 합의로 청산이 이루어지면 동업자들은 잔여재산을 분배받을 수 있다.

**문 9**_상법상 주식회사의 해산과 청산에 관한 설명으로 옳은 것은?

(2010년 공인회계사)

① 회사가 해산한 때에는 합병, 분할, 분할합병, 파산의 경우 외에는 이사가 청산인이 되지만, 정관에 다른 정함이 있거나 주주총회에서 타인을 선임한 때에는 그러하지 아니하다.

② 청산인은 알고 있는 채권자에 대하여는 각별로 그 채권의 신고를 최고하여야 하며, 그 채권자가 신고하지 아니한 경우에는 이를 청산에서 제외할 수 있다.

③ 청산에서 제외된 채권자는 분배되지 아니한 잔여재산에 대하여는 변제를 청구할 수 없다.

④ 법원이 청산인을 선임한 경우 주주총회의 특별결의로 이를 해임할 수 있다.

⑤ 청산사무의 종결 후 청산인이 결산보고서를 작성하고 주주총회에 제출하여 그 승인을 받은 경우, 회사는 청산인의 부정행위에 대하여 그 책임을 해제한 것으로 본다.

② 청산인은 알고 있는 채권자에 대하여는 각별로 그 채권의 신고를 최고하여야 하며, 그 채권자가 신고하지 아니한 경우에는 이를 청산에서 제외할 수 없다.
③ 청산에서 제외된 채권자는 분배되지 아니한 잔여재산에 대하여는 변제를 청구할 수 있다.
④ 법원이 청산인을 선임한 경우 주주총회의 특별결의로 이를 해임할 수 없고, 법원에 해임청구를 할 수 있을 뿐이다.
⑤ 청산사무의 종결 후 청산인이 결산보고서를 작성하고 주주총회에 제출하여 그 승인을 받은 경우, 회사는 청산인의 부정행위가 있는 경우를 제외하고 그 책임을 해제한 것으로 본다.
정답_①

## ▶ 합명회사

**문 10**_甲에 대하여 채무를 부담하고 있는 乙이 자신의 모든 재산을 현물출자하여 A합명회사를 설립하였고, A회사는 丙으로부터 영업자금을 차입하였다. 이 경우에 관한 설명 중 틀린 것은?

(2005년 공인회계사)

① 甲은 회사설립취소의 소를 乙과 A회사를 상대로 제기할 수 있다.

② 甲이 승소의 확정판결을 받은 경우에는 A회사는 丙에 대하여 채무의 변제책임을 지지 않는다.

③ 甲이 제기하는 설립취소의 소는 A회사의 설립등기 시로부터 2년 내에 제기되어야 한다.

④ A회사의 설립취소판결이 확정된 경우에는 본점과 지점의 소재지에서 등기하여야 한다.

⑤ A회사의 설립취소판결이 확정되면 A회사는 해산의 경우에 준하여 청산하여야 한다.

설립무효판결전의 회사와 제3자간의 권리·의무는 효력이 있으므로(제190조 단서), A회사는 丙에 대하여 채무의 변제책임을 진다.
정답_②

**문11_**상법상 합명회사의 설립하자에 관한 설명 중 **틀린** 것은?

(2009년 공인회계사)

① 미성년자가 법정대리인의 동의없이 합명회사를 설립한 경우 사원은 회사를 상대로 회사설립무효의 소를 제기할 수 있다.

② 사원이 그 채권자를 해할 것을 알고 합명회사를 설립한 경우 사원의 채권자는 회사설립취소의 소를 제기할 수 있다.

③ 설립무효의 소는 반드시 합명회사의 성립의 날로부터 2년 내에 제기하여야 한다.

④ 설립무효의 소에서 원고승소 판결이 확정되면 제3자도 설립의 유효를 주장할 수 없다.

⑤ 설립취소의 판결은 그 판결확정 전에 생긴 회사와 제3자간의 권리의무에 영향을 미치지 않는다.

**해 설 및 정 답**

미성년자가 법정대리인의 동의없이 합명회사를 설립한 경우 취소권자는 회사를 상대로 회사설립취소의 소를 제기할 수 있다(제184조).

정답_①

**문12_**상법상 합명회사에 관한 설명으로 옳은 것은?

(2019년 공인회계사)

① 회사설립의 취소는 취소권 있는 사원에 한하여 회사성립의 날로부터 2년 내에 소만으로 이를 주장할 수 있다.

② 사원의 일부가 업무집행사원인 경우에 각 업무집행사원의 업무집행행위에 대하여 다른 업무집행사원의 이의가 있는 때에는 곧 그 행위를 중지하고 사원 전원의 과반수의 결의에 의하여야 한다.

③ 사원이 사망한 경우 정관에 금지규정이 없는 이상 그 상속인이 회사에 대한 피상속인의 권리의무를 승계하여 사원이 된다.

④ 사원은 다른 사원 전원의 동의가 없으면 업무집행권 또는 회사대표권을 가지는지 여부에 관계없이 경업이 금지된다.

⑤ 판례에 의하면 사원의 지위를 취득하는 시점은 총사원의 동의가 있는 때가 아니라 정관의 기재가 실제로 변경된 때로 본다.

① 회사설립의 취소는 취소권이 있는 자에 한하여 회사성립의 날로부터 2년 내에 소만으로 이를 주장할 수 있다(상법 제184조).

② 사원의 일부가 업무집행사원인 경우에 각 업무집행사원의 업무집행행위에 대하여 다른 업무집행사원의 이의가 있는 때에는 곧 그 행위를 중지하고 업무집행사원 전원의 과반수의 결의에 의하여야 한다(상법 제201조 제2항).

③ 사원이 사망한 경우 원칙적으로 피상속인의 권리의무를 승계하지 못하고 퇴사사유가 되지만(상법 제218조 제3호), 정관에 상속할 수 있도록 하는 규정이 있는 때에는 그 상속인이 회사에 대한 피상속인의 권리의무를 승계하여 사원이 된다(상법 제219조).

④ 사원은 다른 사원 전원의 동의가 없으면 업무집행권 또는 회사대표권을 가지는지 여부에 관계없이 경업이 금지된다(상법 제198조 제1항).

⑤ 합자회사의 성립 후에 신입사원이 입사하여 사원으로서의 지위를 취득하기 위하여는 정관변경을 요하고 따라서 총사원의 동의를 얻어야 하지만, 정관변경은 회사의 내부관계에서는 총사원의 동의만으로 그 효력을 발생하는 것이므로 신입사원은 총사원의 동의가 있으면 정관인 서면의 경정이나 등기부에의 기재를 기다리지 않고 그 동의가 있는 시점에 곧바로 사원으로서의 지위를 취득한다(대법원 1996. 10. 29. 선고 96다19321 판결).

정답_④

**문 13_**상법상 합명회사 사원의 출자에 관한 설명 중 틀린 것은?

(2005년 공인회계사)

① 사원은 대외적으로 무한책임을 지지만, 무한출자의무를 부담하지 않는다.

② 사원이 회사에 대한 채권을 가진 경우에는 그의 출자와 채권을 상계할 수 있다.

③ 출자의무는 원칙적으로 사원자격의 취득과 동시에 발생하고, 사원자격의 상실과 동시에 소멸한다.

④ 출자이행의 시기는 정관의 규정이 없는 경우에는 보통의 업무집행의 방법으로 자유로이 정할 수 있다.

⑤ 청산인은 회사의 현존재산이 회사채무를 완제하기에 부족한 경우에도 변제기에 각 사원에 대하여 출자를 청구하여야 한다.

청산인은 회사의 현존재산이 회사채무를 완제하기에 부족한 경우에는 변제기에 불구하고 각 사원에 대하여 출자를 청구할 수 있다(제258조).

정답_⑤

**문 14_**합명회사와 합자회사의 사원의 경업금지의무에 관한 설명으로 틀린 것은?

(2004년 공인회계사)

① 합명회사의 사원은 다른 사원의 동의가 없으면 자기 또는 제3자의 계산으로 회사의 영업부류에 속하는 거래를 하지 못한다.

② 합명회사의 사원이 경업금지의무에 위반하여 거래를 한 경우에 그 거래가 자기의 계산으로 한 것인 때에는 회사는 이를 회사의 계산으로 한 것으로 볼 수 있다.

③ 합자회사의 유한책임사원은 합명회사의 사원과 같은 경업금지의무를 부담한다.

④ 합명회사의 사원이 경업금지의무에 위반하여 거래를 한 경우에 회사는 그 사원에 대하여 손해배상을 청구할 수 있다.

⑤ 합명회사의 사원이 경업금지의무를 위반한 경우에는 다른 사원 과반수의 결의에 의하여 그 사원의 제명의 선고를 법원에 청구할 수 있다.

합자회사의 유한책임사원은 경업의 자유가 인정된다(제275조).

정답_③

**문 15_**상법상 각종 회사에 관한 설명으로 옳은 것은?

(2017년 공인회계사)

① 합명회사의 사원이 그 채권자를 해할 것을 알고 회사를 설립한 때에는 채권자는 그 사원과 회사에 대한 소로 회사의 설립취소를 청구할 수 있다.

② 합자회사의 유한책임사원이 사망한 경우 정관에 정함이 없으면 그 상속인은 그 지분을 승계하여 사원이 될 수 없다.

③ 유한책임회사의 사원은 업무를 집행하는 사원이 없는 경우에는 사원 과반수의 동의를 받아야 그 지분의 전부 또는 일부를 타인에게 양도할 수 있다.

④ 유한회사의 각 사원은 이사가 법령 또는 정관에 위반한 행위를 하여 이로 인하여 회사에 회복할 수 없는 손해가 생길 염려가 있는 경우에는 회사를 위하여 이사에 대하여 그 행위를 유지할 것을 청구할 수 있다.

⑤ 상법상의 외국회사는 다른 법률의 적용에 있어서는 법률에 다른 규정이 있는 경우 외에는 대한민국에서 성립된 주식회사로 본다.

② 합자회사의 유한책임사원이 사망한 경우 정관에 다른 정함이 없으면 그 상속인은 그 지분을 승계하여 사원이 될 수 있다(제283조).
③ 유한책임회사의 사원은 업무를 집행하는 사원이 없는 경우에는 총사원의 동의를 받아야 그 지분의 전부 또는 일부를 타인에게 양도할 수 있다(제287조의8 제2항 단서).
④ 유한회사의 자본금 총액의 100분의 3 이상에 해당하는 출자좌수를 가진 사원은 이사가 법령 또는 정관에 위반한 행위를 하여 이로 인하여 회사에 회복할 수 없는 손해가 생길 염려가 있는 경우에는 회사를 위하여 이사에 대하여 그 행위를 유지할 것을 청구할 수 있다(제564조의2).
⑤ 상법상의 외국회사는 다른 법률의 적용에 있어서는 법률에 다른 규정이 있는 경우 외에는 대한민국에서 성립된 동종 또는 가장 유사한 회사로 본다(제621조).

정답_①

**문 16_**상법상 합명회사에 관한 설명으로 **틀린** 것은?

(2014년 공인회계사)

① 사원은 설립등기 이전에 출자의무를 현실적으로 전부 이행할 필요는 없다.

② 정관에 다른 정함이 없으면 퇴사한 사원은 노무를 출자의 목적으로 한 경우에 그 지분의 환급을 받을 수 있다.

③ 사원이 자신의 지분을 타인에게 양도하는 경우에는 다른 사원 전원의 동의를 필요로 한다.

④ 사원이 사망한 경우에 정관에 다른 정함이 없으면 그 사원의 지분은 상속되지 않는다.

⑤ 회사가 성립된 이후에 가입한 사원은 그 가입 전에 생긴 회사채무에 대하여는 다른 사원과 동일한 책임을 부담하지 않는다.

회사가 성립된 이후에 가입한 사원은 그 가입 전에 생긴 회사채무에 대하여는 다른 사원과 동일한 책임을 부담한다(제213조).

정답_⑤

**문 17_상법상 합명회사와 합자회사에 관한 설명으로 옳은 것은?**

(2021년 공인회계사)

① 합명회사의 사원은 신용 또는 노무를 출자의 목적으로 하지 못한다.

② 합명회사의 사원이 회사채무에 관하여 변제의 청구를 받은 때에는 회사가 주장할 수 있는 항변으로 그 채권자에게 대항할 수 없다.

③ 합명회사 성립 후에 가입한 사원은 그 가입 전에 생긴 회사 채무에 대해서는 다른 사원과 동일한 책임을 지지 않는다.

④ 합자회사의 유한책임사원은 다른 사원의 동의없이 자기 또는 제3자의 계산으로 회사의 영업부류에 속하는 거래를 할 수 있다.

⑤ 합자회사의 유한책임사원은 사원 전원의 동의가 있어야만 그 지분의 전부 또는 일부를 타인에게 양도할 수 있다.

① 합명회사의 사원은 신용 또는 노무를 출자의 목적으로 할 수 있다(참조조문 : 사원의 퇴사시 지분환급에 관한 상법 제222조).

② 합명회사의 사원이 회사채무에 관하여 변제의 청구를 받은 때에는 회사가 주장할 수 있는 항변으로 그 채권자에게 대항할 수 있다(상법 제214조 제1항).

③ 합명회사 성립 후에 가입한 사원은 그 가입 전에 생긴 회사채무에 대해서는 다른 사원과 동일한 책임을 진다(상법 제213조).

④ 합자회사의 유한책임사원은 다른 사원의 동의없이 자기 또는 제3자의 계산으로 회사의 영업부류에 속하는 거래를 할 수 있다(상법 제275조).

⑤ 합자회사의 유한책임사원은 무한책임사원 전원의 동의가 있으면 그 지분의 전부 또는 일부를 타인에게 양도할 수 있다(상법 제276조).

정답_④

**문 18_다음 중 합명회사 사원의 책임에 관한 설명으로 틀린 것은?**

(2007년 공인회계사)

① 사원이 아닌 자가 타인에게 자기를 사원이라고 오인시키는 행위를 하였을 때에는 오인으로 인하여 회사와 거래한 자에 대하여 사원과 동일한 책임을 진다.

② 채권을 출자의 목적으로 한 사원은 그 채권이 변제기에 변제되지 아니한 때에는 그 채권액을 변제할 책임을 진다.

③ 사원이 회사채무에 관하여 변제의 청구를 받은 때에는 회사가 주장할 수 있는 항변으로 그 채권자에게 대항할 수 있다.

④ 회사성립 후에 가입한 사원은 그 가입 전에 생긴 회사 채무에 대하여는 책임이 없다.

⑤ 퇴사한 사원은 본점소재지에서 퇴사등기를 하기 전에 생긴 회사채무에 대하여는 등기 후 2년 내에는 다른 사원과 동일한 책임이 있다.

회사성립 후에 가입한 사원은 그 가입 전에 생긴 회사 채무에 대하여도 다른 사원과 연대하여 책임을 진다(제213조).

정답_④

**문 19_**합명회사의 사원의 책임에 관한 설명으로 **틀린** 것은?

(2004년 공인회계사)

① 회사재산으로 회사의 채무를 완제할 수 없는 때에는 각 사원은 연대하여 변제할 책임이 있다.

② 회사성립 후에 가입한 사원은 그 가입 전에 생긴 회사채무에 대하여 다른 사원과 동일한 책임을 진다.

③ 퇴사한 사원은 본점소재지에서 퇴사등기를 하기 선에 생신 회사채무에 대하여는 등기 후 2년 내에는 다른 사원과 동일한 책임이 있다.

④ 사원이 회사채무에 관하여 변제의 청구를 받은 때에는 회사가 주장할 수 있는 항변으로 그 채권자에게 대항할 수 있다.

⑤ 사원이 회사에 변제자력이 있으며 집행이 용이한 것을 증명한 때에도 회사의 채무를 변제할 책임을 진다.

사원이 회사에 변제의 자력이 있으며 집행이 용이한 것을 증명한 때에는 회사의 채무를 변제할 책임이 없다(제212조 제3항).

정답_⑤

**문 20_**상법상 합명회사에 관한 설명으로 옳은 것은?

(2016년 공인회계사)

① 합명회사의 원시정관은 공증인의 인증을 받지 않으면 법적 효력이 발생하지 않는다.

② 미성년자가 법정대리인의 동의 없이 설립행위에 참가한 경우 이는 회사설립취소의 소의 원인이 되지 않는다.

③ 업무집행에 관한 의사결정은 원칙적으로 총사원의 과반수로 정하고 따로 업무집행사원을 정한 때에는 업무집행사원 전원의 동의로 정하여야 한다.

④ 사원은 다른 사원 과반수의 결의가 있는 때에 한하여 자기 또는 제3자의 계산으로 회사와 거래를 할 수 있다.

⑤ 정관으로 회사의 존립기간을 정하지 아니하거나 어느 사원의 종신까지 존속할 것을 정한 경우에는 사원은 원칙적으로 6월 전에 예고하고 언제든지 퇴사할 수 있다.

① 합명회사의 원시정관은 공증인의 인증을 필요로 하지 않는다(제178조 참조)

② 미성년자 또는 한정치산자가 법정대리인의 동의 없이 설립행위에 참가한 경우 이는 회사설립취소의 소의 원인이 된다.

③ 업무집행에 관한 의사결정은 원칙적으로 각 사원이 정하며, 따로 업무집행사원을 정한 때에는 각 업무집행사원이 정한다(제200조 제1항, 제201조 제1항).

⑤ 정관으로 회사의 존립기간을 정하지 아니하거나 어느 사원의 종신까지 존속할 것을 정한 경우에는 사원은 원칙적으로 6월 전에 예고하고 영업년도말에 퇴사할 수 있다(제217조 제1항).

정답_④

**문 21_**상법상 합명회사의 사원에 관한 설명으로 옳은 것은?

(2010년 공인회계사)

① 사원은 출자의무를 부담하지만, 정관의 규정에 의해 그 출자의 무가 면제되는 경우도 있다.

② 사원의 출자의무 불이행으로 인해 회사가 최고하여 발생한 구체적 출자의무는 사원 자격의 상실과 함께 소멸된다.

③ 사원이 출자한 채권이 변제기에 변제되지 아니한 경우 그 사원은 회사에 대하여 변제책임은 물론 이자지급과 손해배 상의 책임을 부담한다.

④ 정관의 규정 또는 총사원의 동의가 있는 경우에는 합명회사 사원이 아닌 자에게도 업무집행을 맡길 수 있다.

⑤ 사원 중 일부가 업무집행사원인 경우 그 각 사원의 업무집행 에 관한 행위에 대하여 다른 사원의 이의가 있는 때에는 곧 행위를 중지하고 총사원의 과반수의 결의에 따라야 한다.

① 사원은 출자의무를 부담하며, 정관의 규정 에 의해 그 출자의무가 면제되는 경우는 있을 수 없다.

② 사원의 출자의무 불이행으로 인해 회사가 최고하여 발생한 구체적 출자의무는 사원 자 격의 상실과 함께 소멸되지 않는다.

④ 업무집행은 사원에 한하여 인정된다. 따라 서 정관의 규정 또는 총사원의 동의가 있는 경 우에는 합명회사 사원이 아닌 자에게 업무집 행을 맡길 수 없다.

⑤ 사원 중 일부가 업무집행사원인 경우 그 각 사원의 업무집행에 관한 행위에 대하여 다른 사원의 이의가 있는 때에는 곧 행위를 중지하 고 그 업무집행사원의 과반수의 결의에 따라 야 한다.

정답_③

## ▶ 합자회사

**문 22_**상법상 합자회사에 관한 설명으로 옳은 것은?

(2018년 공인회계사)

① 무한책임사원은 다른 무한책임사원의 동의가 있으면 그 지 분의 전부 또는 일부를 타인에게 양도할 수 있다.

② 유한책임사원은 언제든지 영업시간 내에 한하여 회사의 회 계장부와 대차대조표 및 기타의 서류를 열람할 수 있고 회사 의 업무와 재산상태를 검사할 수 있다.

③ 업무집행사원이 업무를 집행함에 현저하게 부적임하거나 중 대한 의무에 위반한 행위가 있는 때에는 유한책임사원도 법 원에 업무집행권한의 상실선고를 청구할 수 있다.

④ 무한책임사원은 다른 무한책임사원 과반수의 결의가 있는 때에 한하여 자기 또는 제3의 계산으로 회사와 거래를 할 수 있다.

⑤ 유한책임사원은 금치산 또는 파산선고를 받은 경우에도 법률 상 당연히 퇴사하지 아니한다.

① 무한책임사원은 다른 사원 전원의 동의가 있으면 그 지분의 전부 또는 일부를 타인에게 양도할 수 있다(상법 제269조, 제197조).

② 유한책임사원은 영업년도말에 영업시간 내 에 한하여 회사의 회계장부와 대차대조표 및 기타의 서류를 열람할 수 있고 회사의 업무와 재산상태를 검사할 수 있다(상법 제277조 제 1항).

③ 상법 제269조, 제205조

④ 무한책임사원은 다른 사원 과반수의 결의 가 있는 때에 한하여 자기 또는 제3의 계산으 로 회사와 거래를 할 수 있다(상법 제269조, 제199조).

⑤ 유한책임사원은 금치산선고를 받은 때에는 당연히 퇴사하지 않지만(상법 제284조), 파산 선고를 받은 경우에는 사원으로서의 책임부담 이 불가능하게 되므로 당연히 퇴사한다.

정답_③

**문 23_**상법상 인적회사 사원의 퇴사 및 제명에 관한 설명으로 틀린 것은?

(2012년 공인회계사)

① 합자회사의 무한책임사원이 파산선고를 받더라도 무한책임사원의 의사에 반하여 퇴사시킬 수는 없다.

② 합자회사의 유한책임사원은 금치산의 선고를 받은 경우에도 퇴사되지 않는다.

③ 합명회사의 사원은 부득이한 사유가 있는 경우 다른 사원의 동의를 받지 않고 언제든지 퇴사할 수 있다.

④ 합명회사 사원의 지분을 압류한 채권자는 회사와 그 사원에 대하여 6개월 전에 예고하고 영업년도 말에 그 사원을 퇴사시킬 수 있다.

⑤ 합명회사의 사원에게 경업금지의무 위반의 사유가 있는 경우 회사는 다른 사원 과반수의 결의에 의하여 그 사원의 제명선고를 법원에 청구할 수 있다.

합자회사의 무한책임사원이 파산선고를 받은 경우에는 당연퇴사사유가 되므로, 본인의 의사와 관계없이 퇴사된다(제218조).

정답_①

**문 24_**상법상 합자회사의 유한책임사원에 관한 설명으로 옳은 것은?

(2013년 공인회계사)

① 유한책임사원도 정관 또는 총사원의 동의로 업무집행권과 대표권을 가질 수 있다.

② 유한책임사원은 무한책임사원의 업무집행을 감시할 수 있으며 업무집행에 이의를 제기한 경우 업무집행사원은 업무집행행위를 곧 중지하여야 한다.

③ 유한책임사원이 무한책임사원으로 변동되는 것은 회사채권자보호에 유리하므로 총사원의 동의가 필요 없다.

④ 유한책임사원이 사망한 경우 그 상속인이 지분을 상속하며 유한책임사원이 금치산 선고를 받은 경우에 그 유한책임사원은 퇴사한다.

⑤ 유한책임사원이 회사에 이익이 없음에도 불구하고 배당을 받은 금액은 회사채무 변제 책임을 정함에 있어서 이를 가산한다.

① 유한책임사원도 정관 또는 총사원의 동의가 있어도 대표권을 가질 수 없다는 것이 통설 및 판례의 입장이다.

② 유한책임사원은 무한책임사원의 업무집행을 감시할 수 있으나 이는 원칙적으로 영업년도말에 서류열람과 업무와 재산상태의 조사를 하는 것일 뿐이다(제277조). 유한책임사원이 이의제기를 하여 업무집행사원의 업무집행을 중지시킬 수는 없다.

③ 유한책임사원이 무한책임사원으로 변동되는 것은 정관변경을 필요로 하므로 총사원의 동의가 필요하다(제269조, 제204조).

④ 유한책임사원이 사망한 경우 그 상속인이 지분을 상속하며, 유한책임사원이 금치산 선고를 받은 경우에도 그 유한책임사원은 퇴사하지 않는다(제283조, 제284조).

정답_⑤

**문 25**_상법상 합자회사의 유한책임사원에 관한 설명 중 **틀린** 것은?

(2009년 공인회계사)

① 유한책임사원은 다른 사원의 동의없이 동종영업을 목적으로 하는 다른 회사의 무한책임사원이 될 수 있다.

② 유한책임사원이 회사에 이익이 없음에도 불구하고 배당을 받은 경우에 그 배당받은 금액은 변제책임을 정함에 있어서 이를 가산한다.

③ 정관변경에 의하여 무한책임사원이 된 유한책임사원은 변경 전 회사채무에 대하여 다른 무한책임사원과 동일한 책임을 진다.

④ 판례에 의하면, 유한책임사원이 다른 사원 전원의 동의로 대표권을 부여받은 경우 그 등기를 한 때부터 회사를 대표하는 행위를 할 수 있다.

⑤ 유한책임사원은 무한책임사원 전원의 동의가 있으면 자기의 지분의 전부 또는 일부를 타인에게 양도할 수 있다.

판례에 의하면, 유한책임사원은 회사를 대표하는 행위를 할 수 없다(대판1966. 1.25, 65다2128).

정답_④

**문 26**_상법상 합자회사에 관한 설명으로 옳은 것은?

(2020년 공인회계사)

① 중요한 사유가 있는 때에는 유한책임사원은 언제든지 법원의 허가를 얻어 회사의 업무와 재산상태를 검사할 수 있다.

② 무한책임사원은 신용 또는 노무를 출자의 목적으로 하지 못한다.

③ 유한책임사원은 사원 전원의 동의가 있어야만 그 지분의 전부를 양도할 수 있다.

④ 지배인의 선임과 해임은 사원 전원의 과반수의 결의에 의한다.

⑤ 무한책임사원 전원의 동의만으로 합명회사로의 조직변경이 가능하다.

① 중요한 사유가 있는 때에는 유한책임사원은 언제든지 법원의 허가를 얻어 회사의 업무와 재산상태를 검사할 수 있다(상법 제277조 제2항).
② 유한책임사원은 신용 또는 노무를 출자의 목적으로 하지 못한다(상법 제272조).
③ 유한책임사원은 무한책임사원 전원의 동의만 있으면 그 지분의 전부를 양도할 수 있다(상법 제276조).
④ 지배인의 선임과 해임은 무한책임사원 과반수의 결의에 의한다(상법 제274조).
⑤ 사원 전원의 동의만으로 합명회사로의 조직변경이 가능하다(상법 제286조 제1항).

정답_①

**문 27_**상법상 합자회사에 관한 설명으로 틀린 것은?

(2011년 공인회계사)

① 합자회사는 그 사원전원이 동의하는 경우 또는 유한책임사원 전원이 퇴사하고 무한책임사원 전원이 동의하는 경우에 합명회사로 변경할 수 있다.

② 유한책임사원의 출자는 재산출자에 한정되며 신용 또는 노무를 출자의 목적으로 하지 못한다.

③ 판례에 의하면 무한책임사원이 1인인 경우라도 그가 업무를 집행함에 현저하게 부적임하다면 법원은 해당 사원의 업무 집행권한의 상실을 선고할 수 있다.

④ 유한책임사원이 회사에 이익이 없음에도 불구하고 배당을 받은 경우 그 배당금액은 회사의 채무에 관한 해당 사원의 변제책임을 정함에 있어서 이를 가산한다.

⑤ 퇴사한 무한책임사원은 본점소재지에서 퇴사등기를 하기 전에 생긴 회사채무에 대하여 등기후 2년 내에는 다른 무한책임사원과 동일한 책임이 있다.

판례에 의하면 무한책임사원이 1인인 경우에는 그가 업무를 집행함에 현저하게 부적임하다하더라도 업무집행권을 박탈하게 된다면 업무집행을 담당할 자가 없게 되므로 법원은 해당 사원의 업무집행권한의 상실을 선고할 수 없다(대법원 1977.4.26. 선고 75다1341 판결).
정답_③

**문 28_**상법상 합자회사에 관한 설명으로 옳은 것은?

(2014년 공인회계사)

① 유한책임사원은 신용 또는 노무를 출자의 목적으로 할 수 있다.

② 유한책임사원의 지분의 양도에는 다른 유한책임사원의 동의를 필요로 한다.

③ 유한책임사원은 그 출자가액에서 이미 이행한 부분을 공제한 가액을 한도로 하여 회사채무를 변제할 책임이 있다.

④ 유한책임사원이 타인에게 자기를 무한책임사원이라고 오인시키는 행위를 한 경우에도 오인으로 인하여 회사와 거래를 한 자에 대하여 무한책임사원과 동일한 책임은 없다.

⑤ 유한책임사원 전원이 퇴사한 경우에 무한책임사원은 그 전원이 동의하여도 합명회사로 변경하여 회사를 계속할 수 없다.

① 유한책임사원은 신용 또는 노무를 출자의 목적으로 할 수 없다(제272조).

② 유한책임사원의 지분의 양도에는 다른 유한책임사원의 동의를 필요로 하지 않고, 무한책임사원 전원의 동의만 있으면 된다(제276조).

④ 유한책임사원이 타인에게 자기를 무한책임사원이라고 오인시키는 행위를 한 경우에는 오인으로 인하여 회사와 거래를 한 자에 대하여 무한책임사원과 동일한 책임을 진다(제281조 제1항).

⑤ 유한책임사원 전원이 퇴사한 경우에 무한책임사원은 그 전원이 동의하면 합명회사로 변경하여 회사를 계속할 수 있다(제286조 제2항).

정답_③

## ▶ 유한책임회사

**문 29_상법상 유한책임회사에 관한 설명으로 옳은 것은?**

(2013년 공인회계사)

① 유한책임회사제도를 도입한 취지상 사원은 신용이나 노무를 출자의 목적으로 할 수 있다.

② 유한책임회사를 대표하는 업무집행자가 그 업무집행으로 인하여 타인에게 손해를 입힌 경우에는 회사는 그 업무집행자와 연대하여 손해를 배상할 책임이 있다.

③ 업무집행자를 포함한 사원 과반수의 동의가 있으면 정관변경 없이도 새로운 사원을 가입시킬 수 있다.

④ 회사가 자기 지분을 취득하는 경우 그 지분은 취득한 때에 소멸하며 그만큼 자본금이 감소한다.

⑤ 사원이 출자한 금전이나 그 밖의 재산의 가액과 잉여금의 합을 자본금으로 한다.

① 유한책임회사제도를 도입한 취지상 사원은 신용이나 노무를 출자의 목적으로 할 수 없다(제287조의4 제1항).

③ 새로운 사원의 가입은 정관변경으로 하며, 정관변경은 총사원의 동의가 있어야 한다(제287조의23 제1항, 제287조의16).

④ 회사가 자기 지분을 취득하는 경우 그 지분은 취득한 때에 소멸하지만(제287조의9 제2항), 자본금이 감소하지 않는다. 자본금감소는 정관변경절차를 거쳐야 한다(제287조의36 제1항).

⑤ 사원이 출자한 금전이나 그 밖의 재산의 가액을 자본금으로 한다(제287조의35).

정답_②

**문 30_상법상 유한책임회사에 관한 설명으로 옳은 것은?**

(2019년 공인회계사)

① 채권자는 퇴사하는 사원에게 환급하는 금액이 잉여금을 초과하는 경우 그 환급에 대하여 회사에 이의를 제기할 수 없다.

② 업무를 집행하지 않는 사원은 업무를 집행하는 사원의 과반수 동의가 있으면 그 지분의 전부 또는 일부를 타인에게 양도할 수 있다.

③ 회사는 사원 전원의 동의로 그 지분의 일부를 취득할 수 있으며 회사가 지분을 취득하는 경우 그 지분은 지체없이 처분하여야 한다.

④ 업무집행자는 다른 사원 과반수의 동의가 있는 경우에만 자기 또는 제3자의 계산으로 회사의 영업부류에 속한 거래를 할 수 있다.

⑤ 업무집행자의 업무집행을 정지하거나 직무대행자를 선임하는 가처분을 하거나 그 가처분을 변경 또는 취소하는 경우에는 본점 및 지점이 있는 곳의 등기소에서 등기하여야 한다.

① 채권자는 퇴사하는 사원에게 환급하는 금액이 잉여금을 초과하는 경우 그 환급에 대하여 회사에 이의를 제기할 수 있다(상법 제287조의30 제1항).

② 업무를 집행하지 않는 사원은 업무를 집행하는 사원의 전원 동의가 있으면 그 지분의 전부 또는 일부를 타인에게 양도할 수 있다(상법 제287조의8 제2항).

③ 회사는 사원 전원의 동의로 그 지분의 일부를 취득할 수 없으며, 회사가 지분을 취득하는 경우 그 지분은 취득한 때에 소멸한다(상법 제287조의9 제1항, 제2항).

④ 업무집행자는 다른 사원 전원의 동의가 있는 경우에만 자기 또는 제3자의 계산으로 회사의 영업부류에 속한 거래를 할 수 있다(상법 제287조의10 제1항).

⑤ 업무집행자의 업무집행을 정지하거나 직무대행자를 선임하는 가처분을 하거나 그 가처분을 변경 또는 취소하는 경우에는 본점 및 지점이 있는 곳의 등기소에서 등기하여야 한다(상법 제287조의18, 제183조의2).

정답_⑤

**문 31_**상법상 유한책임회사와 유한회사에 관한 설명으로 옳은 것은?

(2016년 공인회계사)

① 유한책임회사의 사원은 노무나 신용의 출자가 가능하나 유한회사 사원의 경우에는 노무나 신용의 출자가 허용되지 않는다.

② 유한책임회사의 사원은 출자의 전액을 현실적으로 납입할 필요가 없으나 유한회사의 사원은 출자의 전액을 현실적으로 납입하여야 한다.

③ 사원이 사망한 경우 유한책임회사는 원칙적으로 지분이 상속되나 유한회사의 경우에는 지분의 상속이 허용되지 않는다.

④ 유한책임회사와 유한회사의 사원이 금치산선고를 받더라도 상법상의 퇴사사유가 되지 않는다.

⑤ 대표소송의 제기권은 유한책임회사의 경우에는 단독사원권이나 유한회사의 경우에는 자본금 총액의 100분의 3 이상에 해당하는 출자좌수를 요구하는 소수사원권이다.

① 유한책임회사의 사원이나 유한회사 사원의 경우에는 노무나 신용의 출자가 허용되지 않는다(제287조의4 제1항, 548조 제1항).
② 유한책임회사의 사원은 출자의 전액을 현실적으로 납입하여야 하며, 유한회사의 사원도 출자의 전액을 현실적으로 납입하여야 한다(제287조의4 제2항, 제548조 제1항).
③ 사원이 사망한 경우 유한책임회사는 원칙적으로 지분이 상속되지 않으나 유한회사의 경우에는 지분이 상속이 허용된다(제287조의26, 제219조, 제556조).
④ 유한책임회사의 사원이 금치산선고를 받으면 상법상의 퇴사사유가 된다(제287조의25, 제218조).

정답_⑤

**문 32_**상법상 유한책임회사에 관한 설명으로 옳은 것은?

(2021년 공인회계사)

① 유한책임회사는 정관을 변경함으로써 새로운 사원을 가입시킬 수 있다.

② 유한책임회사는 그 지분의 전부 또는 일부를 양수할 수 있다.

③ 사원의 지분을 압류한 채권자는 그 사원을 퇴사시킬 수 없다.

④ 유한책임회사는 총사원의 동의에 의하여 유한회사로 조직변경을 할 수 있다.

⑤ 사원이 아닌 자가 정관에 의해 업무집행자가 된 경우 유한책임회사를 대표할 수 없다.

① 유한책임회사는 정관을 변경함으로써 새로운 사원을 가입시킬 수 있다(상법 제287조의23 제1항).
② 유한책임회사는 그 지분의 전부 또는 일부를 양수할 수 없다(상법 제287조의8).
③ 사원의 지분을 압류한 채권자는 그 사원을 퇴사시킬 수 있다(상법 제287조의29, 제224조).
④ 유한책임회사는 총사원의 동의에 의하여 주식회사로 조직변경을 할 수 있다(상법 제287조의43).
⑤ 사원이 아닌 자가 정관에 의해 업무집행자가 된 경우라도 유한책임회사를 대표할 수 있다(상법 제287조의19 제1항).

정답_①

**문 33_유상법상 유한책임회사에 관한 설명으로 옳은 것은?**

(2015년 공인회계사)

① 유한책임회사는 주식회사 또는 유한회사로 조직변경 할 수 있다.

② 업무집행자 중 사원이 아닌 자는 설립무효의 소의 제소권자가 아니다.

③ 잉여금은 각 사원이 출자한 가액에 비례하여 분배하며 정관에 달리 정할 수 없다.

④ 사원이 부득이한 사유가 있을 때에는 언제든지 퇴사할 수 있으나 지분압류채권자에 의한 퇴사청구는 인정하지 않는다.

⑤ 사원이 아닌 자도 업무집행자인 때에는 대표로 될 수도 있다.

① 유한책임회사는 주식회사로 조직변경할 수 있으나, 유한회사로 조직변경 할 수 없다(제287조의43).

② 사원이든 아니든 업무집행자는 설립무효의 소의 제소권자이다(제287조의6).

③ 잉여금은 각 사원이 출자한 가액에 비례하여 분배하며 정관에 달리 정할 수 있다(제287조의37 제4항).

④ 사원이 부득이한 사유가 있을 때에는 언제든지 퇴사할 수 있으며, 지분압류채권자에 의한 퇴사청구는 인정된다(제287조의29, 제224조).

정답_⑤

## 주식회사의 개념 및 설립

**문 34_상법상 주식회사의 모집설립에 관한 설명으로 옳은 것은?**

(2020년 공인회계사)

① 정관으로 회사가 부담할 설립비용과 발기인이 받을 보수액을 정한 때에는, 이사는 이에 관한 조사를 하게 하기 위하여 검사인의 선임을 법원에 청구하여야 한다.

② 이사와 감사는 취임 후 지체없이 회사의 설립에 관한 모든 사항이 법령 또는 정관의 규정에 위반되지 아니하는지의 여부를 조사하여 창립총회에 보고하여야 한다.

③ 자본금 총액이 10억원 미만인 회사를 모집설립하는 경우에는, 은행의 납입금 보관금액에 관한 증명서를 그 잔고증명서로 대체할 수 있다.

④ 납입과 현물출자의 이행이 완료된 때에는 발기인은 지체없이 의결권의 과반수로 이사와 감사를 선임하여야 한다.

⑤ 법원은 변태설립사항이 부당하다고 인정한 때에는 이를 변경하여 각 발기인에게 통고할 수 있다.

① 정관으로 회사가 부담할 설립비용과 발기인이 받을 보수액을 정한 때에는, <u>발기인</u>은 이에 관한 조사를 하게 하기 위하여 검사인의 선임을 법원에 청구하여야 한다(상법 제310조 제1항).

② 이사와 감사는 취임 후 지체없이 회사의 설립에 관한 모든 사항이 법령 또는 정관의 규정에 위반되지 아니하는지의 여부를 조사하여 창립총회에 보고하여야 한다(상법 제313조 제1항).

③ 자본금 총액이 10억원 미만인 회사를 <u>발기설립하는</u> 경우에는, 은행의 납입금 보관금액에 관한 증명서를 그 잔고증명서로 대체할 수 있다(상법 제318조 제3항).

④ 납입과 현물출자의 이행이 완료된 때에는 <u>창립총회에서는</u> 이사와 감사를 선임하여야 한다(상법 제312조).

⑤ <u>발기설립의 경우</u> 법원은 변태설립사항이 부당하다고 인정한 때에는 이를 변경하여 각 발기인에게 통고할 수 있다(상법 제300조 제1항). 그러나 <u>모집설립의 경우에는 창립총회에서 이를 변경할 수 있다</u>(상법 제314조 제1항).

정답_②

**문 35_**상법상 주식회사의 모집설립에 관한 설명 중 **틀린** 것은?

(2002년 공인회계사)

① 주주를 모집하는 방법은 공모(公募)이든 사모(私募)이든 관계 없다.

② 타인의 승낙을 얻어 그 명의로 주식을 인수한 자는 그 타인 과 연대하여 주금을 납입할 책임이 있다.

③ 현물출자의 경우에는 공인된 감정인의 감정으로 법원이 선 임한 검사인의 조사에 갈음할 수 있다.

④ 진의아닌 의사표시에 의한 주식인수청약의 경우에는 발기인 이 그 사실을 알았더라도 청약은 그대로 유효하다.

⑤ 착오로 주식을 인수한 경우에는 주식인수인이 창립총회에 출석하여 권리를 행사한 때에도 이를 이유로 하여 주식인수 를 취소할 수 있다.

사기·강박·착오로 인한 주식인수의 취소는 원칙적으로 설립등기를 한 후에는 할 수 없으 며, 창립총회에서 권리를 행사한 후에도 주식 인수의 취소를 할 수 없다(제320조)

정답_⑤

**문 36_**주식회사의 발기설립과 모집설립의 차이에 관한 설명으로 옳지 **않은** 것은?

① 발기설립의 경우 납입의 해태는 채무불이행의 일반원칙에 의해 처리되나, 모집설립의 경우 납입의 해태는 실권절차가 인정된다.

② 발기설립의 경우 이사와 감사의 선임은 발기인의 의결권의 과반수에 의하나, 모집설립의 경우 이사와 감사의 선임은 창립총회에서 한다.

③ 발기설립의 경우 설립경과에 대하여는 원칙적으로 이사와 감사가 조사하지만, 모집설립의 경우 설립경과에 대하여는 창립총회에서 선임된 공증인이 조사한다.

④ 발기설립의 경우 설립경과에 대한 조사보고는 발기인에게 하지만, 모집설립의 경우 설립경과에 대한 조사보고는 창립 총회에 한다.

⑤ 발기설립의 경우 변태설립사항의 부당변경은 법원이 하지 만, 모집설립의 경우 변태설립사항의 부당변경은 창립총회 가 한다.

주식회사의 설립경과에 대하여 이사와 감사가 조사하고 보고하는 점에서는 발기설립과 모집 설립에 차이가 없다

정답_③

**해 설 및 정 답**

**문 37_**주식회사의 발기인에 관한 다음 설명 중 **틀린** 것은?

(2004년 공인회계사)

① 발기인이 받을 특별이익과 이를 받을 자의 성명은 정관에 기재함으로써 그 효력이 있다.

② 발기인은 1인 이상이어야 한다.

③ 발기인은 주식인수담보책임 및 납입담보책임을 부담한다.

④ 변태설립사항을 조사하기 위하여 발기설립의 경우에는 이사가 법원에 검사인의 선임청구를 하고, 모집설립의 경우에는 발기인이 법원에 검사인의 선임청구를 하여야 한다.

⑤ 이사와 감사의 선임은 발기설립과 모집설립의 경우 모두 발기인의 의결권의 과반수로 하여야 한다.

발기설립의 경우 이사와 감사는 발기인의 의결권의 과반수로 선임하지만(제296조), 모집설립의 경우는 창립총회에서 선임한다(제312조).

정답_⑤

**문 38_**상법상 주식회사의 설립에 관한 설명으로 **틀린** 것은?

(2021년 공인회계사)

① 본점의 소재지는 정관의 절대적 기재사항이다.

② 회사가 부담할 설립비용과 발기인이 받을 보수액은 정관에 기재함으로써 그 효력이 있다.

③ 모집설립시 납입장소를 변경할 때에는 창립총회의 결의가 있으면 법원의 허가를 얻을 필요가 없다.

④ 모집설립시 창립총회의 결의는 출석한 주식인수인의 의결권의 3분의 2 이상이며 인수된 주식의 총수의 과반수에 해당하는 다수로 하여야 한다.

⑤ 법원이 선임한 검사인이 악의 또는 중대한 과실로 인하여 그 임무를 해태한 때에는 회사 또는 제3자에 대하여 손해를 배상할 책임이 있다.

① 본점의 소재지는 정관의 절대적 기재사항이다(상법 제289조 제1항).

② 회사가 부담할 설립비용과 발기인이 받을 보수액은 정관에 기재함으로써 그 효력이 있다(상법 제290조).

③ 모집설립시 납입장소를 변경할 때에는 법원의 허가를 얻어야 한다(상법 제306조).

④ 모집설립시 창립총회의 결의는 출석한 주식인쉰??의 의결권의 3분의 2 이상이며 인수된 주식의 총수의 과반수에 해당하는 다수로 하여야 한다(상법 제309조).

⑤ 법원이 선임한 검사인이 악의 또는 중대한 과실로 인하여 그 임무를 해태한 때에는 회사 또는 제3자에 대하여 손해를 배상할 책임이 있다(상법 제325조).

정답_③

**문 39_**상법상 주식회사의 설립에서 설립중의 회사에 관한 설명으로 **틀린** 것은?

(2010년 공인회계사)

① 판례에 의하면, 설립중의 회사는 정관이 작성되고 발기인이 적어도 1주 이상의 주식을 인수하였을 때 성립한다.

② 발기인이 회사설립을 위해 수행한 행위가 성립 후의 회사에 귀속되기 위해서는 설립중의 회사의 기관으로서 한 행위이어야 한다.

발기인은 설립중의 회사의 업무집행기관이고, 이사는 설립중의 회사의 감독기관에 해당하게 된다.

정답_④

③ 판례에 의하면, 발기인이 성립 후의 회사의 영업을 위하여 제3자와 체결한 자동차조립계약은 발기인의 권한 내의 행위가 되고 이에 대하여 성립 후의 회사가 책임을 진다.

④ 발기인 또는 창립총회가 선임한 이사는 설립중의 회사의 업무집행기관이자 감사기관이다.

⑤ 설립중의 회사로서의 실체가 갖추어지기 전에 발기인이 취득한 권리의무는 별도의 이전행위가 있어야 성립 후의 회사에 귀속된다.

**문 40**_상법상 주식회사의 설립중의 회사에 관한 설명으로 틀린 것은?(이견이 있으면 판례에 의함)　　　(2013년 공인회계사)

① 판례에 따르면 설립중의 회사란 주식회사의 설립과정에서 발기인이 회사의 설립을 위하여 필요한 행위로써 취득하게 된 권리의무가 회사의 설립과 동시에 그 설립된 회사에 귀속되는 관계를 설명하기 위한 강학상의 개념이다.

② 발기인 조합의 법적 성질은 민법상의 조합이므로 민법의 조합에 관한 규정이 적용된다.

③ 모집설립의 경우 이사와 감사(상법상 설립조사·보고에 참가하지 못하는 자 제외)는 취임 후 지체 없이 회사의 설립에 관한 모든 사항이 법령 또는 정관의 규정에 위반되지 아니하는지 여부를 조사하여 창립총회에 보고하여야 한다.

④ 판례에 따르면 설립중의 회사의 실체가 갖추어지기 이전에 발기인이 취득한 권리의무는 구체적인 사정에 따라 발기인 개인 또는 발기인조합에 귀속된다.

⑤ 발기인이 설립중의 회사의 기관의 지위에서 모집주주와 주식인수계약을 체결하고 주금액 납입을 받은 경우 회사가 불성립하게 되면 설립중의 회사가 책임을 부담하지 않고 발기인이 책임을 부담하는데 이는 과실책임이다.

발기인이 설립중의 회사의 기관의 지위에서 모집주주와 주식인수계약을 체결하고 주금액 납입을 받은 경우 회사가 불성립하게 되면 설립중의 회사가 책임을 부담하지 않고 발기인이 책임을 부담하는데 이는 무과실책임이다.
① 대판 1994.1.28, 93다50215④ 대판 1998.5.12, 97다56020

정답_⑤

## 06 진도별 모의고사

### ▶ 주식회사의 개념 및 설립

**문 1_주식회사의 정관의 작성에 관한 설명으로 옳지 않는 것은?**

① 정관은 발기인이 작성하여야 한다.

② 정관에는 발기인 전원의 기명날인 또는 서명이 있어야 한다.

③ 원시정관은 원칙적으로 공증인의 인증을 얻어야 효력이 발생하지만, 자본금 10억 미만의 회사를 발기설립하는 경우에는 공증인의 인증을 필요로 하지 않는다.

④ 절대적 기재사항 중 흠결이 있더라도 설립등기에 의하여 하자의 치유가 되므로 설립무효의 원인이 되지 않는다.

⑤ 정관에 기재되는 1주의 금액은 100원 이상 균일하여야 한다.

절대적 기재사항 중 1개의 흠결만 있어도 이는 정관으로서의 효력이 인정될 수 없고, 설립등기에 의해 하자의 치유가 되지 않으며 따라서 설립무효의 사유가 된다.

정답_④

**문 2_상법상 주식회사의 정관에 관한 설명으로 틀린 것은?**

(2010년 공인회계사)

① 회사설립시 발행하는 주식의 종류는 정관에 규정이 없으면 발기인 전원의 과반수로 정한다.

② 정관에는 회사가 발행하는 주식의 총수와 회사의 설립시에 발행하는 주식의 총수가 모두 기재되어야 한다.

③ 발기인이 받을 특별이익과 보수액은 정관에 기재하지 않으면 효력이 없다.

④ 자본금총액 10억원 미만인 회사를 발기설립하는 경우 정관은 각 발기인이 정관에 기명날인 또는 서명함으로써 효력이 생긴다.

⑤ 정관변경을 위한 주주총회의 결의는 출석한 주주의 의결권의 3분의 2 이상의 수와 발행주식총수의 3분의 1 이상의 수로써 하여야 한다.

회사설립시 발행하는 주식의 종류는 정관에 규정이 없으면 발기인 전원의 동의로써 정한다.

정답_①

**문3_**상법상 주식회사 설립에 관한 다음 사례의 설명 중에서 **틀린** 것은?

(2013년 공인회계사)

A는 단독으로 자본금 5천만원(1주 액면가액 5천원, 설립시 발행주식총수 1만주)으로 하는 甲주식회사를 발기설립하고자 한다. 정관에 발기인으로 기명날인한 A는 설립중의 회사의 기관의 지위에서 甲회사 성립 후에 B로부터 원재료를 2천만원에 양수한다는 계약을 체결하였으나, 이 계약에 관하여 甲회사 원시정관에는 A의 경과실로 아무런 기재도 하지 않았다. 그런데 甲회사 원시정관에는 발기인 A의 보수의 대가로 5백만원을 지급한다는 사항, 회사 창업 공로의 대가로 A가 가진 보통주식에 복수의 의결권을 부여해 준다는 내용이 기재되어 있다(상법 소정의 변태설립에 필요한 모든 절차를 거침).

① 발기인 A와 B간의 계약은 무효이므로 B는 甲회사에 원재료를 양도하고 그 대금 2천만원을 지급청구할 수 없다.

② B에게 손해가 발생한 경우 B는 A에게 상법 제322조 제2항의 발기인의 제3자에 대한 손해배상책임을 물을 수 있다.

③ A는 회사성립 후 보수 5백만원을 甲회사에 청구할 수 있다.

④ 상법 소정의 변태설립에 필요한 모든 절차를 밟았어도 甲회사가 A의 보수가 부당하게 과대 지급된 것을 입증한 경우 甲회사는 A에게 손해배상을 청구할 수 있다.

⑤ 甲회사 창업에 기여한 대가로 A가 회사로부터 자신 소유의 보통주식에 복수의결권을 부여받기로 한 약정은 무효이다.

A의 경과실로 원시정관에 재산인수계약에 관한 사항을 기재하지 않았으므로, B에게 손해가 발생한 경우 B는 A에게 상법 제322조 제2항의 발기인의 제3자에 대한 손해배상책임을 물을 수 없다.

정답_②

**문4_**다음 중 주식회사 정관의 절대적 기재사항에 해당하지 않는 것은?

① 목적

② 회사가 발행할 주식의 총수

③ 회사의 설립 후에 발행할 주식의 총수

④ 본점소재지

⑤ 발기인의 성명·주민등록번호·주소

회사의 설립시 발행할 주식의 총수는 절대적 기재사항이지만, 회사의 설립 후에 발행할 주식의 총수는 절대적 기재사항에 해당하지 않는다.

정답_③

**문 5_**주식회사의 변태설립사항에 관한 설명으로 옳지 <u>않은</u> 것은?

① 정관에 기재하지 않은 재산인수는 회사에 대하여 효력이 없다.

② 정관에 기재된 자라면 발기인 이외에 제3자도 현물출자를 할 수 있다.

③ 현물출자에 관한 사항은 공인된 감정인의 감정으로 법원이 선임한 검사인의 조사에 갈음할 수 있다.

④ 정관에 기재되지 않은 설립비용을 지출한 발기인은 회사가 적법하게 성립된 이후에 회사에 대하여 구상권을 행사할 수 있다.

⑤ 검사인은 변태설립사항의 조사결과를 법원(발기설립시) 또는 창립총회(모집설립시)에 보고하여야 한다.

정관에 기재되지 않은 설립비용을 지출한 발기인은 회사가 적법하게 성립된 이후에 회사에 대하여 구상권을 행사할 수 없다.

정답_④

**문 6_**甲주식회사의 발기인 A와 B는 납입자본금총액을 1억6천만원으로 정한 후 A는 1억원을 현금으로 납입하고, B는 甲회사의 창고부지로 사용하기 위하여 6천만원에 상당하는 B소유 토지를 현물출자하기로 하였다. 상법상 다음의 설명 중 옳은 것은? (이견이 있으면 판례에 의함)                    (2015년 공인회계사)

① A가 납입금 1억원 중 9천만원을 사채업자로부터 일시차입하여 주금납입의 외형을 갖추고 회사설립절차를 마친 후 바로 납입금을 인출하여 차입금을 변제하였다면 이는 회사설립의 중대한 하자가 되어 회사설립무효의 원인이 된다.

② B는 자신의 성명, 현물출자하는 재산의 종류와 가격 및 이에 대하여 부여할 주식의 종류와 수를 정관에 기재하고 납입기일에 지체없이 해당 토지에 대한 소유권 이전등기를 마쳐야 한다.

③ B가 현물출자한 재산총액이 자본금총액의 5분의 1을 초과하고 대통령령으로 정한 금액을 초과하기 때문에 현물출자의 이행에 관하여 법원이 선임한 검사인 또는 공인된 감정인의 조사를 받아야 한다.

④ 법원이 선임한 검사인은 B의 현물출자 재산이 과대평가되었다고 판단한 경우에 한하여 그 결과를 법원에 보고하고 법원은 조사결과 보고서를 각 발기인에게 교부하여야 한다.

⑤ B의 현물출자에 대한 법원선임 검사인의 조사는 공인된 감정인의 감정으로 대신할 수 있으며 이 경우 감정인은 조사 또는 감정결과를 발기인에게 보고하여야 한다.

① A가 납입금 1억원 중 9천만원을 사채업자로부터 일시차입하여 주금납입의 외형을 갖추고 회사설립절차를 마친 후 바로 납입금을 인출하여 차입금을 변제하였다하더라도 그 납입은 유효하다(판례).

② B는 자신의 성명, 현물출자하는 재산의 종류와 가격 및 이에 대하여 부여할 주식의 종류와 수를 정관에 기재하고, 납입기일에 소유권 이전을 위한 서류를 구비하여 제출하여야 한다(제295조 제2항).

④ 법원이 선임한 검사인은 B의 현물출자 재산에 대한 조사결과를 법원에 보고하고 검사인은 조사결과 보고서의 등본을 각 발기인에게 교부하여야 한다(제299조 제1항, 3항).

⑤ B의 현물출자에 대한 법원선임 검사인의 조사는 공인된 감정인의 감정으로 대신할 수 있으며 이 경우 감정인은 조사 또는 감정결과를 법원에 보고하여야 한다(제299조의2).

정답_③

**문 7_**상법상 주식회사의 변태설립사항에 관한 설명 중 틀린 것은?

(2008년 공인회계사)

① 발기인이 받을 보수액은 정관뿐만 아니라 주식청약서에도 기재하여야 한다.

② 발기인이 받을 특별이익은 공증인의 조사·보고로 법원이 선임한 검사인의 조사에 갈음할 수 있다.

③ 설립비용을 정관에 기재한 경우 발기인은 회사가 성립하지 아니한 때에는 그 설립비용에 대하여 책임을 지지 않는다.

④ 검사인은 변태설립사항의 조사결과를 발기설립의 경우 법원에, 모집설립의 경우 창립총회에 보고하여야 한다.

⑤ 현물출자의 경우 납입기일에 출자의 목적물을 인도하고, 권리의 설정 또는 이전을 요하는 때에는 관련서류를 완비하여 교부하여야 한다.

설립비용을 정관에 기재한 경우라도 회사가 성립하지 아니한 때에는 발기인이 그 설립비용을 부담한다(제326조 제2항).

정답_③

**문 8_**주식회사의 변태설립사항 중 상법의 해석상 허용되는 것으로 짝지어진 것은?

(2009년 공인회계사)

> ㄱ. 발기인에게 회사제품의 총판매권을 부여하는 경우
> ㄴ. 발기인에게 신주인수의 우선권을 부여하는 경우
> ㄷ. 발기인에게 의결권에 대한 특혜를 약속하는 경우
> ㄹ. 발기인이 영업에 필요한 특허권을 출자하는 경우
> ㅁ. 발기인에게 무상주를 교부하는 경우

① ㄱ, ㄴ, ㄹ     ② ㄱ, ㄴ, ㅁ     ③ ㄱ, ㄷ, ㅁ
④ ㄴ, ㄷ, ㄹ     ⑤ ㄷ, ㄹ, ㅁ

ㄱ. 발기인에게 회사제품의 총판매권을 부여하는 경우, ㄴ. 발기인에게 신주인수의 우선권을 부여하는 경우는 발기인에 대한 특별이익이 인정될 수 있고, ㄹ. 발기인이 영업에 필요한 특허권을 출자하는 경우에는 현물출자가 될 수 있다. 그러나, ㄷ. 발기인에게 의결권에 대한 특혜를 약속하는 경우, ㅁ. 발기인에게 무상주를 교부하는 경우는 특별이익으로 인정되지 않는다.

정답_①

**문 9_**상법상 주식회사의 설립시의 주식발행과 관련하여 정관에 다른 정함이 없으면 발기인의 과반수로써 결정할 수 있는 사항은?

① 발행할 주식의 종류
② 주식을 액면가액 이상으로 발행하는 경우 그 주식의 발행가액
③ 주식의 액면미달발행
④ 발행할 주식의 수
⑤ 주식의 청약기간 및 납입기일

①②④는 발기인 전원의 동의를 얻어야 하며(제291조), ③은 설립시 인정되지 않는다.

정답_⑤

## 해 설 및 정 답

**문 10_** 상법상 주식회사의 변태설립사항에 관한 설명으로 옳은 것은?

(2014년 공인회계사)

① 발기인에 대한 회사설비 이용에 관한 특혜의 부여는 회사설립사무에 종사한 노동의 대가로써 받는 발기인의 보수이다.

② 회사의 설립비용은 정관에 기재함으로써 그 효력이 발생하고 주식청약서에는 기재할 필요가 없다.

③ 영업용 컴퓨터를 현물출자하는 경우에는 납입기일의 다음날로부터 30일 이내에 출자의 목적물을 인도하면 된다.

④ 유가증권은 현물출자의 목적인 재산에 해당되지 않는다.

⑤ 판례에 의하면 개업준비를 위한 금전차입은 설립비용에 포함되지 않는다.

① 발기인에 대한 회사설비 이용에 관한 특혜의 부여는 회사설립사무에 종사한 노동의 대가로써 받는 발기인의 특별이익에 속한다.
② 회사의 설립비용은 정관에 기재함으로써 그 효력이 발생하고 주식청약서에 이를 기재하여야 한다(제302조 제2항).
③ 영업용 컴퓨터를 현물출자하는 경우에는 납입기일내에 출자의 목적물을 인도하여야 한다(제295조 제2항).
④ 유가증권도 자산의 부에 계상가능하므로 현물출자의 목적인 재산에 해당된다.
⑤ 대판 1965.4.13., 64다1940

정답_⑤

**문 11_** 상법상 주식회사의 설립에 관한 설명으로 옳은 것은?

(2020년 공인회계사)

① 발기인이 악의 또는 중대한 과실로 인하여 그 임무를 해태한 때에는 그 발기인은 제3자에 대하여도 연대하여 손해를 배상할 책임이 있다.

② 회사설립 시에 발행하는 주식에 관하여 그 주식의 종류와 수에 관한 사항은 정관으로 달리 정하지 아니하면 발기인의 의결권의 과반수로 이를 정한다.

③ 회사설립의 무효는 주주·이사 또는 이해관계 있는 채권자에 한하여 회사성립의 날로부터 2년 내에 소만으로 이를 주장할 수 있다.

④ 상법은 회사의 설립시에 발행하는 주식의 총수는 회사가 발행할 주식의 총수의 4분의 1 이상이어야 한다고 규정하고 있다.

⑤ 회사성립 후에는 주식을 인수한 자는 사기·강박 또는 착오를 이유로 하여 그 인수를 취소할 수 있다.

① 발기인이 악의 또는 중대한 과실로 인하여 그 임무를 해태한 때에는 그 발기인은 제3자에 대하여도 연대하여 손해를 배상할 책임이 있다(상법 제322조 제2항).
② 회사설립 시에 발행하는 주식에 관하여 그 주식의 종류와 수에 관한 사항은 정관으로 달리 정하지 아니하면 발기인의 전원의 동의로 이를 정한다(상법 제291조).
③ 회사설립의 무효는 주주·이사 또는 감사에 한하여 회사성립의 날로부터 2년 내에 소만으로 이를 주장할 수 있다(상법 제328조 제1항).
④ 상법은 회사의 설립시에 발행하는 주식의 총수는 회사가 발행할 주식의 총수의 4분의 1 이상이어야 한다는 규정은 삭제되었다.
⑤ 회사성립 후에는 주식을 인수한 자는 사기·강박 또는 착오를 이유로 하여 그 인수를 취소할 수 없다(상법 제320조 제1항).

정답_①

**문 12**_상법상 자본금 총액이 10억원 미만인 주식회사에 관한 설명으로 틀린 것은?

(2018년 공인회계사)

① 모집설립을 하는 경우 정관은 공증인의 인증을 받음으로써 효력이 생긴다.

② 발기설립을 하는 경우 납입금 보관금액에 관한 증명서를 은행이나 그 밖의 금융기관의 잔고증명서로 대체할 수 있다.

③ 주주총회 결의의 목적사항에 대하여 수수 전원이 서면으로 동의를 한 때에는 서면에 의한 결의가 있는 것으로 본다.

④ 이사를 1명 또는 2명으로 할 수 있고 이 경우 이사의 자기거래에 대한 승인기관은 이사회가 아닌 주주총회이다.

⑤ 감사를 선임하지 아니한 회사가 이사에 대하여 소를 제기하는 경우에 주주총회에서 회사를 대표할 자를 선임한다.

**문 13**_모집설립의 주식인수절차에 관한 설명으로 옳지 <u>않은</u> 것은?

① 주주를 모집하는 방법에는 제한이 없으므로 공모든 연고모집이든 관계없다.

② 주식인수인의 사기·강박·착오를 이유로 한 주식인수의 취소는 설립등기 후에는 할 수 없다.

③ 주식인수의 청약은 가설인명의 또는 타인의 승낙을 얻지 않고 타인명의로 할 수 있으며, 이때 실제로 청약을 한 자가 주식인수인으로서의 책임을 진다는 것이 판례·통설의 입장이다.

④ 주식인수의 청약자가 비진의표시를 한 경우 발기인이 이를 알았거나 알 수 있었을 경우에는 그 청약은 무효가 된다.

⑤ 주식인수의 청약에 대하여 발기인은 배정방법을 미리 공고하지 않은 이상 자유로이 배정할 수 있다.

**해 설 및 정 답**

감사를 선임하지 아니한 회사가 이사에 대하여 소를 제기하는 경우에 회사, 이사 또는 이해관계인은 법원에 회사를 대표할 자를 선임하여 줄 것을 신청하여야 한다(상법 제409조 제5항).
① 상법 제292조 ② 상법 제318조 제3항 ③ 상법 제363조 제4항 ④ 상법 제383조 제1항 단서, 제4항

정답_⑤

주식인수의 청약자가 비진의표시를 한 경우 발기인이 이를 알았거나 알 수 있었을 경우에는 그 청약은 무효가 되지 않는다(제302조 제1항).

정답_④

**문 14_** 상법상 주식회사 설립시의 주식 인수에 관한 설명 중 **틀린** 것은? (2009년 공인회계사)

① 발기설립시 발기인은 회사의 설립시에 발행하는 주식의 총수를 인수하여야 한다.

② 발기설립시 발기인이 인수한 주식에 대해 출자를 이행하지 않을 경우에 그 부분은 모집설립의 실권절차를 준용한다.

③ 모집설립시 가설인의 명의로 주식인수의 청약을 하는 경우에 실제로 청약을 한 자가 주식인수인으로서의 책임을 부담한다.

④ 모집설립시 비진의로 주식인수의 청약을 하는 경우에 발기인이 이를 알았을 때에도 그 청약은 무효가 되지 않는다.

⑤ 모집설립시 발기인은 주식인수의 청약에 대하여 미리 배정방법을 공고하지 않은 이상 자유로이 배정할 수 있다.

발기설립시 발기인이 인수한 주식에 대해 출자를 이행하지 않을 경우에는 그 부분에 대해 모집설립의 실권절차를 준용하는 것이 아니라, 강제집행의 방법에 의하고, 그 실행이 되지 않는다면 회사불성립이 된다.

정답_②

**문 15_** 甲은 乙주식회사의 설립시 丙의 명의로 주식을 인수하였다. 다음 설명 중 **틀린** 것은? (2003년 공인회계사)

① 丙이 가설인인 경우에는 甲이 주식인수인으로서의 책임이 있다.

② 丙의 승낙이 없는 경우에도 甲이 주식인수인으로서의 책임이 있다.

③ 丙의 승낙이 있는 경우에는 甲과 丙이 연대하여 주금액을 납입할 책임이 있다.

④ 丙의 승낙이 있는 경우 甲과 丙 가운데 누가 주주가 되는가에 대해서는 학설이 갈린다.

⑤ 丙의 승낙이 있는 경우 판례는 丙이 주주가 된다고 한다.

정답_없음

**문 16_** 주식회사의 설립에 있어서 출자이행의 절차에 관한 설명으로 옳지 **않은** 것은?

① 금전출자의 경우 납입기간 내에 전액의 납입을 하여야 하며, 분할납입은 인정되지 않는다.

② 현물출자의 경우에는 납입기일에 지체없이 출자의 목적인 재산을 인도하고, 등기·등록 기타의 권리설정 또는 이전을 요할 경우에는 이에 관한 서류를 완비하여 교부하여야 한다.

③ 발기인의 출자의무불이행에 대해서는 실권절차가 인정되지 않으므로 채무불이행의 일반원칙에 따라 강제집행을 할 수밖에 없다.

주금액의 가장납입의 경우에 제3자로부터 금전을 차입하여 납입하고 설립등기 후 납입은행으로부터 즉시 인출하여 차입금을 변제하는 것은 실질적으로 납입이 있었다고 볼 수 없으므로 무효라는 것이 통설의 입장이고, 판례와 소수설은 실제 금원의 이동에 따른 현실의 납입이 있는 것으로 유효라고 보고 있다.

정답_⑤

④ 모집설립의 경우에 출자의 이행은 주식청약서에 기재된 납입장소에서만 납입할 수 있고, 납입금보관은행의 변경은 법원의 허가가 있어야 한다.

⑤ 주금액의 가장납입의 경우에 제3자로부터 금전을 차입하여 납입하고 설립등기 후 납입은행으로부터 즉시 인출하여 차입금을 변제하는 것은 실질적으로 납입이 있었다고 볼 수 없으므로 무효라는 것이 판례의 입장이다.

**문 17_**상법상 주식회사의 설립시 주금의 납입에 관한 설명으로 **틀린** 것은?　　　　　　　　　　　　(2017년 공인회계사)

① 모집설립에서 납입금의 보관자 또는 납입장소를 변경할 때에는 법원의 허가를 얻어야 한다.

② 납입금을 보관한 은행이 발기인 또는 이사의 청구에 따라 그 보관금액에 관하여 증명서를 발급한 경우 그 금액의 반환에 제한이 있다는 것을 이유로 회사에 대항하지 못한다.

③ 자본금 총액이 10억원 미만인 회사가 발기설립을 하는 경우에는 납입금의 보관금액에 관한 증명서를 은행이나 그 밖의 금융기관의 잔고증명서로 대체할 수 있다.

④ 판례에 의하면 발기인이 제3자로부터 일시적으로 금전을 차입하여 주금을 납입하고 회사 성립 후 즉시 인출하여 차입금을 변제한 경우에는 주금납입으로서의 효력이 없다.

⑤ 타인의 승낙을 얻어 그 명의로 주식을 인수한 자는 그 타인과 연대하여 주금을 납입할 책임이 있다.

판례에 의하면 발기인이 제3자로부터 일시적으로 금전을 차입하여 주금을 납입하고 회사 성립 후 즉시 인출하여 차입금을 변제한 경우에는 주금납입으로서의 효력이 있다(대판 1983.5.24., 82누522).

정답_④

**문 18_**발기인 甲, 乙, 丙은 총납입자본액 1억 5천만원의 주식회사를 설립하면서 사채업자로부터 1억원을 일시 차입하여 주금납입의 외형을 갖추고 회사설립절차를 마친 후 바로 그 납입금을 인출하여 차입금을 변제하였다. 다음 설명 중 **틀린** 것은?

(2009년 공인회계사)

① 판례는 가장납입을 한 甲, 乙, 丙의 납입행위에 대하여 주금납입의 효력을 인정하고 있다.

② 판례에 의하면, 甲, 乙, 丙의 납입행위는 회사설립의 중대한 하자에 해당하여 회사설립무효의 원인이 된다.

③ 가장납입으로 인하여 제3자에게 손해가 발생하는 경우 甲, 乙, 丙은 제3자에게 연대하여 손해를 배상할 책임이 있다.

판례에 의하면, 甲, 乙, 丙의 납입행위는 유효한 것으로 보기 때문에 회사설립무효의 원인이 되지 않지만, 이들은 공동불법행위를 형성하므로 손해배상책임을 진다.

정답_②

④ 판례에 의하면, 甲, 乙, 丙은 공동불법행위를 구성하므로 회
사에 대하여 연대하여 손해배상책임을 진다.
⑤ 가장납입을 한 甲, 乙, 丙은 납입가장죄로 형사처벌을 받을
수 있다.

**문 19_** 상법상 주식회사의 설립시 주금납입에 관한 사안의 설명으
로 **틀린** 것은? (판례에 의함)  (2011년 공인회계사)

> 甲주식회사의 주식인수인 A는 발기인 B와 공모하여 주금납입금
> 에 해당하는 금액(20억원)을 사채업자로부터 차입하여 주금납
> 입취급은행에 납입하였다. 이후 B는 납입금보관증명서를 교
> 부받아 설립등기를 마친 직후 이를 인출하여 위 차용금채무의
> 변제에 사용하였다.

① B의 행위는 등기를 위하여 납입을 가장하는 것으로서 상법
상 납입가장죄가 성립한다.
② 사안의 경우 금원의 이동에 따른 현실의 불입이 있는 것이므
로 주금납입의 효력이 발생한다.
③ 사안에서 A는 인출된 금액을 甲주식회사에게 상환할 의무를
지지 않는다.
④ 사안과 달리 B가 납입금 중 3억원을 甲주식회사의 회사채무
의 지급 용도로 사용한 경우 그 3억원에 대하여는 납입을
가장한 것이라고 할 수 없다.
⑤ 사안에서 A와 B의 행위에도 불구하고 회사 설립의 효력에는
영향이 없다.

사안에서 A는 인출된 금액을 甲주식회사에게
상환할 의무를 진다(대법원 2004.3. 26. 선고
2002다29138 판결 참조).

정답_③

**문 20_** 발기인 A는 甲주식회사를 설립하면서 B로부터 일시적으로
자금을 차입하여 주식인수대금으로 납입하고 회사설립등기를 한
후 곧바로 그 납입금을 인출하여 B에 대한 차입금을 변제하였다.
상법상 이에 관한 설명으로 **틀린** 것은? (이견이 있으면 판례에 의함)
(2019년 공인회계사)

① 이 경우 금원의 이동에 따른 현실의 납입이 있으므로 주식인
수대금 납입으로서의 효력이 인정된다.
② 주식인수대금 납입절차는 일단 완료되고 설립절차상의 다른
하자가 없는 한 甲회사 설립의 효력이 있으며 A는 주주로서
의 지위를 갖는다.

위 설문의 내용은 일시차입금에 의한 가장납
입에 관한 판례의 내용이다.
① 주식회사를 설립하면서 일시적인 차입금으
로 주금납입의 외형을 갖추고 회사 설립절차
를 마친 다음 바로 그 납입금을 인출하여 차입
금을 변제하는 이른바 가장납입의 경우에도
주금납입의 효력을 부인할 수는 없다(대법원
2004. 3. 26. 선고 2002다29138 판결).
② 회사 설립 당시 원래 주주들이 주식인수인
으로서 주식을 인수하고 가장납입의 형태로
주금을 납입한 이상 그들은 바로 회사의 주주
이고, 그 후 그들이 회사가 청구한 주금 상당
액을 납입하지 아니하였다고 하더라도 이는
회사 또는 대표이사에 대한 채무불이행에 불
과할 뿐 그러한 사유만으로 주주로서의 지위
를 상실하게 된다고 할 수 없으며, 또한 주
식인수인들이 회사가 정한 납입일까지 주금

③ A가 납입한 돈은 일단 회사의 자본금이 되는 것이기 때문에 나중에 A가 이를 인출하여 차입금을 변제한 것은 업무상횡령죄가 성립한다.

④ 甲회사는 A에 대하여 주식인수대금 상당액의 상환을 청구할 수 있다.

⑤ A가 인출한 납입금을 회사를 위하여 사용한 것이 아니라 B에 대한 차입금을 변제하였으므로 실질적으로 회사의 자본이 늘어난 것이 아니어서 납입가장죄가 성립한다.

상당액을 납입하지 아니한 채 그로부터 상당기간이 지난 후 비로소 회사의 주주임을 주장하였다고 하여 신의성실의 원칙에 반한다고도 할 수 없다(대법원 1998. 12. 23. 선고 97다20649 판결).

③⑤ 주식회사의 설립업무 또는 증자업무를 담당한 자와 주식인수인이 사전 공모하여 주금납입취급은행 이외의 제3자로부터 납입금에 해당하는 금액을 차입하여 주금을 납입하고 납입취급은행으로부터 납입금보관증명서를 교부받아 회사의 설립등기절차 또는 증자등기절차를 마친 직후 이를 인출하여 위 차용금채무의 변제에 사용하는 경우, 위와 같은 행위는 실질적으로 회사의 자본을 증가시키는 것이 아니고 등기를 위하여 납입을 가장하는 편법에 불과하여 주금의 납입 및 인출의 전과정에서 회사의 자본금에는 실제 아무런 변동이 없다고 보아야 할 것이므로, 그들에게 회사의 돈을 임의로 유용한다는 불법영득의 의사가 있다고 보기 어렵다 할 것이고, 이러한 관점에서 상법상 납입가장죄의 성립을 인정하는 이상 회사 자본이 실질적으로 증가됨을 전제로 한 업무상횡령죄가 성립한다고 할 수는 없다(대법원 2004. 6. 17. 선고 2003도7645 전원합의체 판결).

④ 주금의 가장납입이 일시 차입금을 가지고 주주들의 주금을 체당납입한 것과 같이 볼 수 있어 주금납입이 종료된 후에도 주주는 회사에 대하여 체당납입한 주금을 상환할 의무가 있다(대법원 2004. 3. 26. 선고 2002다29138 판결).

정답_③

**문 21_** 주식회사의 설립에 있어 기관구성의 절차에 관한 설명으로 옳은 것은?

① 발기설립시 이사와 감사는 발기인 과반수의 동의에 의하여 선임된다.

② 발기설립시 이사와 감사를 선임하는 경우 발기인은 1인 1의결권이 인정된다.

③ 모집설립의 경우 이사와 감사는 창립총회에서 선임되며, 선임결의는 출석한 주식인수인의 의결권의 3분의 2 이상이며 인수된 주식총수의 3분의 1 이상에 해당하는 다수로 한다.

④ 발기설립의 경우 이사와 감사는 취임 후 지체없이 회사의 설립에 관한 모든 사항을 조사하여 법원에 보고하여야 한다.

⑤ 발기설립이든 모집설립이든 이사와 감사 전원이 발기인이었던 자이거나 현물출자자 또는 회사성립 후 양수할 재산의 계약당사자이었던 경우에는 설립과정에 대한 조사·보고는 공증인에 의한다.

① 발기설립시 이사와 감사는 발기인 의결권의 과반수 동의에 의하여 선임된다(제296조 제1항).

② 발기설립시 이사와 감사를 선임하는 경우 발기인은 인수주식 1주에 대해 1의결권이 인정된다(제296조 제2항).

③ 모집설립의 경우 이사와 감사는 창립총회에서 선임되며, 선임결의는 출석한 주식인수인의 의결권의 3분의 2 이상이며 인수된 주식총수의 과반수에 해당하는 다수로 한다(제309조).

④ 발기설립의 경우 이사와 감사는 취임 후 지체없이 회사의 설립에 관한 모든 사항을 조사하여 발기인에 보고하여야 한다(제298조 제1항).

정답_⑤

해 설 및 정 답

**문 22_상법상 주식회사의 설립에 관한 설명으로 틀린 것은?**

(2014년 공인회계사)

① 자본금 총액 10억원 미만인 회사를 상법 제295조 제1항에 따라 발기설립하는 경우에 정관은 공증인의 인증을 받지 않아도 그 효력이 발생한다.

② 발기인이 회사의 설립에 관하여 그 임무를 해태한 경우에는 회사에 대하여 연대하여 손해배상책임을 부담한다.

③ 회사 설립시에 발행한 주식으로서 회사 성립후에 아직 인수되지 아니한 주식이 있는 경우에는 발기인이 이를 공동으로 인수한 것으로 본다.

④ 주식청약서에 성명과 회사의 설립에 찬조하는 뜻을 기재할 것을 승낙한 자는 발기인과 동일한 책임을 부담한다.

⑤ 회사가 성립하지 못한 경우에 발기인은 그 설립에 관한 행위에 대하여 과실이 있는 경우에만 책임을 부담한다.

회사가 성립하지 못한 경우에 발기인은 그 설립에 관한 행위에 대하여 연대하여 책임을 부담한다(제326조 제1항). 이러한 책임은 무과실 책임이므로, 모든 발기인이 부담하는 책임이다.

정답_⑤

**문 23_상법상 주식회사의 설립에 관한 설명 중 틀린 것은?**

(2008년 공인회계사)

① 실제 설립사무에 종사하는지 여부와 관계없이 정관에 발기인으로 기명날인 또는 서명을 하지 않은 자는 상법상 발기인이 아니다.

② 발기설립의 경우 발기인은 변태설립사항을 조사하기 위하여 법원에 대하여 검사인의 선임을 청구하여야 한다.

③ 주주는 정관작성에 의해서가 아니라 별도의 주식인수절차에 의하여 확정된다.

④ 판례에 의하면, 발기인의 권한은 회사성립 후의 개업을 위한 준비행위를 포함한다.

⑤ 모집설립의 경우 납입금의 보관자 또는 납입장소를 변경한 때에는 법원의 허가를 얻어야 한다.

발기설립의 경우 이사는 변태설립사항을 조사하기 위하여 법원에 대하여 검사인의 선임을 청구하여야 한다(제298조 제4항).

정답_②

**문 24 주식회사의 설립에 관한 설명 중 틀린 것은?**

(2005년 공인회계사)

① 판례에 따르면, 발기인이 제3자로부터 일시적으로 금전을 차입하여 주금을 납입하고 회사성립 후 즉시 이를 인출하여 차입금을 변제한 경우에도 주금납입은 유효하다.

② 회사설립 시에 발행하는 주식의 종류와 수에 관하여 정관에 다른 정함이 없는 경우에는 발기인의 의결권의 과반수 찬성으로 이를 정한다.

③ 모집설립에 있어서 발기인은 주식의 배정을 서면뿐만 아니라 구두로 할 수도 있다.

④ 청약자가 진의 아닌 의사표시에 의하여 주식인수를 한 것을 발기인이 알았거나 알 수 있었을 경우에도 그 주식인수의 청약은 무효가 되지 않는다.

⑤ 우리 상법은 설립무효판결의 소급효를 제한함으로써 사실상의 회사를 인정하고 있다.

**문 25_상법상 주식회사의 설립에 관한 설명으로 틀린 것은?**

(2010년 공인회계사)

① 회사가 성립하지 못한 경우 회사의 설립에 관하여 지급한 비용은 발기인이 부담한다.

② 이사와 감사는 취임 후 지체없이 회사의 설립에 관한 사항이 법령 또는 정관에 위반되는지 여부를 조사하여야 한다.

③ 모집에 응한 주식인수인이 주금납입을 하지 아니한 때에는 상법상 실권절차가 인정된다.

④ 자본금총액 10억원 미만인 회사를 발기설립하는 경우, 은행 기타 금융기관의 납입금보관증명서를 해당 기관의 잔고증명서로 대체할 수 있다.

⑤ 발기설립의 경우 발기인은 출자의 이행 후 지체없이 창립총회를 소집하고 의결권의 과반수로 이사와 감사를 선임하여야 한다.

**문 26_상법상 주식회사의 설립에 관한 설명으로 옳은 것은?**

(2011년 공인회계사)

① 발기인조합은 정관작성, 주식인수 기타 회사설립에 필요한 행위를 하므로 그 법적인 지위가 설립중의 회사와 동일하게 취급된다.

② 판례에 의하면 설립중의 회사는 발기인의 주식인수 여부를 불문하고 정관이 작성된 때에 성립한다.

③ 정관에 발기인으로 기명날인 또는 서명을 한 자라도 회사의 설립사무에 실제로 종사하지 않았다면 발기인으로 볼 수 없다.

④ 자본금 총액이 15억원인 회사를 발기설립할 경우 해당 회사의 정관은 공증인의 인증을 받음으로써 효력이 생긴다.

⑤ 발기인이 설립중의 회사를 대표하여 특정인과 회사성립 후에 일정한 재산을 양수할 것을 약정한 경우 재산의 종류, 수량, 가격과 그 양도인의 성명을 등기하여야 효력이 생긴다.

① 발기인조합은 정관작성, 주식인수 기타 회사설립에 필요한 행위를 하기 위한 발기인의 의사결정을 위한 조합계약에 해당하지만, 설립중의 회사는 설립시 발생하는 권리의무를 별도의 이전절차없이 성립후의 회사에 귀속시키기 위한 강의학상 개념으로 인정된다.

② 판례에 의하면 설립중의 회사는 정관이 작성되고 발기인이 1주이상의 주식을 인수한 때에 성립한다(대법원 1994.1.28.선고 93다50215 판결).

③ 정관에 발기인으로 기명날인 또는 서명을 한 자는 발기인에 해당한다.

⑤ 발기인이 설립중의 회사를 대표하여 특정인과 회사성립 후에 일정한 재산을 양수할 것을 약정한 경우 재산의 종류, 수량, 가격과 그 양도인의 성명을 정관에 기재하여야 효력이 생긴다(상법 제290조).

정답_④

**문 27_주식회사의 설립에 관한 설명으로 옳은 것은?**

(2006년 공인회계사)

① 현물출자의 불이행이 있는 경우에는 민법상 일반원칙에 의하여 현물출자자에게 손해배상을 청구할 수 있고 정관을 변경하여 설립절차를 속행할 수도 있다.

② 발기인이 받을 특별이익에는 이익배당이나 잔여재산분배에서의 우선권, 회사제품의 총판매권부여, 의결권에 대한 특혜 등이 포함된다.

③ 이사와 감사 전원이 현물출자자인 경우는 감정인이 대신 설립경과를 조사하여야 한다.

④ 정관에 다른 정함이 없으면, 주식발행사항을 결정할 때 액면초과발행시의 주식발행가액과 납입기일은 발기인 전원의 동의로써 정한다.

⑤ 회사의 설립등기 후에도 주식인수인은 주식청약서의 요건의 흠결을 이유로 하여 그 인수의 무효를 주장할 수 있다.

① 현물출자의 불이행이 있는 경우에는 민법상 일반원칙에 의하여 현물출자자에게 손해배상을 청구할 수 있고, 정관의 기재사항인 현물출자에 대한 변경으로 회사설립을 계속할 수 있다.

② 발기인이 받을 특별이익에는 이익배당이나 잔여재산분배에서의 우선권, 회사제품의 총판매권부여는 가능하지만, 주주평등의 원칙에 위반되는 의결권에 대한 특혜는 인정되지 않는다.

③ 이사와 감사 전원이 현물출자자인 경우는 공증인이 대신 설립경과를 조사하여야 한다(제298조 제3항).

④ 정관에 다른 정함이 없으면, 주식발행사항을 결정할 때 액면초과발행시의 주식발행가액은 발기인 전원의 동의로써 정하지만(제291조), 납입기일은 발기인 과반수의 동의로써 정한다.

⑤ 회사의 설립등기 후에도 주식인수인은 주식청약서의 요건의 흠결을 이유로 하여 그 인수의 무효를 주장할 수 없다(제320조 제1항).

정답_①

**문 28_**상법상 주식회사의 설립에 관한 설명으로 틀린 것은?

(2017년 공인회계사)

① 판례에 의하면 설립중의 회사는 정관이 작성되고 발기인이 적어도 1주 이상의 주식을 인수하였을 때에 성립한다.

② 판례에 의하면 발기인이 설립중의 회사 명의로 그 권한 내에서 한 행위의 효과는 회사의 설립과 동시에 그 설립된 회사에 귀속된다.

③ 발기인이 받을 보수액은 정관에 기재해야 효력이 있고 법원이 선임한 검사인의 조사를 받거나 공증인의 조사·보고를 받아야 한다.

④ 발기설립에서 이사와 감사는 취임 후 지체없이 회사의 설립에 관한 모든 사항이 법령 또는 정관의 규정에 위반되지 아니하는지의 여부를 조사하여 발기인에게 보고하여야 한다.

⑤ 모집설립에서 검사인은 현물출자와 그 이행을 조사하여 법원에 보고하여야 하고 법원은 현물출자가 부당하다고 인정하면 이를 변경할 수 있다.

모집설립에서 검사인은 현물출자와 그 이행을 조사하여 창립총회에 보고하여야 하고, 창립총회는 현물출자가 부당하다고 인정하면 이를 변경할 수 있다(제314조 제1항).

정답_⑤

**문 29_**상법상 주식회사 발기인의 회사에 대한 자본충실책임에 관한 설명으로 틀린 것은?

(2016년 공인회계사)

① 설립등기 후 주식인수인의 주식인수의 청약이 취소된 때는 별도의 의사표시가 없어도 발기인이 이를 인수한 것으로 본다.

② 설립등기 후 주식인수인이 납입을 완료하지 않은 주식이 있는 때는 발기인이 납입담보책임을 부담한다.

③ 주식인수인이 납입을 해태한 경우 발기인이 납입담보책임을 이행하면 주식인수인이 그 주식을 취득한다.

④ 주식인수인이 인수를 취소한 주식에 대해 발기인이 인수담보책임을 이행하면 발기인이 그 주식을 취득한다.

⑤ 발기인의 인수담보책임이나 납입담보책임은 총주주의 동의로 면제할 수 있다.

발기인의 인수담보책임이나 납입담보책임은 총주주의 동의로 면제할 수 없다(제324조 참조).

정답_⑤

**문 30_**상법상 주식회사의 모집설립에 관한 설명으로 옳은 것은?

(2018년 공인회계사)

① 발기인은 주식인수가액의 납입을 맡을 은행 기타 금융기관과 납입장소를 정하여야 한다.

② 발기인은 납입금의 보관자 또는 납입장소를 변경한 때에는 이를 법원에 신고하여야 한다.

③ 이사는 변태설립사항에 관한 조사를 하게 하기 위하여 검사인의 선임을 법원에 청구하여야 한다.

④ 창립총회의 결의는 출석한 주식인수인의 의결권의 과반수와 인수된 주식총수의 3분의 1 이상의 수로써 하여야 한다.

⑤ 법원이 선임한 검사인의 악의 또는 과실로 인하여 그 임무를 해태한 때에는 회사 또는 제3자에 대하여 손해를 배상할 책임이 있다.

① 발기인(과반수결의)은 주식인수가액의 납입을 맡을 은행 기타 금융기관과 납입장소를 정하여야 한다. 이를 주식청약서에 기재하여야 한다(상법 제302조 제2항 참조).
② 발기인은 납입금의 보관자 또는 납입장소를 변경한 때에는 이를 법원의 허가를 얻어야 한다(상법 제306조).
③ 발기인은 변태설립사항에 관한 조사를 하게 하기 위하여 검사인의 선임을 법원에 청구하여야 한다(상법 제310조).
④ 창립총회의 결의는 출석한 주식인수인의 의결권의 3분의2 이상의 수와 인수된 주식총수의 과반수로써 하여야 한다(상법 제309조).
⑤ 법원이 선임한 검사인의 악의 또는 중대한 과실로 인하여 그 임무를 해태한 때에는 회사 또는 제3자에 대하여 손해를 배상할 책임이 있다(상법 제325조).

정답_①

**문 31_**주식회사의 설립등기에 의하여 생기는 효력이 <u>아닌</u> 것은?

① 회사는 성립과 함께 법인격을 취득한다.

② 미인수주식이 있는 경우에는 발기인이 이를 공동으로 인수한 것으로 본다.

③ 주식인수인은 행위무능력자임을 이유로 주식인수를 취소할 수 없다.

④ 주식인수인은 주주가 된다.

⑤ 회사는 주권을 발행할 수 있게 된다.

주식인수인은 행위무능력자임을 이유로 주식인수를 취소할 수 있다. 다만, 제320조에서는 사기나 강박에 의한 의사표시의 경우 취소할 수 없다고 하고 있다.

정답_③

**문 32_**상법상 주식회사의 설립에 관한 설명으로 옳은 것은 모두 몇 개인가?

(2012년 공인회계사)

ㄱ. 발기설립이든 모집설립이든 발기인은 적어도 1주 이상의 주식을 인수하여야 한다.

ㄴ. 발기설립의 경우 이사와 감사의 선임은 발기인들의 의결권의 과반수로 하지만 모집설립의 경우에는 창립총회에서 출석한 주식인수인의 의결권의 3분의 2이상이며 인수된 주식 총수의 과반수로 한다.

ㄷ. 법정대리인의 동의 없이 주식을 인수한 미성년자가 회사 성립 후에 주식인수계약을 취소하면 상업등기된 자본금이 부족하게 되므로 회사설립 무효의 소의 원인이 된다.

ㄹ. 모집설립의 경우 창립총회에서 선임된 이사는 선임된 때로부터 설립중의 회사의 업무를 집행한다.

ㄷ. 법정대리인의 동의 없이 주식을 인수한 미성년자가 회사 성립 후에 주식인수계약을 취소하면 발기인에게 인수담보책임이 발생할 뿐이며, 회사설립 무효의 소의 원인이 되는 것은 아니다.
ㄹ. 설립 중의 회사의 업무를 집행하는 권한은 발기인에게 있고, 이사는 감독기관의 지위를 갖는다.
ㅁ. 설립 중의 회사가 특정인으로부터 재산을 양수하기로 하는 계약은 정관의 기재 없이 체결된 경우에는 무효가 된다(제290조).

정답_③

ㅁ. 설립 중의 회사가 특정인으로부터 재산을 양수하기로 하는 계약은 정관의 기재 없이 체결된 경우에도 유효하다.

ㅂ. 회사가 성립하지 않으면 유사발기인은 발기인과 연대하여 주식인수인에 대하여 주금액 반환책임을 진다.

① 1개　　② 2개　　③ 3개　　④ 4개　　⑤ 5개

**문 33_발기인과 이사의 자본충실책임에 관한 설명 중 틀린 것은?**

(2005년 공인회계사)

① 회사의 설립등기 전에는 설립 시에 발행하는 주식총수의 인수가 완료되지 않거나 주식인수가 취소되어도 발기인의 자본충실책임은 생기지 않는다.

② 회사성립 후에 납입을 완료하지 않은 주식이 있는 경우에 발기인이 납입담보책임에 따라 주금액을 납입하더라도 발기인이 주주가 되는 것은 아니다.

③ 신주발행으로 인한 변경등기 후 신주인수인이 주식인수를 취소한 경우에 이사가 인수담보책임에 의하여 주금액을 납입하면 주주가 된다.

④ 신주발행시에 신주인수인이 주금의 납입을 하지 않은 때에는 이사는 납입담보책임을 진다.

⑤ 발기인과 이사의 자본충실책임은 무과실책임으로 총주주의 동의에 의하여도 면제할 수 없다.

신주발행시에 신주인수인이 수금의 납입을 하지 않은 때에는 실권처리로 인하여 미발행주식이 되므로(제423조 제2항), 이사의 납입담보책임이 생길 여지가 없다.

정답_④

**문 34_우리 상법상 주식회사의 설립관여자의 책임에 관한 다음의 설명 중 틀린 것은?**

① 발기인이 회사의 설립에 관하여 그 임무를 해태한 때에는 그 발기인은 회사에 대하여 연대하여 손해를 배상할 책임을 진다.

② 발기인이 악의 또는 중대한 과실로 인하여 그 임무를 해태한 때에는 그 발기인은 제3자에 대하여도 연대하여 손해를 배상할 책임을 진다.

③ 법원이 선임한 검사인이 그 임무를 해태한 때에는 회사 또는 제3자에 대하여 손해를 배상할 책임이 있다.

④ 발기인은 회사가 성립하지 못한 경우에는 그 설립에 관한 행위에 대하여 연대책임을 지고, 회사의 설립에 관하여 지급한 비용을 부담한다.

법원이 선임한 검사인이 악의 또는 중대한 과실로 그 임무를 해태한 때에는 회사 또는 제3자에 대하여 손해를 배상할 책임이 있다. 따라서 경과실에 의한 임무해태는 책임이 없다.

정답_③

⑤ 이사·감사가 설립에 관한 사항의 조사를 해태하여 회사에 대하여 손해를 배상할 책임을 지는 경우에 발기인도 책임을 질 때에는 그 이사·감사와 발기인은 연대하여 회사에 대하여 손해를 배상할 책임이 있다.

**문 35** 주식회사의 설립관여자의 책임에 관한 설명 중 틀린 것은?

(2006년 공인회계사)

① 주식인수인의 주식인수가 사기·강박·착오에 의해 이루어진 경우는 주식의 인수를 취소할 수 없으므로, 발기인의 인수담보책임이 인정되지 않는다.

② 발기인의 임무해태로 인하여 주식의 인수나 납입에 흠결이 생긴 경우에, 발기인은 회사에 대하여 자본충실의 책임을 지는 외에 손해배상책임도 연대하여 부담한다.

③ 발기인이 회사에 대하여 부담하는 손해배상책임은 총주주의 동의에 의해서도 면제될 수 없다.

④ 발기인이 악의 또는 중대한 과실로 인하여 그 임무를 해태한 때에는 그 발기인은 제3자에 대하여도 연대하여 손해를 배상할 책임을 진다.

⑤ 유사발기인은 회사가 성립한 경우의 자본충실의 책임과 회사가 불성립한 경우의 그에 따른 책임만 부담한다.

① 주식인수인의 주식인수가 사기·강박·착오에 의해 이루어진 경우는 설립등기 후(또는 창립총회에서 의결권을 행사한 후)에 주식의 인수를 취소할 수 없게 되고, 이 때에는 발기인의 인수담보책임은 인정되지 않는다. ①의 지문은 등기 전후를 명백히 하지 않은 점에서 옳지 않다.

③ 발기인이 회사에 대하여 부담하는 손해배상책임은 총주주의 동의에 의해서도 면제될 수 있다(제324조, 제400조).

정답_①, ③

**문 36**_상법상 주식회사의 설립시 주식의 인수, 납입 및 관련 책임에 관한 설명으로 틀린 것은?

(2011년 공인회계사)

① 주식인수의 청약을 하는 자가 진의(眞意)를 가지고 청약하지 않았다는 사실을 발기인이 알았다면 해당 청약은 효력이 없다.

② 회사 설립시에 발행하는 주식의 총수가 인수된 때에는 발기인은 지체없이 주식인수인에 대하여 각 주식에 대한 인수가액의 전액을 납입시켜야 한다.

③ 회사 성립후에는 주식을 인수한 자는 주식청약서의 요건의 흠결을 이유로 하여 그 인수의 무효를 주장할 수 없다.

④ 회사 설립시에 발행한 주식으로서 회사성립 후에 아직 인수되지 아니한 주식이 있을 경우 발기인이 이를 공동으로 인수한 것으로 본다.

⑤ 주식청약서 기타 주식모집에 관한 서면에 성명과 회사의 설립에 찬조하는 뜻을 기재할 것을 승낙한 자는 발기인과 동일한 책임이 있다.

주식인수의 청약을 하는 자가 진의(眞意)를 가지고 청약하지 않았다는 사실을 발기인이 알았다 하더라도 해당 청약은 효력이 있다(상법 제302조 제3항).

정답_①

**문 37_**주식회사가 성립한 경우 발기인의 상법상 책임에 관한 설명으로 틀린 것은? (2011년 공인회계사)

① 회사 설립시에 발행한 주식으로서 회사 성립후에 주식인수의 청약이 취소된 때에는 발기인이 이를 공동으로 인수한 것으로 본다.

② 비상장회사에서 발행주식총수의 100분의 1 이상에 해당하는 주식을 가진 주주는 회사에 대하여 발기인의 책임을 추궁할 소의 제기를 청구할 수 있다.

③ 발기인이 회사의 설립에 관하여 그 임무를 해태한 경우 회사에 대하여 연대하여 손해를 배상할 책임이 있다.

④ 발기인이 회사의 설립에 관하여 악의 또는 중대한 과실로 인하여 그 임무를 해태한 경우 제3자에 대하여 연대하여 손해를 배상할 책임이 있다.

⑤ 회사의 모집설립시에 인수된 주식 중 납입되지 아니한 주식이 있는 경우 발기인이 부담하는 납입담보책임은 모든 모집주주들의 동의로 면제될 수 있다.

회사의 모집설립시에 인수된 주식 중 납입되지 아니한 주식이 있는 경우 발기인이 부담하는 납입담보책임은 자본충실책임으로서 모든 모집주주들의 동의로 면제될 수 없다.

정답_⑤

**문 38_**상법상 주식회사 설립무효에 관한 설명으로 옳은 것은? (2013년 공인회계사)

① 주식회사 설립하자의 경우 설립취소의 소가 인정되며 주관적 무효원인이 있어도 설립무효의 소를 제기할 수 있다.

② 주식회사 설립무효의 소는 소제기 이익이 있는 자는 누구나 회사성립의 날로부터 2년 내에 소로써 이를 주장할 수 있다.

③ 정관의 상대적 기재사항이 불비한 때 주식회사 설립무효의 소를 제기할 수 있다.

④ 주식회사 설립무효판결은 법률관계를 획일적으로 확정하기 위하여 소급효를 인정하므로 회사 성립 후 무효판결 전에 행하여진 법률행위는 모두 무효가 된다.

⑤ 주식회사 설립 시에 정관에 기재하는 발행예정주식총수가 1천주인 경우 회사 설립 시에 1주만 발행하더라도 설립무효의 원인이 되지 않는다.

① 주식회사 설립하자의 경우 설립취소의 소는 인정되지 않으며, 주관적 무효원인이 있어도 설립무효의 소를 제기할 수 없다.
② 주식회사 설립무효의 소는 주주, 이사, 감사에 한하여 회사성립의 날로부터 2년 내에 소로써 이를 주장할 수 있다(제328조 제1항).
③ 정관의 절대적 기재사항이 불비한 때에는 설립무효의 소를 제기할 수 있으나, 상대적 기재사항이 불비한 때 주식회사 설립무효의 소를 제기할 수 없다.
④ 주식회사 설립무효판결은 거래안전을 위하여 소급효를 인정하지 않으므로(제328조 제2항, 제190조 단서), 회사 성립 후 무효판결 전에 행하여진 법률행위는 모두 유효가 된다.

정답_⑤

**문 39_**다음은 회사설립의 하자원인을 열거한 것이다. 이 중 주식 회사의 설립무효원인으로 인정되는 것을 모두 고르면? (판례에 의함)

(2007년 공인회계사)

> ㄱ. 주주가 강박으로 인하여 설립행위를 한 경우
> ㄴ. 정관의 절대적 기재사항을 흠결한 경우
> ㄷ. 주주가 그 채무자를 해할 것을 알고 설립행위를 한 경우
> ㄹ. 모집방식의 설립을 하면서 창립총회를 소집하지 않은 경우
> ㅁ. 일시차입금에 의한 주금납입(견금)의 경우

① ㄱ, ㄴ, ㄷ     ② ㄱ, ㄷ, ㅁ     ③ ㄴ, ㄹ
④ ㄴ, ㄹ, ㅁ     ⑤ ㄷ, ㄹ

주식회사의 설립무효는 객관적 절차상의 하자 만이 그 무효의 원인이 되므로, 위 설문에서는 정관의 절대적 기재사항을 흠결한 경우나 모 집방식의 설립을 하면서 창립총회를 소집하지 않은 경우만이 설립무효의 원인이 된다. 주주 가 강박으로 인하여 설립행위를 한 경우에는 설립등기전에 주식인수의 취소를 할 수 있을 뿐이고, 주주가 그 채무자를 해할 것을 알고 설립행위를 한 경우에는 설립등기전 또는 설 립등기후에 주식인수의 취소를 할 수 있을 뿐 이다(설립등기후에는 취소할 수 없다는 견해 도 있다). 일시차입금에 의한 주금납입(견금) 의 경우에는 납입의 유효성을 인정하는 것이 판례의 입장이고, 이에 의하면 설립의 하자가 될 수 없다.

정답_③

## ▶ 주식·주주

**문 40_**상법상 주식 및 주권에 관한 설명으로 <u>틀린</u> 것은?

(2020년 공인회계사)

① 원칙적으로 주식의 이전은 취득자의 성명과 주소를 주주명 부에 기재하지 아니하면 회사에 대항하지 못한다.
② 이미 발행된 주권이 주주의 주권불소지 신고에 의하여 회사 에 제출된 경우, 회사는 그 제출된 주권을 무효로 해야 하므 로 이를 임치할 수 없다.
③ 주식의 소각, 병합, 분할 또는 전환이 있는 때에는 이로 인하 여 종전의 주주가 받을 금전이나 주식에 대하여도 종전의 주 식을 목적으로 한 질권을 행사할 수 있다.
④ 주식을 질권의 목적으로 하는 때에는 주권을 질권자에게 교 부하여야 한다.
⑤ 주식의 등록질의 경우에는, 질권자는 회사로부터 이익배당 에 따른 금전의 지급을 받아 다른 채권자에 우선하여 자기채 권의 변제에 충당할 수 있다.

① 원칙적으로 주식의 이전은 취득자의 성명 과 주소를 주주명부에 기재하지 아니하면 회 사에 대항하지 못한다(상법 제337조 제1항).
② 이미 발행된 주권이 주주의 주권불소지 신 고에 의하여 회사에 제출된 경우, 회사는 그 <u>제출된 주권을 무효로 하거나 명의개서대리인 에게 임치하여야 한다</u>(상법 제358조의2 제3 항).
③ 주식의 소각, 병합, 분할 또는 전환이 있는 때에는 이로 인하여 종전의 주주가 받을 금전 이나 주식에 대하여도 종전의 주식을 목적으 로 한 질권을 행사할 수 있다(상법 제339조).
④ 주식을 질권의 목적으로 하는 때에는 주권 을 질권자에게 교부하여야 한다(상법 제338조 제1항).
⑤ 주식의 등록질의 경우에는, 질권자는 회사 로부터 이익배당에 따른 금전의 지급을 받아 다른 채권자에 우선하여 자기채권의 변제에 충당할 수 있다(상법 제340조 제1항).

정답_②

# 07 진도별 모의고사

## 주식 · 주주

**문 1_**상법상 주식에 관한 설명으로 옳은 것은? (2021년 공인회계사)

① 회사의 자본금은 액면주식을 무액면주식으로 전환함으로써 변경할 수 없으나, 무액면주식을 액면주식으로 전환함으로써 변경할 수 있다.

② 회사는 정관으로 정한 경우에는 분할 후의 액면주식 1주의 금액을 100원 미만으로 하는 주식분할을 할 수 있다.

③ 회사설립시 무액면주식을 발행하는 경우에는 주식의 발행가액 중 자본금으로 계상하는 금액에 관한 사항은 정관으로 달리 정하지 아니하면 발기인 과반수의 동의로 이를 정한다.

④ 수인이 공동으로 주식을 인수한 자는 연대하여 납입할 책임이 있다.

⑤ 주식이 수인의 공유에 속하는 때 공유자는 주주의 권리를 행사할 자 1인을 정하여야 하고, 주주의 권리를 행사할 자가 없는 때에는 공유자에 대한 통지는 공유자 전원에 대하여 하여야 한다.

① 회사의 자본금은 액면주식을 무액면주식으로 전환함으로써 변경할 수 없으며, 무액면주식을 액면주식으로 전환함으로써 변경할 수 없다(상법 제451조 제3항).
② 회사는 정관으로 정한 경우에는 분할 후의 액면주식 1주의 금액을 100원 미만으로 하는 주식분할을 할 수 없다(상법 제329조의2 제2항).
③ 회사설립시 무액면주식을 발행하는 경우에는 주식의 발행가액중 자본금으로 계상하는 금액에 관한 사항은 정관으로 달리 정하지 아니하면 발기인 전원의 동의로 이를 정한다(상법 제291조).
④ 수인이 공동으로 주식을 인수한 자는 연대하여 납입할 책임이 있다(상법 제333조 제1항).
⑤ 주식이 수인의 공유에 속하는 때 공유자는 주주의 권리를 행사할 자 1인을 정하여야 하고, 주주의 권리를 행사할 자가 없는 때에는 공유자에 대한 통지는 공유자중 1인에 대하여 하면 된다(상법 제333조 제2항, 제3항).
정답_④

**문 2_**상법상 종류주식에 관한 설명으로 틀린 것은?

(2020년 공인회계사)

① 의결권이 없거나 제한되는 종류주식이 발행주식총수의 4분의 1을 초과하여 발행된 경우, 회사는 지체없이 그 제한을 초과하지 않도록 하기 위 하여 필요한 조치를 하여야 한다.

② 회사가 의결권이 없거나 제한하는 종류주식을 발행하는 때에는, 정관에 의결권을 행사할 수 없는 사항과, 의결권행사 또는 부활의 조건을 정한 경우에는 그 조건 등을 정하여야 한다.

③ 회사가 정관으로 정하는 바에 따라 회사의 이익으로써 소각할 수 있는 종류주식을 발행하는 경우, 회사는 정관에 상환가액, 상환기간, 상환의 방법과 상환할 주식의 수를 정하여야 한다.

① 의결권이 없거나 제한되는 종류주식이 발행주식총수의 4분의 1을 초과하여 발행된 경우, 회사는 지체없이 그 제한을 초과하지 않도록 하기 위하여 필요한 조치를 하여야 한다(상법 제344조의3 제2항).
② 회사가 의결권이 없거나 제한되는 종류주식을 발행하는 때에는, 정관에 의결권을 행사할 수 없는 사항과, 의결권행사 또는 부활의 조건을 정한 경우에는 그 조건 등을 정하여야 한다(상법 제344조의3 제1항).
③ 회사가 정관으로 정하는 바에 따라 회사의 이익으로써 소각할 수 있는 종류주식을 발행하는 경우, 회사는 정관에 상환가액, 상환기간, 상환의 방법과 상환할 주식의 수를 정하여야 한다(상법 제345조 제1항).

④ 회사가 종류주식을 발행하는 경우에는, 정관에 정함이 없더라도 주주는 인수한 주식을 다른 종류주식으로 전환할 것을 청구할 수 있다.

⑤ 회사가 잔여재산의 분배에 관하여 내용이 다른 종류주식을 발행하는 경우에는, 정관에 잔여재산의 종류, 잔여재산의 가액의 결정방법, 그 밖에 잔여재산분배에 관한 내용을 정하여야 한다.

④ 회사가 종류주식을 발행하는 경우에는, 정관에서 정하는 바에 따라 주주는 인수한 주식을 다른 종류주식으로 전환할 것을 청구할 수 있다(상법 제346조 제1항).

⑤ 회사가 잔여재산의 분배에 관하여 내용이 다른 종류주식을 발행하는 경우에는, 정관에 잔여재산의 종류, 잔여재산의 가액의 결정방법, 그 밖에 잔여재산분배에 관한 내용을 정하여야 한다(상법 제344조의2 제2항).

정답_④

**문3_상법상 주식회사의 종류주식으로 인정되지 <u>않는</u> 것은?**

(2014년 공인회계사)

① 회사가 전환권을 가지는 전환주식
② 주주가 상환권을 가지는 상환주식
③ 의결권이 배제된 보통주식
④ 발행 회사의 의결권 제한 주식을 상환대가로 하는 상환주식
⑤ 이익배당에 있어 우선적 지위를 가지는 참가적 · 비누적적 우선주

상환주식의 상환은 현금 외에 유가증권이나 그 밖의 자산을 교부할 수 있으나, 다른 종류주식으로 상환할 수 없다(제345조 제4항).

정답_④

**문4_상법상 주식회사의 액면주식과 무액면주식에 관한 설명으로 틀린 것은?**

(2017년 공인회계사)

① 액면주식의 경우 1주의 금액은 100원 이상이어야 하고 액면을 초과하여 발행한 경우 그 초과액은 자본준비금으로 적립하여야 한다.

② 무액면주식을 발행한 회사의 자본금은 주식 발행가액의 2분의 1 이상의 금액으로서 이사회(정관으로 신주발행을 주주총회에서 결정하기로 정한 경우에는 주주총회)에서 자본금으로 계상하기로 한 금액의 총액으로 한다.

③ 회사는 정관으로 정하는 바에 따라 액면주식 또는 무액면주식을 선택하여 발행할 수 있지만 무액면주식을 발행하는 경우에는 액면주식을 발행할 수 없다.

④ 무액면주식을 병합할 경우 회사는 1월 이상의 기간을 정하여 그 뜻과 그 기간 내에 주권을 회사에 제출할 것을 공고하고 주주명부에 기재된 주주와 질권자에 대하여는 각별로 그 통지를 하여야 한다.

⑤ 액면주식을 무액면주식으로 전환하는 경우 자본금이 동일하게 유지되어야 하므로 전환에 의해 발행되는 무액면주식의 수는 기존의 주식 수와 동일하여야 한다.

액면주식을 무액면주식으로 전환하는 경우 자본금이 동일하게 유지되어야 하지만(제451조 제3항), 전환에 의해 발행되는 무액면주식의 수에 대한 제한은 없다.

정답_⑤

**문 5_**상법상 종류주식에 관한 설명으로 **틀린** 것은?

(2015년 공인회계사)

① 회사가 종류주식을 발행하는 경우 정관에 다른 정함이 없어도 주식의 종류에 따라 신주의 인수, 주식의 병합·분할·소각 또는 회사의 합병·분할로 인한 주식의 배정에 관하여 특수하게 정할 수 있다.

② 상환에 관한 종류주식을 발행한 경우 회사는 주식취득의 대가로 배당가능이익의 범위 내에서 현금 외에 다른 종류주식을 포함한 유가증권이나 그 밖의 자산을 교부할 수 있다.

③ 의결권배제·제한에 관한 종류주식의 총수는 발행주식총수의 4분의 1을 초과하지 못하며 정관에 그 조건을 규정하지 않은 경우에는 의결권을 행사하거나 의결권을 부활하지 못한다.

④ 전환에 관한 종류주식의 경우 전환청구기간 또는 전환기간 내에는 정관에서 정한 다른 종류주식의 발행예정주식총수 중에서 전환으로 인하여 새로 발행할 주식의 수는 그 발행을 유보하여야 한다.

⑤ 잔여재산분배에 관한 종류주식을 발행하는 경우 회사는 정관에 잔여재산의 종류, 잔여재산의 가액의 결정방법, 그 밖에 잔여재산분배에 관한 내용을 정하여야 한다.

상환에 관한 종류주식을 발행한 경우 회사는 주식취득의 대가로 배당가능이익의 범위 내에서 현금 외에 유가증권이나 그 밖의 자산(종류주식은 제외)을 교부할 수 있다(제345조 제3항).

정답_②

**문 6_**상법상 상환주식에 관한 설명으로 **틀린** 것은?

(2021년 공인회계사)

① 회사는 정관으로 정하는 바에 따라 회사의 이익으로써 소각할 수 있는 종류주식을 발행할 수 있다.

② 회사는 주식 취득의 대가로 현금 외에 다른 종류주식을 교부할 수 있다.

③ 회사는 정관으로 정하는 바에 따라 주주가 회사에 대하여 상환을 청구할 수 있는 종류주식을 발행할 수 있다.

④ 주주가 회사에 대하여 상환을 청구할 수 있는 종류주식을 발행하는 경우, 회사는 정관에 주주가 회사에 대하여 상환을 청구할 수 있다는 뜻, 상환가액, 상환청구기간, 상환의 방법을 정하여야 한다.

⑤ 상환주식은 종류주식(상환과 전환에 관한 것은 제외한다)에 한정하여 발행할 수 있다.

① 회사는 정관으로 정하는 바에 따라 회사의 이익으로써 소각할 수 있는 종류주식을 발행할 수 있다(상법 제345조 제1항).

② 회사는 주식 취득의 대가로 현금 외에 유가증권(다른 종류주식은 제외하고)을 교부할 수 있다(상법 제345조 제4항).

③ 회사는 정관으로 정하는 바에 따라 주주가 회사에 대하여 상환을 청구할 수 있는 종류주식을 발행할 수 있다(상법 제345조 제3항).

④ 주주가 회사에 대하여 상환을 청구할 수 있는 종류주식을 발행하는 경우, 회사는 정관에 주주가 회사에 대하여 상환을 청구할 수 있다는 뜻, 상환가액, 상환청구기간, 상환의 방법을 정하여야 한다(상법 제345조 제3항).

⑤ 상환주식은 종류주식(상환과 전환에 관한 것은 제외한다)에 한정하여 발행할 수 있다(상법 제345조 제5항).

정답_②

**문 7_**상법상 주식회사의 종류주식에 관한 설명으로 옳은 것은?

(2018년 공인회계사)

① 회사가 잔여재산의 분배에 관하여 내용이 다른 종류주식을 발행하는 경우에는 정관의 규정이 없더라도 이사회 결의로 잔여재산의 종류, 잔여재산의 가액의 결정방법, 그 밖에 잔여재산분배에 관한 내용을 정할 수 있다.

② 회사가 종류주식을 발행하는 경우 정관에 다른 정함이 있는 경우에 한하여 그 종류에 따라 회사의 합병·분할로 인한 주식의 배정에 관하여 특수하게 정할 수 있다.

③ 회사가 의결권의 배제·제한에 관한 종류주식을 발행주식총수의 4분의 1을 초과하여 발행한 경우 그 초과 발행된 종류주식에 대하여 그 발행일로부터 6월 이내에 회사의 이익으로써 소각하여야 한다.

④ 회사가 주식의 상환에 관한 종류주식을 발행하는 경우 주식의 취득의 대가로 현금 외에 다른 종류주식을 포함한 유가증권 또는 그 밖의 자산을 교부할 수 있다.

⑤ 회사가 주식의 전환에 관한 종류주식을 발행한 경우 전환으로 인하여 발행된 주식의 이익배당에 관하여는 정관으로 정하는 바에 따라 전환청구기간이 끝난 때가 속하는 영업연도의 직전 영업연도말에 전환된 것으로 할 수 있다.

**문 8_**상법상 상환에 관한 종류주식과 전환에 관한 종류주식에 관한 설명으로 옳은 것은?

(2016년 공인회계사)

① 회사가 의결권이 제한되는 종류주식을 발행하면서 그 주주에게 당해 주식의 상환을 청구할 수 있는 권리를 부여할 수 없다.

② 회사가 상환권을 가진 상환에 관한 종류주식을 발행한 회사가 그 종류주식을 상환하면 회사의 자본금은 감소한다.

③ 상환에 관한 종류주식을 발행한 회사가 그 종류주식을 상환할 경우 다른 회사가 발행한 종류주식을 상환의 대가로 교부할 수 있다.

④ 주주명부 폐쇄기간 중에 전환에 관한 종류주식을 가진 주주가 의결권 있는 주식으로 전환을 청구하면 그 폐쇄기간 중의 주주총회 결의에서 전환으로 발행된 신주의 의결권을 행사할 수 있다.

⑤ 전환에 관한 종류주식의 경우 전환으로 인해 발행되는 신주 1주의 액면가와 전환으로 인해 소멸하는 전환주식 1주의 액면가는 다를 수 있다.

① 회사가 잔여재산의 분배에 관하여 내용이 다른 종류주식을 발행하는 경우에는 정관의 규정으로 잔여재산의 종류, 잔여재산의 가액의 결정방법, 그 밖에 잔여재산분배에 관한 내용을 정할 수 있다(상법 제344조의2 제2항).
② 회사가 종류주식을 발행하는 경우 정관에 다른 정함이 없더라도 그 종류에 따라 회사의 합병·분할로 인한 주식의 배정에 관하여 특수하게 정할 수 있다(상법 제344조 제3항).
③ 회사가 의결권의 배제·제한에 관한 종류주식을 발행주식총수의 4분의 1을 초과하여 발행한 경우 이에 대하여 적절한 조치를 하여야 한다(제344조의3 제2항). 초과한 주식을 소각하여야 하는 것은 아니다.
④ 회사가 주식의 상환에 관한 종류주식을 발행하는 경우 주식의 취득의 대가로 현금 외에 다른 종류주식을 제외한 유가증권 또는 그 밖의 자산을 교부할 수 있다(제345조 제4항).
⑤ 제350조 제3항 후단

정답_⑤

① 회사가 의결권이 제한되는 종류주식을 발행하면서 그 주주에게 당해 주식의 상환을 청구할 수 있는 권리를 부여할 수 있다(제345조 제3항).
② 회사가 상환권을 가진 상환에 관한 종류주식을 발행한 회사가 그 종류주식을 상환하더라도 이익으로써 주식을 소각하므로 회사의 자본금은 감소하지 않는다.
④ 주주명부 폐쇄기간 중에 전환에 관한 종류주식을 가진 주주가 의결권 있는 주식으로 전환을 청구하면 그 폐쇄기간 중의 주주총회 결의에서 전환으로 발행된 신주의 의결권을 행사할 수 없다(제350조 제2항).
⑤ 전환에 관한 종류주식의 경우 전환으로 인해 발행되는 신주 1주의 액면가와 전환으로 인해 소멸하는 전환주식 1주의 액면가는 다를 수 없다.

정답_③

**문 9_** 甲주식회사는 전환우선주식 2,000주를 6,000원에 발행하였다(정관상 1주의 액면금액은 4,000원임). A가 전환우선주식 2,000주에 대하여 전환권을 행사한 경우에 전환우선주식은 발행가액 4,000원인 보통주식( ㉠ )로 전환되며 甲주식회사의 자본금은 ( ㉡ )이다(되었다). 다음에서 ㉠과 ㉡에 들어갈 것으로 옳은 것은?

(2014년 공인회계사)

① ㉠ - 3,000주, ㉡ - 증가
② ㉠ - 2,000주, ㉡ - 불변
③ ㉠ - 3,000주, ㉡ - 불변
④ ㉠ - 4,000주, ㉡ - 증가
⑤ ㉠ - 2,000주, ㉡ - 감소

전환주식의 전환으로 인하여 발행하는 신주의 발행가액은 전환전의 주식의 발행가액으로 하므로(제348조), 전환 전의 발행가액은 2000×6000원으로, 전환후의 주식의 발행가액은 4000원×?가 된다. 따라서 ?는 3000주가 되어야 하며, 자본금은 전환 전에는 2000 ×4000원이지만 전환 후에는 3000 ×4000원이므로 증가하게 된다.

정답_①

**문 10_** 상법상 종류주식에 관한 설명으로 틀린 것은?

(2013년 공인회계사)

① 주식회사가 종류주식을 발행한 때에는 정관에 다른 정함이 없어도 이사회 또는 주주총회의 결의에 따라 의결권 있는 주식과 의결권 없는 주식 간에 소각에 관하여 특수하게 정할 수 있다.
② 주식회사는 "보통주 이익배당률에 1%를 가산한 배당률"을 내용으로 하는 종류주식을 발행할 수 있다.
③ 회사는 정관의 정함으로 보통주에서 의결권이 배제·제한되는 종류주식을 발행할 수 있다.
④ 주식회사가 상환종류주식을 발행한 경우 회사는 상환종류주식 취득의 대가로 상법 제462조 제1항에 따른 배당가능이익을 초과하지 않는 범위 내에서 현금 외에 유가증권이나 그 밖의 자산을 교부할 수도 있고 다른 종류주식으로 교부할 수도 있다.
⑤ 회사에서 의결권이 없거나 제한되는 종류주식이 발행주식총수의 4분의 1을 초과하여 발행된 경우 회사는 지체 없이 그 제한을 초과하지 아니하도록 하기 위하여 필요한 조치를 하여야 한다.

주식회사가 상환종류주식을 발행한 경우 회사는 상환종류주식 취득의 대가로 상법 제462조 제1항에 따른 배당가능이익을 초과하지 않는 범위 내에서 현금 외에 유가증권(다른 종류주식은 제외한다)이나 그 밖의 자산을 교부할 수도 있다(제345조 제4항).

정답_④

## 문 11_상법상 주식에 관한 설명으로 옳은 것만을 <u>모두</u> 고른 것은?

(2020년 공인회계사)

> ㄱ. 주식은 자본금 감소에 관한 규정에 따라서만 소각(消却)할 수 있다. 다만 이사회의 결의에 의하여 회사가 보유하는 자기주식을 소각하는 경우에는 그러하지 아니하다.
> ㄴ. 회사가 다른 회사의 발행주식총수의 10분의 1을 초과하여 취득한 때에는 그 다른 회사에 대하여 6개월 이내에 이를 통지하여야 한다.
> ㄷ. 회사가 보유하는 자기주식을 처분하는 경우에 처분할 주식의 종류와 수에 관하여 정관에 규정이 없는 것은 주주총회가 결정한다.
> ㄹ. 주식양도시 이사회의 승인을 얻도록 규정된 정관에도 불구하고 이사회의 승인 없이 주식을 양도한 경우, 이는 회사에 대하여 효력이 없으므로 그 주식의 양수인은 회사에 대하여 주식양도의 승인을 청구할 수 없다.

① ㄱ        ② ㄱ, ㄴ        ③ ㄱ, ㄹ

④ ㄴ, ㄷ        ⑤ ㄴ, ㄹ

## 문 12_상법상 의결권없는 주식을 가진 주주에게 인정되지 않는 것은?

(2011년 공인회계사)

① 주주제안권의 행사
② 결의취소의 소의 제기
③ 이사의 위법행위에 대한 유지청구
④ 분할계획서를 승인하는 주주총회에서의 의결권 행사
⑤ 유한회사로의 조직변경을 위한 주주총회에서의 의결권 행사

## 문 13_주주에 관한 설명으로 옳지 <u>않은</u> 것은?

① 주주의 자격에는 제한이 없으므로 자연인이나 법인도 주주가 될 수 있다.
② 주주의 수는 1인이 되더라도 무방하다.
③ 주식의 원시취득 또는 승계취득에 의하여 주주자격을 취득하게 되는데, 이에 대한 예외를 둘 수 없으며 이와 다른 약정은 무효라는 것이 판례의 입장이다.
④ 주주평등의 원칙은 정관의 정함이나 법률의 규정에 의하여 예외를 둘 수 있다.
⑤ 주주평등의 원칙은 동일한 내용의 주식에 대하여 그가 가진 주식수에 따라 평등하게 취급하여야 한다는 원칙이다.

ㄱ. 주식은 자본금 감소에 관한 규정에 따라서만 소각(消却)할 수 있다. 다만 이사회의 결의에 의하여 회사가 보유하는 자기주식을 소각하는 경우에는 그러하지 아니하다(상법 제343조 제1항).

ㄴ. 회사가 다른 회사의 발행주식총수의 10분의 1을 초과하여 취득한 때에는 그 다른 회사에 대하여 <u>지체없이</u> 이를 통지하여야 한다(상법 제342조의3).

ㄷ. 회사가 보유하는 자기주식을 처분하는 경우에 처분할 주식의 종류와 수에 관하여 정관에 규정이 없는 것은 <u>이사회가</u> 결정한다(상법 제342조).

ㄹ. 주식양도시 이사회의 승인을 얻도록 규정된 정관에도 불구하고 이사회의 승인 없이 주식을 양도한 경우, 이는 회사에 대하여 효력이 없지만 당사자간에는 유효하므로, 그 주식의 양수인은 회사에 대하여 주식양도의 승인을 <u>청구할 수 있다</u>(상법 제335조의7 제1항).

정답_①

주주제안권의 행사는 의결권없는 주식을 제외한 발행주식총수의 100분의 3 이상의 주식을 가진 주주에게 인정되는 권리이다.

정답_①

주주평등의 원칙은 법률의 규정에 의하여 예외를 둘 수 있으나, 정관에 의한 예외규정을 두는 경우에는 그 정관은 무효가 된다. 다만 불이익을 받는 주주의 동의가 있는 경우에는 그 무효가 치유된다.

정답_④

**문 14_** 비상장회사의 발행주식총수의 100분의 3 이상을 가진 주주에게만 인정되는 권리가 <u>아닌</u> 것은?

① 주주총회소집청구권　　② 주주제안권

③ 회계장부열람청구권　　④ 대표소송제기권

⑤ 집중투표청구권

④는 발행주식총수의 100분의 1 이상을 가진 주주에게 인정되는 권리이다.

정답_④

**문 15_** 상법상의 주권에 관한 아래의 설명 중 옳은 것은?

① 회사는 성립 후 또는 신주의 납입기일 후 6개월 내에 주권을 발행하여야 한다.

② 회사는 회사의 성립 후 또는 신주의 납입기일 후가 아니면 주권을 발행하지 못한다. 다만 이에 위반하여 발행한 주권이라도 그 효력에는 영향이 없다.

③ 주권에는 법정사항을 모두 기재하여야 하고, 대표이사가 기명날인 또는 서명하여야 한다. 하나라도 흠결이 있으면 주권은 무효로 된다.

④ 회사는 주권을 발행하는 대신 정관으로 정하는 바에 따라 전자등록기관의 전자등록부에 주식을 등록할 수 있다.

⑤ 주권을 분실한 것이 원고가 아니고 주권발행 회사인 경우에는 주권에 대한 제권판결이 없더라도 원고는 동 회사에 대하여 주권의 재발행을 청구할 수 있다는 것이 판례의 입장이다.

① 회사는 성립 후 또는 신주의 납입기일 후 지체 없이 주권을 발행하여야 한다. 제355조①.

② 회사는 회사의 성립 후 또는 신주의 납입기일 후가 아니면 주권을 발행하지 못한다. 이에 위반하여 발행한 주권은 무효이다. 제355조②, 제355조③.

③ 주권에는 법정사항을 기재하여야 하고, 대표이사가 기명날인 또는 서명하여야 한다(제356조). 주권으로 본질적인 사항을 구비한다면 다른 사항의 기재가 없어도 무효로 되지 않는다.

④ 제356조의2①.

⑤ 주권을 분실한 것이 원고가 아니고 주권발행 회사라 하더라도 위 주권에 대한 제권판결이 없는 이상 동 회사에 대하여 주권의 재발행을 청구할 수 없다(대판1981.9.8. 81다141).

정답_④

**문 16_** 주권의 선의취득에 관한 설명 중 <u>틀린</u> 것은?

(2009년 공인회계사)

① 위조된 주권을 취득한 경우에는 선의취득이 인정되지 않는다.

② 상속이나 회사합병에 의해 주권을 취득한 경우에는 선의취득이 인정되지 않는다.

③ 주주가 주권불소지신고를 하고 회사에 제출하여 무효가 된 주권을 취득한 경우에도 선의취득이 인정된다.

④ 양수인이 주권을 선의취득하려면 선의이며 중대한 과실이 없어야 한다.

⑤ 판례는 무권대리인으로부터 유상으로 양수한 주권에 대하여도 선의취득을 인정한다.

주권의 선의취득이 인정되기 위해서는 주권이 유효하여야 하므로, 주주가 주권불소지신고를 하고 회사에 제출하여 무효가 된 주권을 취득한 경우에는 선의취득이 인정되지 않는다.

정답_③

**해 설 및 정 답**

**문 17_**상법상 주권의 선의취득과 제권판결에 관한 설명으로 **틀린** 것은?

(2019년 공인회계사)

① 주권이 발행되지 않고 전자등록부에 등록된 주식을 취득하여 등록한 경우에는 주식의 선의취득이 인정되지 않는다.

② 주주가 주권의 불소지 신고를 하여 제출한 주권을 회사가 무효로 한 경우에는 그 주권에 대한 선의취득이 인정될 수 없다.

③ 상속이나 회사의 합병과 같이 법률의 규정에 의하여 주권을 취득한 경우에는 선의취득이 인정되지 않는다.

④ 판례에 의하면 주권의 선의취득은 양도인이 무권리자인 경우뿐만 아니라 무권대리인인 경우에도 인정된다.

⑤ 주권을 상실한 자는 제권판결을 얻지 아니하면 회사에 대하여 주권의 재발행을 청구하지 못한다.

① 주권이 발행되지 않고 전자등록부에 등록된 주식을 중대한 과실 없이 신뢰하고 취득

하여 등록한 경우에는 주식의 선의취득이 인정된다(상법 제356조의2 제3항).

② 주주가 주권의 불소지 신고를 하여 제출한 주권을 회사가 무효로 한 경우에는 그 주권에 대한 선의취득이 인정될 수 없다.

③ 상속이나 회사의 합병과 같이 법률의 규정에 의하여 주권을 취득한 경우에는 선의취득이 인정되지 않는다.

④ 판례에 의하면 주권의 선의취득은 양도인이 무권리자인 경우뿐만 아니라 무권대리인인 경우에도 인정된다(대법원 1997. 12. 12. 선고 95다49646 판결).

⑤ 주권을 상실한 자는 제권판결을 얻지 아니하면 회사에 대하여 주권의 재발행을 청구하지 못한다(상법 제360조).①

정답_①

**문 18_**상법상 주권불소지제도에 관한 설명 중 옳은 것은?

(2005년 공인회계사 변형)

① 정관의 규정에 의하지 않고는 주권불소지제도를 배제할 수 없다.

② 주권불소지신고를 한 주주는 주주명부의 폐쇄기간 중에 주권의 발행을 청구할 수 없다.

③ 명의개서를 하지 않은 주식의 양수인도 주권불소지신고를 할 수 있다.

④ 회사가 명의개서대리인을 둔 경우에도 주권불소지의 신고는 이를 반드시 회사에 하여야 하며, 명의개서대리인에게 하는 것은 허용되지 않는다.

⑤ 주권발행 전에 주식의 인수인은 주권불소지신고를 할 수 없다.

② 주권불소지신고는 주주 지위의 변동을 가져오는 것은 아니므로 주권불소지신고를 한 주주는 주주명부의 폐쇄기간 중에 주권의 발행을 청구할 수 있다.

③ 주권불소지는 주주명부에 불소지의 기재를 하여야 하므로, 명의개서를 하지 않은 주식의 양수인도 주권불소지신고를 할 수 없다.

④ 회사가 명의개서대리인을 둔 경우, 명의개서대리인은 주주명부의 기재에 관한 대리권을 가지므로, 주권불소지신고를 명의개서대리인에게 하는 것은 허용된다.

⑤ 주권발행 전에 주식의 인수인은 주주명부에 그 성명이 기재되어 있다면 주권불소지신고를 할 수 있다.

정답_①

**문 19_**상법상 주권불소지제도에 관한 설명으로 **틀린** 것은?

(2010년 공인회계사 변형)

① 주권불소지제도는 정관에 이를 금하는 규정이 없는 경우에 한하여 허용된다.

② 주주의 주권불소지 신고가 있는 때에는 회사는 지체 없이 주권을 발행하지 않는다는 뜻을 주주명부와 복본에 기재하고, 그 사실을 주주에게 통지하여야 한다.

③ 주권발행 후 명의개서를 하지 않은 주식의 양수인은 주권불소지신고를 할 수 있다.

주권불소지는 주주명부에 이를 기재하여야 하므로, 명의개서를 하지 않은 주식양수인은 주권불소지신고를 할 수 없다.

정답_③

④ 주주는 주주명부의 폐쇄기간 중에도 주권불소지신고를 할 수 있다.

⑤ 주권불소지신고를 한 경우에도 주주는 언제든지 회사에 대하여 주권의 발행 또는 반환을 청구할 수 있다.

**문 20**_상법상 주권의 불소지제도에 관한 설명으로 옳은 것은?

(2014년 공인회계사 변형)

① 주권의 불소지제도는 정관에 허용하는 규정이 있는 경우에 인정된다.

② 상장주식회사는 주주의 편의를 위하여 주권의 불소지제도를 채택하여야 한다.

③ 주권이 미발행된 상태에서 주주의 주권의 불소지신고가 있는 경우 회사는 불소지신고된 주식에 관해 주권을 발행할 수 없다.

④ 이미 발행된 주권이 있는 경우 주주의 주권의 불소지신고가 있다면 그 주권은 주권의 제출여부와 상관없이 불소지신고 시에 효력을 상실한다.

⑤ 주주가 주권의 불소지신고를 한 경우에는 회사에 대하여 그 주권의 발행을 청구할 수 없다.

① 주권의 불소지는 정관에 주권불소지제도를 배제하는 규정이 없는 경우에 인정된다(제358조의2 제1항).
② 상장주식회사는 주주의 편의를 위하여 주권의 불소지제도를 채택할 수 있다(제358조의2 제1항 참조).
④ 이미 발행된 주권이 있는 경우 주주의 주권의 불소지신고가 있다면 그 주권은 무효로 하거나 명의개서대리인에게 이를 임치하여야 한다(제358조의2 제3항). 임치한 경우에는 그 주권은 무효가 되지 않는다.
⑤ 주주가 주권의 불소지신고를 한 경우에는 회사에 대하여 언제든지 그 주권의 발행을 청구할 수 있다(제358조의2 제4항).

정답_③

**문 21**_주주명부에 관한 설명으로 옳지 **않은** 것은?

① 주주명부는 주식 및 주주에 관한 현황을 나타내기 위하여 작성·비치하는 장부이므로 상업장부에 속하지 않는다.

② 이사는 주주명부를 작성하여 본점에 비치하여야 하며, 명의개서대리인을 둔 때에는 대리인의 영업소에 주주명부 또는 복본을 비치하여야 한다.

③ 주주 및 회사채권자는 영업시간 내에는 언제든지 주주명부의 열람 또는 등사를 청구할 수 있고, 회사는 청구를 거절할 수 없다.

④ 주주명부에 주주로 기재된 자는 권리자로 추정된다.

⑤ 주식양수인은 주주명부에 명의개서를 하지 않으면 회사에 대하여 주주권을 행사할 수 없다.

주주 및 회사채권자는 영업시간 내에는 언제든지 주주명부의 열람 또는 등사를 청구할 수 있고, 회사는 청구가 부당한 목적을 위한 것인 때에는 이를 입증하고 청구를 거절할 수 있다.

정답_③

**문 22_주주명부에 관한 설명 중 틀린 것은?** (2006년 공인회계사)

① 판례에 따르면, 회사는 명의개서를 하지 않은 주식양수인을 주주로 인정하지 못한다.

② 주주명부폐쇄기간은 3월을 초과할 수 없으며, 폐쇄기간의 2주간 전에 이를 공고하여야 한다.

③ 주주명부에 등록질권자로 기재된 자는 적법한 질권자로 추정되어 질권을 행사할 수 있다.

④ 실무상으로는 결산기 이후 정기주주총회에 출석할 주주와 이익배당을 받을 주주를 확정하기 위하여 주주명부의 폐쇄제도와 기준일제도가 병용되고 있다.

⑤ 주주명부폐쇄기간 중에도 주주의 주소변경은 가능하다.

**문 23_비상장회사 甲이 정관이 정하는 바에 따라 결산기 말일의 다음 날부터 정기주주총회 종료일까지 주주명부를 폐쇄한 경우에 관한 설명으로 틀린 것은?** (2012년 공인회계사 변형)

① 甲회사의 주주가 주주명부 폐쇄기간 중에 전환권을 행사하여 전환주식을 보통주로 전환한 경우 정기총회에서는 전환된 보통주의 주주로서 의결권을 행사할 수 있다.

② 甲회사는 주주명부 폐쇄기간 중에 질권설정자의 주식에 대한 질권등록 청구가 있더라도 질권등록을 할 수 없다.

③ 甲회사의 주주는 주주명부 폐쇄기간 중에도 주권불소지 신고를 할 수 있다.

④ 甲회사는 주주명부 폐쇄기간이 개시되기 2주간 전에 폐쇄기간을 공고할 필요가 없다.

⑤ 주소가 변경된 주주가 주주명부 폐쇄기간 중에 그 주소의 변경기재를 청구하면 甲회사는 이를 변경할 수 있다.

**문 24_** 상법상 주주명부에 관한 설명으로 틀린 것은?

(2019년 공인회계사)

① 회사는 정관으로 정하는 바에 따라 전자주주명부를 작성할 수 있으며 전자주주명부에는 전자우편주소를 적어야 한다.

② 회사는 배당을 받을 자를 정하기 위하여 3개월 이내의 일정한 기간을 정하여 주주명부의 기재변경을 정지할 수 있다.

③ 회사가 정관으로 주주명부의 폐쇄기간을 정한 때에는 그 기간의 2주간 전에 이를 공고하여야 한다.

④ 판례에 의하면 주주가 주주명부의 열람·등사청구를 한 경우 회사는 그 청구에 정당한 목적이 없다는 점을 증명하여 이를 거절할 수 있다.

⑤ 주주 또는 질권자에 대한 회사의 통지 또는 최고는 주주명부에 기재한 주소 또는 그 자로부터 회사에 통지한 주소로 하면 된다.

① 회사는 정관으로 정하는 바에 따라 전자주주명부를 작성할 수 있으며 전자주주명부에는 전자우편주소를 적어야 한다(상법 제352조의2 제2항).

② 회사는 배당을 받을 자를 정하기 위하여 3개월 이내의 일정한 기간을 정하여 주주명부의 기재변경을 정지할 수 있다(상법 제354조 제1항).

③ 회사가 정관으로 주주명부의 폐쇄기간을 정한 때에는 그 기간의 2주가 전에 이를 공고하지 아니하여도 된다(상법 제354조 제4항 참조).

④ 주주 또는 회사채권자가 상법 제396조 제2항에 의하여 주주명부 등의 열람·등사청구를 한 경우 회사는 그 청구에 정당한 목적이 없는 등의 특별한 사정이 없는 한 이를 거절할 수 없고, 이 경우 정당한 목적이 없다는 점에 관한 증명책임은 회사가 부담한다. 이러한 법리는 상법 제396조 제2항을 유추적용하여 실질주주명부의 열람·등사청구권을 인정하는 경우에도 동일하게 적용된다(대법원 2017. 11. 9. 선고 2015다235841 판결).

⑤ 주주 또는 질권자에 대한 회사의 통지 또는 최고는 주주명부에 기재한 주소 또는 그 자로부터 회사에 통지한 주소로 하면 된다(상법 제353조 제1항).

정답_③

**문 25_** 상법상 주주명부의 효력에 관한 설명으로 옳은 것은?

(2010년 공인회계사)

① 주식의 주식양도계약이 해제된 경우 양도인은 주주명부상 주주명의를 자신의 명의로 복구하지 않아도 회사에 대하여 주주로서 대항할 수 있다.

② 주주명부상 명의주주라도 회사에 대하여 주권을 제시하여야 적법한 주주로서의 권리를 행사할 수 있다.

③ 주권의 점유로 인하여 적법한 소지인으로 추정되는 자는 명의개서 없이 회사에 대하여 주주권을 행사할 수 있다.

④ 회사는 주주명부에 기재된 명의주주에 대하여 실질적 권리가 없음을 입증함으로써 주주로서의 권리행사를 거절할 수 있다.

⑤ 주주명부의 폐쇄기간이 3월을 초과하는 경우 그 폐쇄기간은 거래안전을 위하여 언제나 전부 무효이다.

① 주식양도계약이 해제된 경우 주주명부상의 주주명의를 자신의 명의로 복구하여야 회사에 대하여 주주로서 대항할 수 있다는 것이 판례의 입장이다.

② 주주명부상의 주주는 권리추정력이 있으므로, 주권제시없이 권리행사를 할 수 있다.

③ 주주는 명의개서가 있어야 회사에 대항할 수 있다. 즉, 권리행사를 할 수 있다.

⑤ 주주명부의 폐쇄기간이 3월을 초과하는 경우 그 초과기간만 무효가 될 뿐이다.

정답_없음

**문 26**_상법상 주주 또는 주권에 관한 설명으로 옳은 것은?

(2011년 공인회계사 변형)

① 주식을 양도할 경우 주권을 교부하여야 하며 이 경우 현실의 인도방법에 의한 교부만이 가능하다.

② 주주에 대한 회사의 통지 또는 최고는 주주명부에 기재한 주소 또는 그 자로부터 회사에 통지된 주소로 하면 된다.

③ 판례에 의하면 주식회사가 주주가 아닌 제3자에게 주주권을 표창하는 문서를 작성하여 교부한 경우 그 문서는 주권으로서의 효력을 갖는다.

④ 주권의 점유자는 해당 주권의 적법한 소지인으로 추정되므로 명의개서를 하지 않더라도 회사에 대항할 수 있다.

⑤ 판례에 의하면 타인의 명의로 주식을 인수하여 대금을 납입한 경우 회사에 대하여 명의대여자가 주주가 된다.

**해 설 및 정 답**

① 주식을 양도할 경우 주권을 교부하여야 하며 이 경우 현실의 인도방법에 의한 교부 또는 간이인도나 목적물반환청구권의 양도 등의 간접점유의 이전도 가능하다(대법원 2010.2.25.선고 2008다96963. 96970 판결).

③ 판례에 의하면 주식회사가 주주가 아닌 제3자에게 주주권을 표창하는 문서를 작성하여 교부한 경우 그 문서는 주권으로서의 효력이 없다(대법원 1977. 4.12.선고 76다2766 판결).

④ 주권의 점유자는 해당 주권의 적법한 소지인으로 추정되지만, 명의개서를 하지 않으면 회사에 대항할 수 없다.

정답_②

## 주식의 양도와 담보 등

**문 27**_상법상 주식의 양도에 관한 설명 중 옳은 것은?

(2008년 공인회계사)

① 정관의 규정에 의하여 예외적으로 주식의 양도를 제한하거나 금지할 수 있다.

② 판례에 의하면, 회사가 권리주의 양도를 승인하는 경우에 그 양도는 회사에 대하여 효력이 있다.

③ 주식의 양도에 관하여 이사회의 승인을 요하는 경우에 이사회의 승인 없이 한 주식의 양도는 당사자간에 그 효력이 없다.

④ 신주납입기일 후 6월이 경과하였음에도 주권이 발행되지 않은 경우, 그 주식의 양도는 회사에 대하여 효력이 있다.

⑤ 판례에 의하면, 주식의 양도인이 무권리자인 경우에 한하여 주권의 선의취득이 가능하다.

① 정관의 규정에 의하여 예외적으로 주식의 양도를 제한할 수 있으나 금지할 수 없다.

② 판례에 의하면, 회사가 권리주의 양도를 승인하는 경우에도 그 양도는 회사에 대하여 효력이 없다.

③ 주식의 양도에 관하여 이사회의 승인을 요하는 경우에 이사회의 승인 없이 한 주식의 양도는 회사에 대하여 효력이 없으나, 당사자간에는 그 효력이 있다.

④ 제335조 제3항

⑤ 판례에 의하면, 주식의 양도인이 무권리자인 경우나 무처분권자 또는 무권대리인인 경우에 주권의 선의취득이 가능하다.

정답_④

**문 28**_주식의 양도에 관한 설명 중 옳지 <u>않은</u> 것은?

① 사원의 지위는 원칙적으로 불가분의 관계에 있으므로 자익권과 공익권을 분리하여 양도할 수 없다.

② 회사성립 후 6월이 경과하면 주권발행 전의 주식양도라도 회사에 대하여 효력이 있다.

③ 주식의 인수로 인한 권리의 양도는 회사에 대하여 효력이 없다.

④ 주식의 양수인이 선의취득을 하려면 취득자에게 악의 또는 중과실이 없어야 한다.

⑤ 주식의 양도는 법률이나 정관에 의해 제한 또는 금지할 수 있다.

정관에 의한 주식양도의 제한은 가능하나, 금지할 수는 없다.

정답_⑤

**문 29**_상법상 주식의 양도에 관한 설명으로 <u>틀린</u> 것은?

(2010년 공인회계사)

① 주권발행 후에는 양도의 합의와 주권의 교부만으로 주식을 양도할 수 있다.

② 판례에 의하면, 주식의 양도계약이 해제된 경우에는 주권의 반환이 없더라도 주식양수인은 주주의 지위를 상실한다.

③ 주권의 교부는 현실의 인도뿐만 아니라 간이인도, 점유개정, 목적물반환청구권의 양도로도 가능하다.

④ 판례에 의하면, 주식의 인수로 인한 권리의 양도를 회사가 승인한 경우에 그 양도는 회사에 대하여 효력이 없다.

⑤ 판례에 의하면, 회사 성립 후 6월이 경과한 경우 주권발행 전의 주식은 당사자의 의사표시만으로 양도할 수 없다.

판례에 의하면, 회사 성립 후 6월이 경과한 경우 주권발행 전의 주식은 지명채권양도의 방법에 의한 당사자의 의사표시만으로도 양도할 수 있다.

정답_⑤

**문 30**_상법상 다음 사례에 관한 설명으로 옳은 것은?(이견이 있으면 판례에 의함)

(2013년 공인회계사)

> 甲주식회사는 2011년 3월 초에 설립등기를 하였는데 주권은 발행하지 않고 있다. 甲회사 설립당시부터 계속 주식을 보유하고 있던 주주 A는 2011년 12월 20일 자신의 주식을 B에게 양도하였으나, 명의개서는 하지 않았다. 甲회사는 매년 12월 말일이 결산일인데 2012년 3월 중순 주주총회결의로 이익배당을 하기로 결의하였다(이익배당의 기준일은 정기주주총회일로 함). 이 후 2012년 12월 중순 경에 A는 명의개서미필을 기회로 C에게 주식을 이중양도하였다.

① 판례에 따르면 B는 단독으로 甲회사에 대하여 명의개서를 청구할 수 있다(대판 1995.5.23, 94다36421).

② 甲회사가 A에게 이익배당금을 지급한 경우에는 회사의 면책력이 인정되므로, B에게 다시 이익배당금을 지급할 책임이 없다.

③ 판례에 따르면 A는 甲회사에 확정일자 있는 주식양도통지를 하여 B로 하여금 제3자에 대한 대항요건을 갖출 수 있도록 해 줄 의무는 있다(대판 2006. 9.14, 2005다45537).

④ 대판 1995.3.24., 94다47728

⑤ 판례에 따르면 A가 주식을 B와 C에게 이중양도한 경우 B와 C 상호간의 주주로서의 지위취득의 선후는 회사에 먼저 통지하거나 승낙을 받아 명의개서를 하였느냐에 따른다(대판 2010.4.29., 2009다88631).

정답_④

① 판례에 따르면 B는 A의 협력을 받아 공동으로 甲회사에 대하여 명의개서를 청구하여야 한다.

② 甲회사가 A에게 이익배당금을 지급한 경우에도 반드시 B에게 다시 이익배당금을 지급하여야 한다.

③ 판례에 따르면 A는 甲회사에 확정일자 있는 주식양도통지를 하여 B로 하여금 제3자에 대한 대항요건을 갖출 수 있도록 해 줄 의무는 없다.

④ 판례에 따르면 B가 주식을 취득한 사실을 증명한 경우라면 명의개서 청구에 소정 서류의 제출을 요한다고 하는 정관의 규정이 있다 하더라도 甲회사는 소정의 서류가 갖추어지지 않았다는 이유로 명의개서를 거부할 수 없다.

⑤ 판례에 따르면 A가 주식을 B와 C에게 이중양도한 경우 B와 C 상호간의 주주로서의 지위취득의 선후는 주식매매계약의 체결순서에 따른다.

**문31_** 상법상 정관에 의한 주식양도의 제한에 관한 설명 중 틀린 것은?

(2009년 공인회계사)

① 이사회의 승인을 얻지 않고 주식을 양도하더라도 양도인과 양수인 간에서는 유효하다.

② 주주는 회사에 대하여 양도의 상대방 및 양도하고자 하는 주식의 종류와 수를 기재한 서면으로 양도의 승인을 청구할 수 있다.

③ 주주의 지정청구에 따라 회사가 양도상대방을 지정한 경우 양도상대방으로 지정된 매수인은 그 주식을 매수할 의무가 있다.

④ 회사로부터 양도승인거부의 통지를 받은 주주는 통지를 받은 날로부터 20일 내에 회사에 대하여 그 주식의 매수를 청구할 수 있다.

⑤ 회사가 주주의 양도승인청구에 대해 1월 이내에 서면으로 승인거부의 통지를 하지 아니하면 주식양도에 관한 이사회의 승인이 있는 것으로 본다.

주주의 지정청구에 따라 회사가 양도상대방을 지정한 경우 양도상대방으로 지정된 매수인은 그 주식의 매수(도)청구를 할 권리는 있으나, 의무가 있는 것은 아니다. 지정된 매수인이 매수(도)청구를 하지 아니하면 이사회의 승인이 있는 것으로 본다(제335조의4 제2항).

정답_③

**문 32_**상법상 다음의 ( )에 들어갈 내용으로 바르게 묶은 것은?

(2015년 공인회계사)

> 주식의 양도에 관하여 정관에 따라 이사회 승인을 얻어야 하는 경우 주식을 양도하고자 하는 주주는 회사에 대하여 양도 상대방 및 양도하고자 하는 주식의 종류와 수를 기재한 서면으로 양도승인을 청구할 수 있다. 회사는 이 청구가 있는 날부터 ( ㄱ ) 내에 주주에게 그 승인여부를 서면으로 통지하여야 하며, 양도승인거부의 통지를 한 경우 주주는 통지를 받은 날부터 ( ㄴ ) 내에 회사에 대하여 양도 상대방의 지정 또는 그 주식의 매수를 청구할 수 있다. 이 경우 이사회가 양도 상대방을 지정하면, 그 청구가 있은 날부터 ( ㄷ ) 내에 주주 및 지정된 상대방에게 서면으로 이를 통지하여야 한다.
> 상대방으로 지정된 자는 지정통지를 받은 날부터 ( ㄹ ) 내에 지정청구를 한 주주에 대하여 서면으로 그 주식을 자기에게 매도할 것을 청구할 수 있다.

① ㄱ - 1월  ㄴ - 20일  ㄷ - 2주간  ㄹ - 10일
② ㄱ - 2주간  ㄴ - 10일  ㄷ - 1주간  ㄹ - 20일
③ ㄱ - 1월  ㄴ - 30일  ㄷ - 2주간  ㄹ - 10일
④ ㄱ - 2주간  ㄴ - 10일  ㄷ - 1주간  ㄹ - 30일
⑤ ㄱ - 1월  ㄴ - 20일  ㄷ - 2주간  ㄹ - 20일

제335조의2 제2항 및 제4항, 제335조의3 제1항, 제335조의4 제1항

정답_①

**문 33_**상법상 회사성립 후 6월이 경과한 이후의 주권발행 전 주식양도에 관한 설명으로 틀린 것은? (이견이 있으면 판례에 의함)

(2021년 공인회계사)

① 주권발행 전 주식의 양도는 지명채권의 양도에 관한 일반원칙에 따라 당사자의 의사표시만으로 효력이 발생한다.

② 주권발행 전 주식을 양수한 자는 특별한 사정이 없는 한 양도인의 협력을 받아 양도인과 공동으로 회사에 대하여 그 명의개서를 청구하여야 한다.

③ 회사 이외의 제3자에 대하여 주식의 양도 사실을 대항하기 위하여는 지명채권의 양도에 준하여 확정일자 있는 증서에 의한 양도통지 또는 승낙을 갖추어야 한다.

④ 주권발행 전 주식의 이중양도가 문제되는 경우, 이중양수인 상호간의 우열은 지명채권 이중양도의 경우에 준하여 확정일자 있는 양도통지가 회사에 도달한 일시 또는 확정일자 있는 승낙의 일시의 선후에 의하여 결정하는 것이 원칙이다.

① 주권발행 전 주식의 양도는 지명채권의 양도에 관한 일반원칙에 따라 당사자의 의사표시만으로 효력이 발생한다(대법원2012.2.9. 선고 2011다62076판결).
② 주권발행 전 주식을 양수한 자는 특별한 사정이 없는 한 양도인의 협력없이 단독으로 회사에 대하여 그 명의개서를 청구할 수 있다(판례).
③ 회사 이외의 제3자에 대하여 주식의 양도 사실을 대항하기 위하여는 지명채권의 양도에 준하여 확정일자 있는 증서에 의한 양도통지 또는 승낙을 갖추어야 한다(판례).
④ 주권발행 전 주식의 이중양도가 문제되는 경우, 이중양수인 상호간의 우열은 지명채권 이중양도의 경우에 준하여 확정일자있는 양도통지가 회사에 도달한 일시 또는 확정일자있는 승낙의 일시의 선후에 의하여 결정하는 것이 원칙이다(판례).
⑤ 만약 주권발행 전에 한 주식양도는 회사성립 후 6월이 경과하기 전에 이루어졌다고 하더라도 그 회사성립 후 6월이 경과하고 그 때까지 회사가 주권을 발행하지 않았다면, 그 하자는 치유되어 회사에 대하여도 유효한 주식양도가 된다(판례).

정답_②

⑤ 만약 주권발행 전에 한 주식양도가 회사성립 후 6월이 경과하기 전에 이루어졌다고 하더라도 그 회사성립 후 6월이 경과하고 그 때까지 회사가 주권을 발행하지 않았다면, 그 하자는 치유되어 회사에 대하여도 유효한 주식양도가 된다.

**문 34**_2017년 1월 5일에 설립등기를 마친 비상장주식회사인 甲회사는 정관에 주식의 양도에 관하여 이사회의 승인을 받도록 하는 규정을 두었다. 甲회사 주주 A는 2017년 7월 15일 자신이 보유한 주식을 B에게 양도하였다. 상법상 이에 관한 설명으로 옳은 것은?
(2018년 공인회계사)

① 주식의 양도에 있어서는 주권을 교부하여야 하며 주권의 점유자는 적법한 소지인으로 간주한다.
② 판례에 의하면 A가 주식양도에 관하여 이사회의 승인을 받지 않은 경우 그 주식양도는 당사자인 A와 B 사이에 효력이 없다.
③ 甲회사가 주식양도시까지 주권을 발행하지 않은 경우에는 A가 이사회의 승인을 받았다고 하더라도 A와 B 사이의 주식양도는 甲회사에 대하여 그 효력이 없다.
④ A가 甲회사에 대하여 주식양도의 승인을 청구하였으나 甲회사가 20일 내에 이를 거절한 때에는 A는 그 거절의 통지를 받은 날로부터 1월 이내에 甲회사에 대하여 주식양도의 상대방의 지정을 청구할 수 있다.
⑤ A가 甲회사에 대하여 주식양도의 상대방의 지정을 청구한 경우 이사회는 그 청구가 있은 날로부터 2주간 내에 이를 지정하고 A와 지정된 상대방에게 서면으로 이를 통지하여야 한다.

**문 35**_甲주식회사는 2018년 5월 10일 설립되었는데 2019년 2월 24일 현재까지 주권을 발행하지 않고 있는 상태에서 甲회사의 주주가 그 주식을 양도하고자 한다. 상법상 이에 관한 설명으로 틀린 것은? (이견이 있으면 판례에 의함)
(2019년 공인회계사)

① 甲회사의 주주가 주식을 양도하는 경우 회사에 대해서도 효력이 있고 그 양도는 지명채권의 양도에 관한 일반원칙에 따라 당사자의 의사표시만으로 효력이 발생한다.
② 甲회사의 주식을 양수하는 자는 특별한 사정이 없는 한 양도인의 협력을 받을 필요없이 단독으로 자신이 주식을 양수한 사실을 증명함으로써 회사에 대하여 명의개서를 청구할 수 있다.

① 주식의 양도에 있어서는 주권을 교부하여야 하며 주권의 점유자는 적법한 소지인으로 추정한다(상법 제336조 제2항).
② 판례에 의하면 A가 주식양도에 관하여 이사회의 승인을 받지 않은 경우, 그 주식양도는 회사에 대하여는 효력이 없으나 당사자인 A와 B 사이에는 효력이 있다.
③ 甲회사가 주식양도시까지 주권을 발행하지 않은 경우에는 A가 이사회의 승인을 받았다면 A와 B 사이의 주식양도는 甲회사에 대하여 그 효력이 있다.
④ A가 甲회사에 대하여 주식양도의 승인을 청구하였으나 甲회사가 20일 내에 이를 거절한 때에는 A는 그 거절의 통지를 받은 날로부터 20일 이내에 甲회사에 대하여 주식양도의 상대방의 지정을 청구할 수 있다(상법 제335조의2 제2항).
⑤ 상법 제335조의3
정답_⑤

①② 상법 제335조 제2항 소정의 주권발행 전에 한 주식의 양도는 회사성립후 또는 신주의 납입기일 후 6월이 경과한 때에는 회사에 대하여 효력이 있는 것으로서, 이 경우 주식의 양도는 지명채권의 양도에 관한 일반원칙에 따라 당사자의 의사표시만으로 효력이 발생하는 것이고, 상법 제337조 제1항에 규정된 주주명부상의 명의개서는 주식의 양수인이 회사에 대한 관계에서 주주의 권리를 행사하기 위한 대항요건에 지나지 아니하므로, 주권발행 전 주식을 양수한 사람은 특별한 사정이 없는 한 양도인의 협력을 받을 필요 없이 단독으로 자신이 주식을 양수한 사실을 증명함으로써 회사에 대하여 그 명의개서를 청구할 수 있다(대법원 1995. 5. 23. 선고 94다36421 판결).
③ 주권발행 전 주식의 이중양도가 문제 되는 경우에, 그 이중양수인 상호 간의 우열은 지명채권 이중양도의 경우에 준하여 확정일자 있는

③ 甲회사 주식의 이중양도가 문제되는 경우 그 이중양수인 상호간의 우열은 확정일자 있는 양도통지가 회사에 도달한 일시 또는 확정일자 있는 승낙의 일시의 선후에 의하여 결정한다.

④ 甲회사의 주식에 대한 양도통지가 확정일자 없는 증서에 의하여 이루어졌더라도 나중에 그 증서에 확정일자를 얻은 경우에는 원래의 양도통지일에 소급하여 제3자에 대한 대항력을 취득한다.

⑤ 甲회사의 주식을 양수한 자가 회사에 대하여 의결권을 행사하기 위해서는 주주명부에 주주로서 명의개서를 해야 한다.

양도통지가 회사에 도달한 일시 또는 확정일자 있는 승낙의 일시의 선후에 의하여 결정하는 것이 원칙이다(대법원 2016. 3. 24. 선고 2015다71795 판결).
④ 주식의 양도통지가 확정일자 없는 증서에 의하여 이루어짐으로써 제3자에 대한 대항력을 갖추지 못하였더라도 확정일자 없는 증서에 의한 양도통지나 승낙 후에 그 증서에 확정일자를 얻은 경우에는 그 일자 이후에는 제3자에 대한 대항력을 취득하는 것이나(대법원 2006. 9. 14. 선고 2005다45507 판결 참고), 그 대항력 취득의 효력이 당초 주식 양도통지일로 소급하여 발생하는 것은 아니라 할 것이다(대법원 2010. 4. 29. 선고 2009다88631 판결).
⑤ 甲회사의 주식을 양수한 자가 회사에 대하여 의결권을 행사하기 위해서는 주주명부에 주주로서 명의개서를 해야 한다(상법 제337조 제1항;위12번 대법원 2017. 3. 23. 선고 2015다248342 전원합의체 판결 참조).
정답_④

**문 36_상법상 주권이 발행된 경우의 주식양도에 관한 설명으로 틀린 것은? (이견이 있으면 판례에 의함)** (2021년 공인회계사)

① 주식의 양도에 있어서는 주권을 교부하여야 한다.

② 주권의 점유자는 이를 적법한 소지인으로 추정한다.

③ 주식의 이전은 취득자의 성명과 주소를 주주명부에 기재하지 아니하면 회사에 대항하지 못하는 것이 원칙이다.

④ 회사는 정관이 정하는 바에 의하여 명의개서대리인을 둘 수 있다.

⑤ 주식을 양수하려는 자가 타인의 명의를 빌려 회사의 주식을 양수하고 타인의 명의로 주주명부에의 기재까지 마치는 경우, 회사에 대한 관계에서는 주주명부상 주주가 아니라 그 타인의 명의를 차용한 자만이 주주로서 의결권 등 주주권을 적법하게 행사할 수 있다.

① 주식의 양도에 있어서 주권을 교부하여야 한다(상법 제336조 제1항).
② 주권의 점유자는 이를 적법한 소지인으로 추정한다(상법 제336조 제2항).
③ 주식의 이전은 취득자의 성명과 주소를 주주명부에 기재하지 아니하면 회사에 대항하지 못하는 것이 원칙이다(상법 제337조 제1항).
④ 회사는 정관이 정하는 바에 의하여 명의개서대리인을 둘 수 있다(상법 제337조 제2항).
⑤ 주식을 양수하려는 자가 타인의 명의를 빌려 회사의 주식을 양수하고 타인의 명의로 주주명부에의 기재까지 마치는 경우, 회사에 대한 관계에서는 주주명부상의 주주만이 주주권을 행사할 수 있고, 그 타인의 명의를 차용한 자는 의결권 등 주주권을 행사할 수 없다(대법원2017.3.23.선고 2015다24834 전원합의체 판결).
정답_⑤

**문 37_상법상 자기주식에 관한 설명으로 틀린 것은?**
(2013년 공인회계사)

① 주식회사는 배당가능이익이 없더라도 단주를 처리하기 위한 경우 또는 주주가 주식매수청구권을 행사한 경우 자기주식을 취득할 수 있다.

② 주주총회에서 배당가능이익으로 자기주식취득을 결의하고 상법 소정의 사항을 결정하면 이사회는 이에 구속되고 그 결정대로 반드시 자기주식을 취득하여야 한다.

③ 상법의 해석상 주식회사는 무상으로 자기주식을 취득할 수 있으며 위탁매매업자가 위탁자의 계산으로 자기주식을 매수하는 것도 허용된다.

주주총회에서 배당가능이익으로 자기주식취득을 결의하고 상법 소정의 사항을 결정하면 (대표)이사는 그 결정대로 취득할 수 있다(제341조 제2항, 제4항). 이사회가 주식을 취득하여야 하는 것은 아니다.
정답_②

④ 주식회사는 회사의 합병 또는 다른 회사의 영업전부의 양수로 인한 경우 발행주식총수의 20분의 1을 초과하여 자기주식을 질권의 목적으로 받을 수 있다.

⑤ 회사가 상법 제462조 제1항에 따른 배당가능이익으로 자기주식을 취득하려는 경우 미리 주주총회 또는 이사회의 결의로써 상법 제341조 제2항 소정의 사항을 결정하는데 이 경우 자기주식을 취득할 수 있는 기간은 1년을 초과하지 못한다.

**문 38_**다음 중 상법상 주식회사가 배당가능이익의 한도와 관계없이 자기의 계산으로 자기주식을 취득할 수 있는 경우가 <u>아닌</u> 것은?

(2007년 공인회계사)

① 주식을 무상으로 취득하는 경우
② 위탁매매업자가 위탁자의 계산으로 자기주식을 매수하는 경우
③ 회사가 채권을 실행하려 하였으나 채무자에게 자사발행주식 이외의 다른 재산이 없어 이를 대물변제로 받은 경우
④ 회사의 경영권 방어를 위하여 필요한 경우
⑤ 주주가 주식양도 승인 거부의 통지를 받아 주식매수청구권을 행사한 경우

회사의 경영권 방어를 위하여 필요한 경우 자기주식을 취득한다는 것은 인정되지 않는다.
정답_④

**문 39_**비상장회사인 甲주식회사는 직전 결산기의 배당가능이익을 재원으로 하여 주주들로부터 일정기간 신청을 받아 자기주식을 취득하려 한다. 이에 관한 상법상 설명으로 옳은 것은?

(2016년 공인회계사)

① 甲회사는 甲회사의 명의와 계산으로 자기주식을 취득할 수 있다.
② 상법은 甲회사가 취득할 수 있는 자기주식의 종류와 수 등을 결정할 수 있는 기관을 주주총회로 한정하고 있다.
③ 甲회사가 자기주식을 취득한 영업연도의 결산기에 결손이 발생한 경우 이사가 과실로 결손을 예견하지 못했음을 甲회사가 증명해야 이사에게 배상책임을 물을 수 있다.
④ 甲회사는 취득한 자기주식을 상당한 기간 내에 처분해야 할 의무를 부담한다.
⑤ 甲회사가 자기주식을 처분하는 경우 상법은 명문의 규정으로 주주들에게 자신의 주식 소유비율에 따라 우선적으로 자기주식을 양수할 수 있는 권리를 인정한다.

② 상법은 甲회사가 취득할 수 있는 자기주식의 종류와 수 등을 결정할 수 있는 기관을 주주총회를 원칙으로 하고 있다(제341조 제2항).
③ 甲회사가 자기주식을 취득한 영업연도의 결산기에 결손이 발생한 경우 이사가 과실로 결손을 예견하지 못했음을 이사가 증명해야 배상책임을 면할 수 있다(제341조 제4항 단서).
④ 甲회사는 취득한 자기주식은 이사회의 결의로 처분을 결정할 수 있다(제342조).
⑤ 甲회사가 자기주식을 처분하는 경우 주주들에게 자신의 주식 소유비율에 따라 우선적으로 자기주식을 양수할 수 있는 권리를 인정하는 명문규정은 없다.

정답_①

**문 40_**상법상 자기주식에 관한 설명으로 옳지 <u>않은</u> 것은?

① 회사는 제341조 제1항에서 정하는 방법에 따라 자기의 명의
와 계산으로 직전 결산기의 배당가능이익의 한도 내에서 자
기주식을 취득할 수 있다.

② 상법 제341조 제1항에 따라 자기주식을 취득하려는 회사는
1년을 초과하지 않는 범위에서 자기주식의 취득기간을 정하
여야 한다.

③ 자기주식을 취득하는 경우에는 취득할 수 있는 주식의 종류
와 수, 취득가액의 총액의 한도, 1년을 초과하지 아니하는
범위에서 자기주식을 취득할 수 있는 기간은 주주총회의 결
의로 결정하여야 하고, 이사회의 결의로 결정할 수는 없다.

④ 해당 영업연도의 결산기에 대차대조표상의 순자산액이 상법에
의한 배당가능이익에 미치지 못함에도 불구하고 회사가 제
341조 제1항에 따라 자기주식을 취득한 경우에는 이사는
주의의무를 다하였음을 증명하지 못하는 한 회사에 대하여
연대하여 그 미치지 못한 금액을 배상할 책임이 있다.

⑤ 회사는 발행주식총수의 20분의 1을 초과하여 자기의 주식을
질권의 목적으로 받지 못한다. 다만, 합병이나 영업 전부의
양수 및 권리실행의 목적을 달성하기 위하여 필요한 경우에
는 그 한도를 초과하여 질권의 목적으로 할 수 있다.

# 08 진도별 모의고사

## ▶ 주식의 양도와 담보 등

**문 1_**자회사에 의한 모회사의 주식취득에 관한 설명으로 옳지 <u>않</u>은 것은?

① 자회사가 취득한 모회사의 주식은 취득 후 6월 내에 처분하여야 한다.

② 모회사는 원칙적으로 자회사의 주식을 취득할 수 있다.

③ 자회사가 취득한 모회사의 주식은 의결권이 없다.

④ 어떤 회사와 그의 자회사가 합하여 다른 회사의 발행주식총수의 100분의 50을 초과하여 취득하는 경우 다른 회사는 자회사의 주식을 취득할 수 없다.

⑤ 어떤 회사의 자회사가 다른 회사의 발행주식총수의 100분의 50을 초과하여 취득하는 경우 그 다른 회사는 어떤 회사의 주식을 취득할 수 없다.

어떤 회사와 그의 자회사가 합하여 다른 회사의 발행주식총수의 100분의 50을 초과하여 취득하는 경우 다른 회사는 어떤 회사의 자회사의 주식을 취득할 수 있다. 즉 다른 회사와 어떤 회사의 자회사 간에는 모자관계가 없으므로 자회사에 의한 모회사의 주식취득금지가 인정되지 않는다.

정답_④

**문 2_**甲주식회사는 乙주식회사의 발행주식총수의 60%를 소유하고 있으며, 아울러 丙주식회사의 발행주식총수의 10%를 소유하고 있다. 한편 丙회사는 甲회사의 주식 7%를 소유하고 있다. 이러한 주식 소유관계에 관한 상법상 설명으로 틀린 것은?(각 지문은 독립된 것임)　　　　　　　　　　(2016년 공인회계사)

① 甲, 乙, 丙회사가 더 이상 주식을 취득하지 않는다면 丙회사가 가진 甲회사 주식 7%는 의결권이 있다.

② 乙회사가 丙회사 주식을 1% 추가로 취득하면 丙회사가 가진 甲회사 주식 7%는 의결권이 없다.

③ 丙회사가 甲회사의 주식을 5% 추가로 취득하면 甲회사가 가진 丙회사의 주식 10%는 의결권이 없다.

④ 甲회사가 丙회사의 주식을 1% 추가로 취득하면 丙회사가 가진 甲회사 주식 7%는 의결권이 없다.

丙회사가 乙회사의 주식을 11% 추가로 취득하더라도 甲회사가 가진 丙회사의 주식 10%는 의결권이 있다(제369조 제3항 참조).

정답_⑤

⑤ 丙회사가 乙회사의 주식을 11% 추가로 취득하면 甲회사가 가진 丙회사의 주식 10%는 의결권이 없다.

**문 3_**甲, 乙, 丙, 丁회사는 비상장주식회사로서 甲회사는 乙회사 발행주식총수의 63%, 丙회사 발행주식총수의 12%를 취득하였다. 乙회사는 丙회사 발행주식총수의 41%를 취득하였고, 丙회사는 丁회사 발행주식총수의 15%를 취득하였다. 丁회사는 甲회사 발행주식총수의 8%를 취득하였다. 상법상 甲, 乙, 丙, 丁회사의 법률관계에 관한 다음의 설명 중 옳은 것은? (2015년 공인회계사)

① 乙회사는 어떠한 경우에도 甲회사의 주식을 취득할 수 없다.

② 丙회사가 甲회사 및 乙회사의 주식을 취득하는 것은 금지된다.

③ 丁회사가 乙회사 및 丙회사의 주식을 취득하는 것은 금지된다.

④ 丙회사는 丁회사에게 주식취득사실을 통지할 필요가 없다.

⑤ 丁회사는 자신이 보유하고 있는 甲회사의 주식에 대하여 의결권을 행사할 수 없다.

① 乙회사는 합병이나 영업의 전부양수 등 예외적인 경우 甲회사의 주식을 취득할 수 있다(제342조의2 제1항).

② 丙회사가 甲회사의 주식은 취득이 금지되지만, 乙회사의 주식을 취득하는 것은 인정된다. 다만 丙회사가 취득한 乙회사의 주식은 의결권이 없다(제369조 제3항).

③ 丁회사가 乙회사 및 丙회사의 주식을 취득하는 것은 금지되지 않는다. 다만 의결권이 인정되지 않는다(제369조 제3항).

④ 丙회사는 丁회사에게 주식취득사실을 지체 없이 통지하여야 한다(제342조의3).

정답_⑤

**문 4_**A, B, C는 비상장주식회사인 甲주식회사의 주주이다. 이 경우에 관한 설명으로 상법상 옳은 것은? (이견이 있으면 판례에 의함) (2014년 공인회계사)

① A가 회사의 설립등기 후 3개월 되는 시점에 주권발행이 없는 상태에서 D에게 주식을 양도하였고 甲회사가 D에게 명의개서를 해주었다면 그 명의개서는 유효하다.

② A와 B 사이에 자신들이 보유한 甲회사 주식 전체의 양도를 실질적으로 불가능하게 하는 계약이 체결되었다면 그 계약은 회사에 대하여 효력이 있다.

③ 甲회사는 A에게만 취득할 자기주식의 수량을 정하여 통지하고 배당가능이익을 재원으로 자기 명의로 A의 주식을 취득할 수 있다.

④ A가 甲회사의 발행주식총수의 96%를, B가 甲회사의 발행주식총수의 3%를, C가 甲회사의 발행주식총수의 1%를 보유하고 있다면 B는 A에게 자신이 보유하는 주식의 매수를 청구할 수 있다.

⑤ C가 신주의 인수로 인한 권리를 E에게 양도하였다면 E는 이 권리의 양수로써 甲회사에 대항할 수 있다.

① A가 회사의 설립등기 후 3개월 되는 시점에 주권발행이 없는 상태에서 D에게 주식을 양도하였더라도 그 효력이 없으므로, 甲회사가 D에게 명의개서를 해주었다면 그 명의개서는 효력이 없다(제335조 제3항 참조).

② A와 B 사이에 자신들이 보유한 甲회사 주식 전체의 양도를 실질적으로 불가능하게 하는 계약이 체결되었다면 그 계약은 회사에 대하여 효력이 없다(대판 2000.9. 26, 99다48429).

③ 甲회사는 A에게만 취득할 자기주식의 수량을 정하여 통지하고 배당가능이익을 재원으로 자기 명의로 A의 주식을 취득할 수 없다(제341조 제1항 2호).

⑤ C가 신주의 인수로 인한 권리를 E에게 양도하였다면 E는 이 권리의 양수로써 甲회사에 대항할 수 없다(제425조, 제319조).

정답_④

**문5_** 상법상 주식양도의 제한에 관한 설명으로 틀린 것은?

(2017년 공인회계사)

① 판례에 의하면 주식의 양도에 관하여 이사회의 승인을 받도록 규정한 정관에도 불구하고 이사회의 승인 없이 주식을 양도한 경우 주주 사이의 주식양도계약 자체가 효력이 없다.

② 회사가 권리를 실행함에 있어 그 목적을 달성하기 위하여 필요한 경우에는 자기주식의 취득가액 총액이 배당가능이익의 금액을 초과하더라도 자기주식을 취득할 수 있다.

③ 주권 발행 전 주식의 양도가 회사성립 후 또는 신주의 납입기일 후 6월이 경과한 후에 이루어진 경우에는 회사에 대하여 효력이 있다.

④ 자회사는 주식의 포괄적 교환으로 인하여 모회사의 주식을 취득한 경우 그 주식을 교환의 날로부터 6월 이내에 이를 처분하여야 한다.

⑤ 회사가 다른 회사의 발행주식총수의 10분의 1을 초과하여 주식을 취득한 때에는 그 다른 회사에 대하여 지체없이 이를 통지하여야 한다.

판례에 의하면 주식의 양도에 관하여 이사회의 승인을 받도록 규정한 정관에도 불구하고 이사회의 승인 없이 주식을 양도한 경우, 회사에 대하여는 효력이 없으나 주주 사이의 주식양도계약 자체는 효력이 있다(대판2008.7.10., 2007다14193).

정답_①

**문6_** 상법상 주주명부와 명의개서에 관한 설명으로 틀린 것은? (이견이 있으면 판례에 의함)

(2019년 공인회계사)

① 회사는 특별한 사정이 없는 한 주주명부에 기재를 마치지 아니한 자의 주주권 행사를 인정할 수 없다.

② 회사는 주주명부상 주주 외에 실제 주식을 인수한 자가 따로 존재하는 사실을 안 경우 주주명부상 주주의 주주권 행사를 부인할 수 있다.

③ 회사가 명의개서청구를 부당하게 지연하는 경우 주식양수인은 명의개서를 하지 않고도 회사에 대한 관계에서 주주권을 행사할 수 있다.

④ 주주명부상의 주주는 실질적 권리를 증명하지 않아도 주주권을 행사할 수 있지만 주주명부의 기재에 창설적 효력이 인정되는 것은 아니다.

⑤ 주식양도인은 특별한 사정이 없는 한 회사에 대하여 주식양수인 명의로 명의개서를 하여 달라고 청구할 권리가 없다.

주식양도의 경우에는 주식발행의 경우와는 달리 회사 스스로가 아니라 취득자의 청구에 따라 주주명부의 기재를 변경하는 것이기는 하나, 회사가 주식발행 시 작성하여 비치한 ④ 주주명부에의 기재가 회사에 대한 구속력이 있음을 전제로 하여 주주명부에의 명의개서에 대항력을 인정함으로써 주식양도에 있어서도 일관되게 회사에 대한 구속력을 인정하려는 것이므로, 상법 제337조 제1항에서 말하는 대항력은 그 문언에 불구하고 회사는 주주명부에의 기재에 구속되어, 주주명부에 기재된 자의 주주권 행사를 부인하거나 주주명부에 기재되지 아니한 자의 주주권 행사를 인정할 수 없다는 의미를 포함하는 것으로 해석함이 타당하다. 따라서 특별한 사정이 없는 한, 주주명부에 적법하게 주주로 기재되어 있는 자는 회사에 대한 관계에서 주식에 관한 의결권 등 주주권을 행사할 수 있고, ② 회사 역시 주주명부상 주주 외에 실제 주식을 인수하거나 양수하고자 하였던 자가 따로 존재한다는 사실을 알았든 몰랐든 간에 주주명부상 주주의 주주권 행사를 부인할 수 없으며, ① 주주명부에 기재를 마치지 아니한 자의 주주권 행사를 인정할 수도 없다. ③ 주주명부에 기재를 마치지 않고도 회사에 대한 관계에서 주주권을 행사할 수 있는 경우는 주주명부에의 기재 또는 명의개서청구가 부당하게 지연되거나 거절되었다는 등의 극히 예외적인 사정이 인정되는 경우에 한한다. (출처 : 대법원 2017. 3. 23. 선고 2015다248342 전원합의체 판결). ⑤ 주식 양도인은 다른 특별한 사정이 없는 한 회사에 대하여 주식 양수인 명의로 명의개서를 하여 달라고 청구할 권리가 없다(대법원 2010. 10. 14. 선고 2009다89665 판결).

정답_②

**문 7_** 상법상 주주총회에서 의결권을 행사할 수 있는 경우에 해당하는 것은? (이견이 있으면 판례에 의함) (2017년 공인회계사)

① 주권발행 전의 주식의 양도인이 회사에 대하여 양수인으로의 명의개서를 요구하였으나 아직 양수인 앞으로 명의개서가 이루어지지 않은 경우 그 주식양수인

② 주식양수인이 회사에 명의개서를 청구하였으나 회사의 대표이사가 정당한 사유 없이 명의개서를 거절하여 아직 명의개서가 이루어지지 않은 경우 그 주식양수인

③ 주식에 대하여 질권이 설정되고 질권자의 성명과 주소가 주주명부에 기재된 경우 그 질권자

④ 자회사가 다른 회사의 발행주식총수의 10분의 1을 초과하는 주식을 가지고 있는 경우 그 다른 회사가 가지고 있는 모회사의 주식

⑤ 주주총회가 재무제표를 승인한 후 2년 내에 이사의 책임을 추궁하는 결의를 할 때 당해 이사가 주주인 경우

주식양수인이 회사에 명의개서를 청구하였으나 회사의 대표이사가 정당한 사유 없이 명의개서를 거절하여 아직 명의개서가 이루어지지 않은 경우에도 그 주식양수인은 주주로서의 지위가 인정되므로(대판1993.7.13, 92다40952), 주주총회에서 의결권을 행사할 수 있다.
정답_②

**문 8_** 다음의 사례에 관한 설명으로 틀린 것은?

(2010년 공인회계사 변형)

> A는 甲주식회사의 주식을 B에게 양도하고 B는 甲회사에게 명의개서를 청구하였는데, 甲회사는 정당한 사유없이 이를 지체하였다. 그 동안 甲회사는 A에게 주주총회의 소집통지를 발송하였고, A가 그 주주총회에 출석하여 이사의 선임을 위한 결의에 참가하였다. 이후 甲회사는 A에게 이익배당을 하였다.

① B는 명의개서에 갈음하는 판결을 구할 수 있고, 甲회사에 대하여 손해배상을 청구할 수 있다.

② 판례에 의하면, B는 명의개서를 하지 않고서는 회사에 대하여 이익배당에 관한 권리를 주장할 수 없다.

③ 다수설에 의하면, 당사자 간에 별도의 약정이 없는 한 B는 A에게 甲회사로부터 받은 이익의 반환을 청구할 수 있다.

④ 판례에 의하면, 甲회사는 명의개서를 하지 않은 B를 주주로 인정하여 권리행사를 허용할 수 있다.

⑤ B는 이사의 선임을 위한 주주총회의 결의의 취소를 청구할 수 있다.

사례는 정당사유없이 명의개서를 거절한 경우이므로, B는 회사에 대하여 이익배당청구를 할 수 있다.
정답_②

**문9_** B는 A로부터 C주식회사의 주식 1만주를 양도받고 그 대금을 지급하였지만 신주배정 기준일까지 명의개서를 하지 않았다. C회사는 이사회에서 무상증자에 의한 신주배정을 의결하고 주주명부상의 주주에게 보유주식 1주에 대해 0.3주의 비율로 신주를 배정하였다. 다음 설명 중 틀린 것은? (2004년 공인회계사 변형)

① B는 C회사에 대해 신주 3천주를 자신에게 교부할 것을 청구할 수 없다.

② C회사는 신주 3천주를 A에게 교부할 수 있다.

③ 판례에 의하면, C회사는 A와 B간의 주식양도사실을 확인한 경우에도 신주 3천주를 B에게 교부할 수 없다.

④ C회사가 A에게 신주 3천주를 교부한 경우, B는 A에 대해 그 주식의 인도 또는 그로 인해 얻은 이득의 양도를 청구할 수 있다.

⑤ C회사에 대해 명의개서를 하지 않아도 위 주식매매는 A와 B 사이에서는 유효하다.

판례에 의하면 주식양도의 명의개서의 효력에 대해 편면적 구속설을 취하고 있으므로, 명의개서미필주주는 회사에 대하여 권리를 행사할 수 없으나, 회사는 실질주주인 명의개서미필주주에게 권리행사를 시킬 수는 있다. 따라서 위 사례의 경우 C회사는 A와 B간의 주식양도 사실을 확인한 경우에는 신주3천주를 B에게 교부할 수 있다.

정답_③

**문10_** 다음 중 주식양도와 명의개서에 관한 설명으로 틀린 것을 모두 고르면? (2007년 공인회계사)

> ㄱ. 회사의 설립 후 또는 신주의 납입기일 후 6월이 경과하도록 주권을 발행하지 아니하여 의사표시만으로 주식을 양도한 경우에 회사는 명의개서를 거절할 수 있다.
>
> ㄴ. 주식의 취득자는 단독으로 회사에 대하여 명의개서를 청구할 수 있다.
>
> ㄷ. 주권의 점유자가 명의개서를 청구한 경우에 회사는 그 점유자의 형식적 자격만을 심사할 의무가 있다.
>
> ㄹ. 명의개서대리인이 취득자의 성명과 주소를 주주명부의 복본에 기재한 때에는 주주명부에 명의개서가 있는 것으로 본다.
>
> ㅁ. 주주명부 폐쇄기간 중에도 명의개서는 허용된다.

① ㄱ, ㄷ      ② ㄱ, ㅁ      ③ ㄴ, ㅁ

④ ㄴ, ㄷ, ㄹ      ⑤ ㄴ, ㄹ, ㅁ

예시 중에서 회사의 설립 후 또는 신주의 납입기일 후 6월이 경과하도록 주권을 발행하지 아니하여 의사표시만으로 주식을 양도한 경우, 그 양수인은 명의개서를 청구할 수 있고, 회사는 정당한 주주가 아님을 입증하지 못하면 명의개서를 거절할 수 없다. 그리고 주주명부 폐쇄기간 중에는 주주명부에 주주의 변동사항의 기재할 수 없으므로, 명의개서가 허용되지 않는다.

위 설문 중 주권의 점유자가 명의개서를 청구한 경우에 회사는 그 점유자의 형식적 자격만을 심사할 의무가 있을 뿐, 실질적 자격을 심사할 의무는 없다. 반면 실질적 자격을 심사할 권한이 있는가에 대해서는 학설의 대립이 있으나 부정하는 것이 타당하다고 본다.

정답_②

**문 11_**상법상 주권 발행 후에 이루어진 주식의 입질에 관한 설명으로 틀린 것은? (2021년 공인회계사)

① 주식을 질권의 목적으로 하는 때에는 주권을 질권자에게 교부하여야 한다.

② 질권자는 계속하여 주권을 점유하지 아니하면 그 질권으로써 제3자에게 대항하지 못한다.

③ 주식의 소각, 병합, 분할 또는 전환이 있는 때에는 이로 인하여 종전의 주주가 받을 금전이나 주식에 대하여도 종전의 주식을 목적으로 한 질권을 행사할 수 있다.

④ 주식의 등록질권자는 회사로부터 이익배당 또는 잔여재산의 분배에 따른 금전의 지급을 받아 다른 채권자에 우선하여 자기채권의 변제에 충당할 수 있다.

⑤ 상법은 주식의 약식질권도 신주인수권에 대하여 그 우선변제적 효력이 미친다고 규정하고 있다.

① 주식을 질권의 목적으로 하는 때에는 주권을 질권자에게 교부하여야 한다(상법 제338조 제1항).
② 질권자는 계속하여 주권을 점유하지 아니하면 그 질권으로써 제3자에게 대항하지 못한다(상법 제338조 제2항).
③ 주식의 소각, 병합, 분할 또는 전환이 있는 때에는 이로 인하여 종전의 주주가 받을 금전이나 주식에 대하여도 종전의 주식을 목적으로 한 질권을 행사할 수 있다(상법 제339조).
④ 주식의 등록질권자는 회사로부터 이익배당 또는 잔여재산의 변제에 따른 금전의 지급을 받아 다른 채권자에 우선하여 자기채권의 변제에 충당할 수 있다(상법 제340조 제1항).
⑤ 상법은 주식의 약식질권자도 신주인수권에 대하여 그 우선변제적 효력이 미친다고 하는 규정은 두고 있지 않다.
정답_⑤

**문 12_**상법상 주식의 입질에 관한 다음 설명 중 가장 옳지 <u>않은</u> 것은?

① 약식질은 질권설정의 합의와 질권자에 대한 주권의 교부로서 성립한다.

② 약식질의 경우 질권자가 그 질권으로 회사나 제3자에게 대항하기 위해서는 주권을 계속하여 점유하여야 한다.

③ 등록질의 경우 질권자가 회사에 대하여 자기의 권리를 행사하기 위해서는 주권의 제시가 필요하다.

④ 약식질권자는 우선변제를 받을 권리와 물상대위권을 가진다.

⑤ 등록질의 경우 질권자에게 약실질의 경우와 같이 물상대위가 인정되나, 등록실권자는 물상대위권행사에 있어서 목적물의 압류절차가 필요없고, 회사로부터 직접 그 목적물을 지급받을 수 있다.

등록질의 경우에는 주주명부에 질권자로 등록되므로, 주권의 제시없이 권리행사가 가능하다.
정답_③

**문 13_**주식의 담보에 관한 설명 중 틀린 것은? (2005년 공인회계사 변형)

① 회사는 발행주식총수의 20분의 1을 초과한 자기주식을 질권의 목적으로 취득하지 못한다.

② 주식을 질권의 목적을 하는 때에는 주권을 질권자에게 교부하여야 한다.

주식의 약식질권자에 대해서도 질권의 효력이 인정되므로, 우선변제권뿐만 아니라 물상대위권도 인정된다.
정답_④

③ 주식의 등록질은 당사자간의 합의와 주권의 교부 외에 질권 설정자의 청구에 의하여 질권자의 성명과 주소가 주주명부에 기재됨으로써 그 효력이 발생한다.

④ 주식의 약식질권자는 유치권, 우선변제권, 전질권을 가지나 물상대위권을 갖지 못한다.

⑤ 주식의 등록질권자는 물상대위의 목적물이 주식인 경우에는 그 주식에 대한 주권의 교부를 회사에 대하여 직접 청구할 수 있다.

**문 14_상법상 주식의 담보에 관한 설명으로 틀린 것은?**

(2017년 공인회계사)

① 등록질권자가 회사에 대하여 질권자로서의 권리를 행사하기 위하여는 주권을 제시하여야 한다.

② 주식의 양도담보는 관습법상 인정되고 있는 제도로서 약식 양도담보와 등록양도담보가 모두 가능하다.

③ 등록질권자는 회사로부터 잔여재산의 분배에 따른 금전의 지급을 받아 다른 채권자에 우선하여 자기채권의 변제에 충당할 수 있다.

④ 회사는 합병 또는 다른 회사의 영업전부를 양수하는 경우 발행주식총수의 20분의 1을 초과하여 자기의 주식을 질권의 목적으로 받을 수 있다.

⑤ 주식의 소각, 병합, 분할 또는 전환으로 인하여 종전의 주주가 받을 금전이나 주식에 대하여도 종전의 주식을 목적으로 한 질권을 행사할 수 있다.

약식질권자가 회사에 대하여 질권자로서의 권리를 행사하기 위하여는 주권을 제시하여야 한다. 그러나 등록질권자의 권리행사에는 주권을 제시할 필요가 없다(제340조 제1항 참조).
정답_①

**문 15_지배주주의 매도청구권에 관한 설명으로 옳지 않은 것은?**

① 회사의 발행주식총수의 100분의 90 이상을 자기의 계산으로 보유하고 있는 주주는 회사의 경영상의 목적을 달성하기 위하여 필요한 경우에는 회사의 다른 주주에게 그 보유주식의 매도를 청구할 수 있다.

② 지배주주가 매도청구를 할 때에는 미리 주주총회의 승인을 받아야 한다.

③ 매도청구를 할 수 있는 지배주주의 보유주식수를 산정할 때에는 모회사와 자회사가 보유한 주식을 합산한다.

회사의 발행주식총수의 100분의 95 이상을 자기의 계산으로 보유하고 있는 주주는 회사의 경영상의 목적을 달성하기 위하여 필요한 경우에는 회사의 다른 주주에게 그 보유주식의 매도를 청구할 수 있다(제360조의24 제1항).
정답_①

④ 지배주주의 매도청구의 승인을 위한 주주총회의 소집통지를 할 때에는 지배주주의 회사주식의 보유현황, 매도청구의 목적 등을 적어야 하고, 매도청구하는 지배주주는 주주총회에서 그 내용을 설명하여야 한다.

⑤ 매도청구를 받은 소수주주는 매도청구를 받은 날부터 2개월 내에 지배주주에게 그 주식을 매도하여야 한다.

**문 16_상법상 지배주주의 매도청구권 및 소수주주의 매수청구권에 관한 설명으로 옳은 것은?** (2017년 공인회계사)

① 소수주주의 보유주식에 대한 지배주주의 매도청구는 상장회사의 경우에는 인정되지 않는다.

② 지배주주인지 여부를 판단할 때 자연인인 주주가 어느 회사의 발행주식총수의 100분의 50을 초과하는 주식을 가진 경우 그 회사가 보유하는 주식은 그 주주가 보유하는 주식과 합산한다.

③ 소수주주가 지배주주에 대하여 그 보유주식의 매수를 청구하기 위해서는 주주총회의 사전승인이 필요하다.

④ 소수주주가 지배주주에 대하여 그 보유주식의 매수를 청구한 경우 지배주주는 매수청구한 날을 기준으로 2개월 내에 그 주식을 매수하거나 그 청구를 거절할 수 있다.

⑤ 지배주주인지 여부를 판단하기 위한 보유주식수를 산정할 때에는 지배주주의 명의로써 타인의 계산으로 보유한 주식을 산입한다.

① 소수주주의 보유주식에 대한 지배주주의 매도청구는 비상장회사이든 상장회사이든 인정된다.
③ 지배주주가 소수주주에 대하여 그 보유주식의 매도를 청구하기 위해서는 주주총회의 사전승인이 필요하다(제360조의24 제3항).
④ 소수주주가 지배주주에 대하여 그 보유주식의 매수를 청구한 경우 지배주주는 매수청구한 날을 기준으로 2개월 내에 그 주식을 매수하여야 한다(제360조의25 제2항).
⑤ 지배주주인지 여부를 판단하기 위한 보유주식수를 산정할 때에는 지배주주(자기)의 계산으로 보유한 주식을 산입한다(제360조의24 제1항).

정답_②

**문 17_상법상 주식분할에 관한 설명으로 가장 옳은 것은?**

① 회사는 이사회의 결의로 주식분할을 할 수 있다.

② 주식분할 후의 1주의 금액은 100원 미만으로 하지 못한다.

③ 주식분할에 의해 자본금은 증가한다.

④ 주식분할의 효력은 구주권을 회사에 제출한 때에 생긴다.

⑤ 분할에 적합하지 않는 단주는 반드시 경매를 통하여 매각하고, 그 대금을 단주의 수에 비례하여 종전의 주주에게 지급하여야 한다.

① 주식분할은 주주총회의 특별결의에 의한다.
③ 주식분할은 자본금의 증가를 가져오지 않는다.
④ 주식분할의 효력은 주권제출기간이 만료된 때에 발생한다.
⑤ 주식분할의 경우 발생하는 단주는 제443조의 절차에 의하므로, 경매를 통하지 않고 처리할 수 있다.

정답_②

**문 18**_상법상 주식의 분할에 관한 설명 중 **틀린** 것은?

(2005년 공인회계사)

① 주식의 분할은 단위주식의 시가를 낮추기 위한 경우 또는 합병절차를 간소화하기 위한 방법으로 주식의 액면가를 일치시키기 위한 경우 등에 이용된다.

② 주식의 분할은 주주총회의 특별결의를 요하며, 1주의 금액은 최저 100원 미만으로 할 수 없다.

③ 주식이 분할되더라도 회사의 자본금과 재산은 원칙적으로 변동되지 않는다.

④ 주식분할의 결과 회사는 주주에게 신주권을 발행하여야 하고, 발행주식총수가 증가하므로 변경등기를 하여야 한다.

⑤ 주식분할의 효력은 주주총회의 특별결의 시에 발생한다.

주식분할의 효력에 관해서는 제329조의2 제3항에 따라 제441조가 준용되므로, 주권제출 기간이 만료한 때에 효력이 발생한다.

정답_⑤

**문 19**_상법상 주식의 분할에 관한 설명으로 옳은 것은?

(2010년 공인회계사)

① 주식의 분할은 주주총회의 특별결의를 요하며, 분할 후에는 1주의 금액을 100원 미만으로 할 수 있다.

② 주식의 분할로 인해 주금액과 발행주식의 총수가 변경되므로 회사의 자본금이 변동한다.

③ 주식의 분할은 그에 대한 주주총회의 결의 후 주식분할 전 주권을 회사에 제출한 때에 그 효력이 발생한다.

④ 주식분할 전의 주식에 대한 질권은 분할 후의 신주식에 대하여 그 효력이 미치지 않는다.

⑤ 주식분할에 적당하지 아니한 수의 주식이 있는 때에는 그 부분에 대하여 발행한 신주가 거래소의 시세가 없는 경우, 법원의 허가를 받아 경매 외의 방법으로 매각할 수 있다.

① 분할 후의 1주의 금액은 100원 미만으로 할 수 없다.

② 주식의 분할은 액면분할이므로 발행주식총수의 증가는 있으나, 자본금은 변동되지 않는다.

③ 주식의 분할은 주권제출기간이 만료한 때에 그 효력이 생긴다.

④ 질권의 물상대위가 인정된다.

정답_⑤

**문 20_**상법상 주식의 병합, 분할, 소각에 관한 설명으로 틀린 것은? (2016년 공인회계사)

① 무액면주식을 발행한 회사가 배당가능이익을 재원으로 하여 취득한 자기주식은 자본금 감소 없이 이사회 결의만으로 소각할 수 있다.

② 액면주식을 분할하기 위해서는 정관변경 절차를 거쳐야 한다.

③ 액면주식이 분할된 경우 이로 인해 종전의 주주가 받을 주식에 대하여도 종전의 주식을 목적으로 한 질권을 행사할 수 있다.

④ 액면주식이 분할되면 발행주식총수가 증가하지만 자본금에는 변화가 없다.

⑤ 회사의 이익을 주주들에게 분배할 목적으로 액면주식을 병합하는 방법으로 행하는 자본금 감소는 채권자이의절차가 완료되지 않았더라도 주권제출기간이 종료하면 그 효력이 생긴다.

**문 21_**상법상 비상장회사의 주식매수선택권에 관한 설명 중 틀린 것은? (2008년 공인회계사)

① 주식매수선택권자의 일방적 의사표시가 있으면 회사의 승낙이 없더라도 주식매수선택권의 효력이 발생한다.

② 의결권없는 주식을 제외한 발행주식총수의 100분의 15를 가진 주주인 이사에게는 회사의 설립과 경영에 기여하였더라도 주식매수선택권을 부여할 수 없다.

③ 주식매수선택권을 부여하기 위하여 발행할 신주는 회사의 발행주식총수의 100분의 10을 초과할 수 없다.

④ 주식매수선택권을 부여하기 위하여는 정관의 규정과 이사회의 결의가 있어야 한다.

⑤ 주식매수선택권은 타인에게 이를 양도할 수 없지만, 상속은 가능하다.

**문 22_**상법상 주식매수선택권에 관한 설명으로 틀린 것은?

(2012년 공인회계사)

① 주식매수선택권은 양도할 수 없지만 주식매수선택권을 행사할 수 있는 자가 사망한 경우에는 그 상속인이 이를 행사할 수 있다.

② 상장회사의 경우 정관으로 정하면 발행주식총수의 일정 한도까지 이사회 결의로 주식매수선택권을 부여할 수 있는데 주식매수선택권을 부여한 후 처음으로 소집되는 주주총회에서 승인을 얻어야 한다.

③ 판례에 의하면 비상장회사의 경우 본인의 귀책사유가 아닌 사유로 퇴임 또는 퇴직하는 때에는 퇴임 또는 퇴직일까지 2년 이상의 재임 또는 재직 요건을 충족하지 못하더라도 주식매수선택권을 행사할 수 있다.

④ 비상장회사의 주식매수선택권의 행사가격은 신주를 발행하는 경우 주식매수선택권의 부여일을 기준으로 한 주식의 실질가액과 주식의 권면액 중 높은 금액 이상으로 한다.

⑤ 상장회사의 경우 주식매수선택권자로 선정될 수 있는 자에는 자기회사는 물론이고 대통령령으로 정하는 관계회사의 이사와 감사 및 피용자도 포함된다.

판례에 의하면 비상장회사의 경우 본인의 귀책사유가 아닌 사유로 퇴임 또는 퇴직하는 때에는 퇴임 또는 퇴직일까지 2년 이상의 재임 또는 재직 요건을 충족하지 못하여 주식매수선택권을 행사할 수 없다(대법원 2011.3.24. 선고 2010다85027 판결).

정답_③

**문 23_**상법상 비상장회사의 주식매수선택권에 관한 설명 중 **틀린** 것은?

(2006년 공인회계사)

① 주권비상장법인은 이사와 감사 및 피용자에게 주식매수선택권을 부여할 수 있다.

② '신주 교부방식'의 경우에 주식매수선택권자는 주식매수선택권을 행사하고 행사가액을 납입한 때 주주가 된다.

③ '자기주식 교부방식'의 경우에 주식매수선택권자는 주식매수선택권을 행사할 때 주주가 된다.

④ '신주 교부방식'의 경우에 주식매수선택권의 행사가격은 주식매수선택권의 부여일을 기준으로 한 주식의 실질가액과 권면액 중 높은 금액 이상이어야 한다.

⑤ '자기주식 교부방식'의 경우에 주식매수선택권의 행사가격은 주식매수선택권의 부여일을 기준으로 한 주식의 실질가액 이상이어야 한다.

자기주식 교부방식에 의하더라도 매수선택권을 행사한 자는 회사에 주금액을 납입한 때 주주가 된다(제340조의5, 제516조의9).

정답_③

## 문 24_상법상 주식매수선택권에 관한 설명으로 옳은 것은?

(2018년 공인회계사)

① 주식매수선택권의 부여는 정관이 정하는 바에 따라 이사회 결의로 정할 수 있으며 이사회 결의는 이사 3분의 2 이상의 수로써 하여야 한다.

② 주식매수선택권의 행사가액은 자기주식을 양도하는 경우에는 주식매수선택권의 부여일을 기준으로 한 주식의 실질가액 이상이어야 한다.

③ 주식매수선택권의 행사가액은 신주를 발행하는 경우에는 주식매수선택권의 행사일을 기준으로 한 주식의 실질가액과 주식의 권면액 중 높은 금액 이상이어야 한다.

④ 주식매수선택권의 행사가액이 주식의 실질가액보다 낮은 경우에 회사는 그 차액을 금전으로 지급할 수 있으며 이 경우 주식의 실질가액은 주식매수선택권의 부여일을 기준으로 평가한다.

⑤ 주식매수선택권은 그 부여일로부터 3년 이상 재임 또는 재직하여야 행사할 수 있으며 이를 양도할 수 없다.

## 문 25_상법상 비상장 주식회사의 구조조정에 관한 설명으로 틀린 것은?

(2013년 공인회계사)

① 합병으로 존속하는 회사는 소멸회사의 주주에게 합병대가의 전부를 금전으로 지급하여 주주의 구성을 그대로 유지할 수 있다.

② 분할에 의하여 새로운 회사가 설립되는 경우에 설립위원은 분할되는 대표이사가 담당하므로 별도의 설립위원을 선임할 필요가 없다.

③ 주식의 포괄적 교환으로 인하여 주식 교환 관련회사의 주주에게 부담이 가중되는 경우에는 그 주주 전원의 동의도 필요하다.

④ 지배주주가 상법 제360조의24에 따라 적법하게 매도청구권을 행사한 경우에 대상 소수주주는 승낙한 날로부터 2월내에 그 주식을 매도하여야 한다.

⑤ 법원은 주식의 포괄적 이전을 이유로 제기되는 주식이전무효의 소가 그 심리 중에 원인이 된 하자가 보완되고 회사의 현황과 제반사정을 참작하여 주식 이전을 무효로 하는 것이 부당하다고 인정한 때에는 그 청구를 기각할 수 있다.

---

① 주식매수선택권의 부여는 정관의 규정과 주주총회의 특별결의로써 하여야 한다(상법 제340조의2 제1항).

② 상법 제340조의2 제4항 2호

③ 주식매수선택권의 행사가액은 신주를 발행하는 경우에는 주식매수선택권의 부여일을 기준으로 한 주식의 실질가액과 주식의 권면액 중 높은 금액 이상이어야 한다(상법 제340조의2 제4항 1호).

④ 주식매수선택권의 행사가액이 주식의 실질가액보다 낮은 경우에 회사는 그 차액을 금전으로 지급할 수 있으며 이 경우 주식의 실질가액은 주식매수선택권의 행사일을 기준으로 평가한다(상법 제340조의2 제1항).

⑤ 주식매수선택권은 그 부여일로부터 2년 이상 재임 또는 재직하여야 행사할 수 있으며 이를 양도할 수 없다(제340조의4 제2항).

정답_②

지배주주가 상법 제360조의24에 따라 적법하게 매도청구권을 행사한 경우에 대상 소수주주는 매도청구를 받은 날로부터 2월내에 그 주식을 매도하여야 한다(제360조의24 제6항).

정답_④

**문 26_** 상법상 주식의 포괄적 교환 및 포괄적 이전에 관한 설명으로 틀린 것은?

(2021년 공인회계사)

① 주식의 포괄적 교환에 의하여 완전자회사가 되는 회사의 주주가 가지는 그 회사의 주식은 주식을 교환하는 날에 주식교환에 의하여 완전모회사가 되는 회사에 이전한다.

② 주식의 포괄적 교환을 하는 회사는 채권자보호절차가 필요하다.

③ 주식이전 무효의 판결이 확정되면 완전모회사는 해산의 경우에 준하여 청산하여야 한다.

④ 간이주식교환의 경우에 완전자회사가 되는 회사의 주주총회의 승인은 이를 이사회의 승인으로 갈음할 수 있다.

⑤ 주식이전은 이로 인하여 설립한 완전모회사가 그 본점소재지에서 2주 내에 주식이전에 의한 등기를 함으로써 효력이 발생한다.

**해 설 및 정 답**

① 주식의 포괄적 교환에 의하여 완전자회사가 되는 회사의 주주가 가지는 그 회사의 주식은 주식을 교환하는 날에 주식교환에 의하여 완전모회사가 되는 회사에 이전한다(상법 제360조의2 제1항).

② 주식의 포괄적 교환의 경우 신주의 발행으로 인한 자본금증가가 있거나 자기주식을 교부함으로써 자본금의 감소를 가져오지 아니하므로, 주식의 포괄적 교환을 하는 회사는 채권자보호절차가 필요없다.

③ 주식이전 무효의 판결이 확정되면 완전모회사는 해산의 경우에 준하여 청산하여야 한다(상법 제360조의23 제4항, 제193조).

④ 간이주식교환의 경우에 완전자회사가 되는 회사의 주주총회의 승인은 이를 이사회의 승인으로 갈음할 수 있다(상법 제360조의9 제1항).

⑤ 주식이전은 이로 인하여 설립한 완전모회사가 그 본점소재지에서 2주 내에 주식이전에 의한 등기를 함으로써 효력이 발생한다(상법 제360조의21).

정답_②

**문 27_** 주식의 포괄적 교환과 이전에 관한 설명으로 옳지 않은 것은?

① 주식교환과 이전을 하고자 하는 경우에는 주주총회의 특별결의를 얻어야 한다.

② 주식교환에 반대하는 주주에게는 주식매수청구권이 인정되지만, 주식이전에 반대하는 주주에게는 주식매수청구권이 인정되지 않는다.

③ 주식교환에 의하여 완전모회사가 되는 회사의 이사 및 감사로서 주식교환 전에 취임한 자는 주식교환계약서에 다른 정함이 없는 한 주식교환 후 최초로 도래하는 결산기에 관한 정기총회가 종료한 때에 퇴임한다.

④ 주식교환의 무효는 주식교환의 날로부터 6월내에 소만으로 이를 주장할 수 있다.

⑤ 주식이전에 의해 설립되는 완전모회사의 자본금은 주식이전의 날에 완전자회사가 되는 회사에 현존하는 순자산액에서 그 회사의 주주에게 지급할 금액을 공제한 액을 초과하지 못한다.

주식교환이나 주식이전에 반대하는 주주에게는 주식매수청구권이 인정된다(제360조의5, 제360조의22).

정답_②

**문 28_**甲주식회사는 주식의 포괄적 이전에 의하여 乙주식회사를 설립하여 乙회사의 완전자회사가 되고 乙회사는 甲회사의 완전모회사가 되고자 한다. 상법상 이에 관한 설명으로 옳은 것을 모두 고른 것은? (2018년 공인회계사)

> ㄱ. 甲회사는 乙회사가 주식이전에 있어서 발행하는 주식의 종류와 수 및 甲회사의 주주에 대한 주식의 배정에 관한 사항을 정하여 ~~주주총회의 특별결의에 의한 승인을 받아야 한다.~~
> ㄴ. 주식이전으로 인하여 甲회사의 주주의 부담이 가중되는 경우에는 주주총회의 특별결의에 의한 승인이 있으면 그 주주 전원의 동의는 필요하지 않다.
> ㄷ. 乙회사의 자본금은 주식이전의 날에 甲회사에 현존하는 순자산액에서 甲회사의 주주에게 제공할 금전 및 그 밖의 재산의 가액을 뺀 액을 초과하지 못한다.
> ㄹ. 甲회사는 주주총회에서 주식이전을 결의한 때에는 주식이전의 날에 주권이 무효가 된다는 뜻 등의 사항을 주주명부에 기재된 주주와 질권자에게 통지 또는 공고하여야 한다.
> ㅁ. 주식이전의 무효는 각 회사의 주주·이사·감사·감사위원회의 위원 또는 청산인에 한하여 주식이전의 날부터 6월 내에 소만으로 이를 주장할 수 있다.

① ㄱ, ㄴ  ② ㄴ, ㄷ  ③ ㄱ, ㄷ, ㅁ
④ ㄱ, ㄴ, ㄹ, ㅁ  ⑤ ㄱ, ㄴ, ㄷ, ㄹ, ㅁ

**문 29_**다음 중 주식의 포괄적 이전에 관한 설명으로 틀린 것은? (2007년 공인회계사)

① 주식의 포괄적 이전이란 기존의 회사가 완전모회사를 설립하여 그 회사의 완전자회사가 되는 절차이다.
② 주식이전계획서의 승인을 위한 주주총회의 소집에 관하여 이사회의 결의가 있는 경우, 그 결의에 반대하는 주주는 주식매수청구권을 행사할 수 있다.
③ 설립하는 완전모회사의 자본금은 주식이전의 날에 완전자회사가 되는 회사에 현존하는 순자산액에서 그 회사의 주주에게 지급할 금액을 공제한 액을 초과하지 못한다.
④ 주식이전비율에 따라 단주가 발생한 경우에는 이에 대하여 발행한 신주를 경매하여 각 주수에 따라 그 대금을 주주에게 지급하여야 한다.
⑤ 주식이전 무효의 소에서 원고가 승소하면, 신주발행 무효판결의 불소급에 관한 규정이 준용되어 완전모회사는 그대로 존속한다.

**문 30_** 상법상 주식의 포괄적 교환과 포괄적 이전의 이동(異同)에 관한 설명 중 틀린 것은?
(2006년 공인회계사)

① 양자는 모두 완전모회사가 되는 회사가 신주를 발행하여 완전자회사가 되는 회사의 주주에게 그들의 소유주식에 비례하여 배정한다.

② 주식교환의 경우 완전모회사로 되는 회사에는 완전자회사와 관계가 없는 주주가 존재하지만, 주식이전의 경우에는 그러하지 아니하다.

③ 주식교환의 경우 완전모회사가 되는 회사는 완전자회사가 될 회사의 주주에게 신주를 발행할 수 있을 뿐이지만, 주식이전의 경우는 자기주식의 교부도 허용된다.

④ 주식교환무효의 경우에는 주식교환의 당사회사가 모두 법인격을 유지하지만, 주식이전무효의 경우에는 설립된 모회사가 해산에 준하여 청산을 해야 한다.

⑤ 주식교환무효의 소와 주식이전무효의 소에는 모두 판결의 소급효가 인정되지 않는다.

**문 31** 상법상 주식의 포괄적 교환 또는 이전에 관한 설명으로 옳은 것은?
(2011년 공인회계사)

① 주식의 포괄적 교환의 경우 완전자회사가 되는 회사의 모든 주주는 교환계약에 정한 주식을 교환하는 날에 완전모회사가 되는 회사가 발행하는 주식을 배정받는 계약을 체결하게 된다.

② 회사가 주식의 포괄적 이전을 하는 경우 그 회사의 모든 주주는 신설되는 다른 회사가 주식이전을 위하여 발행하는 주식에 대한 주금납입을 마침으로써 그 신설회사의 주주가 된다.

③ 주식의 포괄적 이전을 하는 경우 설립되는 회사의 자본금은 주식이전의 날에 완전자회사가 되는 회사에 현존하는 순자산액에서 그 완전자회사의 주주에게 지급할 금액을 공제한 액을 초과하지 못한다.

④ 주식의 포괄적 교환 또는 이전에 관하여 이사회의 승인 결의가 있는 경우 그 결의에 반대하는 주주는 주주총회의 결의가 있기 전에 회사에 대하여 자기가 소유하는 주식의 매수를 청구할 수 있다.

⑤ 주식의 포괄적 교환 또는 이전에 관한 무효는 각 회사의 주주·이사·감사·감사위원회의 위원 또는 청산인에 한하여 주주총회 승인결의의 날로부터 2개월 내에 소만으로 이를 주장할 수 있다.

## 주식회사의 기관

**문32_**상법상 주주총회에 관한 설명으로 **틀린** 것은?

(2019년 공인회계사)

① 주주총회에서 회의를 연기할 것을 결의한 경우 연기하는 주주총회일을 정하여 그 2주 전에 각 주주에게 서면으로 소집통지를 발송하여야 한다.

② 주주총회가 재무제표를 승인한 후 2년 내에 감사의 책임을 추궁하는 결의를 하는 경우 당해 감사인 주주는 그 결의에 관한 특별이해관계인으로서 의결권을 행사하지 못한다.

③ 이사선임의 주주총회결의에 대한 취소판결이 확정된 경우 그 결의에 의하여 선임된 이사들로 구성된 이사회에서 선정된 대표이사는 소급하여 그 자격을 상실한다.

④ 판례에 의하면 주주총회에서 여러 개의 안건이 상정되어 각기 결의가 행하여진 경우 결의취소의 소의 제소기간의 준수 여부는 각 안건에 대한 결의마다 별도로 판단되어야 한다.

⑤ 주주가 결의취소의 소를 제기한 때에는 법원은 회사의 청구에 의하여 상당한 담보를 제공할 것을 명할 수 있으나 그 주주가 이사 또는 감사인 때에는 그러하지 아니하다.

① 주주총회에서 회의를 연기할 것을 결의한 경우 연기하는 상법 제363조 제1항이 적용되지 아니하므로, 주주총회일을 정하여 그 2주 전에 각 주주에게 서면으로 소집통지를 할 필요가 없다(상법 제372조 참조).

② 주주총회가 재무제표를 승인한 후 2년 내에 이사와 감사의 책임을 추궁하는 결의를 하는 경우 당해 이사와 감사인 주주는 회사로부터 책임을 추궁당하는 위치에 서게 되어 주주의 입장을 떠나 개인적으로 이해관계를 가지는 경우로서 그 결의에 관한 특별이해관계인에 해당한다(대법원 2007. 9. 6. 선고 2007다40000 판결). 따라서 당해 감사인 주주는 그 결의에서 의결권을 행사하지 못한다.

③ 이사 선임의 주주총회결의에 대한 취소판결이 확정된 경우 그 결의에 의하여 이사로 선임된 이사들에 의하여 구성된 이사회에서 선정된 대표이사는 소급하여 그 자격을 상실하고, 그 대표이사가 이사 선임의 주주총회결의에 대한 취소판결이 확정되기 전에 한 행위는 대표권이 없는 자가 한 행위로서 무효가 된다(대법원 2004. 2. 27. 선고 2002다19797 판결).

④ 주주총회결의 취소의 소는 상법 제376조 제1항에 따라 그 결의의 날로부터 2개월 내에 제기하여야 하고, 이 기간이 지난 후에 제기된 소는 부적법하다. 그리고 주주총회에서 여러 개의 안건이 상정되어 각기 결의가 행하여진 경우 위 제소기간의 준수 여부는 각 안건에 대한 결의마다 별도로 판단되어야 한다(대법원 2010. 3. 11. 선고 2007다51505 판결).

⑤ 주주가 결의취소의 소를 제기한 때에는 법원은 회사의 청구에 의하여 상당한 담보를 제공할 것을 명할 수 있으나 그 주주가 이사 또는 감사인 때에는 그러하지 아니하다(상법 제377조 제1항 단서).

정답_①

**문33_**상법상 주주총회에 관한 설명 중 **틀린** 것은? (2003년 공인회계사)

① 주주총회를 소집함에는 전자문서로 통지를 발송하는 것도 허용된다.

② 주주총회의 의장은 고의로 의사진행을 방해하기 위한 발언·행동을 하는 등 현저히 질서를 문란하게 하는 자에 대하여 퇴장도 명할 수 있다.

③ 회사의 영업에 중대한 영향을 미치는 다른 회사의 영업 일부를 양수하는 경우에도 주주총회의 특별결의가 있어야 한다.

④ 청산인의 해임결의는 상법상 주주총회의 특별결의사항이다.

⑤ 주주제안권을 행사하기 위해서는 의결권 없는 주식을 제외한 발행주식총수의 100분의 3 이상에 해당하는 주식을 가지고 있어야 한다.

청산인의 해임결의는 주주총회의 보통결의사항에 해당한다(제539조).

정답_④

**문 34_**상법상 비상장 주식회사의 주주총회 소집에 관한 설명으로 틀린 것은? (이견이 있으면 판례에 의함) (2021년 공인회계사)

① 주주총회의 목적사항에 합병계약서 승인사항이 포함된 경우, 의결권 없는 주주에게는 총회소집을 통지하지 않아도 된다.

② 연 2회 이상의 결산기를 정한 회사는 매기에 정기총회를 소집하여야 한다.

③ 발행주식총수의 100분의 3 이상에 해당하는 주식을 가진 주주는 회의의 목적사항과 소집의 이유를 적은 서면 또는 전자문서를 이사회에 제출하여 임시총회의 소집을 청구할 수 있다.

④ 회사 또는 발행주식총수의 100분의 1 이상에 해당하는 주식을 가진 주주는 총회의 소집절차의 적법성을 조사하기 위하여 총회 전에 법원에 검사인의 선임을 청구할 수 있다.

⑤ 임시주주총회가 법령 및 정관상 요구되는 이사회의 결의 및 소집절차 없이 이루어졌다 하더라도, 주주명부상의 주주 전원이 참석하여 총회를 개최하는데 동의하고 아무런 이의 없이 만장일치로 결의가 이루어졌다면 그 결의는 특별한 사정이 없는 한 유효하다.

① 주주총회의 목적사항에 합병계약서 승인사항이 포함된 경우, 반대주주의 주식매수청구권이 인정되므로 의결권없는 주주에게도 총회소집을 통지하여야 한다(상법 제363조 제7항).
② 연 2회 이상의 결산기를 정한 회사는 매기에 정기총회를 소집하여야 한다(상법 제365조 제1항).
③ 발행주식총수의 100분의 3 이상에 해당하는 주식을 가진 주주는 회의의 목적사항과 소집의 이유를 적은 서면 또는 전자문서를 이사회에 제출하여 임시총회의 소집을 청구할 수 있다(상법 제366조 제1항).
④ 회사 또는 발행주식총수의 100분의 1 이상에 해당하는 주식을 가진 주주는 총회의 소집절차의 적법성을 조사하기 위하여 총회 전에 법원에 검사인의 선임을 청구할 수 있다(상법 제367조 제2항).
⑤ 임시주주총회가 법령 및 정관상 요구되는 이사회의 결의 및 소집절차 없이 이루어졌다 하더라도, 주주명부상의 주주 전원이 참석하여 총회를 개최하는데 동의하고 아무런 이의 없이 만장일치로 결의가 이루어졌다면 그 결의는 특별한 사정이 없는 한 유효하다(판례).
정답_①

**문 35_**다음의 보기 중 상법상 주주총회의 보통결의사항에 해당하는 것은? (2008년 공인회계사)

ㄱ. 이사와 감사의 해임
ㄴ. 정관의 변경
ㄷ. 재무제표의 승인
ㄹ. 사후설립
ㅁ. 주식배당
ㅂ. 회사의 계속
ㅅ. 검사인의 선임

① ㄱ, ㄷ, ㅁ ② ㄱ, ㄹ, ㅁ ③ ㄴ, ㅂ, ㅅ
④ ㄴ, ㄹ, ㅂ ⑤ ㄷ, ㅁ, ㅅ

이사와 감사의 해임, 정관의 변경, 사후설립, 회사의 계속은 주주총회 특별결의사항에 해당한다. 재무제표의 승인, 주식배당, 검사인의 선임은 주주총회 보통결의사항에 해당한다.
정답_⑤

**문 36_**상법상 비상장주식회사의 주주총회 소집절차에 관한 설명으로 틀린 것은?

(2017년 공인회계사)

① 정기총회는 매년 1회 일정한 시기에 이를 소집하여야 하지만 연 2회 이상의 결산기를 정한 회사는 매기에 총회를 소집하여야 한다.

② 발행주식총수의 100분의 3 이상에 해당하는 주식을 가진 주주는 회의의 목적사항과 소집의 이유를 적은 서면 또는 전자문서를 이사회에 제출하여 임시총회의 소집을 청구할 수 있다.

③ 주주총회에서 회의의 속행 또는 연기의 결의를 한 경우 총회소집절차에서와 같은 방법으로 주주들에게 이를 통지하여야 한다.

④ 판례에 의하면 주주총회 소집을 통지한 후에 소집을 철회하기 위해서는 소집의 경우에 준하여 이사회의 결의를 거쳐 대표이사가 그 뜻을 소집에서와 같은 방법으로 통지하여야 한다.

⑤ 판례에 의하면 주주명부상의 주주 전원이 출석하여 총회를 개최하는 데 동의하고 아무런 이의 없이 만장일치로 결의가 이루어졌다면 그 결의는 특별한 사정이 없는 한 유효하다.

**문 37_**상법상 자본금 총액이 10억원 미만인 주식회사에 관한 설명으로 틀린 것은?

(2012년 공인회계사)

① 발기설립의 경우 발기인이 원시정관을 작성하고 기명날인 또는 서명하면 공증인의 인증을 받지 않아도 정관으로서의 효력이 발생한다.

② 주주에 대하여 주주총회의 소집통지를 하는 경우 총회일의 10일전에 서면으로 통지를 발송하거나 각 주주의 동의를 받아 전자문서로 통지를 발송할 수 있다.

③ 주주 전원의 동의가 있는 경우에는 소집절차 없이 주주총회를 개최할 수 있고 서면에 의한 결의로써 주주총회의 결의를 갈음할 수 있다.

④ 1명의 이사가 선임된 경우 그 이사가 회사를 대표하지만 2명의 이사가 선임된 경우 정관에 따라 대표이사를 정한 때를 제외하고는 각 이사가 회사를 대표한다.

⑤ 회사가 감사를 선임한 경우 주주총회의 소집결정에 관한 권한은 감사가 갖는다.

**문 38_**상법상 주주총회의 소집에 관한 설명으로 옳은 것은?

(2012년 공인회계사 변형)

① 상장회사의 경우 일정 수 이하의 주식을 소유하는 주주에 대하여는 정관이 정하는 바에 따라 일정한 방법으로 주주총회 소집을 공고함으로써 그 통지절차를 생략할 수 있다.

② 비상장회사의 경우 의결권 있는 발행주식총수의 100분의 3 이상에 해당하는 주식을 가진 주주는 회의의 목적사항과 소집이유를 기재한 서면 또는 전자문서를 이사회에 제출하여 정기총회의 소집을 청구할 수 있다.

③ 판례에 의하면 건물의 옥상이나 다방은 주주총회 소집장소가 될 수 없다.

④ 회사는 주주총회의 소집통지서가 주주명부상 주주의 주소에 계속하여 5년간 도달하지 아니한 때에는 당해 주주에게 소집통지를 하지 않아도 된다.

⑤ 주주총회가 주주의 의제제안을 부당하게 거절하고 결의를 한 경우 주주총회결의 취소의 소의 원인이 된다.

**문 39_**상법상 주주총회의 결의에 관한 설명으로 **틀린** 것은?

(2021년 공인회계사)

① 총회의 결의는 상법 또는 정관에 다른 정함이 있는 경우를 제외하고는 출석한 주주의 의결권의 과반수와 발행주식총수의 4분의 1 이상의 수로써 하여야 한다.

② 주주는 대리인으로 하여금 그 의결권을 행사하게 할 수 있으며, 이 경우 그 대리인은 대리권을 증명하는 서면을 총회에 제출하여야 한다.

③ 주주가 2 이상의 의결권을 가지고 있는 때에는 이를 통일하지 아니하고 행사할 수 있고, 이 경우 주주총회일의 3일 전에 회사에 대하여 서면 또는 전자문서로 그 뜻과 이유를 통지하여야 한다.

④ 주주는 정관이 정한 바에 따라 총회에 출석하지 아니하고 서면에 의하여 의결권을 행사할 수 있고, 이 경우 회사는 총회의 소집통지서에 주주가 서면에 의한 의결권을 행사하는 데 필요한 서면과 참고자료를 첨부하여야 한다.

⑤ 회사는 정관의 규정이 있는 경우에 한하여 주주가 총회에 출석하지 아니하고 전자적 방법으로 의결권을 행사하도록 할 수 있다.

**문 40_** 甲회사는 2017년 11월 21일에 주주총회를 개최하여 2인의 이사를 추가로 선임하고 乙회사 영업의 일부를 양수하는 결의를 하고자 하였다. 상법상 이에 관한 설명으로 옳은 것은 모두 몇 개인가? (甲회사와 乙회는 비상장주식회사임)

(2018년 공인회계사)

> ㄱ. 甲회사의 의결권없는 주식을 제외한 발행주식총수의 100분의 3을 가진 주주는 2017년 10월 2일 이사에게 정관변경의 건을 주주총회의 목적사항으로 할 것을 서면으로 제안할 수 있다.
>
> ㄴ. 甲회사의 의결권없는 주식을 제외한 발행주식총수의 100분의 3을 가진 주주는 2017년 11월 17일 회사에 대하여 집중투표의 방법으로 이사를 선임할 것을 전자문서로 청구할 수 있다.
>
> ㄷ. 甲회사의 의결권없는 주식을 제외한 발행주식총수의 100분의 3을 가진 주주가 정관변경의 건을 제안하여 이사회가 이를 주주총회의 목적사항으로 하였다면 이사는 그 주주의 청구가 있는 경우에 한하여 주주총회의 소집통지에 그 의안의 요령을 기재할 수 있다.
>
> ㄹ. 甲회사가 양수하는 乙회사 영업의 일부가 甲회사의 영업에 중대한 영향을 미치는 경우 그 결의는 출석한 주주의 의결권의 3분의 2 이상의 수와 발행주식 총수의 과반수로써 한다.
>
> ㅁ. 甲회사의 보통주 2만주를 보유한 주주는 주주총회일 이전에 회사에 대하여 의결권의 불통일 행사에 대한 통지를 하지 않았더라도 乙회사 영업의 일부를 양수하는 안건에 대하여 주주총회일에 8,000주는 찬성, 12,000주는 반대로 의결권을 행사할 수 있다.

① 1개      ② 2개      ③ 3개
④ 4개      ⑤ 5개

---

### 해 설 및 정 답

ㄱ. 甲회사의 의결권없는 주식을 제외한 발행주식총수의 100분의 3을 가진 주주는 2017년 10월 2일 이사에게 정관변경의 건을 주주총회의 목적사항으로 할 것을 서면으로 제안할 수 있다. 주주제안권(상법 제363조의2 제1항)은 주주총회일의 6주전에 하여야 하므로 옳은 지문이다.

ㄴ. 甲회사의 의결권없는 주식을 제외한 발행주식총수의 100분의 3을 가진 주주는 2017년 11월 17일 회사에 대하여 집중투표의 방법으로 이사를 선임할 것을 전자문서로 청구할 수 있다. 집중투표청구권(상법 제382조의2 제1항)은 총회일의 7일전에 하여야 하므로 틀린 지문이다.

ㄷ. 甲회사의 의결권없는 주식을 제외한 발행주식총수의 100분의 3을 가진 주주가 정관변경의 건을 제안한 때에는 이사는 그 주주의 청구가 있는 경우에 한하여 주주총회의 소집통지에 그 의안의 요령을 기재할 수 있다(상법 제363조의2 제2항). '이사회가 주주총회의 목적사항으로 하였다면'이라는 조건이 들어갔기 때문에 틀린 지문이다.

ㄹ. 甲회사가 양수하는 乙회사 영업의 일부가 甲회사의 영업에 중대한 영향을 미치는 경우 그 결의는 출석한 주주의 의결권의 3분의 2 이상의 수와 발행주식 총수의 3분의 1이상으로써 한다(상법 제374조 제1항). 틀린 지문이다.

ㅁ. 甲회사의 보통주 2만주를 보유한 주주는 주주총회일의 3일전에 회사에 대하여 의결권의 불통일 행사에 대한 통지를 하여야(상법 제368조의2 제1항), 乙회사 영업의 일부를 양수하는 안건에 대하여 주주총회일에 8,000주는 찬성, 12,000주는 반대로 의결권을 행사할 수 있다. 틀린 지문이다.

정답_①

# 진도별 모의고사

## ▶ 주식회사의 기관

**문 1_** 甲주식회사가 발행한 발행주식총수는 현재 350주(의결권 있는 보통주식 330주, 무의결권주식 20주)이다. 다음과 같은 조건의 경우 甲회사의 주주총회에서 A이사의 해임 결의에 필요한 최소 의결권의 수는?

(2012년 공인회계사)

---

ㄱ. 甲회사 주주명부에 기재된 A주주의 주식 : 32주 (자신의 해임결의에 특별이해관계가 없는 것으로 가정함)

ㄴ. 甲회사 주주명부에 기재된 B주주의 무의결권주식 : 20주 (정관으로 정한 우선적 배당이 이루어지고 있음)

ㄷ. 甲회사가 보유하고 있는 자기주식 : 30주

ㄹ. 주주총회에 출석한 주식의 총수 : 233주 (ㄱ, ㄴ, ㄷ 주식 모두 포함)

---

① 75개      ② 92개      ③ 100개
④ 101개     ⑤ 122개

특별결의는 발행주식총수의 3분의 1 이상의 수와 출석주주 의결권의 3분의 2 이상의 수로써 결의하는 것이다. 따라서 발행주식총수의 3분의 1은 100개가 되고 출석주주의결권의 3분의 2(183주의 3분의2)는 122개가 되므로 둘을 모두 충족하기 위해서는 최소 122개의 의결권의 찬성이 있어야 한다.

정답_⑤

---

**문 2_** 주주총회의 소집에 관한 설명으로 옳은 것은?

① 정기주주총회는 반드시 이사회에서 일시·장소·의안 등을 결정하게 된다.

② 발행주식총수의 100분의 3 이상에 해당하는 주식을 가진 주주는 단독으로 직접 주주총회의 소집을 결정할 수 있다.

③ 법원이 대표이사에게 주주총회의 소집을 명하더라도 이사회의 소집결정이 있어야 비로소 소집할 수 있다.

④ 주주총회는 본점소재지에서만 소집하여야 하며, 인접지에서는 소집할 수 없다.

⑤ 감사위원회는 주주총회의 소집에 관한 권한이 있다.

① 1인 이사인 경우에는 그 이사가 소집한다.
② 소수주주는 이사회에 서면으로 임시총회의 소집을 청구할 수 있고 이사회가 지체없이 소집절차를 밟지 않을 때에는 법원의 허가를 얻어 직접 총회를 소집할 수 있다(제366조).
③ 법원이 대표이사에게 주주총회의 소집을 명하면 대표이사는 소집하여야 하며, 이를 위반하면 과태료의 제재를 받는다(제635조 제1항 20호).
④ 주주총회는 본점소재지 또는 인접지에서는 소집할 수 있다(제364조).
⑤ 감사위원회도 감사와 같이 주주총회의 소집에 관한 권한이 있다(제415조의2 제6항).

정답_⑤

**문 3_**상법상 주주총회의 소집 및 결의에 관한 설명으로 틀린 것은? (의결권 없는 주식은 제외함) (2020년 공인회계사)

① 주주총회는 정관에 다른 정함이 없으면 본점소재지 또는 이에 인접한 지에 소집하여야 한다.

② 주주총회 소집통지서에는 회의의 목적사항을 적어야 한다.

③ 판례에 의하면, 임시주주총회가 법령 및 정관상 요구되는 이사회의 결의 및 소집절차 없이 이루어졌다 하더라도, 주주명부상의 주주 전원이 참석하여 총회를 개최하는 데 동의하고 아무런 이의 없이 만장일치로 결의가 이루어졌다면 그 결의는 특별한 사정이 없는 한 유효하다.

④ 자본금 총액이 10억원 미만인 회사는 주주 전원의 동의가 있을 경우에는 소집절차 없이 주주총회를 개최할 수 있다.

⑤ 자본금 총액이 10억원 미만인 회사의 경우 주주 전원이 동의하지 않더라도 서면에 의한 결의로써 주주총회의 결의를 갈음할 수 있다.

**문 4_**상법상 주주총회의 소집절차에 관한 설명으로 틀린 것은? (2010년 공인회계사)

① 원칙적으로 이사회가 주주총회의 소집을 결정하고, 대표이사가 이를 소집한다.

② 판례에 의하면, 회사의 모든 주주가 총회를 개최할 것에 동의하여 출석한 전원출석총회라 하더라도 이사회의 소집절차를 거치지 아니한 경우 총회는 무효이다.

③ 정기주주총회는 매년 1회 일정한 시기에 소집하여야 하며, 연 2회 이상 결산기를 정한 때에는 매 기에 소집하여야 한다.

④ 임시주주총회의 소집청구를 위한 소수주주의 지주율 계산에 있어서 자기주식은 발행주식총수에서 제외된다.

⑤ 판례에 의하면, 임시주주총회가 법정기간을 준수한 서면통지를 하지 아니한 채 소집되었다 하더라도 정족수가 넘는 주주의 출석으로 결의를 하였다면 그 결의는 적법하다.

---

① 주주총회는 정관에 다른 정함이 없으면 본점소재지 또는 이에 인접한 지에 소집하여야 한다(상법 제364조).

② 주주총회 소집통지서에는 회의의 목적사항을 적어야 한다(상법 제363조 제2항).

③ 판례에 의하면, 임시주주총회가 법령 및 정관상 요구되는 이사회의 결의 및 소집절차 없이 이루어졌다 하더라도, 주주명부상의 주주 전원이 참석하여 총회를 개최하는 데 동의하고 아무런 이의 없이 만장일치로 결의가 이루어졌다면 그 결의는 특별한 사정이 없는 한 유효하다.

④ 자본금 총액이 10억원 미만인 회사는 주주 전원의 동의가 있을 경우에는 소집절차 없이 주주총회를 개최할 수 있다(상법 제363조 제4항).

⑤ 자본금 총액이 10억원 미만인 회사의 경우 주주 전원이 동의한 서면에 의한 결의로써 주주총회의 결의를 갈음할 수 있다(상법 제363조 제4항, 제5항).

정답_⑤

판례에 의하면, 회사의 모든 주주가 총회를 개최할 것에 동의하여 출석한 전원출석총회라 하더라도 이사회의 소집절차가 없더라도 유효이다.

정답_②

**문5_상법상 비상장주식회사의 주주총회소집에 관한 설명으로 틀린 것은?**

(2014년 공인회계사)

① 집행임원은 필요하면 총회의 목적사항과 소집이유를 적은 서면을 이사회에 제출하여 임시주주총회 소집을 청구할 수 있다.

② 주식의 주주에게는 개별적으로 서면에 의해 주주총회소집 통지를 발송하거나 각 주주의 동의가 있을 경우 전자문서에 의한 통지로 갈음할 수 있다.

③ 판례에 의하면 정당한 소집권자가 이사회의 결의 없이 주주총회를 소집한 경우에는 주주총회 결의취소의 소의 원인이 된다.

④ 감사위원회는 회의의 목적사항과 소집의 이유를 기재한 서면을 이사회에 제출하여 임시주주총회 소집을 청구할 수 있다.

⑤ 발행주식총수의 100분의 3 이상에 해당하는 주식을 가진 주주는 임시주주총회의 소집을 청구할 수 있다.

집행임원은 필요하면 총회의 목적사항과 소집이유를 적은 서면을 이사에게 제출하여 이사회의 소집청구를 할 수 있으나(제408조의7 제1항), 임시주주총회 소집을 청구할 수 있는 권한은 없다.

정답_①

**문6_비상장회사의 주주제안권에 관한 다음 설명 중 옳지 않은 것은?**

① 의결권없는 주식을 제외한 발행주식총수의 100분의 5 이상에 해당하는 주식을 가진 주주만이 주주제안을 할 수 있다.

② 주주제안을 하기 위하여는 서면 또는 전자문서로 회일의 6주간 전에 청구하여야 한다.

③ 적법한 주주제안이 있는 경우 이사는 주주가 제출하는 의안의 요령을 총회소집통지 및 공고에 기재하여야 한다.

④ 이사회는 제안한 주주의 요청이 있는 경우에는 주주총회에서 당해 의안을 설명할 수 있는 기회를 주어야 한다.

⑤ 이사회는 주주제안의 내용이 법령 또는 정관에 위반되는 경우에는 총회의 목적사항으로 하는 것을 거절할 수 있다.

주주제안권을 행사할 수 있는 주주의 자격은 의결권없는 주식을 제외한 발행주식 총수의 100분의 3 이상을 가진 주주의 권리이다.

정답_①

**문 7_** 상법상 비상장주식회사의 주주제안권에 관한 설명으로 틀린 것은? (2014년 공인회계사)

① 주주는 주주제안권을 행사하는 경우에 그 제안의 필요성을 입증할 필요는 없다.

② 의결권없는 주식을 제외한 발행주식총수의 100분의 3 이상에 해당하는 주식을 가진 주주는 주주제안권을 행사할 수 있다.

③ 주주제안권을 행사하는 주주는 이사에게 주주총회일의 6주 전에 서면 또는 전자문서로 일정한 사항을 주주총회의 목적 사항으로 할 것을 제안할 수 있다.

④ 주주가 자기 개인의 고충에 관한 사항을 주주제안사항으로 하는 경우 이사회는 이를 주주총회의 목적사항으로 하여야 한다.

⑤ 회사는 주주제안을 한 자의 청구가 있는 경우에는 주주총회 에서 당해 의안을 설명할 기회를 주어야 한다.

주주가 자기 개인의 고충에 관한 사항을 주주 제안사항으로 하는 경우 이사회는 이를 주주 총회의 목적사항으로 하지 않아도 된다(제363 조의2 제3항, 상법시행령 제12조 2호).

정답_④

**문 8_** 상법상 비상장회사의 주주제안권에 관한 설명 중 옳은 것은? (2008년 공인회계사)

① 주주의 적법한 의제제안을 무시하고 한 총회결의는 결의취 소의 소의 원인이 된다.

② 의결권 없는 주식을 포함한 발행주식총수의 100분의 3 이상에 해당하는 주식을 가진 주주는 주주제안을 할 수 있다.

③ 주주제안은 구두 또는 서면으로 회일의 6주전에 하여야 한다.

④ 이사회는 주주제안의 내용이 법령 또는 정관에 위반되는 경우를 제외하고는 이를 반드시 주주총회의 목적사항으로 하여야 한다.

⑤ 주주제안을 하지 않은 주주가 의안의 설명기회를 청구한 때에도 주주총회에서 당해 의안의 설명기회를 주어야 한다.

① 주주의 적법한 의제제안을 무시하고 한 총회결의에 대해서는 다른 다툼이 있을 수 없다. 다만, 의안제안을 무시한 총회결의는 결의취소의 소의 원인이 된다.

② 의결권 없는 주식을 제외한 발행주식총수의 100분의 3 이상에 해당하는 주식을 가진 주주는 주주제안을 할 수 있다.

③ 주주제안은 서면 또는 전자문서로 회일의 6주전에 하여야 한다.

⑤ 주주제안을 한 주주가 의안의 설명기회를 청구한 때에는 주주총회에서 당해 의안의 설명기회를 주어야 한다.

정답_정답없음

**문 9_** A는 비상장주식회사인 甲회사의 의결권 없는 주식을 제외한 발행주식총수의 5%를 보유하고 있는 주주이다. 甲회사는 2014년 3월 20일 개최되는 정기주주총회에서 재무제표에 대한 승인을 구하고자 하였다. 한편 A는 임기 중에 있는 이사 乙을 해임하자는 주주제안을 하였다. 상법상 다음의 설명 중 옳은 것은?

(2015년 공인회계사)

① A가 2014년 2월 10일 甲회사 이사에게 서면으로 한 주주제안은 유효하다.

② A가 주주제안한 내용을 주주총회에서 설명하고자 하는 때에는 이를 주주제안과 함께 이사에게 청구하고 이사회의 승인을 얻어야 한다.

③ 甲회사는 주주총회 소집통지를 발송할 때 A의 주주제안이유와 의안의 요령을 소집통지서에 기재하여야 한다.

④ A의 주주제안을 받은 甲회사의 이사회는 주주제안의 내용이 법령 또는 정관을 위반하는 경우와 대통령령으로 정하는 경우를 제외하고는 이를 주주총회의 목적사항으로 하여야 한다.

⑤ 임기 중에 있는 임원의 해임에 관한 사항은 이사가 주주제안을 거부할 수 있는 사유에 해당하므로 甲회사는 이사 乙의 해임에 관한 A의 주주제안은 거부할 수 있다.

① A가 2014년 2월 10일 甲회사 이사에게 서면으로 한 주주제안은 유효하지 않다. 주주제안은 총회일의 6주전에 하여야 한다(제363조의2 제1항).
② A가 주주제안한 내용을 주주총회에서 설명하고자 하는 때에는 이를 주주제안과 함께 이사에게 청구하면 된다. 이사회의 승인을 얻을 필요가 없다(제363조의2 제3항).
③ 甲회사는 주주총회 소집통지를 발송할 때 A의 청구가 있는 때에는 제출의안의 요령을 소집통지서에 기재하여야 한다(제363조의2 제2항).
⑤ 비상장회사의 경우에는 임기 중에 있는 임원의 해임에 관한 사항은 이사가 주주제안을 거부할 수 있는 사유에 해당하지 않는다.

정답_④

**문 10_** 상법상의 비상장회사의 주주제안권에 관한 설명 중 틀린 것은?

(2002년 공인회계사)

① 의결권 없는 주식을 제외한 발행주식총수의 100분의 3 이상에 해당하는 주식을 가진 주주가 제안할 수 있다.

② 제안주주는 제안이유에 관해서도 소집통지에 기재할 것을 청구할 수 있다.

③ 이사회는 제안내용이 법령 또는 정관에 위반되는 경우를 제외하고는 이를 주주총회의 목적사항으로 하여야 한다.

④ 주주총회의 활성화와 관련이 있는 제도이다.

⑤ 이사의 선임에 관해서도 주주제안을 할 수 있다.

주주제안권을 행사한 주주는 「의안의 요령」을 통지와 공고에 기재할 것을 청구할 수 있다(제363조 제2항).

정답_②

**문 11_**상법상 주식회사의 주주총회에 관한 설명으로 옳은 것은 모두 몇 개인가? (2013년 공인회계사)

> ㈎ 주주가 의결권 불통일 행사 요건을 갖추고 이를 총회일 3일전에 회사에 통지하였으나 주주총회에서는 의결권을 통일행사할 수도 있다.
>
> ㈏ 정기주주총회는 매년 1회 반드시 소집할 필요는 없고 필요한 경우 임시주주총회를 개최하면 된다.
>
> ㈐ 상장회사의 경우 임기 중에 있는 임원의 해임에 관한 사항을 주주가 제안하는 경우 회사는 이를 거절할 수 없다.
>
> ㈑ 주주총회결의에 관하여 회사가 가진 자기주식의 의결권의 수는 출석한 주주의 의결권의 수에 산입하지 않는다.
>
> ㈒ 주주총회의 의장은 고의로 의사진행을 방해하기 위한 발언·행동을 하는 등 현저히 질서를 문란하게 하는 자에 대하여 그 발언의 정지 또는 퇴장을 명할 수 있다.
>
> ㈓ 주식회사가 타인과 영업의 손익 전부를 같이 하는 계약을 체결하는 경우 주주총회의 특별결의를 얻어야 한다.

① 1개　　　　② 2개　　　　③ 3개
④ 4개　　　　⑤ 5개

㈎ 옳은 지문이다. 주주가 의결권 불통일 행사 요건을 갖추고 이를 총회일 3일전에 회사에 통지하였으나 주주총회에서는 의결권을 통일 행사할 수도 있다.

㈏ 틀린 지문이다. 정기주주총회는 매년 1회 반드시 소집하여야 한다(제365조 제1항).

㈐ 틀린 지문이다. 상장회사의 경우 임기 중에 있는 임원의 해임에 관한 사항을 주주가 제안하는 경우 회사는 이를 거절할 수 있다(제363조의2 제3항, 상법시행령 제12조 제4호).

㈑ 옳은 지문이다. 주주총회결의에 관하여 회사가 가진 자기주식의 의결권의 수는 발행주식총수에 산입하지 않으며, 출석한 주주의 의결권수에도 산입하지 않는다(제371조 제1항).

㈒ 옳은 지문이다. 주주총회의 의장은 고의로 의사진행을 방해하기 위한 발언·행동을 하는 등 현저히 질서를 문란하게 하는 자에 대하여 그 발언의 정지 또는 퇴장을 명할 수 있다(제366조의2 제3항).

㈓ 옳은 지문이다. 주식회사가 타인과 영업의 손익 전부를 같이 하는 계약을 체결하는 경우 주주총회의 특별결의를 얻어야 한다(제374조 제1항 2호).

정답_④(확정답안 ③, ④)

**문 12_**A주식회사는 주주총회의 특별결의에 의해 다음과 같은 사항을 결정하였다. 이 결의에 반대한 주주 B에게 상법상 주식매수청구권이 인정되는 경우로만 되어 있는 것은? (2004년 공인회계사)

> ㄱ. 주식양도시 이사회의 승인을 받아야 한다는 내용의 정관변경결의
>
> ㄴ. 영업전부의 경영위임결의
>
> ㄷ. 분할합병계약서의 승인결의
>
> ㄹ. 기존 주식 5주를 1주로 병합하는 자본감소결의

① ㄱ, ㄴ, ㄷ　　② ㄱ, ㄴ, ㄹ　　③ ㄴ, ㄷ
④ ㄴ, ㄷ, ㄹ　　⑤ ㄷ, ㄹ

반대주주의 주식매수청구권이 인정되는 경우로는 영업양도 등의 결의에 반대하는 경우, 합병이나 분할합병에 반대하는 경우, 주식교환과 이전에 반대하는 경우 등이다.

정답_③

**문 13**_상법상 비상장주식회사에서 주주총회의 결의사항에 반대하는 주주가 행사할 수 있는 주식매수청구권에 관한 설명으로 옳은 것은? (2014년 공인회계사 변형)

① 자본금감소의 결의에 반대하는 주주는 주식매수청구권을 행사할 수 있다.

② 주주총회일 전에 회사에 대하여 서면으로 결의에 반대하는 의사를 통지한 주주는 주주총회에서 찬성의 투표를 한 경우에도 주식매수청구권을 행사할 수 있다.

③ 판례에 의하면 반대주주가 적법하게 주식매수청구권을 행사하면 매매계약이 성립되고 회사는 매수청구기간이 종료하는 날부터 2월내에 매수하여야 한다.

④ 주식매수가액 결정에 있어 반대주주와 회사가 협의를 이루지 못하면 정관에 다른 규정이 없는 한 거래일 이전 6주간의 평균가액이 매수가액이 된다.

⑤ 회사는 반대주주로부터 매수한 주식을 즉시 소각하여야 한다.

**문 14**_상법상 주주가 행사할 수 있는 주식매수청구권 중에서 주식매수청구기간이 다른 것은?( 주식매수청구권을 행사하기 위한 다른 요건은 모두 충족한 것으로 함) (2018년 공인회계사)

① 주식의 양도승인거부의 통지를 받는 주주의 주식매수청구권

② 회사의 발행주식총수의 100분의 95 이상을 자기계산으로 보유하고 있는 지배주주가 있는 회사의 소수주주의 주식매수청구권

③ 회사가 영업의 전부를 양도하는 경우 영업양도에 반대하는 주주의 주식매수청구권

④ 다른 회사의 영업의 전부를 양수하는 회사가 그 다른 회사의 발행주식총수의 100분의 90 이상을 보유하는 때에 영업양수를 반대하는 영업양수회사 주주의 주식매수청구권

⑤ 회사가 합병하는 경우 합병에 반대하는 의결권이 없는 종류주식을 가진 주주의 주식매수청구권

---

**문 15_**상법상 주식매수청구권을 행사할 수 없는 주주는?

(2012년 공인회계사)

① 주식의 포괄적 이전의 경우 완전모회사가 되는 회사의 주주
② 주식의 포괄적 교환의 경우 완전모회사가 되는 회사의 주주
③ 주식의 포괄적 교환의 경우 완전자회사가 되는 회사의 주주
④ 다른 회사의 영업 전부를 양수하는 경우 양수회사의 주주
⑤ 회사의 영업에 중대한 영향을 미치는 다른 회사 영업의 일부를 양수하는 경우 양수회사의 주주

포괄적 이전에 의해 완전모회사는 설립되는 것이므로, 완전모회사의 기존 주주는 존재하지 않는다. 따라서 주식매수청구권을 행사할 수 없다.

정답_①

**문 16_**상법상 주주총회의 의결권의 대리행사에 관한 설명으로 틀린 것은?

(2013년 공인회계사)

① 회사는 보유하고 있는 자기주식의 의결권을 대리인에게 위임하고 대리행사하게 할 수 있다.
② 주주는 임의로 의결권의 대리권을 수여한 경우라도 총회의 결의가 있기 전까지는 언제든지 대리권의 수여를 철회할 수 있다.
③ 회사가 의결권대리행사의 권유자가 아닌 경우 대리인은 주주의 명시된 의사와 달리 의결권을 행사하거나 기권하더라도 주주에 대해 손해배상책임을 질 뿐 주주총회결의의 효력에는 영향을 미치지 않는다.
④ 판례에 따르면 의결권의 대리행사를 수여받은 대리인은 본인의 반대의 의사표시가 없는 한 제3자에게 의결권의 행사를 다시 위임할 수 있다.
⑤ 판례에 따르면 주주의 대리인이 총회에 제출하여야 하는 대리권을 증명하는 서면은 원본이어야 하고 특별한 사정이 없는 한 사본은 그러한 서면에 해당하지 않는다.

회사는 보유하고 있는 자기주식은 의결권이 없으므로(제369조 제2항), 의결권을 대리인에게 위임하여 대리행사하게 할 수 없다.

정답_①

**문 17_**상법상 주식회사 주주의 의결권에 관한 설명 중 틀린 것은?

(2009년 공인회계사)

① 정관이나 주주총회의 결의로는 1주 1의결권 원칙의 예외를 두지 못한다.
② 주주총회의 표결의 결과 가부동수인 경우 그 의안은 가결된 것으로 처리한다.
③ 주주총회는 결의에 의하여 회의의 목적사항을 삭제할 수는 있으나, 추가하지는 못한다.

주주총회의 표결의 결과 가부동수인 경우 그 의안은 부결된 것으로 처리한다. 만약 이를 가결된 것으로 처리한다면 의장은 1주2의결권을 갖는 꼴이 되어 이는 주주평등의 원칙에 위반된다.

정답_②

④ 특정 의안에 대하여 특별한 이해관계가 있는 주주의 주식은 해당 안건의 표결을 위한 출석주주 의결권수의 계산에 산입되지 아니한다.

⑤ 회사의 정관으로 일부의 주주에 한하여 서면투표를 허용하는 것은 주주평등의 원칙에 반한다.

**문 18_**A는 甲주식회사 발행주식총수의 35%, A의 아들 B는 1%를 보유하고 있는 주주이다. A는 이사선임을 위한 정기주주총회에 참석할 수 없게 되자 B로 하여금 의결권을 대리행사하도록 하였다. 한편 甲회사 정관에는 대리인 자격에 관한 아무런 제한 규정을 두지 않고 있다. 상법상 다음의 설명 중 옳은 것은? (이견이 있으면 판례에 의함)

(2015년 공인회계사)

① A가 B에게 의결권의 대리행사를 위임하면서 명시적인 반대의 의사표시가 없는 한 B는 C에게 다시 의결권의 대리행사를 위임할 수 있다.

② A가 총회의 결의에 관하여 특별한 이해관계가 있는 경우에도 B는 의결권의 대리행사를 할 수 있다.

③ A는 B에게 대리권을 수여한 이상 총회에 출석하여 의결권을 행사할 수 없다.

④ A는 B에게 D후보자에게 찬성투표하도록 하였으나 B는 E에게 찬성투표하여 E가 이사로 선임된 경우 A는 결의방법에 중대한 하자를 이유로 주주총회 결의의 효력을 다툴 수 있다.

⑤ 만일 B가 甲회사의 주주가 아니라면 A의 의결권 행사를 위한 대리인으로 선임될 수 없다.

**문 19_**상법상 주주총회의 의결권 행사에 관한 설명으로 **틀린** 것은?

(2012년 공인회계사)

① 판례에 의하면 의결권 대리행사에 있어서 대리권을 증명하는 서면은 특별한 사정이 없는 한 원본이어야 한다.

② 판례에 의하면 주주가 총회일 3일 전부터 총회일 전일까지 의결권 불통일행사의 뜻과 이유를 통지한 경우 회사는 총회운영에 지장이 없다고 판단하면 그 불통일행사를 허용할 수 있다.

③ 회사가 서면투표 방식 또는 전자투표 방식을 도입하고자 경우 서면투표는 정관에 규정을 두어야 하지만 전자투표는 정관에 규정이 없더라도 이사회 결의로 이를 채택할 수 있다.

④ 회사가 전자투표에 의한 의결권행사를 정한 경우 회사는 주주에게 의결권행사에 필요한 양식과 참고자료를 전자적 방법으로 제공하여야 한다.

⑤ 회사가 서면투표 방식과 전자투표 방식을 모두 허용하고 있는 경우 주주는 동일한 주식에 관하여 의결권을 행사할 때에 이 두 가지 방식을 동시에 사용하여야 한다.

**문 20_상법상 종류주식과 종류주주총회에 관한 설명으로 틀린 것은?** (2019년 공인회계사)

① 판례에 의하면 어느 종류주식을 가진 주주의 지위가 정관변경에 따라 유리한 면이 있으면서 동시에 불이익한 면을 수반하는 경우 정관변경에 그 종류주주총회의 결의가 필요하다.

② 종류주주총회의 결의는 출석한 주주의 의결권의 3분의 2 이상의 수와 그 종류의 발행주식총수의 3분의 1 이상의 수로써 하여야 한다.

③ 의결권이 없는 종류주식을 가진 주주라도 그 종류주주총회에서는 의결권이 인정된다.

④ 종류주주총회를 소집할 때에는 그 종류주주총회일의 2주 전에 그 종류주식을 가진 각 주주에게 서면으로 통지를 발송하거나 각 주주의 동의를 받아 전자문서로 통지를 발송하여야 한다.

⑤ 판례에 의하면 정관변경에 필요한 종류주주총회의 결의가 아직 이루어지지 않았다면 그 정관변경을 결의한 주주총회결의의 하자를 이유로 그 결의의 무효확인을 구할 수 있다.

① 상법 제435조 제1항은 "회사가 수종의 주식을 발행한 경우에 정관을 변경함으로써 어느 종류의 주주에게 손해를 미치게 될 때에는 주주총회의 결의 외에 그 종류의 주주의 총회의 결의가 있어야 한다."고 규정하고 있는바, 위 규정의 취지는 주식회사가 보통주 이외의 수종의 주식을 발행하고 있는 경우에 보통주를 가진 다수의 주주들이 일방적으로 어느 종류의 주식을 가진 소수주주들에게 손해를 미치는 내용으로 정관을 변경할 수 있게 할 경우에 그 종류의 주식을 가진 소수주주들이 부당한 불이익을 받게 되는 결과를 방지하기 위한 것이므로, 여기서의 '어느 종류의 주주에게 손해를 미치게 될 때'라 함에는, 어느 종류의 주주에게 직접적으로 불이익을 가져오는 경우는 물론이고, 외견상 형식적으로는 평등한 것이라고 하더라도 실질적으로는 불이익한 결과를 가져오는 경우도 포함되며, 나아가 어느 종류의 주주의 지위가 정관의 변경에 따라 유리한 면이 있으면서 불이익한 면을 수반하는 경우도 이에 해당된다(대법원 2006. 1. 27. 선고 2004다44575,44582 판결).
② 종류주주총회의 결의는 출석한 주주의 의결권의 3분의 2 이상의 수와 그 종류의 발행주식총수의 3분의 1 이상의 수로써 하여야 한다(상법 제435조 제2항).
③ 의결권이 없는 종류주식을 가진 주주라도 그 종류주주총회에서는 의결권이 인정된다(상법 제435조 제3항 참조).
④ 종류주주총회를 소집할 때에는 그 종류주주총회일의 2주 전에 그 종류주식을 가진 각 주주에게 서면으로 통지를 발송하거나 각 주주의 동의를 받아 전자문서로 통지를 발송하여야 한다(상법 제363조 제1항).
⑤ 어느 종류 주주에게 손해를 미치는 내용으로 정관을 변경함에 있어서 그 정관변경에 관한 주주총회의 결의 외에 추가로 요구되는 종류주주총회의 결의는 정관변경이라는 법률효과가 발생하기 위한 하나의 특별요건이라고 할 것이므로, 그와 같은 내용의 정관변경에 관하여 종류주주총회의 결의가 아직 이루어지지 않았다면 그러한 정관변경의 효력이 아직 발생하지 않는 데에 그칠 뿐이고, 그러한 정관변경을 결의한 주주총회결의 자체의 효력에는 아무런 하자가 없다(대법원 2006. 1. 27. 선고 2004다44575,44582 판결). 따라서 무효확인을 구할 수 없다.
정답_⑤

**문 21_**상법상 甲주식회사의 주주총회 결의요건 계산에 관한 설명으로 옳은 것은? (2016년 공인회계사)

① 甲회사가 乙주식회사의 발행주식총수의 12%를 소유한 경우 乙회사가 소유한 甲회사의 주식은 甲회사의 발행주식총수에 산입되지 않는다.

② 甲회사가 가진 자기주식의 수는 발행주식총수에 산입된다.

③ 甲회사의 주주총회결의와 관련하여 특별이해관계 있는 주주가 가진 의결권의 수는 출석한 주주의 의결권 수에 산입된다.

④ 甲회사의 감사 선임결의에서 의결권 없는 주식을 제외한 발행주식총수의 5%를 소유한 주주의 의결권 수는 출석한 주주의 의결권 수에 전부 산입된다.

⑤ 甲회사가 발행한 의결권이 없는 종류주식은 甲회사의 발행주식총수에 산입된다.

**문 22_**다음 중 주주총회의 결의에 있어서 의결권이 제한되는 특별이해관계인이 <u>아닌</u> 경우를 모두 고르면? (2007년 공인회계사)

ㄱ. 재무제표의 승인결의에 있어서 이사가 주주인 경우
ㄴ. 이사의 해임결의에 있어서 그 대상이 되는 자가 주주인 경우
ㄷ. 감사의 회사에 대한 책임면제의 결의를 하는 때에 당사자인 감사가 주주인 경우
ㄹ. 이사의 보수를 정함에 있어서 당사자인 이사가 주주인 경우
ㅁ. 합병결의에 있어서 상대방회사가 주주인 경우
ㅂ. 영업 전부의 경영위임계약에 있어서 당해 계약의 상대방이 주주인 경우

① ㄱ, ㄴ, ㅁ    ② ㄱ, ㄷ, ㄹ    ③ ㄴ, ㄷ, ㅁ
④ ㄴ, ㄹ, ㅂ    ⑤ ㄷ, ㅁ, ㅂ

**문 23_**甲주식회사의 주주총회결의와 관련하여 주주가 의결권을 행사할 수 있는지 여부에 관한 상법상 설명으로 틀린 것은? (2016년 공인회계사)

① 주주 A는 자신이 개인적으로 운영하는 영업을 甲회사가 양수하는 것을 승인하기 위한 주주총회결의에서 의결권을 행사할 수 없다.

② 주주이자 이사인 B는 자신의 이사직 수행에 대한 보수액을 결정하기 위한 주주총회결의에서 의결권을 행사할 수 있다.

③ 주주 C를 이사로 선임하기 위한 주주총회결의에서 C는 의결권을 행사할 수 있다.

④ 판례에 의하면 정관에 대리인의 자격을 주주로 한정하고 있어도 주주인 乙회사의 피용자는 乙회사의 의결권을 대리행사할 수 있다.

⑤ 주주이자 이사인 B를 이사직에서 해임하기 위한 주주총회결의에서 B는 의결권을 행사할 수 있다.

**문 24_상법상 주주총회에서의 의결권 행사방법에 관한 설명으로 틀린 것은?** (2019년 공인회계사)

① 주주는 정관이 정하는 바에 따라 총회에 출석하지 아니하고 서면에 의하여 의결권을 행사할 수 있다.

② 회사는 정관에 규정이 없더라도 이사회 결의로 주주가 총회에 출석하지 아니하고 전자적 방법으로 의결권을 행사할 수 있음을 정할 수 있다.

③ 판례에 의하면 주주가 타인에게 의결권 행사를 위임하는 경우 구체적이고 개별적인 사항을 특정하여 위임해야 하고 포괄적으로 위임할 수는 없다.

④ 주주의 의결권을 대리행사하고자 하는 자는 대리권을 증명하는 서면을 총회에 제출하여야 한다.

⑤ 판례에 의하면 의결권 불통일행사의 통지가 주주총회일의 3일 전보다 늦게 도착하였더라도 회사가 이를 받아들여 허용한 것이라면 특별한 사정이 없는 한 위법하다고 볼 수는 없다.

① 주주는 정관이 정하는 바에 따라 총회에 출석하지 아니하고 서면에 의하여 의결권을 행사할 수 있다(상법 제368조의3 제1항).
② 회사는 정관에 규정이 없더라도 이사회 결의로 주주가 총회에 출석하지 아니하고 전자적 방법으로 의결권을 행사할 수 있음을 정할 수 있다(상법 제368조의4 제1항).
③ 주식회사의 주주는 상법 제368조 제2항에 따라 타인에게 의결권 행사를 위임하거나 대리행사하도록 할 수 있다. 이 경우 의결권의 행사를 구체적이고 개별적인 사항에 국한하여 위임해야 한다고 해석하여야 할 근거는 없고 포괄적으로 위임할 수도 있다(대법원 2014. 1. 23. 선고 2013다56839 판결).
④ 주주의 의결권을 대리행사하고자 하는 자는 대리권을 증명하는 서면을 총회에 제출하여야 한다(상법 제368조 제2항).
⑤ 상법 제368조의2 제1항은 "주주가 2 이상의 의결권을 가지고 있는 때에는 이를 통일하지 아니하고 행사할 수 있다. 이 경우 회일의 3일 전에 회사에 대하여 서면으로 그 뜻과 이유를 통지하여야 한다"고 규정하고 있는바, 여기서 3일의 기간이라 함은 의결권의 불통일행사가 행하여지는 경우에 회사 측에 그 불통일행사를 거부할 것인가를 판단할 수 있는 시간적 여유를 주고, 회사의 총회 사무운영에 지장을 주지 아니하도록 하기 위하여 부여된 기간으로서, 그 불통일행사의 통지는 주주총회 회일의 3일 전에 회사에 도달할 것을 요한다. 다만, 위와 같은 3일의 기간이 부여된 취지에 비추어 보면, 비록 불통일행사의 통지가 주주총회 회일의 3일 전이라는 시한보다 늦게 도착하였다고 하더라도 회사가 스스로 총회운영에 지장이 없다고 판단하여 이를 받아들이기로 하고 이에 따라 의결권의 불통일행사가 이루어진 것이라면, 그것이 주주평등의 원칙을 위반하거나 의결권 행사의 결과를 조작하기 위하여 자의적으로 이루어진 것이라는 등의 특별한 사정이 없는 한, 그와 같은 의결권의 불통일행사를 위법하다고 볼 수는 없다(대법원 2009. 4. 23. 선고 2005다22701,22718 판결).

정답_③

**문 25_**상법상 주주총회에서 의결권의 대리행사에 관한 설명 중 틀린 것은?

(2008년 공인회계사)

① 의결권의 대리행사를 위임하였다 하더라도 본인은 언제든지 이를 철회하고 의결권을 직접 행사할 수 있다.

② 대리권을 증명하는 서면은 원본이어야 하고, 특별한 사정이 없는 한 사본은 그 서면에 해당하지 않는다.

③ 의결권의 대리행사는 정관에 의하여 이를 제한하거나 금지할 수 있다.

④ 의결권의 대리행사로 말미암아 주주총회의 개최가 부당하게 저해되거나 또는 회사의 이익이 부당하게 침해될 염려가 있는 등의 특별한 사정이 있는 경우에는 회사는 이를 거절할 수 있다.

⑤ 대리인이 수인의 주주를 대리할 경우 각 수권에 따라 의결권을 불통일행사할 수 있다.

**해 설 및 정 답**

의결권은 대리에 친한 행위로서, 정관에 의하여 의결권대리행사를 제한하거나 금지할 수 없다는 것이 통설·판례의 입장이다.

정답_③

**문 26_**상법상 주주의 의결권 불통일행사에 관한 설명 중 틀린 것은?

(2009년 공인회계사)

① 주주가 의결권을 불통일행사하기 위해서는 주주총회일의 3일 전에 회사에 대하여 서면으로 그 뜻과 이유를 통지하여야 한다.

② 불통일행사된 의결권은 각기 유효한 찬성표 또는 반대표가 되어 정족수 계산에 산입된다.

③ 주주가 주식의 신탁을 인수하였거나 기타 타인을 위하여 주식을 가지고 있는 경우 외에는 회사가 의결권 불통일행사를 거부할 수 있다.

④ 주주가 의결권의 불통일행사를 통지하였더라도 주주총회에서 의결권을 통일적으로 행사하는 것은 무방하다.

⑤ 의결권 불통일행사의 규정에 위반하여 주주총회의 결의가 성립된 때에는 주주총회결의무효확인의 소를 제기할 수 있다.

의결권 불통일행사의 규정에 위반하여 주주총회의 결의가 성립된 때에는 주주총회결의방법에 하자가 있으므로, 주주총회결의 취소의 소를 제기할 수 있다(제376조).

정답_⑤

**문 27_주주총회에 관한 설명 중 옳은 것은?** (2006년 공인회계사)

① 감사 또는 감사위원회는 직접 대표이사에게 임시총회의 소집을 명할 수 있고, 대표이사가 총회의 소집을 게을리 한 경우에는 법원의 허가를 얻어 직접 소집할 수 있다.

② 감사의 선임결의에서 발행주식총수의 100분의 3의 비율과 관련하여, 회사는 정관의 규정에 의하여 이보다 높은 비율을 정할 수는 있으나 낮은 비율을 정할 수는 없다.

③ 주식의 신탁을 인수한 주주로부터 의결권의 불통일행사에 관한 통지를 받은 회사는 주주의 의결권의 불통일행사를 결의하기 전에 거부할 수 있다.

④ 판례에 따르면, 총회를 개최한 사실이 없더라도 1인주주가 결의한 것으로 의사록이 작성되어 있다면 주주총회의 결의가 있는 것으로 인정된다.

⑤ 통설에 따르면, 이사·감사의 선임 또는 해임결의에서 당사자이며 주주인 이사·감사는 특별한 이해관계인에 해당되어 의결권을 행사할 수 없다.

① 감사 또는 감사위원회는 이사회에 소집을 청구할 수 있고, 대표이사가 총회의 소집을 게을리 한 경우에는 법원의 허가를 얻어 직접 소집할 수 있다.
② 감사의 선임결의에서 발행주식총수의 100분의 3의 비율과 관련하여, 회사는 정관의 규정에 의하여 이보다 낮은 비율을 정할 수는 있으나 높은 비율을 정할 수는 없다(제409조 제3항).
③ 주식의 신탁을 인수한 주주로부터 의결권의 불통일행사에 관한 통지를 받은 회사는 주주의 의결권의 불통일행사를 결의하기 전에 거부할 수 없다(제368조의2 제2항).
④ 대판1993.6.11., 93다8702
⑤ 통설에 따르면, 이사·감사의 선임 또는 해임결의에서 당사자이며 주주인 이사·감사는 특별한 이해관계인에 해당되지 않으므로 의결권을 행사할 수 있다고 한다.

정답_④

**문 28_상법상 주주총회에서의 의결권행사방법에 관한 설명으로 틀린 것은?** (2011년 공인회계사)

① 주주는 정관이 정한 바에 따라 총회에 출석하지 아니하고 서면에 의하여 의결권을 행사할 수 있다.

② 회사는 이사회의 결의로 주주가 총회에 출석하지 아니하고 전자적 방법으로 의결권을 행사할 수 있음을 정할 수 있다.

③ 주주가 의결권을 불통일행사하려면 주주총회일의 3일전에 회사에 대하여 서면 또는 전자문서로 그 뜻과 이유를 통지하여야 한다.

④ 자본금 총액이 10억원 미만인 회사는 주주 전원의 동의가 있을 경우에는 서면에 의한 결의로써 주주총회의 결의를 갈음할 수 있다.

⑤ 대리인이 의결권을 대리행사하려면 정관에 이를 허용하는 규정이 있어야 하고 대리권을 증명하는 서면을 총회에 제출하여야 한다.

대리인의 의결권 대리행사는 정관으로도 제한할 수 없다. 따라서 대리행사는 본인의 의사에 따라 가능하며, 이 경우에 대리권을 증명하는 서면을 총회에 제출하여야 한다(상법 제368조 제3항).

정답_⑤

**문 29_상법상 종류주주총회에 관한 설명으로 틀린 것은?**

(2011년 공인회계사)

① 종류주주총회의 결의는 출석한 주주의 의결권의 3분의 2 이상의 수와 그 종류의 발행주식총수의 3분의 1 이상의 수로써 한다.

② 어느 종류의 주주에게 손해를 미치는 내용으로 정관을 변경할 경우 주주총회의 특별결의 외에 그 종류의 주주의 총회의 결의가 필요하다.

③ 회사의 합병이 있는 경우 모든 종류의 주주의 총회의 결의가 필요하다.

④ 주주총회에 관한 규정은 의결권없는 종류의 주식에 관한 것을 제외하고 종류주주총회에 준용한다.

⑤ 정관에 의하지 않고 신주인수로 인한 주식배정에 관하여 주식의 종류에 따라 특수한 정함을 하는 경우 그 종류의 주주의 총회의 결의가 필요하다.

회사의 합병의 경우 어느 특정한 종류의 주주에게 손해가 발생할 염려가 있는 때에는 그 종류주주총회 결의가 있어야 한다(상법 제436조).
정답_③,⑤

**문 30_다음의 사례에 관한 설명으로 옳은 것은?**(2010년 공인회계사)

> 전자제품을 생산하는 甲주식회사(비상장회사)는 그 영업 전부를 乙주식회사(비상장회사)에 양도하기로 결정하고, 2009. 6. 7. 주주총회를 개최하여 그 승인을 받았다. 甲회사의 주주 A는 동년 6. 3. 甲회사에 대하여 그 주주총회의 결의에 반대하는 의사를 서면으로 통지하였고, 동년 6. 15. 자기가 소유하고 있는 주식의 매수를 청구하였다.
> 한편 甲회사의 정관에는 주주가 그 주식을 양도하기 위하여는 이사회의 승인을 얻어야 하는 것으로 규정되어 있다. 甲회사의 주주 B는 회사에 대하여 주식양도의 승인청구를 하지 않고 자신의 주식을 C에게 양도하였다.

① 甲회사가 乙회사에게 영업의 전부를 양도하기 위해서는 甲회사와 乙회사 모두 주주총회의 특별결의가 필요하다.

② 주주 A는 동년 6. 27. 이내에 구두 또는 서면으로 甲회사에 대하여 그 매수를 청구해야 한다.

③ 주주 A의 매수청구에 대하여 甲회사는 동년 8. 15. 이내에 그 주식을 매수할 수 있다.

④ 甲회사와 주주 A 사이에 동년 7. 15. 이내에 매수가액의 협의가 이루어지지 않으면, 甲회사와 A는 함께 법원에 대하여 매수가액의 결정을 청구해야 한다.

⑤ 주식의 취득에 대한 C의 승인청구를 甲회사의 이사회가 거부한 경우, C는 甲회사에 대하여 주식의 매수를 청구할 수 없다.

위 설문은 "영업양도와 주식매수청구" "정관에 의한 주식양도제한" 규정에 관한 것이다.
② 주주 A는 동년 6. 27. 이내에 서면으로 甲회사에 대하여 그 매수를 청구해야 한다.
③ 주주 A의 매수청구에 대하여 甲회사는 동년 8. 15. 이내에 그 주식을 매수하여야 한다.
④ 甲회사와 주주 A 사이에 동년 7. 15. 이내에 매수가액의 협의가 이루어지지 않으면, 甲회사 또는 A는 법원에 대하여 매수가액의 결정을 청구해야 한다.
⑤ 주식의 취득에 대한 C의 승인청구를 甲회사의 이사회가 거부한 경우, C는 甲회사에 대하여 주식의 매수를 청구할 수 있다.
정답_①

**문 31_**상법상 주식회사의 영업 전부의 양도에 반대하는 주주의 주식매수청구권에 관한 설명으로 옳은 것은?   (2019년 공인회계사)

① 의결권이 없거나 제한되는 주주는 영업양도를 승인하는 주주총회에서 의결권을 행사할 수 없으므로 주식매수청구권이 인정되지 않는다.

② 주주는 주주총회 전에 회사에 대하여 구두 또는 서면으로 그 결의에 반대하는 의사를 통지하고 그 총회의 결의일부터 1개월 이내에 구두 또는 서면으로 주식의 매수를 청구할 수 있다.

③ 판례에 의하면 주주가 회사에 대하여 주식매수청구를 하고 회사가 이를 승낙하여 의사의 합치가 이루어져야 주식에 관한 매매계약이 성립한다.

④ 주식매수청구를 받으면 회사는 주식매수청구를 받은 날로부터 2개월 이내에 그 주식을 매수하여야 한다.

⑤ 영업양도를 하는 회사의 발행주식총수의 100분의 90 이상을 상대방인 영업양수인이 소유하고 있는 경우에도 양도회사의 주주에게 주식매수청구권이 인정된다.

① 의결권이 없거나 제한되는 주주는 영업양도를 승인하는 주주총회에서 의결권을 행사할 수 없으므로 주식매수청구권이 인정된다(상법 제374조의2 제1항 참조).

② 주주는 주주총회 전에 회사에 대하여 구두 또는 서면으로 그 결의에 반대하는 의사를 통지하고 그 총회의 결의일부터 20일 내에 주식의 종류와 수를 기재한 서면으로 주식의 매수를 청구할 수 있다(상법 제374조의2 제1항).

③ 주식매수청구권은 주식을 취득한 양수인에게 인정되는 이른바 형성권으로서 그 행사로 회사의 승낙 여부와 관계없이 주식에 관한 매매계약이 성립하게 된다(대법원 2014. 12. 24. 선고 2014다221258, 221265 판결).

④ 주식매수청구를 받으면 회사는 주식매수청구기간이 종료하는 날부터 2개월 이내에 그 주식을 매수하여야 한다(상법 제374조의2 제2항).

⑤ 영업양도를 하는 회사의 발행주식총수의 100분의 90 이상을 상대방인 영업양수인이 소유하고 있는 경우에도 양도회사의 주주에게 주식매수청구권이 인정된다(상법 제374조의3 제3항).

정답_⑤

**문 32_**상법상 주주총회의 결의하자를 다투는 소에 관한 설명으로 틀린 것은?   (2021년 공인회계사)

① 결의취소의 소는 본점소재지의 지방법원의 관할에 전속한다.

② 주주가 아닌 감사가 결의취소의 소를 제기한 경우, 법원은 회사의 청구에 의하여 상당한 담보를 제공할 것을 명할 수 있다.

③ 총회의 결의내용이 법령에 위반한 경우에 결의무효확인의 소를 제기할 수 있다.

④ 총회의 소집절차에 총회결의가 존재한다고 볼 수 없을 정도의 중대한 하자가 있는 경우에 결의부존재확인의 소를 제기할 수 있다.

⑤ 부당결의의 변경의 판결은 제3자에 대하여도 그 효력이 있다.

① 결의취소의 소는 본점소재지의 지방법원의 관할에 전속한다(상법 제376조, 제186조).

② 주주가 아닌 감사가 결의취소의 소를 제기한 경우, 법원은 회사의 청구에 의하여 상당한 담보를 제공할 것을 명할 수 없다(상법 제377조).

③ 총회의 결의내용이 법령에 위반한 경우에 결의무효확인의 소를 제기할 수 있다(상법 제380조).

④ 총회의 소집절차에 총회결의가 존재한다고 볼 수 없을 정도의 중대한 하자가 있는 경우에 결의부존재확인의 소를 제기할 수 있다(상법 제380조).

⑤ 부당결의의 변경의 판결은 제3자에 대하여도 그 효력이 있다(상법 제381조, 제190조 본문).

정답_②

**문 33_**甲주식회사는 주주총회를 개최하여 A를 이사로 선임하는 결의와 정관을 변경하는 결의를 하였고, 다음 날 甲회사의 이사회는 A를 대표이사로 선임하였다. 이에 관한 상법상 설명으로 **틀린** 것은? (2017년 공인회계사)

① 판례에 의하면 위 주주총회에 참석하여 의결권을 행사한 주주 B는 다른 주주가 소집통지를 받지 못하였음을 이유로 하여 결의취소의 소를 제기할 수 없다.

② 甲회사의 이사나 감사가 아닌 주주 C가 결의취소의 소를 제기한 때에는 법원은 甲회사의 청구에 의하여 C에게 상당한 담보를 제공할 것을 명할 수 있다.

③ A를 이사로 선임하는 결의를 취소하는 판결이 확정되었다면 A가 대표이사로서 甲회사를 대표하여 한 행위는 소급적으로 효력이 상실된다.

④ 甲회사의 정관변경으로 우선주의 배당률이 낮아지는 경우 그 정관변경이 효력을 발생하려면 甲회사의 우선주를 가진 주주들의 종류주주총회의 결의가 있어야 한다.

⑤ 판례에 의하면 甲회사의 대표이사가 아닌 이사가 이사회의 소집결의에 따라서 위 주주총회를 소집한 것이라면 결의취소사유에 불과하고 결의가 부존재한다고 볼 수는 없다.

판례에 의하면 위 주주총회에 참석하여 의결권을 행사한 주주 B는 다른 주주가 소집통지를 받지 못하였음을 이유로 하여 결의취소의 소를 제기할 수 있다(대판2003.7.11., 2001다45584).

정답_①

**문 34_**1인주주회사 또는 전원출석 주주총회가 아님을 전제할 경우, 판례에 의한 주주총회결의취소의 소의 원인이 **아닌** 사항은 모두 몇 개인가? (2009년 공인회계사)

> ㄱ. 소집권한이 없는 자가 이사회 결의를 거치지 않고 주주총회를 소집한 경우
> ㄴ. 대표이사가 이사회 결의를 거치지 않고 주주총회를 소집한 경우
> ㄷ. 주주총회의 목적사항으로 통지되지 않은 사항을 결의한 경우
> ㄹ. 소집통지기간이 부족한 경우
> ㅁ. 주주총회에서 이사의 보수결정을 이사회에 일임하는 결정을 한 경우

① 1개         ② 2개         ③ 3개
④ 4개         ⑤ 5개

ㄱ. 소집권한이 없는 자가 이사회 결의를 거치지 않고 주주총회를 소집한 경우는 결의부존재의 사유에 해당한다.
ㄴ. 대표이사가 이사회 결의를 거치지 않고 주주총회를 소집한 경우, ㄷ. 주주총회의 목적사항으로 통지되지 않은 사항을 결의한 경우, ㄹ. 소집통지기간이 부족한 경우는 주주총회결의 취소의 사유에 해당한다.
ㅁ. 주주총회에서 이사의 보수결정을 이사회에 일임하는 결정을 한 경우는 주주총회결의 무효의 사유에 해당한다.

정답_②

**문 35_**다음의 보기 중 상법상 주주총회결의의 하자에 관한 설명으로 옳은 것은?(이견이 있으면 판례에 의함) (2013년 공인회계사)

⑦ 판례에 따르면 이사회의 소집결의가 있지만 대표이사 또는 정관상의 소집권자가 아닌 자가 소집한 경우 결의취소사유에 해당한다.

⑭ 판례에 따르면 총회결의에 찬성한 주주가 소의 이익이 있어도 결의부존재확인의 소를 제기할 수 없다.

⑭ 회사는 결의취소의 소를 제기한 주주가 이사라 하더라도 악의임을 소명하면 주주의 담보제공을 청구할 수 있으며 법원은 이에 따라 상당한 담보제공을 명할 수 있다.

⑭ 감사선임결의에 있어서 100분의 5의 의결권 주식을 가진 주주가 그가 보유하는 모든 주식으로 의결권을 행사한 경우 결의취소사유에 해당한다.

⑭ 판례에 따르면 임시주주총회가 개회선언되고 법률상으로나 사실상 의사를 진행할 수 있는 상태에서 총회의장이 주주들의 의사에 반하여 자진퇴장한 경우 출석한 총주식 과반수의 주주들이 전원의 동의로 임시의장을 선출하고 진행한 총회결의는 적법하다.

⑭ 판례에 따르면 결의취소의 소가 제기된 경우 법원은 당사자의 주장에 의해서만 결의의 내용, 회사의 현황과 제반사정을 참작하여 그 취소가 부적당하다고 인정한 때 재량기각할 수 있다.

① ⑦, ⑭, ⑭     ② ⑦, ⑭, ⑭     ③ ⑦, ⑭, ⑭
④ ⑦, ⑭, ⑭     ⑤ ⑭, ⑭, ⑭

**문 36_**상법상 비상장주식회사의 주주총회결의 하자에 관한 다음의 설명 중 옳은 것은? (이견이 있으면 판례에 의함)

(2015년 공인회계사)

① 주주총회의 소집통지서에 기재되지 않은 사항에 관한 주주총회 결의에 대하여 주주는 총회결의취소의 소를 제기할 수 있다.

② 정관으로 이사자격을 정한 경우 이를 충족하지 못하는 자에 대한 이사선임 결의에 대하여 이사는 총회결의 무효확인의 소를 제기할 수 있다.

③ 이사선임을 이사회에 위임하는 주주총회결의에 대하여는 주주 또는 감사에 한하여 무효확인의 소를 제기할 수 있다.

---

⑦ 옳은 지문이다. 판례에 따르면 이사회의 소집결의가 있지만 대표이사 또는 정관상의 소집권자가 아닌 자가 소집한 경우 결의취소사유에 해당한다(대판 1993.9.10, 93도698).

⑭ 틀린 지문이다. 판례에 따르면 총회결의에 찬성한 주주가 소의 이익이 있어도 결의부존재확인의 소를 제기할 수 있다(대판 1997.4.26., 76다1440·1441).

⑭ 틀린 지문이다. 회사는 결의취소의 소를 제기한 주주가 이사라면 악의임을 소명하더라도 주주의 담보제공을 청구할 수 없고 법원은 이에 따라 상당한 담보제공을 명할 수 없다(제377조 제1항).

⑭ 옳은 지문이다. 감사선임결의에 있어서 100분의 5의 의결권 주식을 가진 주주가 그가 보유하는 모든 주식으로 의결권을 행사한 경우는 결의방법의 하자로써 결의취소사유에 해당한다(제409조 제2항 참조).

⑭ 옳은 지문이다. 판례에 따르면 임시주주총회가 개회선언되고 법률상으로나 사실상 의사를 진행할 수 있는 상태에서 총회의장이 주주들의 의사에 반하여 자진퇴장한 경우 출석한 총주식 과반수의 주주들이 전원의 동의로 임시의장을 선출하고 진행한 총회결의는 적법하다(대판 1983.8.23, 83도748).

⑭ 틀린 지문이다. 판례에 따르면 결의취소의 소가 제기된 경우 법원은 당사자의 주장이 없더라도 직권으로 결의의 내용, 회사의 현황과 제반사정을 참작하여 그 취소가 부적당하다고 인정한 때 재량기각할 수 있다(대판 2003.7.11., 2001다45584).

정답_②

② 정관으로 이사자격을 정한 경우 이를 충족하지 못하는 자에 대한 이사선임 결의에 대하여 이사는 총회결의 취소의 소를 제기할 수 있다.
③ 이사선임을 이사회에 위임하는 주주총회결의에 대하여는 이해관계있는 자는 누구든지 무효확인의 소를 제기할 수 있다(제380조).
④ 총회결의 부존재확인의 소를 제기한 주주가 동시에 이사인 경우 법원은 제소주주에게 상당한 담보를 제공할 것을 명할 수 없다(제380조, 제377조 제1항).

정답_①

④ 총회결의 부존재확인의 소를 제기한 주주가 동시에 이사인
경우 법원은 제소주주에게 상당한 담보를 제공할 것을 명할
수 있다.

⑤ 법원은 총회결의무효확인의 소 또는 부존재확인의 소가 제
기된 경우 결의의 내용, 회사의 현황과 제반사정을 참작하여
그 무효 또는 부존재확인이 부적당하다고 인정한 때에는 그
청구를 기각할 수 있다.

⑤ 법원은 총회결의무효확인의 소 또는 부존재확인의 소가 제
기된 경우 결의의 내용, 회사의 현황과 제반사정을 참작하여
그 무효 또는 부존재확인이 부적당하다고 인정한 때에는 그
청구를 기각할 수 없다(제380조; 제379조를 준용하고 있지
않다).

**문 37**_상법상 비상장회사의 주주총회결의취소의 소에 관한 설명
으로 틀린 것은?                                    (2016년 공인회계사)

① 일부 주주에게 소집통지를 하지 않은 채 절차가 진행되어
이루어진 주주총회결의에 대해서는 소집통지를 받고 주주총
회결의에 참가한 주주도 주주총회결의취소의 소를 제기할
수 있다.

② 취소원인이 있는 주주총회결의의 성립 당시에는 주주가 아
니었지만 그 후 주주가 된 자도 당해 주주총회결의에 대해
주주총회결의취소의 소를 제기할 수 있다.

③ 이사를 선임하는 주주총회결의에 취소원인이 존재하는 경우
주주총회결의취소의 소를 제기하려면 회사를 피고로 하여야
한다.

④ 상법은 주주총회결의취소의 소 뿐 아니라 주주총회결의무효
확인의 소에서도 명문으로 법원의 재량에 의한 청구기각 제
도를 인정하고 있다.

⑤ 주주총회결의취소의 소에 대한 취소판결은 대세적 효력이
있으며 소급하여 효력을 갖는다.

상법은 주주총회결의취소의 소에 대해서만 명
문으로 법원의 재량에 의한 청구기각 제도를
인정하고 있고(제379조), 결의무효의 소에 대
해서는 재량기각이 인정되지 않는다(제380
조).

정답_④

**문 38_**상법상 주식회사 이사의 선임 및 해임에 관한 설명으로 틀린 것은?                    (2019년 공인회계사)

① 판례에 의하면 주주총회에서의 이사선임결의와 피선임자의 승낙이 있으면 피선임자는 대표이사와 별도의 임용계약을 체결하지 않더라도 이사의 지위를 취득한다.

② 회사가 집중투표제에 의해 이사를 선임하기 위해서는 정관에 집중투표제를 채택하는 규정을 두어야 한다.

③ 최근 사업연도 말 현재의 자산총액이 2조원 이상인 상장회사는 3명 이상의 사외이사를 두어야 하고 사외이사후보추천위원회를 설치하여야 한다.

④ 판례에 의하면 정관에서 이사 임기를 정하지 않은 경우 상법상 이사의 최장기 임기인 3년을 경과하지 않은 동안에 이사가 해임되더라도 그 이사는 그로 인한 손해배상을 청구할 수 없다.

⑤ 회사는 이사의 임기를 정한 경우 정당한 이유가 없더라도 그 임기 만료 전에 주주총회의 특별결의로 그 이사를 해임할 수 있다.

**문 39_**상법상 주식회사의 이사에 관한 설명으로 틀린 것은?
                    (2017년 공인회계사)

① 이사의 임기는 3년을 초과하지 못하지만 정관으로 그 임기 중의 최종의 결산기에 관한 정기주주총회의 종결에 이르기까지 연장할 수 있다.

**해 설 및 정 답**

① 이사·감사의 지위가 주주총회의 선임결의와 별도로 대표이사와 사이에 임용계약이 체결되어야만 비로소 인정된다고 보는 것은, 이사·감사의 선임을 주주총회의 전속적 권한으로 규정하여 주주들의 단체적 의사결정 사항으로 정한 상법의 취지에 배치된다. 또한 상법상 대표이사는 회사를 대표하며, 회사의 영업에 관한 재판상 또는 재판 외의 모든 행위를 할 권한이 있으나(제389조 제3항, 제209조 제1항), 이사·감사의 선임이 여기에 속하지 아니함은 법문상 분명하다. 그러므로 이사·감사의 지위는 주주총회의 선임결의가 있고 선임된 사람의 동의가 있으면 취득된다고 보는 것이 옳다(대법원 2017. 3. 23. 선고 2016다251215 전원합의체 판결).

② 정관에서 달리 정하는 경우를 제외하고는 회사가 집중투표제에 의해 이사를 선임할 수 있으므로(상법 제382조의2 제1항), 정관에 집중투표제를 채택하는 규정을 두어야 하는 것은 아니다.

③ 최근 사업연도 말 현재의 자산총액이 2조원 이상인 상장회사는 3명 이상의 사외이사를 두어야 하고 사외이사후보추천위원회를 설치하여야 한다(상법 제542조의8 제1항, 제4항).

④ 상법 제385조 제1항에 의하면 "이사는 언제든지 주주총회의 특별결의로 해임할 수 있으나, 이사의 임기를 정한 경우에 정당한 이유 없이 그 임기만료 전에 이를 해임한 때에는 그 이사는 회사에 대하여 해임으로 인한 손해의 배상을 청구할 수 있다"고 규정하고 있는바, 이 때 이사의 임기를 정한 경우라 함은 정관 또는 주주총회의 결의로 임기를 정하고 있는 경우를 말하고, 이사의 임기를 정하지 않은 때에는 이사의 임기의 최장기인 3년을 경과하지 않는 동안에 해임되더라도 그로 인한 손해의 배상을 청구할 수 없다고 할 것이고, 회사의 정관에서 상법 제383조 제2항과 동일하게 "이사의 임기는 3년을 초과하지 못한다."고 규정한 것이 이사의 임기를 3년으로 정하는 취지라고 해석할 수는 없다(대법원 2001. 6. 15. 선고 2001다23928 판결).

⑤ 회사는 이사의 임기를 정한 경우 정당한 이유가 없더라도 그 임기 만료 전에 주주총회의 특별결의로 그 이사를 해임할 수 있다(상법 제385조 제1항).

정답_②

최대주주와 그 배우자 및 직계 존속·비속은 그 회사의 사외이사로 선임될 수 없다(제382조 제3항 2호).

정답_②

② 최대주주가 아니면서 비상장회사의 발행주식총수의 10% 이상의 주식을 소유하는 주요주주와 그 배우자 및 직계 존속·비속은 그 회사의 사외이사로 선임될 수 없다.

③ 정관으로 이사가 가질 주식의 수를 정한 경우 다른 규정이 없으면 이사는 그 수의 주권을 감사 또는 감사위원회에 공탁하여야 한다.

④ 가처분으로써 이사의 직무대행자로 선임된 자는 가처분명령에 다른 정함이 있거나 법원의 허가를 얻은 경우 외에는 회사의 상무에 속하지 아니한 행위를 하지 못한다.

⑤ 이사의 사임으로 인하여 법률 또는 정관에서 정한 이사의 원수를 결한 경우 그 사임한 이사는 새로 선임된 이사가 취임할 때까지 이사로서의 권리의무가 있다.

**문 40_** 상법상 주식회사의 이사에 관한 설명으로 옳은 것은?

(2014년 공인회계사)

① 상법상 이사는 사내이사, 사외이사, 그 밖에 상무에 종사하지 아니하는 이사로 나뉜다.

② 甲회사에서 집중투표제에 의하여 이사를 선임하고자 하는 경우 이사후보자가 5인이고 선임하고자 하는 이사의 수는 3인이라고 할 때 A주주가 보유하는 의결권 있는 보통주식이 100주라면 A주주는 500개의 의결권을 행사할 수 있다.

③ 이사는 해임에 대한 정당한 이유가 있는 경우 주주총회의 보통결의로 해임될 수 있고 정당한 이유가 없는 경우 주주총회의 특별결의에 의하여 해임될 수 있다.

④ 이사가 제3자에 대해 상법상 손해배상책임을 지는 경우 회사는 정관의 정함에 의하여 그 이사가 원인된 행위를 한 날 이전 최근 1년간 보수액의 6배를 초과하는 금액에 대하여 면제할 수 있다.

⑤ 판례에 의하면 모회사(甲)의 주주가 의결권 없는 주식을 포함하여 발행주식총수의 1%를 1년간 보유하고 있는 경우에 자회사(乙)의 이사의 책임을 묻기 위해 대표소송을 제기할 수 있다.

### 주식회사의 기관

**문 1** 상법상 주식회사의 이사의 임기와 정원에 관한 설명으로 틀린 것은? (2016년 공인회계사)

① 이사의 임기는 정관으로 그 임기 중의 최종의 결산기에 관한 정기주주총회의 종결에 이르기까지 연장할 수 있다.

② 판례에 의하면 '임기 중의 최종의 결산기에 관한 정기주주총회'는 임기 중에 도래하는 최종의 결산기에 관한 정기주주총회를 의미한다.

③ 법률 또는 정관에 정한 이사의 원수를 결한 경우 법원은 이사 등의 청구가 없더라도 직권으로 일시 이사의 직무를 행할 자를 선임할 수 있다.

④ 자본금 총액이 10억원 미만인 회사가 이사를 1명으로 선임한 경우 주주총회가 준비금의 자본금 전입을 결정한다.

⑤ 이사의 결원이 있어 법원이 일시 이사의 직무를 행할 자를 선임한 경우 그 일시이사의 권한은 회사의 상무에 제한되지 않는다.

법률 또는 정관에 정한 이사의 원수를 결한 경우 법원은 이사 등의 청구가 있는 경우에 일시 이사의 직무를 행할 자를 선임할 수 있다(제386조 제2항).

정답_③

**문 2** 상법상 비상장 주식회사의 이사에 관한 설명으로 틀린 것은? (2020년 공인회계사)

① 이사의 선임은 주주총회의 보통결의에 의하고, 그 해임은 주주총회의 특별결의에 의한다.

② 판례에 의하면, 이사가 그 의사에 반하여 해임될 경우 일정한 해직보상금을 지급받기로 약정한 때에는 이는 보수에 포함되지 않으므로, 정관에 그 액을 정하는 규정이나 주주총회의 결의가 없어도 이사는 회사에 대하여 이를 청구할 수 있다.

① 이사의 선임은 주주총회의 보통결의에 의하고(상법 제382조 제1항), 그 해임은 주주총회의 특별결의에 의한다(상법 제385조 제1항).
② 주식회사와 이사 사이에 체결된 고용계약에서 이사가 그 의사에 반하여 이사직에서 해임될 경우 퇴직위로금과는 별도로 일정한 금액의 해직보상금을 지급받기로 약정한 경우, <u>그 해직보상금은 형식상으로는 보수에 해당하지 않는다 하여도</u> 보수와 함께 같은 고용계약의 내용에 포함되어 그 고용계약과 관련하여 지급되는 것일 뿐 아니라, 의사에 반하여 해임된 이사에 대하여 정당한 이유의 유무와 관계 없이 지급하도록 되어 있어 이사에게 유리하도록 회사에 추가적인 의무를 부과하는 것인 바, 보수에 해당하지 않는다는 이유로 주주총회 결의를 요하지 않는다고 한다면, 이사들이

③ 이사의 임기를 정한 경우에 정당한 이유없이 그 임기만료 전에 이를 해임한 때에는, 그 이사는 회사에 대하여 해임으로 인한 손해배상을 청구할 수 있다.

④ 정관으로 이사가 가질 주식의 수를 정한 경우에, 다른 규정이 없는 때에는 이사는 그 수의 주권을 감사에게 공탁해야 한다.

⑤ 정관에 정한 이사의 원수를 결한 경우, 필요하다고 인정할 때에는 법원은 이사, 감사 기타의 이해관계인의 청구에 의하여 일시 이사의 직무를 행할 자를 선임할 수 있다.

고용계약을 체결하는 과정에서 개인적인 이득을 취할 목적으로 과다한 해직보상금을 약정하는 것을 막을 수 없게 되어, 이사들의 고용계약과 관련하여 그 사익 도모의 폐해를 방지하여 회사와 주주의 이익을 보호하고자 하는 상법 제388조의 입법 취지가 잠탈되고, 나아가 해직보상금액이 특히 거액일 경우 회사의 자유로운 이사해임권 행사를 저해하는 기능을 하게 되어 이사선임기관인 주주총회의 권한을 사실상 제한함으로써 회사법이 규정하는 주주총회의 기능이 심히 왜곡되는 부당한 결과가 초래되므로, <u>이사의 보수에 관한 상법 제388조를 준용 내지 유추적용하여 이사는 해직보상금에 관하여도 정관에서 그 액을 정하지 않는 한 주주총회 결의가 있어야만 회사에 대하여 이를 청구할 수 있다</u>(대법원 2006. 11. 23. 선고 2004다49570 판결).

③ 이사의 임기를 정한 경우에 정당한 이유없이 그 임기만료 전에 이를 해임한 때에는, 그 이사는 회사에 대하여 해임으로 인한 손해배상을 청구할 수 있다(상법 제385조 제2항).

④ 정관으로 이사가 가질 주식의 수를 정한 경우에, 다른 규정이 없는 때에는 이사는 그 수의 주권을 감사에게 공탁해야 한다(상법 제387조).

⑤ 정관에 정한 이사의 원수를 결한 경우, 필요하다고 인정할 때에는 법원은 이사, 감사 기타의 이해관계인의 청구에 의하여 일시 이사의 직무를 행할 자를 선임할 수 있다(상법 제386조 제2항).

정답_ ②

**문 3**_상법상 비상장주식회사 이사의 선임을 위한 집중투표방법에 관한 설명으로 옳은 것은? (2015년 공인회계사)

① 집중투표의 방법은 3인 이상의 이사를 선임하는 경우에 한하여 채택한다.

② 정관에서 허용하는 경우에 한하여 집중투표의 방법으로 이사를 선임할 수 있다.

③ 집중투표는 의결권 없는 주식을 제외한 발행주식총수의 100분의 1 이상에 해당하는 주식을 가진 주주가 회사에 대하여 주주총회일의 7일 전까지 서면 또는 전자문서로 청구하여야 한다.

④ 주주에 의한 서면청구가 있는 경우 회사는 이러한 서면을 주주총회가 종결될 때까지 본점에 비치하고 주주로 하여금 영업시간 내에 열람할 수 있게 하여야 한다.

⑤ 집중투표를 하는 경우 각 주주는 1주마다 이사후보자의 수와 동일한 의결권을 가지며 그 의결권은 이사 후보자 1인 또는 수인에게 집중하여 투표하는 방법으로 행사할 수 있다.

① 집중투표의 방법은 2인 이상의 이사를 선임하는 경우에 한하여 채택한다.

② 정관에서 다른 정함이 없는 경우에 한하여 집중투표의 방법으로 이사를 선임할 수 있다.

③ 집중투표는 의결권 없는 주식을 제외한 발행주식총수의 100분의 3 이상에 해당하는 주식을 가진 주주가 회사에 대하여 주주총회일의 7일 전까지 서면 또는 전자문서로 청구하여야 한다.

⑤ 집중투표를 하는 경우 각 주주는 1주마다 이사선임 수와 동일한 의결권을 가지며 그 의결권은 이사 후보자 1인 또는 수인에게 집중하여 투표하는 방법으로 행사할 수 있다.

정답_④

**문 4_** 의결권이 없는 주식을 제외한 발행주식 총수가 1,200주인 A주식회사는 임시주주총회를 소집하여 임기만료 등으로 결원이 생긴 이사 3인을 동시에 선임하려고 한다. 모든 주주가 총회에 출석하여 상법상의 집중투표를 할 경우, 어떠한 상황에서도 소수파 주주인 B가 다른 주주의 도움 없이 자기가 지지하는 후보자 1인을 이사로 선임하기 위해 보유해야 할 최소한의 주식 수는?

(2004년 공인회계사)

① 200주     ② 300주     ③ 301주
④ 400주     ⑤ 401주

소액주주들의 주식수에 이사선임수를 곱한 만큼의 의결권수가 대주주의 주식수보다 많아야 하므로, 소액주주의 주식수를 X라고 한다면 $3X > 1200-X$의 수식이 된다. 따라서 X는 300주를 초과하여야 하므로 답은 301주가 된다.

정답_③

**문 5_** 상법상 주식회사의 이사에 관한 설명으로 틀린 것은? (이견이 있으면 판례에 의함) (2021년 공인회계사)

① 이사와 회사의 관계는 민법의 위임에 관한 규정을 준용한다.
② 정관으로 이사가 가질 주식의 수를 정한 경우에 다른 규정이 없는 때에는 이사는 그 수의 주권을 감사에게 공탁하여야 한다.
③ 주주총회에서 이사를 선임하는 경우, 주주총회 선임결의와 별도로 대표이사와 피선임자 사이에 임용계약이 체결되어야 이사의 지위를 취득한다.
④ 이사는 언제든지 주주총회의 특별결의로 이를 해임할 수 있다.
⑤ 2인 이상의 이사의 선임을 목적으로 하는 총회의 소집이 있는 때에는 의결권 없는 주식을 제외한 발행주식총수의 100분의 3 이상에 해당하는 주식을 가진 주주는 정관에서 달리 정하는 경우를 제외하고는 집중투표의 방법으로 이사를 선임할 것을 청구할 수 있다.

① 이사와 회사의 관계는 민법의 위임에 관한 규정을 준용한다(상법 제382조 제2항).
② 정관으로 이사가 가질 주식의 수를 정한 경우에 다른 규정이 없는 때에는 이사는 그 수의 주권을 감사에게 공탁하여야 한다(상법 제387조).
③ 주주총회에서 이사를 선임하는 경우, 주주총회 선임결의와 당해 이사의 동의로써 이사의 지위를 취득하며, 대표이사와의 별도의 임용계약을 필요로 하지 않는다(판례).
④ 이사는 언제든지 주주총회의 특별결의로 이를 해임할 수 있다(상법 제385조 제1항).
⑤ 2인 이상의 이사의 선임을 목적으로 하는 총회의 소집이 있는 때에는 의결권 없는 주식을 제외한 발행주식총수의 100분의 3 이상에 해당하는 주식을 가진 주주는 정관에서 달리 정하는 경우를 제외하고는 집중투표의 방법으로 이사를 선임할 것을 청구할 수 있다(상법 제382조의2 제1항).

정답_③

**문 6_** 상법상 이사의 해임에 관한 설명으로 틀린 것은?

(2011년 공인회계사)

① 회사는 정당한 이유가 있는 경우에는 주주총회의 보통결의로써 이사를 해임할 수 있다.
② 정당한 이유없이 그 임기만료 전에 해임된 이사는 회사에 대하여 해임으로 인한 손해의 배상을 청구할 수 있다.
③ 판례에 의하면 이사의 임기를 정한 경우라 함은 정관 또는 주주총회의 결의로 임기를 정하고 있는 경우를 말한다.

회사는 정당한 이유가 있는 경우에는 주주총회의 특별결의로써 이사를 해임할 수 있다(상법 제385조 제1항).
③ 대법원 2001.6.15. 선고 2001다23928 판결
④ 대법원 2004.10.15. 선고 2004다25611 판결

정답_①

④ 판례에 의하면 주주와 이사 사이에 불화로 인하여 단순히 주관적인 신뢰관계가 상실된 것만으로는 이사의 해임에 정당한 이유가 있다고 보기에 부족하다.

⑤ 비상장회사의 주주총회에서 중대한 해임사유가 있는 이사의 해임을 부결한 때에는 발행주식총수의 100분의 3 이상에 해당하는 주식을 가진 주주는 그 이사의 해임을 법원에 청구할 수 있다.

**문 7_** 상법상 주식회사의 이사에 관한 설명으로 틀린 것은?

(2020년 공인회계사)

① 회사와 이사의 관계는 민법의 위임에 관한 규정이 준용되므로, 이사는 회사에 대하여 선량한 관리자로서의 주의의무를 부담한다.

② 이사는 법령과 정관의 규정에 따라 회사를 위하여 그 직무를 충실하게 수행하여야 한다.

③ 자본금 총액이 10억원 미만인 회사는 이사를 1명 또는 2명으로 할 수 있다.

④ 판례에 의하면, 이사가 회사에 손해를 발생시킨 경우 회사는 이사의 책임을 그 이사의 최근 1년간의 보수액의 6배 이하의 금액에 대하여 감경할 수 있을 뿐이고, 법원이 재량으로 더 이상 감경할 수는 없다.

⑤ 이사의 임기는 3년을 초과하지 못하지만, 상법상 이사의 연임 횟수를 제한하는 규정은 없다.

① 회사와 이사의 관계는 민법의 위임에 관한 규정이 준용되므로(상법 제382조 제2항), 이사는 회사에 대하여 선량한 관리자로서의 주의의무를 부담한다.
② 이사는 법령과 정관의 규정에 따라 회사를 위하여 그 직무를 충실하게 수행하여야 한다(상법 제382조의3).
③ 자본금 총액이 10억원 미만인 회사는 이사를 1명 또는 2명으로 할 수 있다(상법 제383조 제1항 단서).
④ 이사가 법령 또는 정관에 위반한 행위를 하거나 그 임무를 해태함으로써 회사에 대하여 손해를 배상할 책임이 있어 그 손해배상의 범위를 정할 때에는 당해 사업의 내용과 성격, 당해 이사의 임무위반의 경위 및 임무위반행위의 태양, 회사의 손해 발생 및 확대에 관여된 객관적 사정이나 그 정도, 평소 이사의 회사에 대한 공헌도, 임무위반행위로 인한 당해 이사의 이득 유무, 회사의 조직체계의 흠결 유무나 위험관리체제의 구축 여부 등 여러 사정을 참작하여 손해분담의 공평이라는 손해배상제도의 이념에 비추어 그 손해배상액을 제한할 수 있고, 나아가 책임감경사유에 관한 사실인정이나 그 비율을 정하는 것은 그것이 형평의 원칙에 비추어 현저히 불합리하다고 인정되지 않는 한 사실심의 전권사항에 속한다(대법원 2008. 12. 11. 선고 2006다5550 판결). 따라서 법원이 재량으로 더 이상 감경할 수 있다.
⑤ 이사의 임기는 3년을 초과하지 못하지만(상법 제383조 제2항), 상법상 이사의 연임 횟수를 제한하는 규정은 없다.

정답_④

**문 8_** 상법상 주주총회 결의의 하자를 다투는 소에 관한 설명으로 틀린 것은?

(2020년 공인회계사)

① 주주총회의 소집절차 또는 결의방법이 법령에 위반하거나 현저하게 불공정한 때에는 결의의 날로부터 2월 내에 결의취소의 소를 제기할 수 있다.

② 결의취소의 소와 결의부존재확인의 소에는 모두 법원의 재량에 의한 청구 기각이 인정되지 않는다.

① 주주총회의 소집절차 또는 결의방법이 법령에 위반하거나 현저하게 불공정한 때에는 결의의 날로부터 2월 내에 결의취소의 소를 제기할 수 있다(상법 제376조 제1항).
② 결의취소의 소에는 법원의 재량에 의한 청구기각이 인정되지만(상법 제379조), 결의부존재확인의 소에는 법원의 재량에 의한 청구기각이 인정되지 않는다(상법 제380조).
③ 결의취소의 소의 제소권자는 주주·이사 또는 감사이다(상법 제376조 제1항).

③ 결의취소의 소의 제소권자는 주주·이사 또는 감사이다.

④ 결의한 사항이 등기된 경우에 결의취소의 판결이 확정된 때에는 본점과 지점의 소재지에서 등기하여야 한다.

⑤ 결의취소 판결 및 결의무효확인 판결은 모두 대세적 효력과 소급효가 있다.

④ 결의한 사항이 등기된 경우에 결의취소의 판결이 확정된 때에는 본점과 지점의 소재지에서 등기하여야 한다(상법 제378조).

⑤ 결의취소 판결 및 결의무효확인 판결은 모두 대세적 효력과 소급효가 있다(상법 제376조 제2항, 제190조 본문).

정답_②

**문 9_** 상법상 주식회사 이사의 보수에 관한 설명으로 틀린 것은? (이견이 있으면 판례에 의함)　　(2021년 공인회계사)

① 이사에 대한 퇴직위로금은 그 직에서 퇴임한 자에 대하여 그 재직 중 직무집행의 대가로 지급되는 보수의 일종이다.

② 법적으로는 이사의 지위를 갖지만 회사와의 약정에 따라 이사로서의 실질적인 직무를 수행하지 않는 이른바 명목상 이사도 특별한 사정이 없으면 정관의 규정 또는 주주총회의 결의에 의하여 결정된 보수의 청구권을 갖는다.

③ 이사의 직무와 그 보수 사이에는 합리적 비례관계가 유지되어야 하며, 회사의 채무 상황이나 영업실적에 비추어 합리적인 수준을 벗어나서 현저히 균형성을 잃을 정도로 과다하여서는 아니 된다.

④ 주주총회의 결의로 이사의 퇴직위로금액이 결정된 경우라도, 퇴임한 특정이사에 대하여 새로운 주주총회에서 그 퇴직위로금을 박탈하는 결의를 하면 그 박탈하는 결의는 효력이 있다.

⑤ 이사의 임기를 정한 경우에 회사가 정당한 이유 없이 임기만료 전에 이사를 해임한 때에는 그 이사는 회사에 대하여 해임으로 인한 손해의 배상을 청구할 수 있으며, 정당한 이유의 존부에 대한 입증책임은 손해배상을 청구하는 이사가 부담한다.

① 이사에 대한 퇴직위로금은 그 직에서 퇴임한 자에 대하여 그 재직 중 직무집행의 대가로 지급되는 보수의 일종이다(판례).

② 법적으로는 이사의 지위를 갖지만 회사와의 약정에 따라 이사로서의 실질적인 직무를 수행하지 않는 이른바 명목상 이사도 특별한 사정이 없으면 정관의 규정 또는 주주총회의 결의에 의하여 결정된 보수의 청구권을 갖는다(판례).

③ 이사의 직무와 그 보수 사이에는 합리적 비례관계가 유지되어야 하며, 회사의 채무 상황이나 영업실적에 비추어 합리적인 수준을 벗어나서 현저히 균형성을 잃을 정도로 과다하여서는 아니 된다(판례).

④ 주주총회의 결의로 이사의 퇴직위로금액이 결정된 경우라도 퇴임한 특정이사에 대하여 새로운 주주총회에서 그 퇴직위로금을 박탈하는 결의를 하면 그 박탈하는 결의는 효력이 없다(판례).

⑤ 이사의 임기를 정한 경우에 회사가 정당한 이유 없이 임기만료 전에 이사를 해임한 때에는 그 이사는 회사에 대하여 해임으로 인한 손해의 배상을 청구할 수 있으며, 정당한 이유의 존부에 대한 입증책임은 손해배상을 청구하는 이사가 부담한다(판례).

정답_④

**문 10_** 상법상 주식회사 이사회에 관한 설명으로 옳은 것은?(이견이 있으면 판례에 의함)    (2013년 공인회계사)

① 감사는 필요한 경우 이사(소집권자가 있는 경우에는 소집권자)에게 이사회 소집을 청구할 수 있고 그 이사가 지체 없이 이사회를 소집하지 아니하면 그 청구한 감사가 법원의 허가를 조건으로 직접 소집할 수 있다.

② 상법 제397조의2(회사의 기회 및 자산의 유용 금지) 제1항에서 금지의 대상이 되는 회사기회를 자기의 이익을 위하여 이용하려는 이사는 그 승인을 위한 이사회에서 의결권을 행사할 수 없다.

③ 이사의 전부가 직접 회의에 출석하지 아니하고 모든 이사가 음성을 동시에 송수신하는 원격통신수단에 의한 결의를 금지하는 정관규정은 효력이 없다.

④ 주주와 회사채권자는 영업시간 내에 이사회의사록의 열람 또는 등사를 청구할 수 있다.

⑤ 이사회 내 위원회의 결의절차에 대한 하자는 결의취소의 소를 제기할 수 있고 그 결의내용의 중대한 하자는 결의무효확인의 소를 제기할 수 있다.

① 감사는 필요한 경우 이사(소집권자가 있는 경우에는 소집권자)에게 이사회 소집을 청구할 수 있고, 그 이사가 지체 없이 이사회를 소집하지 아니하면 그 청구한 감사가 직접 소집할 수 있다(제412조의4 제1항, 제2항).

③ 이사의 전부가 직접 회의에 출석하지 아니하고 모든 이사가 음성을 동시에 송수신하는 원격통신수단에 의한 결의는 정관에 다른 정함이 없는 경우 인정되므로, 이를 금지하는 정관규정은 효력이 있다(제391조 제2항).

④ 주주는 영업시간 내에 이사회의사록의 열람 또는 등사를 청구할 수 있다(제391조의3 제3항).

⑤ 이사회 내 위원회의 결의절차에 대한 하자 또는 결의내용의 중대한 하자는 일반 소송법에 의하여 결의무효확인의 소를 제기할 수 있을 뿐이다.

정답_②

**문 11_** 상법상 주식회사의 이사회에 관한 설명으로 틀린 것은? (이견이 있으면 판례에 의함)    (2021년 공인회계사)

① 이사회는 이사의 직무의 집행을 감독한다.

② 이사회 소집통지를 할 때에는 특별한 사정이 없는 한 주주총회 소집통지의 경우와 달리 회의의 목적사항을 함께 통지할 필요는 없다.

③ 이사회 의사록에는 의사의 안건, 경과요령, 그 결과, 반대하는 자와 그 반대이유를 기재하고, 출석한 이사 및 감사가 기명날인 또는 서명하여야 한다.

④ 이사회의 결의는 원칙적으로 이사과반수의 출석과 출석이사의 과반수로 하여야 하지만, 정관으로 그 비율을 높게 정할 수 있다.

⑤ 이사 자신이 직접 출석하여 이사회의 결의에 참가할 수 없는 경우, 그 이사가 대리인에게 출석을 위임하면 대리인에 의한 출석이 인정된다.

① 이사회는 이사의 직무의 집행을 감독한다(상법 제393조 제2항).

② 이사회 소집통지를 할 때에는 특별한 사정이 없는 한 주주총회 소집통지의 경우와 달리 회사의 목적사항을 함께 통지할 필요는 없다(판례).

③ 이사회 의사록에는 의사의 안건, 경과요령, 그 결과, 반대하는 자와 그 반대이유를 기재하고, 출석한 이사 및 감사가 기명날인 또는 서명하여야 한다(상법 제391조의3 제1항).

④ 이사회의 결의는 원칙적으로 이사 과반수의 출석과 출석이사의 과반수로 하여야 하지만, 정관으로 그 비율을 높게 정할 수 있다(상법 제391조 제1항).

⑤ 이사 자신이 직접 출석하여 이사회의 결의에 참가할 수 없는 경우라도 그 이사가 대리인에게 출석을 위임할 수 없다. 주주총회의 경우와 달리 이사회의 이사는 의사결정에 있어서 개성이 중시되기 때문이다.

정답_⑤

**문 12_**상법상 주식회사 이사회의 운영에 관한 설명으로 틀린 것은? (이견이 있으면 판례에 의함)　　　(2012년 공인회계사)

① 이사회의 결의에서 의결권을 행사할 수 없는 이사는 이사회의 성립정족수에는 포함되지만 의결정족수의 계산에서 출석이사의 수에는 산입하지 않는다.

② 이사회 결의요건을 충족하는지 여부는 이사회 결의 당시를 기준으로 판단하여야 하고 그 결의의 대상인 행위가 실제로 이루어진 날을 기준으로 판단할 것은 아니다.

③ 이사회의 결의에 하자가 있는 경우 하자의 유형을 구별함이 없이 민법의 일반원칙에 의해 그 무효를 주장할 수 있다.

④ 정관에서 정하는 소집권자인 이사가 정당한 이유 없이 이사회의 소집을 거절하는 경우 소집권 있는 이사를 제외한 다른 이사는 이사회를 소집할 수 없다.

⑤ 이사는 대표이사에 대하여 다른 이사 또는 피용자의 업무에 관해 이사회에 보고할 것을 요구할 수 있고 대표이사는 3개월에 1회 이상 업무의 집행상황을 이사회에 보고하여야 한다.

정관에서 정하는 소집권자인 이사가 정당한 이유 없이 이사회의 소집을 거절하는 경우 소집권 있는 이사를 제외한 다른 이사는 이사회를 소집할 수 있다(제390조 제2항).
정답_④

**문 13_**상법상 주식회사의 이사회에 관한 설명으로 틀린 것은?
　　　(2015년 공인회계사)

① 이사회는 원칙적으로 각 이사가 소집하지만 이사회 결의로 소집할 이사를 정할 수 있다.

② 이사회를 소집할 때에는 주주총회의 소집과 마찬가지로 회의의 목적사항을 반드시 통지하여야 한다.

③ 이사회결의에 관하여 특별이해관계가 있는 이사의 의결권은 이사회의 성립정족수에는 포함되나 의결정족수의 계산에서는 출석이사 속에 산입하지 않는다.

④ 감사는 필요한 경우 회의의 목적사항과 소집이유를 서면에 적어 이사(소집권자가 있는 경우에는 소집권자)에게 제출하여 이사회 소집을 청구할 수 있다.

⑤ 대표이사 해임을 위한 이사회 결의요건은 정관에서 달리 정하지 않은 이상 이사 과반수의 출석과 출석이사의 과반수로 하여야 한다.

이사회를 소집할 때에는 주주총회의 소집과 달리 회의의 목적사항을 반드시 통지할 필요는 없다(소집통지만 하면된다; 390조 제3항).
정답_②

**문 14_** 상법상 비상장회사의 전자문서 사용에 관한 설명으로 **틀린** 것은? (2012년 공인회계사)

① 회사는 정관이 정하는 바에 따라 전자문서로 주주명부를 작성하는 경우 전자주주명부에는 서면주주명부와 달리 주주의 주소 외에 전자우편주소를 기재하여야 한다.

② 회사는 정관으로 정하는 바에 따라 전자적 방법으로 주주총회의 소집에 관한 공고를 할 수 있으며 이를 위하여 회사의 인터넷 홈페이지의 주소를 등기하여야 한다.

③ 의결권 있는 발행주식총수의 100분의 3 이상에 해당하는 주주가 집중투표에 의하여 이사를 선임할 것을 청구하는 경우 그 청구는 이사선임을 위한 주주총회일의 7일 전까지 서면 또는 전자문서로 하여야 한다.

④ 회사는 주주총회 및 이사회의 의사록을 서면 또는 전자문서로 작성하여 주주 또는 채권자가 열람할 수 있도록 비치할 의무가 있다.

⑤ 회사가 전자주주명부를 작성하고 그 내용을 주주 또는 채권자가 서면으로 인쇄할 수 있는 상태에 두면 상법상 주주명부의 비치의무를 다한 것으로 본다.

회사는 주주총회 및 이사회의 의사록을 작성하여야 하며, 이 경우 전자문서로의 작성에 대해서는 규정이 없다(제373조, 제391조의3). 그리고 주주총회 의사록은 주주 또는 채권자가 열람할 수 있도록 비치할 의무가 있으나(제396조 제2항), 이사회의 의사록은 비치의무가 없다.

정답_④

**문 15_** 상법상 주식회사의 이사회 및 이사회내 위원회 제도에 관한 설명으로 **틀린** 것은? (2014년 공인회계사)

① 이사회는 이사 및 감사 전원의 동의가 있는 경우 상법상 소정의 소집절차 없이 언제든지 회의할 수 있다.

② 이사회의 결의는 과반수의 출석과 출석이사의 과반수로 하여야 하지만 정관으로 그 비율을 낮게 정할 수 있다.

③ 이사회는 주주총회의 승인을 요하는 사항의 제안을 이사회내 위원회의 권한으로 위임할 수 없다.

④ 이사회내 위원회는 2인 이상의 이사로 구성하지만 감사위원회는 3인 이상의 이사로 구성하여야 하며 그 중 사외이사가 위원의 3분의 2 이상이어야 한다.

⑤ 이사회내 위원회는 결의된 사항을 각 이사에게 통지하여야 하고 이를 통지받은 각 이사는 이사회의 소집을 요구할 수 있다.

이사회의 결의는 과반수의 출석과 출석이사의 과반수로 하여야 하지만 정관으로 그 비율을 높게 정할 수 있다(제391조 제1항).

정답_②

**문 16_**다음 중 주식회사의 이사회 내 위원회에 관한 설명으로 틀린 것은?

(2007년 공인회계사)

① 이사회는 정관에서 정하는 바에 따라 2인 이상의 이사로 구성하는 위원회를 설치할 수 있다.

② 자본총액이 10억원 미만인 회사에서 이사의 수를 1인 또는 2인으로 한 경우에는 위원회를 설치할 수 없다.

③ 위원회의 위원은 이사의 자격을 전제로 하기 때문에 그 자격을 주주로 제한하는 사항을 정관으로 따로 정할 수 없다.

④ 이사회는 주주총회의 승인을 요하는 사항의 제안, 대표이사의 선임과 해임, 위원회의 설치와 그 위원의 선임 및 해임, 정관에서 정하는 사항을 제외하고는 그 권한을 위원회에 위임할 수 있다.

⑤ 위원회는 결의된 사항을 각 이사에게 통지하여야 하는데 이를 통지받은 이사는 이사회의 소집을 요구할 수 있으며, 이사회는 위원회가 결의한 사항에 대하여 다시 결의할 수 있다.

정관으로 이사가 가질 주식의 수를 정할 수 있다(제387조). 따라서 위원회의 위원이 주주로 제한된다는 것은 이사가 주주로 제한된다는 것을 의미하므로 위 지문은 틀린 것이다.

정답_③

**문 17_**상법상 이사회 내 위원회에 관한 설명으로 옳은 것은?

(2010년 공인회계사)

① 이사회는 정관에 규정이 없더라도 주주총회의 특별결의를 얻어 위원회를 설치할 수 있다.

② 감사위원회는 3인 이상의 이사로 구성되고, 위원의 3분의 1은 사외이사이어야 한다.

③ 이사회는 주주총회의 승인을 요하는 사항의 제안도 회사의 경영상 목적을 달성하기 위하여 필요한 경우 위원회에 위임할 수 있다.

④ 위원의 원수가 3인 이상인 때에 위원회의 결의는 위원 과반수의 출석과 출석위원 과반수의 찬성으로 하며, 정관으로 그 비율을 낮게 정할 수 있다.

⑤ 위원회의 결의는 이사회의 결의와 동일한 효력이 있으며, 이사회는 감사위원회가 결의한 사항에 대하여 다시 결의할 수 없다.

① 위원회는 정관에 규정이 있어야 설치할 수 있다.
② 감사위원회는 3인 이상의 이사로 구성되고, 위원의 3분의 2이상은 사외이사이어야 한다.
③ 이사회는 주주총회의 승인을 요하는 사항의 제안은 위원회에 위임할 수 없다.
④ 위원의 원수가 3인 이상인 때에 위원회의 결의는 위원 과반수의 출석과 출석위원 과반수의 찬성으로 하며, 정관으로 그 비율을 높게 정할 수 있다.

정답_⑤

**문 18_**상법상 주식회사 이사의 의무에 관한 설명으로 틀린 것은?
(이견이 있으면 판례에 의함)                    (2021년 공인회계사)

① 이사는 이사회의 승인이 없으면 이익충돌의 여지가 있는 동종영업을 목적으로 하는 다른 회사의 무한책임사원이나 이사가 되지 못한다.

② 이사는 이사회의 승인 없이 현재 회사의 이익이 될 수 있으며 회사가 수행하는 사업과 밀접한 관계가 있는 회사의 사업기회를 자기 또는 제3자의 이익을 위하여 이용하여서는 아니 된다.

③ 이사와 회사 사이의 거래인 경우에는 양자 사이의 이해가 상반되지 않고 회사에 불이익을 초래할 우려가 없는 때에도 미리 이사회에서 해당 거래에 관한 중요사실을 밝히고 이사회의 승인을 받아야 한다.

④ 이사는 재임중 뿐만 아니라 퇴임 후에도 직무상 알게 된 회사의 영업상 비밀을 누설하여서는 아니 된다.

⑤ 이사는 법령과 정관의 규정에 따라 회사를 위하여 그 직무를 충실하게 수행하여야 한다.

**문 19_**상법상 주식회사 이사의 의무에 관한 설명으로 옳은 것은?
                                        (2019년 공인회계사)

① 이사가 경업금지의무를 위반한 경우 회사는 그 거래를 안 날로부터 1년 내에 개입권을 행사할 수 있다.

② 자본금 총액이 10억원 미만으로서 2인의 이사를 둔 회사의 이사는 3개월에 1회 이상 업무의 집행상황을 이사회가 아닌 주주총회에 보고하여야 한다.

③ 회사의 사업기회유용금지의무를 위반하여 회사에 손해를 발생시킨 이사 및 승인한 이사는 연대하여 손해를 배상할 책임이 있으며 이로 인해 이사 또는 제3자가 얻은 이익은 손해로 추정한다.

④ 이사는 이사 3분의 2 이상의 수에 의한 이사회의 승인을 얻은 때에 한하여 동종영업을 목적으로 하는 다른 회사의 이사의 직을 겸할 수 있다.

⑤ 이사는 직무상 알게 된 회사의 영업상 비밀을 재임 중에 한하여 누설하여서는 아니된다.

① 이사는 이사회의 승인이 없으면 이익충돌의 여지가 있는 동종영업을 목적으로 하는 다른 회사의 무한책임사원이나 이사가 되지 못한다(상법 제397조 제1항).
② 이사는 이사회의 승인 없이 현재 회사의 이익이 될 수 있으면 회사가 수행하는 사업과 밀접한 관계가 있는 회사의 사업기회를 자기 또는 제3자의 이익을 위하여 이용하여서는 아니 된다(상법 제397조의2 제1항).
③ 이사와 회사 사이의 거래인 경우에는 양자 사이의 이해가 상반되지 않고 회상 불이익을 초래할 우려가 없는 때에는 이사회의 승인을 받을 필요가 없다.
④ 이사는 재임중뿐만 아니라 퇴임 후에도 직무상 알게 된 회사의 영업상 비밀을 누설하여서는 아니 된다(상법 제382조의4).
⑤ 이사는 법령과 정관의 규정에 따라 회사를 위하여 그 직무를 충실하게 수행하여야 한다(상법 제382조의3).

정답_③

① 이사가 경업금지의무를 위반한 경우 회사는 그 거래가 있는 날로부터 1년 내에 개입권을 행사할 수 있다(상법 제397조 제3항).
② 자본금 총액이 10억원 미만으로서 2인의 이사를 둔 회사의 경우에는 393조가 적용되지 않는다(상법 제383조 제6항, 제393조 제4항). 즉, 업무집행이사의 보고의무는 없다.
③ 회사의 사업기회유용금지의무를 위반하여 회사에 손해를 발생시킨 이사 및 승인한 이사는 연대하여 손해를 배상할 책임이 있으며 이로 인해 이사 또는 제3자가 얻은 이익은 손해로 추정한다(상법 제397조의2 제2항).
④ 이사는 이사회의 승인(상법 제391조 제1항에 따라 총이사 과반수출석에 출석이사 과반수찬성)을 얻은 때에 한하여 동종영업을 목적으로 하는 다른 회사의 이사의 직을 겸할 수 있다(상법 제397조 제1항).
⑤ 이사는 직무상 알게 된 회사의 영업상 비밀을 재임 중 뿐만 아니라 퇴임후에도 누설하여서는 아니된다(상법 제382조의4).

정답_③

**문 20_**주식회사 이사의 경업금지의무에 관한 설명 중 옳지 <u>않은</u> 것은?

① 이사는 이사회의 승인을 얻으면 회사의 영업부류에 속한 거래를 할 수 있다.

② 회사의 이사가 이사회의 승인 없이 동종영업을 목적으로 하는 회사를 설립하고 대표이사가 되어 영업준비작업을 하였더라도 영업활동개시 전에 대표이사를 사임한 경우에는 겸업금지의무위반에 해당하지 않는다는 것이 판례이다.

③ 이사가 1인인 회사에서 그 이사는 주주총회의 승인을 받아야 회사의 영업부류에 속한 거래를 할 수 있다.

④ 이사의 경업금지의무 위반으로 인한 회사의 개입권은 거래가 있은 날로부터 1년 이내에 행사하여야 한다.

⑤ 회사는 개입권 행사와는 별도로 경업금지의무를 위반한 이사에게 손해배상책임을 물을 수 있다.

아직 개업을 준비하는 단계에 있는 회사의 이사를 겸하더라도 겸직금지의무를 위반한 것이 된다.

정답_②

**문 21_**상법상 주식회사에서 자기 또는 제3자의 계산으로 회사와 거래를 하기 위하여 미리 이사회에서 해당 거래에 관한 중요사실을 밝히고 이사회의 승인을 받아야 하는 자에 해당하지 <u>않는</u> 것은? (2019년 공인회계사)

① 이사의 배우자　　　　② 이사의 직계존속
③ 이사의 배우자의 직계비속　④ 이사의 직계비속의 배우자
⑤ 이사의 배우자의 직계존속이 의결권 있는 발행주식 총수의 50% 이상을 가진 회사의 자회사

상법 제398조 참조.

정답_④

**문 22_**비상장 주식회사의 이사와 회사의 자기거래로서 이사회의 승인이 필요한 경우는 모두 몇 개인가? (이견이 있으면 판례에 의함) (2012년 공인회계사)

> ㄱ. 회사에 대한 이사의 채무를 회사가 면제하는 경우
> ㄴ. 회사의 채권을 이사의 채권으로 하는 경개
> ㄷ. 이사의 제3자에 대한 채무에 대하여 회사가 보증하는 경우
> ㄹ. 대표이사가 회사의 채무를 담보하기 위하여 자신을 수취인으로 하는 회사 명의의 약속어음을 발행하는 경우
> ㅁ. 회사가 이사에 대하여 환어음을 배서양도하는 경우
> ㅂ. 변제기가 모두 도래한 이사와 회사 간의 채무의 상계
> ㅅ. 보험회사의 이사가 당해 회사의 보험상품에 그 약관에 의해 가입하는 경우

① 2개　② 3개　③ 4개　④ 5개　⑤ 6개

ㄱ. 회사에 대한 이사의 채무를 회사가 면제하는 경우, ㄴ. 회사의 채권을 이사의 채권으로 하는 경개, ㄷ. 이사의 제3자에 대한 채무에 대하여 회사가 보증하는 경우, ㅁ. 회사가 이사에 대하여 환어음을 배서양도하는 경우는 회사에 불이익이 되는 것이므로 이사회의 승인을 얻어야 한다. 그러나 ㄹ. 대표이사가 회사의 채무를 담보하기 위하여 자신을 수취인으로 하는 회사 명의의 약속어음을 발행하는 경우, ㅂ. 변제기가 모두 도래한 이사와 회사 간의 채무의 상계, ㅅ. 보험회사의 이사가 당해 회사의 보험상품에 그 약관에 의해 가입하는 경우는 회사에 이익이 되거나 이해충돌이 없는 행위이므로 이사회의 승인을 요하지 않는다.

정답_③

**문 23_** A회사와 C회사의 대표이사를 겸직하고 있는 D는, C회사가 B은행으로부터 융자를 받음에 있어, C회사의 채무에 대한 보증의 목적으로 A회사를 대표하여 B은행을 수취인으로 하는 A회사 명의의 약속어음을 발행교부하였다. D가 이 어음발행에 대해 A회사 이사회의 승인을 받지 않았고 B은행도 이러한 사실을 몰랐으며 이를 알 수도 없었을 경우, A회사의 어음금 지급책임에 대한 설명으로서 옳은 것은? (판례에 의함)　(2004년 공인회계사)

① B은행에 대한 어음발행은 이사회의 승인을 받아야 할 자기거래에 해당하지 아니하므로, A회사는 어음금지급책임이 있다.

② A회사의 이사회의 승인을 받지 아니한 자기거래는 무효이지만 이를 선의인 B은행에 대항할 수 없으므로, A회사는 어음금지급책임이 있다.

③ B은행에 대한 보증은 A회사 이사회의 승인을 받아야 할 자기거래에 해당하지 아니하므로, A회사는 어음금지급책임이 있다.

④ A회사의 이사회의 승인을 받지 아니한 자기거래는 무효이므로, A회사는 어음금지급책임이 없다.

⑤ A회사의 이사회의 승인을 받지 아니한 자기거래는 유효이므로, A회사는 어음금지급책임이 있다.

이사회의 승인을 얻지 않은 자기거래는 무효이며, 어음발행의 경우 그 무효는 이는 인적항변사유에 해당한다. 따라서 제3자가 선의인 때에는 이를 주장하지 못하므로 어음금지급책임을 진다.

정답_②

**문 24_** 甲 주식회사의 대표이사 A는 개인주택 구매를 위하여 K은행으로부터 대출받는 과정에서 자신의 채무상환을 담보할 목적으로 K은행을 수취인으로 甲 주식회사 명의의 약속어음을 발행하였다. 그런데 이 과정에서 甲 주식회사 이사회의 승인이 없었다. K은행은 丙에게 동 어음을 배서양도하였다. 다음 중 옳은 것끼리 짝지어진 경우는?(다툼이 있을 경우 판례에 의함)

(2009년 공인회계사)

ㄱ. 甲 주식회사의 위 약속어음 발행행위는 어음행위의 무인성(無因性)상 甲 주식회사와 대표이사 A간 이해충돌의 염려가 있는 자기거래에 해당하지 않는다.

ㄴ. 甲 주식회사의 위 약속어음 발행행위는 甲 주식회사와 대표이사 A간 이해충돌의 염려가 있는 자기거래에 해당한다.

ㄷ. 甲 주식회사의 위 약속어음의 발행에 관하여 甲 주식회사 이사회의 승인이 필요하다.

甲 주식회사의 위 약속어음 발행행위는 甲 주식회사와 대표이사 간 이해충돌의 염려가 있는 자기거래에 해당하므로, 甲 주식회사의 위 약속어음의 발행에 관하여 甲 주식회사 이사회의 승인이 필요하다. 따라서 이사회의 승인이 없는 어음발행은 대표이사A와의 관계에서는 무효이다. 다만, 丙이 위 어음취득한 당시에 악의 또는 중과실이 없었다면 丙은 甲 주식회사에 대하여 어음상의 권리를 행사할 수 있다(대판2004.3.25., 2003다64688).

정답_③

ㄹ. 甲 주식회사의 위 약속어음의 발행에 관하여 甲 주식회사 이사회의 승인이 필요하지 않다.

ㅁ. 丙이 위 어음취득 당시 악의 또는 중과실이 없었다면 丙은 甲 주식회사에 대하여 어음상의 권리를 행사할 수 있다.

ㅂ. 丙이 위 어음취득 당시 악의 또는 중과실이 있더라도 丙은 甲 주식회사에 대하여 어음상의 권리를 행사할 수 있다.

① ㄱ, ㄹ, ㅁ　　② ㄱ, ㄹ, ㅂ　　③ ㄴ, ㄷ, ㅁ

④ ㄴ, ㄹ, ㅂ　　⑤ ㄱ, ㄷ, ㅂ

**문 25_**비상장회사인 甲 주식회사는 A, B, C 3인의 이사와 감사 D를 두고 있다. 이 경우 이사와 회사간의 이익충돌방지에 관한 설명 중 **틀린** 것은? (2009년 공인회계사)

① 이사 A는 이사회의 승인이 없는 경우에는 자기 또는 제3자의 계산으로 회사와 거래하지 못한다.

② 이사 A는 이사회의 승인이 없으면 동종영업을 하는 다른 회사의 무한책임사원이나 이사가 되지 못한다.

③ 이사 A가 이사회의 승인 없이 자기의 계산으로 제3자 乙과 회사의 영업부류에 속한 거래를 한 경우에 이들 간의 거래의 효력은 인정되지 않는다.

④ 이사 A가 제3자 乙의 계산으로 경업금지에 위반되는 거래를 한 경우에 회사는 이사회의 결의로 이사 A에 대하여 거래로 인한 이득의 양도를 청구할 수 있다.

⑤ 자기거래 제한 규정을 위반한 이사 A에 대하여 회사가 소를 제기하는 경우에는 감사 D가 그 소에 관하여 회사를 대표한다.

이사 A가 이사회의 승인 없이 자기의 계산으로 제3자 乙과 회사의 영업부류에 속한 거래를 한 경우에 이들 간의 거래의 효력은 인정된다. 따라서 회사는 이에 따른 개입권을 행사할 수 있는 것이다.

정답_③

**문 26_**상법상 비상장 주식회사의 이사의 책임에 관한 설명으로 **틀린** 것은? (이견이 있으면 판례에 의함) (2021년 공인회계사)

① 이사가 고의 또는 과실로 그 임무를 게을리 한 경우에 지는 회사에 대한 손해배상책임은 주주 전원의 동의로 면제할 수 있다.

② 회사에 대한 영향력을 이용하여 이사에게 업무집행을 지시함으로써 회사에게 책임을 지는 자는 그 지시받은 업무집행행위로 인하여 회사에게 손해배상책임을 지는 이사와 연대하여 그 책임을 진다.

① 이사가 고의 또는 과실로 그 임무를 게을리 한 경우에 지는 회사에 대한 손해배상책임은 주주 전원의 동의로 면제할 수 있다(상법 제400조 제1항).

② 회사에 대한 영향력을 이용하여 이사에게 업무집행을 지시함으로써 회사에게 책임을 지는 자는 그 지시받은 업무집행행위로 인하여 회사에게 손해배상책임을 지는 이사와 연대하여 그 책임을 진다(상법 제401조의2 제1항).

③ 대표이사가 회사재산을 횡령하여 회사가 손해를 입고 결과적으로 주주의 경제적 이익이 침해되는 간접적인 손해는 이사의 제3자에 대한 책임에서의 손해의 개념이 포함되지 않

③ 대표이사가 회사재산을 횡령하여 회사가 손해를 입고 결과적으로 주주의 경제적 이익이 침해되는 간접적인 손해는 이사의 제3자에 대한 책임에서의 손해의 개념에 포함된다.

④ 발행주식총수의 100분의 1 이상에 해당하는 주식을 가진 주주는 회사에 대하여 이사의 책임을 추궁하는 소의 제기를 청구할 수 있다.

⑤ 이사가 법령 또는 정관에 위반한 행위를 하여 이로 인하여 회사에 회복할 수 없는 손해가 생길 염려가 있는 경우에는 감사는 회사를 위하여 이사에 대하여 그 행위를 유지할 것을 청구할 수 있다.

**문 27_상법상 주식회사의 이사의 의무에 관한 설명으로 옳은 것은?** (2017년 공인회계사)

① 이사가 이사회의 승인 없이 제3자의 계산으로 회사의 영업부류에 속한 거래를 한 경우 회사는 이사회의 결의로 이를 회사의 계산으로 한 것으로 볼 수 있다.

② 이사가 직무를 수행하는 과정에서 알게 된 회사의 이익이 될 수 있는 사업기회를 자기의 이익을 위하여 이용하기 위해서는 이사 과반수에 의한 이사회의 승인을 받아야 한다.

③ 이사의 배우자가 자기 또는 제3자의 계산으로 회사와 자기거래를 하기 위하여는 미리 이사회에서 그 거래에 관한 중요사실을 밝히고 이사회의 승인을 받아야 한다.

④ 판례에 의하면 이사가 이사회의 승인 없이 한 자기거래는 회사의 이익을 해할 가능성이 크므로 이사와 회사 사이는 물론 제3자에 대하여도 그의 선의와 악의를 묻지 않고 효력이 없다.

⑤ 판례에 의하면 이사가 이사회의 승인 없이 자기거래를 한 경우 회사는 물론 거래의 상대방이나 제3자도 회사의 이익을 위하여 그 거래의 무효를 주장할 수 있다.

**문 28_** 상법상 주식회사 이사의 의무와 책임에 관한 설명으로 틀린 것은? (2015년 공인회계사)

① 이사가 자기거래 금지의무를 위반한 경우 회사는 정관규정으로 이사가 그 행위를 한 날 이전 최근 1년간의 보수액의 6배를 초과하는 금액에 대하여 그 이사의 회사에 대한 손해배상책임을 면제할 수 있다.

② 이사가 고의 또는 중대한 과실로 그 임무를 게을리한 때에는 그 이사는 제3자에 대하여 연대하여 손해를 배상할 책임이 있다.

③ 이사는 이사회의 승인 없이 현재 또는 장래에 회사의 이익이 될 수 있는 회사의 사업기회를 자기 또는 제3자의 이익을 위하여 이용하여서는 안 된다.

④ 이사는 신주발행으로 인한 변경등기 후 아직 인수하지 않은 주식이 있거나 주식인수의 청약이 취소된 때에는 과실유무를 불문하고 이를 공동으로 인수할 책임이 있다.

⑤ 이사는 신주를 인수한 자가 납입기일에 주금을 납입하지 않더라도 납입담보책임을 부담하는 것은 아니다.

**문 29_** 상법상 주식회사의 이사 등의 책임에 관한 설명으로 틀린 것은? (2017년 공인회계사)

① 판례에 의하면 이사의 회사에 대한 임무해태로 인한 손해배상책임은 위임관계로 인한 채무불이행책임이므로 그 소멸시효기간은 일반채무의 경우와 같이 10년이다.

② 판례에 의하면 이사가 임무를 수행함에 있어서 법령에 위반한 행위를 한 때에는 원칙적으로 경영판단의 원칙이 적용되지 않는다.

③ 고의 또는 중대한 과실로 임무를 게을리한 이사의 행위가 이사회의 결의에 의한 것인 때에는 그 결의에 찬성한 이사도 제3자에 대하여 연대하여 손해를 배상할 책임이 있다.

④ 회사에 대한 자신의 영향력을 이용하여 이사에게 업무집행을 지시하여 고의로 법령에 위반한 행위를 하게 한 자는 회사에 대하여 연대하여 손해를 배상할 책임이 있다.

⑤ 회사는 정관의 규정으로 사외이사의 제3자에 대한 손해배상책임에 관하여 그 행위를 한 날 이전 최근 1년간의 보수액의 3배를 초과하는 금액에 대하여 면제할 수 있다.

해 설 및 정 답

이사가 자기거래 금지의무를 위반한 경우 회사는 정관규정으로 이사가 그 행위를 한 날 이전 최근 1년간의 보수액의 6배를 초과하는 금액에 대하여 그 이사의 회사에 대한 손해배상책임을 면제할 수 없다(제400조 제2항).
정답_①

회사는 정관의 규정으로 사외이사의 회사에 대한 손해배상책임에 관하여 그 행위를 한 날 이전 최근 1년간의 보수액의 3배를 초과하는 금액에 대하여 면제할 수 있다(제400조 제2항).
정답_⑤

**문 30_** 상법상 주식회사 이사의 책임에 관한 설명으로 옳은 것은?

(2014년 공인회계사)

① 이사가 아니면서 회장의 명칭을 사용하여 회사의 업무를 집행한 자는 이사의 회사에 대한 손해배상책임 및 제3자에 대한 손해배상책임의 적용에 있어서 이를 이사로 본다.

② 판례에 의하면 이사의 회사에 대한 손해배상책임에 있어서 이사가 법령에 위반하는 행위를 한 경우에도 경영판단의 원칙을 적용한다.

③ 판례에 의하면 甲과 乙 두 회사의 대표이사를 겸하는 A가 甲회사 이사회의 승인없이 甲회사를 대표하여 乙회사의 채무를 보증한 경우에도 A는 甲회사에 대하여 자기거래금지를 위반한 것은 아니다.

④ 이사가 미리 이사회에서 해당 거래에 관한 중요 사실을 밝히고 이사회의 승인을 받아 자기거래를 하였으나 불공정한 거래로 회사에 손해가 발생한 경우 이사의 책임은 회사의 정관이 정하는 바에 따라 감면될 수 있다.

⑤ 이사는 과실이 없다 하더라도 신주인수인이 인수한 주식에 대하여 인수가액을 납입하지 않은 경우 자본금 충실의 원칙에 따라 연대하여 납입할 책임을 부담한다.

**문 31_** 다음 사항 중 상법상 옳은 것만으로 묶인 것은?(주주가 다수인 비상장주식회사로서 자본금총액이 10억원 이상인 회사의 이사를 의미하고 이견이 있으면 판례에 의함) (2013년 공인회계사)

> ㈎ 이사가 이사회의 승인 없이 회사가 수행할 사업과 밀접한 관계가 있는 사업기회로서 장래에 회사의 이익이 될 수 있는 기회를 자기의 이익을 위하여 이용하여 거래를 한 경우에는, 그 거래가 회사의 영업부류에 속하는 거래가 아닌 경우에도 회사는 이사회의 결의로 그 거래를 회사의 계산으로 할 수 있다.
>
> ㈏ 이사가 자기의 계산으로 회사와 거래를 함에 있어 그 거래의 내용과 절차가 공정하면 이사회의 승인이 필요 없다.
>
> ㈐ 이사가 개인적으로 부담하는 금융기관에 대한 채무를 이사가 재직하고 있는 회사가 적법하게 연대보증하려면 그 이사는 사전에 이사회에서 해당거래의 중요사실을 밝히고 이사 3분의 2 이상의 수로 승인을 얻어야 하고, 그 거래의 내용과 절차는 공정하여야 한다.

② 판례에 의하면 이사의 회사에 대한 손해배상책임에 있어서 이사가 법령에 위반하는 행위를 한 경우에도 경영판단의 원칙을 적용되지 않는다(대판 2005.10.28, 2003다69638).

③ 판례에 의하면 甲과 乙 두 회사의 대표이사를 겸하는 A가 甲회사 이사회의 승인없이 甲회사를 대표하여 乙회사의 채무를 보증한 경우에도 A는 甲회사에 대하여 자기거래금지를 위반한 것이다(대판 1969.11.11, 69다1374).

④ 이사가 미리 이사회에서 해당 거래에 관한 중요 사실을 밝히고 이사회의 승인을 받아 자기거래를 하였으나 불공정한 거래로 회사에 손해가 발생한 경우 이사의 책임은 회사의 정관이 정하는 바에 따라 감면될 수 없다(제400조 제2항).

⑤ 이사는 인수담보책임은 부담하지만, 납입담보책임을 부담하지는 않는다(제423조 제2항 참조).

정답_①

㈎ 틀린 지문이다. 이사가 이사회의 승인 없이 회사가 수행할 사업과 밀접한 관계가 있는 사업기회로서 장래에 회사의 이익이 될 수 있는 기회를 자기의 이익을 위하여 이용하여 거래를 한 경우에는, 그 거래가 회사의 영업부류에 속하는 거래가 아닌 경우에는 회사는 이사회의 결의로 그 거래를 회사의 계산으로 할 수 없다(제397조 제1항).

㈏ 틀린 지문이다. 이사가 자기의 계산으로 회사와 거래를 함에 있어 그 거래의 내용과 절차가 공정하여야 하고 이사회의 승인이 필요하다(제398조).

㈐ 옳은 지문이다. 이사가 개인적으로 부담하는 금융기관에 대한 채무를 이사가 재직하고 있는 회사가 적법하게 연대보증하려면 그 이사는 사전에 이사회에서 해당거래의 중요사실을 밝히고 이사 3분의 2 이상의 수로 승인을 얻어야 하고, 그 거래의 내용과 절차는 공정하여야 한다(제398조;대판 1984. 12.11, 84다카1591).

㈑ 옳은 지문이다. 회사가 이사와 납품계약을 맺으면서 그 대가로 약속어음을 발행하는 경우에는 그 이사는 사전에 이사회에서 회사의

(라) 회사가 이사와 납품계약을 맺으면서 그 대가로 약속어음을 발행하는 경우에는 그 이사는 사전에 이사회에서 회사의 약속어음발행에 대하여 그 중요사실을 밝히고 이사 3분의 2 이상의 수로 승인을 얻어야 하고, 그 거래의 내용과 절차는 공정하여야 한다.

(마) 판례에 따르면 회사는 정관으로 이사의 계산으로 이루어지는 회사의 이사 간의 거래의 승인을 주주총회 결의사항으로 할 수 있다.

(바) 상법 제397조의2에 반하는 회사기회유용행위에 의하여 이사가 회사에 대하여 부담하는 손해배상책임을 상법 제400조 제2항이 인정하는 범위 내에서 감면하는 정관 규정은 유효하다.

① (가), (나)  ② (가), (다)  ③ (나), (다), (바)
④ (다), (라), (마)  ⑤ (나), (라), (마), (바)

**문 32_** 甲주식회사에는 대표이사 A, 상무이사 B 및 평이사 C의 3인의 이사가 있는데, C는 월 1회 개최되는 이사회에만 참석할 뿐 회사의 업무에 관여하지 않고 있다. A와 B는 이사회에 보고도 하지 않은 채 거래내역을 누락시키는 방법으로 탈세를 하다가 세무조사 결과 거액의 세금을 추징당하게 되면서 甲회사가 경영파탄에 빠지게 되었다. C의 甲회사에 대한 책임에 관한 다음 설명 중 옳은 것을 모두 포함하고 있는 것은? (판례에 의함) (2004년 공인회계사)

ㄱ. C는 회사의 업무에 관여하지 않았으므로 A, B의 법위반행위에 대한 책임이 없다.

ㄴ. C는 이사회에 보고되지 않은 사항에 대해서는 감시의무가 없으므로 A, B의 법위반행위에 대한 책임이 없다.

ㄷ. C는 이사회 결의에 의한 것이 아닌 사항에 대해서는 감시의무가 없으므로 A, B의 법위반행위에 대한 책임이 없다.

ㄹ. C가 A, B의 법위반행위를 알 수 있었음에도 불구하고 감시의무를 게을리한 경우에는 책임이 있다.

ㅁ. ㄹ.에서 C가 책임을 지는 경우 C는 A, B와 연대하여 책임을 진다.

① ㄱ, ㄴ, ㄷ  ② ㄱ, ㄷ  ③ ㄴ, ㄷ
④ ㄹ  ⑤ ㄹ, ㅁ

**문 33_**甲주식회사의 대표이사 A는 영업연도 말에 당해 회사의 결손으로 인해 금융기관으로부터 대출을 받기가 곤란해지자 이익이 난 것처럼 재무제표를 허위로 작성하여 이사회의 결의를 거친 후 乙은행으로부터 대출을 받았다. 변제기에 이르러 甲회사가 채무를 변제하지 못하게 되자 乙은행은 부실재무제표의 작성을 주도한 甲회사의 대표이사 A를 상대로 상법 제401조 제1항 소정의 손해배상을 청구하고 있다. 다음 중 이에 대한 설명으로 틀린 것은?

(2007년 공인회계사)

① 대표이사 A가 재무제표를 허위로 작성한 것은 고의 또는 중대한 과실로 그 임무를 해태한 행위이고, 이로 인해 부실채권을 갖게 된 乙은행은 손해를 입은 것이 인정된다.

② 대표이사 A의 악의 또는 중대한 과실에 대한 입증책임은 乙은행이 부담한다.

③ 회사의 임무에 대한 대표이사 A의 악의 또는 중대한 과실이 입증되면, A는 乙은행에게 손해를 배상해야 한다.

④ 법정책임설에 의하면, 대표이사 A의 부실재무제표 작성행위가 민법상 불법행위의 요건을 구비하는 경우, 乙은행은 위의 손해배상과 함께 불법행위책임을 물을 수 있다.

⑤ 위 이사회에 참가하였지만 의사록에 이의를 기재하지 않은 이사 B는 그 결의에 반대한 것으로 추정되므로, A와 연대하여 손해를 배상할 책임이 없다.

**문 34_**상법상 이사의 의무와 책임에 관한 설명으로 틀린 것은?

(2011년 공인회계사)

① 이사와 회사의 관계는 민법의 위임에 관한 규정을 준용하므로 이사는 회사에 대하여 선량한 관리자의 주의의무를 부담한다.

② 판례에 의하면 이사가 주주총회 또는 이사회의 결의에 따라 업무를 집행하였더라도 그 결의내용이 위법 또는 불공정한 것이라면 책임을 면할 수 없다.

③ 판례에 의하면 이사가 다른 업무담당이사의 업무집행이 위법하다고 의심할 사유가 있음에도 불구하고 이를 방치한 때에는 회사가 입은 손해를 배상할 책임이 있다.

④ 이사는 이사회의 승인이 없으면 자기 또는 제3자의 계산으로 회사의 영업부류에 속한 거래를 하거나 동종영업을 목적으로 하는 다른 회사의 무한책임사원이나 이사가 되지 못한다.

⑤ 이사가 경업금지의무를 위반하여 거래를 한 경우 회사는 이사회의 결의로 직접 그 이사가 한 거래의 당사자가 될 수 있다.

---

**해 설 및 정 답**

이사회에 참가하여 의사록에 이의를 기재하지 않은 이사는 찬성한 것으로 추정되므로(제401조 제2항, 제399조 제3항), 연대하여 손해를 배상할 책임이 있다.

정답_⑤

이사가 경업금지의무를 위반하여 거래를 한 경우 회사는 이사회의 결의로 개입권을 행사할 수 있으며, 이 경우 자기의 계산은 회사의 계산으로 제3자의 계산으로 한 경우에는 그로 인한 이익의 양도를 청구할 수 있다. 경업금지의무위반행위에 대해 회사는 직접 그 이사가 한 거래의 당사자가 될 수는 없다.

③ 대법원 1985.6.25.선고 84다카1954 판결

정답_⑤

**문 35_**상장회사인 甲회사의 회장인 A의 지시로 회사의 이사들이 분식결산을 하였을 경우 회사의 주주들이 A와 이사들을 상대로 손해배상책임을 묻는 경우에 관한 설명으로 옳은 것은? (2011년 공인회계사)

① 6개월 전부터 계속하여 甲회사 발행주식총수의 1만분의 1 이상에 해당하는 주식을 보유한 주주는 甲회사에 대하여 이사의 책임을 추궁할 소의 제기를 청구할 수 있다.

② 판례에 의하면 甲회사의 주주들은 이사들의 악의 또는 중과실에 의한 임무해태로 인한 주가 하락으로 입은 손해에 대하여 직접 배상을 청구할 수 있다.

③ 회장인 A가 등기이사가 아니라면 甲회사나 제3자에 대하여 상법상 손해배상책임을 지지 않는다.

④ 이사들이 회사의 경영에 도움이 된다고 판단하여 분식결산을 하게 된 것이라면 경영판단의 원칙에 따라 책임을 지지 않는다.

⑤ 분식결산으로 인한 재무제표를 정기총회에서 승인한 후 2년 내에 다른 결의가 없었다면 이사들의 책임을 해제한 것으로 본다.

② 판례에 의하면 甲회사의 주주들은 이사들의 악의 또는 중과실에 의한 임무해태로 인한 주가 하락으로 입은 손해는 간접손해에 해당하므로 직접 배상을 청구할 수 없다(대법원 1993.1.26.선고 91다36093 판결 참조).

③ 회장인 A가 등기이사가 아니라도 업무집행지지자로써 甲회사나 제3자에 대하여 상법상 손해배상책임을 진다(상법 제401조의2 제1항).

④ 이사들이 회사의 경영에 도움이 된다고 판단하여 분식결산을 하게 된 것이라도 이는 법률에 위반된 행위이므로 경영판단의 원칙이 적용되지 않는다(대법원 2005.10.28. 선고 2003다69638 판결 등).

⑤ 분식결산으로 인한 재무제표를 정기총회에서 승인한 것은 부정행위가 있는 것이므로, 2년 내에 다른 결의가 없었다 하더라도 이사들의 책임을 해제한 것으로 볼 수 없다.

정답_①

**문 36_**비상장회사인 주식회사의 분식결산에 관여한 자들의 책임에 관한 상법상 설명으로 틀린 것은? (이견이 있으면 판례에 의함)

(2016년 공인회계사)

① 회사는 분식결산을 실행한 대표이사에게 분식결산으로 인하여 납부하게 된 과징금 상당액의 손해를 배상할 것을 청구할 수 있다.

② 판례에 의하면 대표이사는 분식결산을 하는 것이 회사의 이익에 부합한다고 합리적으로 신뢰하고 경영상 판단을 내린 것이라고 주장하더라도 면책될 수 없다.

③ 주주총회에서 분식결산된 재무제표를 승인한 후 2년 내에 다른 결의가 없으면 회사는 대표이사의 책임을 해제한 것으로 본다.

④ 회사는 영향력을 행사하여 대표이사에게 분식결산을 지시한 회장(이사로 등기되지 않음)에게 분식결산으로 인한 손해를 배상할 것을 청구할 수 있다.

⑤ 회사는 회사의 업무를 집행할 권한이 있는 것으로 인정될 만한 '상무'라는 명칭을 사용하여 분식결산을 실행한 자(이사로 등기되지 않음)에게 그로 인한 손해의 배상을 청구할 수 있다.

주주총회에서 분식결산된 재무제표를 승인한 것은 부정행위에 해당하므로 승인 후 2년 내에 다른 결의가 없더라도 회사는 대표이사의 책임을 해제한 것으로 볼 수 없다(제450조).

정답_③

**문 37**_A는 甲주식회사의 대표이사이다. 다음 설명 중 상법상 옳은 것은?(이견이 있으면 판례에 의함)  (2013년 공인회계사)

① 甲회사가 甲회사의 감사위원회 위원 B에게 소송을 제기하는 경우에는 A가 당연히 甲회사를 대표한다.

② A는 甲회사의 모회사인 乙주식회사의 감사의 직무를 겸할 수 있다.

③ 甲회사가 정관으로 A의 영업에 관한 대표 권한을 제한한 경우에는 선의의 제3자에게도 대항할 수 있다.

④ 판례에 따르면 A가 객관적으로 대표권의 범위내의 행위를 한 경우에도 그것이 자기의 사적 이익을 위한 것이었고 회사에 손해가 발생한 경우 거래상대방이 이 같은 사정을 알았다면 甲회사가 이를 입증하여 무효를 주장할 수 있다.

⑤ 소액의 대표이사 직무수행자금 조달을 위한 신주발행은 정관규정이나 이사회의 결의 없이 A의 결정만으로 할 수 있다.

① 甲회사가 甲회사의 감사위원회 위원 B에게 소송을 제기하는 경우에는 감사위원회 또는 이사는 법원에 회사를 대표할 자를 선임하여 줄 것을 신청하여야 한다(제394조 제2항).
② A는 甲회사의 모회사인 乙주식회사의 감사의 직무를 겸할 수 없다(제411조).
③ 甲회사가 정관으로 A의 영업에 관한 대표권한을 제한한 경우에는 선의의 제3자에게도 대항할 수 없다(제389조 제3항, 제209조 제2항).
④ 대판 1987.10.13, 86다카1522
⑤ 소액의 대표이사 직무수행자금 조달을 위한 신주발행은 정관규정이나 이사회의 결의가 있어야 한다(제416조).
정답_④

**문 38**_상법상 공동대표이사의 사례에 관한 설명으로 틀린 것은?(이견이 있으면 판례에 의함)  (2012년 공인회계사)

> 甲주식회사는 사장 A와 전무 B를 공동대표이사로 선임하여 공동대표이사의 등기를 하였다. 그런데 A는 '甲주식회사의 대표이사 A'라는 단독명의로 乙과 회사의 업무용 토지에 관한 매매계약을 체결하였다. 이후 甲회사는 그 계약이 불리하게 체결된 점을 발견하고 공동대표이사 규정의 위반을 이유로 매매계약의 효력을 부인하고 있다.

① 공동대표이사 중의 1인인 사장 A가 단독으로 행한 乙과의 매매계약은 무권대표행위로서 무효이다.

② 전무 B가 사장 A의 행위를 추인한 때에는 하자가 치유되므로 乙은 甲회사에 대하여 매매의 효력을 주장할 수 있다.

③ 전무 B의 추인이 없는 경우 乙은 사장 A에 대하여는 민법상 손해배상책임을 묻고 甲회사에 대하여는 사용자책임을 물을 수 있다.

④ 전무 B가 사장 A에게 대표권을 포괄적으로 위임하였다면 사장 A와 乙 사이에 체결된 매매계약은 甲회사에 대하여 유효하다.

⑤ 사장 A가 '甲주식회사의 대표이사 A'라고 명함에 사용하는 것을 甲회사가 허락하였다면 선의·경과실인 乙은 甲회사에 대하여 매매계약상의 책임을 물을 수 있다.

공동대표이사의 경우 대표권의 포괄적 위임은 제도취지에 반하므로 인정되지 않는다는 것이 판례와 통설의 입장이다. 따라서 포괄적 위임에 의한 사장 A의 매매계약체결은 무권대표행위가 되고, 회사에 대하여 효력이 없다.
정답_③,④(정답확정위원회 심의결과)

**문 39**_상법상 주식회사의 대표이사의 권한에 관한 설명으로 틀린 것은? (2011년 공인회계사)

① 대표이사는 대외적으로 회사를 대표하여 회사의 영업에 관하여 재판상 또는 재판외의 모든 행위를 할 권한이 있다.

② 이사회는 원칙적으로 대표이사가 소집하며 다만 이사회의 결의로 소집할 이사를 정한 때에는 그러하지 아니하다.

③ 대표이사의 대표권에 대한 제한은 선의의 제3자에게 대항하지 못한다.

④ 판례에 의하면 대표이사가 대표권의 범위 내에서 한 행위는 대표권을 남용한 것이라도 상대방이 대표이사의 진의를 알았거나 알 수 있었을 경우가 아니라면 유효하다.

⑤ 판례에 의하면 대표이사가 이사회의 결의를 거쳐야 할 대외적 거래행위를 이사회 결의 없이 하였더라도 상대방이 이를 알았거나 알 수 있었을 경우가 아니라면 유효하다.

이사회는 원칙적으로 각 이사가 소집하며 다만 이사회의 결의로 소집할 이사를 정한 때에는 그러하지 아니하다(상법 제390조 제1항).
④ 대법원 1997.8.29. 선고 97다18059 선고;대법원 2005.7.28. 선고 2005다3649 판결
⑤ 대법원 1996.1.26. 선고 94다42754 선고;대법원 2003.1.24. 선고 2000다20670 판결

정답_②

**문 40**_상법상 주식회사의 공동대표이사 제도에 관한 설명으로 틀린 것은? (2011년 공인회계사)

① 주식회사가 수인의 대표이사를 둔 경우에는 원칙적으로 각 대표이사가 단독으로 회사를 대표하지만 예외적으로 공동으로 회사를 대표할 것을 정할 수 있다.

② 공동대표이사의 정함이 있는 경우 회사가 어음을 발행하려면 공동대표이사 전원의 기명날인 또는 서명이 있어야 한다.

③ 공동대표이사가 있는 회사에 대한 의사표시는 공동대표이사 전원에 대하여 하여야 한다.

④ 판례에 의하면 공동대표이사 1인이 그 대표권의 행사를 다른 공동대표이사에게 일반적·포괄적으로 위임함은 허용되지 않는다.

⑤ 판례에 의하면 회사가 공동대표이사에게 단순히 '대표이사'라는 명칭을 사용하여 단독으로 법률행위를 하는 것을 용인 내지 방임한 경우에도 표현대표이사 규정이 적용될 수 있다.

공동대표이사가 있는 회사에 대한 의사표시는 공동대표이사 중 1인에 대하여 하여도 효력이 있다(상법 제389조 제3항, 제208조 제2항).
④ 대법원 1989.5.23.선고 89다카3677 판결
⑤ 대법원 1991.11.12. 선고 91다19111 판결

정답_③

# 11 진도별 모의고사

## 주식회사의 기관

**문 1_**상법상 주식회사의 대표이사의 권한과 책임에 관한 설명으로 틀린 것은? (이견이 있으면 판례에 의함) (2016년 공인회계사)

① 주식회사가 수인의 대표이사를 둔 경우 원칙적으로 각 대표이사가 단독으로 회사를 대표한다.

② 이사회를 두고 있는 회사의 대표이사가 회사의 중요한 자산을 처분하려면 이사회의 결의가 있어야 한다.

③ 판례에 의하면 대표이사가 대표권의 범위 내에서 자기의 이익을 위하여 대표권을 남용한 행위를 하였더라도 상대방이 선의이고 과실이 없는 경우 회사가 그 무효를 주장할 수 없다.

④ 판례에 의하면 대표이사가 회사의 재산을 횡령하여 기존의 주주가 간접적인 손해를 입은 경우 주주는 그 대표이사를 상대로 자신에게 직접 그 손해를 배상할 것을 청구할 수 있다.

⑤ 판례에 의하면 대표이사가 다른 업무담당이사의 업무집행이 위법하다고 의심할 만한 사유가 있음에도 감시의무를 위반하여 이를 방치하였다면 그로 인한 회사의 손해를 배상할 책임이 있다.

판례에 의하면 대표이사가 회사의 재산을 횡령하여 기존의 주주가 간접적인 손해를 입은 경우 주주는 그 대표이사를 상대로 자신에게 직접 그 손해를 배상할 것을 청구할 수 없다.

정답_④

**문 2_**1인회사인 甲건설주식회사의 지배주주 A는 명목상의 대표이사인 B로부터 대표이사 직인 및 B의 인감을 받아 보관하면서 C 등 상가분양신청자들과 직접 甲회사의 명의로 상가분양계약을 체결하였다. 분양대금도 A 개인의 통장에 입금시킨 채 이를 개인적인 용도로 사용하였으며, 결국 甲회사는 상가건설 중에 도산하고 말았다. C는 甲회사에 대하여 적법하게 분양계약을 해제하였으나, 계약금 및 중도금을 반환받을 수 없었다. C가 취할 수 있는 조치에 관한 설명 중 틀린 것은? (2005년 공인회계사)

① C는 A에 대하여 업무집행지시자 등의 책임에 관한 상법 제401조의2의 규정을 근거로 손해배상을 청구할 수 있다.

본 설문은 '법인격부인의 법리'의 적용에 관한 것으로, 법인격부인의 법리에 의해 A의 책임이 인정되는 경우라도, 실제 행위의 주체자인 甲회사는 책임을 져야 하며 그 책임이 면제되는 것이 아니다.

정답_④

② C는 甲회사의 대표이사인 B에 대하여 임무해태로 인한 손해
배상책임을 물을 수 있다.

③ C는 법인격부인의 법리를 근거로 A에 대하여 계약금 및 중
도금의 반환을 청구할 수 있다.

④ 법인격부인의 법리에 의하여 A의 책임이 인정되는 경우에
甲회사의 책임은 면제된다.

⑤ C는 A와 B에 대하여 연대책임을 주장할 수 있다.

**문 3_**甲주식회사 대표이사 A는 대주주 B가 업무집행에 영향력을
행사하고 대외적으로 대표이사라는 명칭을 사용하는 것을 알면서
도 이를 방치하였다. 그러던 중 B는 그에게 대표권이 있다고 신뢰
한 C와 납품계약을 맺었다. 이 납품계약의 효력에 관한 설명 중
옳은 것은?(판례에 따름)

① C가 무과실인 경우에만 甲회사가 이행책임을 부담한다.

② B는 이사가 아니므로, 표현대표이사로서의 행위가 성립될
수 없다.

③ C에게 중과실이 있어서 표현대표이사의 행위로 인한 甲회사
의 책임이 인정되지 않는 경우에도, C는 B에게 상법 제401
조의 규정에 의한 손해배상책임을 물을 수 있다.

④ 甲회사는 동 납품계약을 사전에 인지하고 있었을 때만 납품
계약상의 이행책임을 부담한다.

⑤ C와 체결한 납품계약에 대한 甲회사의 이행책임이 인정되는
경우에도, 그 계약에 대한 B의 이행책임은 면제되지 않는다.

설문은 표현대표이사의 책임 또는 업무집행지
시자의 책임을 묻는 것이다. 표현대표이사가
된다면 회사의 책임이 되므로 ①②④⑤는 틀
린 지문이다.

정답_③

**문 4_**甲주식회사의 대표이사 A는 대주주인 C의 업무집행지시에
따라서 경리담당이사 B와 공모하여 회사재산을 횡령함으로써 그
결과 회사가 도산하였다. 이로 인하여 채권을 회수할 수 없게 된
회사채권자 D의 상법상 손해배상청구에 관한 설명으로 옳은 것만
으로 짝지어진 것은?　　　　　　　　　　　(2004년 공인회계사)

> ㄱ. D는 A에 대하여 손해배상을 청구할 수 있다.
> ㄴ. D는 A에 대하여 민법상 불법행위로 인한 손해배상을 청
> 　　구할 수 없다는데 학설과 판례가 일치한다.
> ㄷ. D는 A, B 및 C에 대하여 연대책임을 물을 수 있다.
> ㄹ. D는 C에 대하여는 손해배상을 청구할 수 없다.

① ㄱ, ㄴ　　　　　② ㄱ, ㄷ　　　　　③ ㄱ, ㄹ

④ ㄴ, ㄷ　　　　　⑤ ㄴ, ㄹ

설문은 업무집행지시자 등의 책임에 관한 내
용으로, 업무집행지시자 등은 이사와 같은 책
임을 부담하고, 다른 이사도 책임이 있는 때에
는 연대하여 책임을 진다.

정답_②

**문 5_상법상 주식회사의 표현대표이사에 관한 설명으로 틀린 것은?(이견이 있으면 판례에 의함)** (2018년 공인회계사)

① 회사가 공동대표이사에게 단순한 대표이사라는 명칭을 사용하여 법률행위를 하는 것을 용인한 경우에도 회사는 표현대표이사에 관한 규정에 따른 책임을 질 수 있다.

② 회사가 이사의 자격도 없는 자에게 표현대표이사의 명칭을 사용하게 허락한 경우에는 표현대표이사에 관한 규정이 유추적용된다.

③ 회사가 표현대표이사의 행위에 대하여 책임을 지기 위해서는 표현대표이사의 명칭사용을 명시적으로나 묵시적으로 승인함으로써 대표자격의 외관 현출에 대한 책임이 인정되어야 한다.

④ 회사의 진정한 대표이사가 아닌 지배주주가 표현대표이사의 명칭 사용을 허락한 경우에도 회사의 귀책사유가 인정된다.

⑤ 제3자가 회사의 대표이사가 아닌 이사가 회사를 대표할 권한이 있다고 믿음에 있어서 중대한 과실이 있는 경우 회사는 제3자에 대하여 책임을 지지 아니한다.

**문 6_상법상 표현대표이사에 관한 설명으로 틀린 것은? (최근의 판례에 의함)** (2010년 공인회계사)

① 대표이사의 성명을 등기한 후에는 선의의 제3자에게 대항할 수 있다는 상업등기제도와 상관없이 표현대표이사 책임은 인정될 수 있다.

② 이사가 아닌 영업부장 또는 이사직을 사임한 자가 회사를 대표할 권한이 있는 것으로 인정될 만한 명칭을 사용한 경우에는 표현대표이사 책임이 인정되지 않는다.

③ 외관에 대한 회사의 귀책사유에는 회사가 그러한 명칭의 사용을 허용한 경우는 물론이고 그러한 명칭을 사용하는 것을 알면서 소극적으로 묵인한 경우도 포함된다.

④ 이사 선임의 주주총회 결의에 대한 취소판결이 확정된 경우, 그 결의에 의하여 선임된 이사에 의해 구성된 이사회에서 선정된 대표이사가 그 취소판결의 확정 전에 한 행위는 대표권이 없는 자가 한 행위로서 무효이다.

⑤ 대표권이 없는 사장이 회사 명의로 발행한 약속어음을 악의의 수취인에게 교부한 경우, 회사를 발행인으로 믿고 동 어음을 과실없이 취득한 제3자에 대하여 회사는 책임을 진다.

**문 7_** 상법상 주식회사의 표현대표이사에 관한 설명으로 **틀린** 것은? (이견이 있으면 판례에 의함)   (2015년 공인회계사)

① 판례에 의하면 부존재하는 주주총회 결의에 의하여 선임된 이사의 행위에 대하여도 부실등기에 관한 상법 제39조를 유추 적용한다.

② 제3자가 회사의 대표이사가 아닌 이사와 거래행위를 함에 있어 그 이사가 회사를 대표할 권한이 있다고 믿었을지라도 그와 같은 믿음에 중대한 과실이 있는 때에는 회사는 그 제3자에 대하여 책임을 지지 않는다.

③ 판례에 의하면 표현대표이사가 회사의 명의로 어음행위를 한 경우 회사가 책임을 지는 선의의 제3자의 범위에는 표현대표이사로부터 직접 어음을 취득한 상대방뿐만 아니라 그로부터 어음을 배서양도 받은 제3취득자도 포함된다.

④ 제3자가 법인등기부 등기를 열람하지 않고 회사와 거래한다면 표현대표이사 성립에 있어서 중대한 과실이 있다.

⑤ 회사가 표현대표이사의 명칭사용을 허락하거나 이를 알고도 용인한 경우 회사는 표현책임을 질 수 있다.

표현대표이사제도는 상업등기와는 다른 차원에서 회사의 표현책임을 인정한 규정이므로, 제3자가 법인등기부 등기를 열람하지 않고 회사와 거래하더라도 표현대표이사 성립에 있어서 중대한 과실에 해당하지 않는다(판례).
정답_④

**문 8_** 상법상 주식회사의 이사와 집행임원에 관한 설명으로 **틀린** 것을 묶은 것은?   (2014년 공인회계사)

> ㉠ 회사의 성립 이후에는 이사는 주주총회에서 선임되지만 집행임원은 이사회에서 선임된다.
>
> ㉡ 회사는 집행임원을 둘 수 있고 집행임원 설치회사는 대표이사를 두지 못한다.
>
> ㉢ 이사는 집행임원으로 선임되지 못하며 집행임원 설치회사는 이사회의 회의를 주관하기 위하여 이사회의 의장을 둘 수 있다.
>
> ㉣ 집행임원 설치회사에서 집행임원을 3인 이상 선임하는 경우에는 집행임원회를 설치하여야 한다.
>
> ㉤ 집행임원의 임기는 정관에 다른 규정이 없으면 2년을 초과하지 못한다.

① ㉠, ㉢         ② ㉡, ㉣         ③ ㉢, ㉤
④ ㉠, ㉡         ⑤ ㉢, ㉣

㉢ 이사는 집행임원으로 선임되지 못하며 집행임원 설치회사는 이사회의 회의를 주관하기 위하여 이사회의 의장을 두어야 한다(제408조의2 제4항).
㉣ 집행임원 설치회사에서 집행임원을 3인 이상 선임하는 경우에도 집행임원회제도는 없으며, 다만 이사회에서는 대표집행임원을 선임하여야 한다(제408조의5).
정답_⑤

**문 9** 다음 중 상법상 비상장회사의 주주가 이사에 대하여 행사할 수 있는 유지청구권에 관한 설명으로 옳은 것은? (2007년 공인회계사)

① 위법행위유지청구권은 그 청구 당시 의결권있는 발행주식총수의 100분의 1 이상에 해당하는 주식을 가진 주주만이 행사할 수 있다.

② 위법행위유지청구권은 이사의 위법한 행위로 인하여 주주가 불이익을 받을 염려가 있어야 행사할 수 있다.

③ 신주발행유지청구권은 위법한 신주발행으로 인하여 주주가 불이익을 받을 염려가 있다면 단 1주만을 보유해도 행사할 수 있다.

④ 신주발행유지청구권은 위법한 신주발행으로 인하여 회사에 회복할 수 없는 손해가 발생할 염려가 있어야 행사할 수 있다.

⑤ 위법행위유지청구권은 주주의 공익권이고, 신주발행유지청구권은 주주의 자익권이다.

① 위법행위유지청구권은 발행주식총수의 100분의 1 이상에 해당하는 주식을 가진 주주(의결권없는 주식을 가진 주주도 포함)나 감사가 제기할 수 있다.
② 위법행위유지청구권은 이사의 위법행위로 인하여 회사에 회복할 수 없는 손해가 발생할 염려가 있어야 행사할 수 있다.
④ 신주발행유지청구권은 위법한 신주발행으로 인하여 주주가 불이익을 받을 염려가 있는 경우에 그 주주가 행사할 수 있는 권리이다.
⑤ 위법행위유지청구권은 주주의 공익권이라는데 이의가 없으나, 신주발행유지청구권은 공익권이라는 견해와 자익권이라는 견해의 대립이 있다. 공익권이라는 견해가 다수설의 입장이다.

정답_③

**문 10** 상법상 비상장주식회사의 대표소송에 관한 설명으로 틀린 것은?
(2015년 공인회계사)

① 상법상 요건을 갖춘 소수주주는 발기인에 대해서도 대표소송을 제기함으로써 발기인의 회사에 대한 손해배상책임을 물을 수 있다.

② 대표소송에서 소를 제기한 주주가 승소한 경우에는 회사에 대하여 소송비용 및 소송으로 인하여 지출한 비용 중 상당한 금액의 지급을 청구할 수 있다.

③ 대표소송에서 패소한 주주는 경과실이 있는 때에는 회사에 대하여 손해를 배상할 책임이 없다.

④ 대표소송을 제기한 주주의 보유주식이 제소 후 발행주식총수의 100분의 0.5로 감소한 경우 제기된 소송은 당사자적격의 상실로 인하여 각하된다.

⑤ 대표소송에 있어서 원고와 피고가 공모하여 회사의 권리를 사해할 목적으로 판결을 하게 한 때에는 회사는 확정된 종국판결에 대하여 재심의 소를 제기할 수 있다.

대표소송을 제기한 주주의 보유주식이 제소 후 발행주식총수의 100분의 0.5로 감소한 경우라도 제기된 소송은 각하되지 않는다(제403조 제5항).

정답_④

**문 11_상법상 비상장회사의 대표소송에 관한 설명으로 옳은 것은?**

(2012년 공인회계사)

① 대표소송은 감사 또는 의결권 있는 발행주식총수의 100분의 1 이상에 해당하는 주식을 소유하는 주주가 제기할 수 있다.

② 이사의 책임발생 이후에 주식을 취득한 자도 원고가 될 수 있으며 재임 중의 행위에 의하여 책임이 있는 퇴임한 이사도 피고가 될 수 있다.

③ 대표소송을 제기한 경우 당사자는 총주주의 동의를 얻지 아니하고는 소의 취하, 청구의 포기나 인락, 화해를 할 수 없다.

④ 이사 아닌 자가 회사로부터 이익공여를 받은 경우 그 반환책임에 대하여는 대표소송이 인정되지 않는다.

⑤ 판례에 의하면 종속회사의 이사가 고의 또는 중과실로 임무를 해태한 경우 종속회사의 주주가 아닌 지배회사의 주주는 그 이사의 종속회사에 대한 책임을 추궁하는 이중대표소송을 제기할 수 있다.

**문 12_상법상 주주의 대표소송에 관한 설명으로 틀린 것은?**

(2018년 공인회계사)

① 판례에 의하면 타인의 승낙을 얻어 그 타인의 명의로 주식을 취득한 명의차용인은 주주명부에 명의개서를 하지 않더라도 대표소송을 제기할 수 있다.

② 주주는 이사와 통모하여 현저하게 불공정한 발행가액으로 주식을 인수한 자에 대하여 회사를 위하여 공정한 발행가액과의 차액에 상당한 금액의 지급을 청구하는 대표소송을 제기할 수 있다.

③ 회사가 주주의 권리행사와 관련하여 재산상의 이익을 공여한 경우 주주는 회사를 위하여 그 이익을 공여받은 자에 대하여 이의 반환을 청구하는 대표소송을 제기할 수 있다.

④ 감사가 선임된 회사에서 주주가 대표소송의 제기에 앞서 회사에 대하여 이사의 책임을 추궁할 소의 제기를 청구하는 경우 그 청구를 받음에 있어서는 감사가 회사를 대표한다.

⑤ 대표소송에서는 법원의 허가를 얻지 아니하고는 소의 취하, 청구의 포기는 물론 청구의 인락이나 화해도 할 수 없다.

---

**해 설 및 정 답**

① 대표소송은 의결권 있는 발행주식총수의 100분의 1 이상에 해당하는 주식을 소유하는 주주가 제기할 수 있다(제403조 제1항). 감사는 대표소송을 제기할 수 없다.

③ 대표소송을 제기한 경우 당사자는 법원의 허가를 얻지 아니하고는 소의 취하, 청구의 포기나 인락, 화해를 할 수 없다(제403조 제5항).

④ 이사 아닌 자가 회사로부터 이익공여를 받은 경우 그 반환책임에 대하여는 대표소송이 인정된다(제467조의2 제4항, 제403조 내지 제406조).

⑤ 판례에 의하면 종속회사의 이사가 고의 또는 중과실로 임무를 해태한 경우 종속회사의 주주가 아닌 지배회사의 주주는 그 이사의 종속회사에 대한 책임을 추궁하는 이중대표소송을 제기할 수 없다(대법원 2004. 9. 23. 선고 2003다49221 판결).

정답_②

판례에 의하면 타인의 승낙을 얻어 그 타인의 명의로 주식을 취득한 명의차용인은 주주명부에 명의개서를 하지 않으면 대표소송을 제기할 수 없다(대법원 2017.3.23.선고 2015다248342 판결 참조).

② 상법 제424조의2 제2항 ③ 상법 제467조의2 제4항 ④ 상법 제394조 제1항 ⑤ 상법 제409조 제6항

정답_①

**문 13_**상법상 비상장 주식회사의 주주의 대표소송에 관한 설명으로 틀린 것은? (2020년 공인회계사)

① 대표소송을 제기한 주주는 소를 제기한 후 지체없이 회사에 대하여 그 소송의 고지를 하여야 한다.

② 대표소송을 제기한 주주는 제소시 뿐만 아니라 사실심 변론 종결시까지 발행주식총수의 100분의 1 이상의 주식을 계속 보유하여야 원고적격이 유지된다.

③ 판례에 의하면, 이중대표소송은 허용되지 않는다.

④ 주주가 대표소송을 제기한 경우, 당사자는 법원의 허가를 얻지 않으면 소의 취하, 청구의 포기·인락, 화해를 할 수 없다.

⑤ 대표소송을 제기한 주주가 패소한 때에는 악의인 경우 외에는 회사에 대하여 손해를 배상할 책임이 없다.

① 대표소송을 제기한 주주는 소를 제기한 후 지체없이 회사에 대하여 그 소송의 고지를 하여야 한다(상법 제404조 제2항).
② 대표소송을 제기한 주주는 제소시에는 발행주식총수의 100분의 1 이상의 주식을 보유하여야 하지만(상법 제403조 제1항), <u>제소 후 발행주식총수의 100분의 1 미만으로 감소한 경우(발행주식을 보유하지 아니한 경우를 제외한다)에도 제소의 효력에는 영향이 없다(상법 제403조 제5항)</u>
③ 어느 한 회사가 다른 회사의 주식의 전부 또는 대부분을 소유하여 양자간에 지배종속관계에 있고, 종속회사가 그 이사 등의 부정행위에 의하여 손해를 입었다고 하더라도, 지배회사와 종속회사는 상법상 별개의 법인격을 가진 회사이고, 대표소송의 제소자격은 책임추궁을 당하여야 하는 이사가 속한 당해 회사의 주주로 한정되어 있으므로, 종속회사의 주주가 아닌 지배회사의 주주는 상법 제403조, 제415조에 의하여 종속회사의 이사 등에 대하여 책임을 추궁하는 이른바 이중대표소송을 제기할 수 없다(대법원 2004. 9. 23. 선고 2003다49221 판결).
④ 주주가 대표소송을 제기한 경우, 당사자는 법원의 허가를 얻지 않으면 소의 취하, 청구의 포기·인락, 화해를 할 수 없다(상법 제403조 제6항).
⑤ 대표소송을 제기한 주주가 패소한 때에는 악의인 경우 외에는 회사에 대하여 손해를 배상할 책임이 없다(상법 제405조 제2항).

정답_②

**문 14_**소수주주가 대표소송을 제기할 수 있는 경우에 해당하지 않는 사항은 모두 몇 개인가? (2009년 공인회계사)

ㄱ. 발기인의 제3자에 대한 손해배상책임

ㄴ. 퇴임한 이사가 퇴임 전에 행한 행위에 대하여 회사에 대하여 지는 손해배상책임

ㄷ. 이사의 이름으로 직접 업무를 집행한 자의 회사에 대한 손해배상책임

ㄹ. 청산사무의 집행에 과실이 있는 청산인의 청산 중의 회사에 대한 손해배상책임

ㅁ. 주주권의 행사와 관련하여 이익을 공여받은 자에 대한 이익반환 청구

① 1개     ② 2개     ③ 3개
④ 4개     ⑤ 5개

ㄱ. 발기인의 제3자에 대한 손해배상책임은 대표소송에 대상이 되지 않는다. ㄴ. 퇴임한 이사가 퇴임 전에 행한 행위에 대하여 회사에 대하여 지는 손해배상책임(제403조 제1항), ㄷ. 이사의 이름으로 직접 업무를 집행한 자의 회사에 대한 손해배상책임(제401조의2 제1항, 제403조), ㄹ. 청산사무의 집행에 과실이 있는 청산인의 청산 중의 회사에 대한 손해배상책임(제542조 제2항, 제403조), ㅁ. 주주권의 행사와 관련하여 이익을 공여받은 자에 대한 이익반환 청구(제467조의2 제3항, 제403조)는 대표소송의 대상이 된다.

정답_①

**문 15_** 다음 사항 중 상법상 주식회사에 관한 설명으로 **틀린** 것은 모두 몇 개인가?(이견이 있으면 판례에 의함) (2013년 공인회계사)

> ㉮ 집중투표의 방법으로 이사를 선임하는 경우에 회사가 집중투표 청구 서면을 총회종결시까지 본점에 비치하지 않았거나 주주총회에서 의장이 의결에 앞서 그러한 청구의 취지를 알리지 않았으면 그 이사선임 결의는 결의취소의 소의 원인이 될 수 있다.
> ㉯ 한정치산자는 상장회사의 사외이사가 될 자격이 있다.
> ㉰ 회사가 이사에게 퇴직위로금을 지급하려면 정관에 그 금액을 정하지 않았으면 주주총회의 특별결의로 정해야 한다.
> ㉱ 상법 이외의 법률이 준법지원인의 임기를 2년으로 규정하여도 상법이 우선하여 적용되어 준법지원인의 임기는 3년이다.
> ㉲ 집행임원의 임기는 정관에 다른 규정이 없으면 2년을 초과하지 못한다.
> ㉳ 회사의 경영에 대하여 영향력을 가진 주주가 이사의 명의로 고의로 위법한 업무를 직접 집행한 경우에는 그로 인하여 회사에 손해가 발생하여도 상법 제399조(회사에 대한 책임)의 책임을 부담하지 않는다.

① 2개    ② 3개    ③ 4개    ④ 5개    ⑤ 6개

**문 16_** 다음 중 주식회사의 이사에 대한 직무집행정지 가처분 및 직무대행자의 선임에 관한 설명으로 **틀린** 것은? (판례에 의함)

(2007년 공인회계사)

① 직무대행자는 가처분명령에 다른 정함이 있거나 법원의 허가를 얻은 경우가 아니면 정기주주총회의 소집은 할 수 있지만, 임시주주총회의 소집은 할 수 없다.
② 직무대행자가 법원의 허가 없이 회사의 상무에 속하지 아니하는 행위를 한 경우, 회사는 선의의 제3자에 대하여 책임을 진다.
③ 직무대행자가 당해 가처분신청인에게 그 권한의 전부를 위임하여 회사의 경영을 일임하는 행위는 가처분명령에 위배되므로 허용될 수 없다.
④ 주주총회에서 직무집행정지 중의 이사를 해임하고 후임이사를 새로 선임한 경우, 가처분이 취소되지 않는 한 직무대행자만이 이사의 직무를 집행할 권한을 가질 뿐이다.
⑤ 새로 선임된 대표이사가 가처분에 반하여 회사 대표자의 자격에서 한 법률행위는 제3자에 대한 관계에서 무효이지만, 그 제3자는 자신이 선의이었음을 들어 당해 법률행위의 유효를 주장할 수 있다.

**문 17_** 상법상 주식회사 이사의 직무집행정지 및 직무대행자의 선임에 관한 설명 중 **틀린** 것은? (2008년 공인회계사)

① 이사선임결의의 무효나 취소 또는 이사해임의 소가 제기된 경우에, 법원은 당사자의 신청에 의하여 가처분으로써 이사의 직무집행을 정지할 수 있고 또는 직무대행자를 선임할 수 있다.

② 이사의 직무집행의 정지 및 직무대행자의 선임을 위한 가처분은 급박한 사정이 있는 때에는 본안 소송의 제기 전에도 할 수 있다.

③ 직무대행자는 가처분명령에 다른 정함이 있다 하더라도 법원의 허가가 없는 한 회사의 상무에 속하지 아니한 행위를 하지 못한다.

④ 대표이사의 선임에 관한 이사회결의 무효의 소를 본안으로 하는 가처분의 경우는 대표이사로서의 직무만 정지되지만, 기타의 경우에 정지의 효력은 이사의 자격을 전제로 하는 모든 직무에 미친다.

⑤ 판례에 의하면, 대표이사가 해임되고 새로운 대표이사가 선임되었다 하더라도 가처분결정이 취소되지 않는 한 새로 선임된 대표이사는 그 선임결의의 적법 여부에 관계없이 대표이사로서의 권한을 갖지 못한다.

해 설 및 정 답

직무대행자는 가처분명령에 다른 정함이 있는 경우 회사의 상무에 속하지 아니하는 행위를 할 수 있고, 법원의 허가가 있는 경우에도 회사의 상무에 속하지 아니하는 행위를 할 수 있다(제408조 제1항).
⑤ 대판1992.5.12., 92다5638
정답_③

**문 18_** 법원은 가처분으로써 甲주식회사의 대표이사인 A의 직무집행을 정지하고 B를 직무대행자로 선임하였다. 이와 관련한 상법상 설명으로 **틀린** 것은? (이견이 있으면 판례에 의함)
(2016년 공인회계사)

① 판례에 의하면 그 후에 甲회사가 적법한 절차에 따라 A를 해임하고 C를 새 대표이사로 선임하였더라도 가처분이 취소되지 않는 한 C는 대표이사로서의 권한이 없다.

② 법원은 급박한 사정이 있는 때에는 본안소송의 제기 전에도 직무집행정지와 직무대행자를 선임하는 가처분을 할 수 있다.

③ 판례에 의하면 B를 직무대행자로 선임한 가처분은 제3자에게 효력이 미치지 않는다.

④ B는 가처분에서 다른 정함이 있거나 법원의 허가를 얻지 않으면 甲회사의 상무에 속하지 아니한 행위를 하지 못한다.

⑤ B가 법원의 허가 없이 甲회사의 영업을 양도한 경우 그 영업을 양수받은 자가 선의이면 甲회사는 양수인에 대하여 책임을 져야 한다.

판례에 의하면 B를 직무대행자로 선임한 가처분은 제3자에게 효력이 미친다(대판1992.5.12., 92다5638).
정답_③

**문 19_**상법상 주식회사에 집행임원을 설치하는 경우에 관한 설명으로 옳은 것은? (2018년 공인회계사)

① 집행임원은 주주총회에서 선임되며 회사의 업무집행을 담당한다.

② 2명 이상의 집행임원이 선임된 경우에는 이사회 결의로 회사를 대표할 대표집행임원을 선임하여야 한다.

③ 이사회의 회의를 주관하기 위하여 이사회 의장을 두어야 하고 이 경우 이사회 의장은 사외이사 중에서 선임한다.

④ 집행임원의 임기는 3년을 초과하지 못하지만 정관으로 그 임기 중의 최종의 결산기에 관한 정기주주총회의 종결에 이르기까지 연장할 수 있다.

⑤ 이사회는 집행임원의 업무집행을 감독할 권한을 가지므로 이사를 집행임원으로 선임할 수 없다.

① 집행임원은 이사회에서 선임되며(상법 제408조의2 제3항 1호), 회사의 업무집행을 담당한다(상법 제408조의4 제1항).
② 상법 제408조의5 제1항
③ 이사회의 회의를 주관하기 위하여 이사회 의장을 두어야 하고 이 경우 이사회 의장은 정관의 규정이 없으면 이사회 결의로 선임한다(상법 제408조의2 제4항). 사외이사 중에서 선임하여야 한다는 규정은 없다.
④ 집행임원이 임기는 2년을 초과하지 못하지만 정관으로 그 임기 중의 최종의 결산기에 관한 정기주주총회의 종결 후 가장 먼저 소집하는 이사회의 종결시까지로 연장할 수 있다(상법 제408조의3 제1항, 제2항).
⑤ 이사회는 집행임원의 업무집행을 감독할 권한을 가지지만, 집행임원의 자격에는 제한이 없으므로 이사를 집행임원으로 선임할 수 있다.

정답_②

**문 20_**상법상 주식회사의 감사 또는 감사위원회에 관한 설명으로 옳은 것은? (2016년 공인회계사)

① 자본금의 총액이 10억원 미만인 회사는 감사를 두지 않을 수 있다.

② 최근 사업연도 말 현재의 자산총액이 1천억원 이상인 상장회사는 감사위원회를 둘 수 없고 반드시 상근감사를 두어야 한다.

③ 최근 사업연도 말 현재의 자산총액이 2조원 이상인 상장회사의 감사위원회 위원을 선임하거나 해임하는 권한은 이사회에 있다.

④ 회사가 감사의 임기 내에 정당한 이유 없이 감사를 해임하더라도 그 감사는 회사에 대하여 해임으로 인한 손해배상을 청구할 수 없다.

⑤ 상장회사는 주주총회에서 감사의 보수와 이사의 보수를 단일 안건으로 상정하여 그 총액을 의결할 수 있다.

② 최근 사업연도 말 현재의 자산총액이 1천억원 이상인 상장회사는 감사위원회를 두거나 상근감사를 두어야 한다(제542조의10 제1항).
③ 최근 사업연도 말 현재의 자산총액이 2조원 이상인 상장회사의 감사위원회 위원을 선임하거나 해임하는 권한은 주주총회에 있다(제542조의12 제1항).
④ 회사가 감사의 임기 내에 정당한 이유 없이 감사를 해임하면 그 감사는 회사에 대하여 해임으로 인한 손해배상을 청구할 수 있다(제415조, 제385조).
⑤ 상장회사는 주주총회에서 감사의 보수와 이사의 보수를 단일 안건으로 상정하여 그 총액을 의결할 수 없다(제542조의12 제5항).

정답_①

**문 21_**상법상 주식회사의 감사에 관한 설명으로 틀린 것은?

(2020년 공인회계사)

① 감사는 신주발행무효의 소를 그 제소기간 내에 제기할 수 있고, 이사에 대한 위법행위 유지청구권을 행사할 수도 있다.

② 감사는 회의의 목적사항과 소집의 이유를 기재한 서면을 이사회에 제출하여 임시총회의 소집을 청구할 수 있다.

③ 판례에 의하면, 해임된 이사에 대하여 회사가 소를 제기하는 경우에 감사는 그 소에 관하여 회사를 대표한다.

④ 회사가 임기를 정하지 않은 감사를 정당한 이유없이 해임하더라도, 그 해임된 감사는 회사에 대하여 해임으로 인한 손해배상을 청구할 수 없다.

⑤ 감사는 회사 및 자회사의 이사 또는 지배인 기타의 사용인의 직무를 겸하지 못한다.

① 감사는 신주발행무효의 소를 그 제소기간 내에 제기할 수 있고(상법 제429조), 이사에 대한 위법행위 유지청구권을 행사할 수도 있다(상법 제424조).

② 감사는 회의의 목적사항과 소집의 이유를 기재한 서면을 이사회에 제출하여 임시총회의 소집을 청구할 수 있다(상법 제412조의3 제1항).

③ 상법 제394조 제1항에서는 이사와 회사 사이의 소에 있어서 양자 간에 이해의 충돌이 있기 쉬우므로 그 충돌을 방지하고 공정한 소송수행을 확보하기 위하여 비교적 객관적 지위에 있는 감사로 하여금 그 소에 관하여 회사를 대표하도록 규정하고 있는바, 소송의 목적이 되는 권리관계가 이사의 재직중에 일어난 사유로 인한 것이라 할지라도 회사가 그 사람을 이사의 자격으로 제소하는 것이 아니고 <u>이사가 이미 이사의 자리를 떠난 경우에 회사가 그 사람을 상대로 제소하는 경우에는 특별한 사정이 없는 한 위 상법 제394조 제1항은 적용되지 않는다</u>(대법원 2002. 3. 15. 선고 2000다9086 판결).

④ 회사가 임기를 정하지 않은 감사를 정당한 이유없이 해임하더라도, 그 해임된 감사는 회사에 대하여 해임으로 인한 손해배상을 청구할 수 없다(상법 제415조, 제385조). 다만, 이 지문에서 '임기를 정하지 않은 감사'라는 지문에 문제가 있다. 감사는 상법 제410조의 규정에 따라 임기가 정하여져 있는 것이기 때문이다.

⑤ 감사는 회사 및 자회사의 이사 또는 지배인 기타의 사용인의 직무를 겸하지 못한다(상법 제411조).

정답_③

**문 22_**비상장 주식회사의 감사 및 감사위원회 제도에 관한 설명 중 틀린 것은?

(2009년 공인회계사)

① 감사 및 감사위원회 위원은 모두 주주총회에서 선임한다.

② 감사의 임기는 취임 후 3년 내의 최종의 결산기에 관한 정기총회의 종결시까지이다.

③ 감사와 달리 감사위원회 위원에 대하여는 경업금지의무가 적용된다.

④ 감사위원회는 3인 이상의 이사로 구성하며 사외이사가 위원의 3분의 2 이상이어야 한다.

⑤ 감사위원회 위원의 해임에 관한 이사회 결의는 이사 총수의 3분의 2 이상의 결의로 한다.

감사는 주주총회에서 선임하지만(제409조 제1항), 감사위원회 위원은 이사회에서 선임한다(제393조의2 제2항 참조).

정답_①

**문 23**_상법상 주식회사의 감사 및 감사위원회 위원의 선임과 해임에 관한 설명으로 틀린 것은? (2017년 공인회계사 변형)

① 최근 사업연도 말 현재의 자산총액이 1천억원 이상 2조원 미만인 상장회사가 감사를 두는 경우에는 1인 이상을 상근으로 하여야 한다.

② 판례에 의하면 주주총회에서 감사선임결의가 있고 피선임자가 이에 승낙함으로써 감사로서의 지위를 갖게 되고 대표이사와의 별도의 임용계약의 체결은 그 요건이 아니다.

③ 감사의 임기는 취임 후 3년 내의 최종의 결산기에 관한 정기총회의 종결시까지로 한다.

④ 비상장회사의 감사를 해임하는 경우 의결권 없는 주식을 제외한 발행주식총수의 100분의 3을 초과하는 수의 주식을 가진 주주는 그 초과하는 주식에 관하여 의결권을 행사하지 못한다.

⑤ 비상장회사의 감사위원회는 사외이사가 위원의 3분의 2 이상이어야 하고 위원의 해임에 관한 이사회의 결의는 이사 총수의 3분의 2 이상의 결의로 하여야 한다.

④ 비상장회사의 감사를 선임하는 경우 의결권없는 주식을 제외한 발행주식총수의 100분의 3을 초과하는 수의 주식을 가진 주주는 그 초과하는 주식에 관하여 의결권을 행사하지 못한다(제409조 제2항).

② 이사·감사의 지위가 주주총회의 선임결의와 별도로 대표이사와 사이에 임용계약이 체결되어야만 비로소 인정된다고 보는 것은, 이사·감사의 선임을 주주총회의 전속적 권한으로 규정하여 주주들의 단체적 의사결정 사항으로 정한 상법의 취지에 배치된다. (일부생략)그러므로 이사·감사의 지위는 주주총회의 선임결의가 있고 선임된 사람의 동의가 있으면 취득된다고 보는 것이 옳다. 결론적으로, 주주총회에서 이사나 감사를 선임하는 경우, 선임결의와 피선임자의 승낙만 있으면, 피선임자는 대표이사와 별도의 임용계약을 체결하였는지와 관계없이 이사나 감사의 지위를 취득한다(대판2017.3. 23. 2016다251215전합).

정답_④

## ▶ 주식회사의 신주발행

**문 24**_상법상 신주발행에 관한 설명으로 틀린 것은? (2019년 공인회계사)

① 신주의 발행으로 인한 변경등기가 있은 후에 아직 인수하지 않은 주식이 있거나 주식인수의 청약이 취소된 때에는 이사가 이를 공동으로 인수한 것으로 본다.

② 회사성립 후 주식을 발행하는 경우 신주의 인수방법에 관한 사항에 대하여 정관에 정함이 없으면 반드시 주주총회의 특별결의로 이를 정하여야 한다.

③ 신주의 인수인은 회사의 동의가 있는 경우에 한하여 신주에 대한 납입채무와 회사에 대한 채권을 상계할 수 있다.

④ 회사성립의 날로부터 2년을 경과한 후에 주식을 발행하는 경우 회사는 주주총회의 특별결의와 법원의 인가를 얻어 주식을 액면미달의 가액으로 발행할 수 있다.

⑤ 신주발행무효의 소에서 신주발행을 무효로 하는 판결이 확정된 때에는 판결의 대세적 효력은 인정되나 소급효는 인정되지 않는다.

① 신주의 발행으로 인한 변경등기가 있은 후에 아직 인수하지 않은 주식이 있거나 주식인수의 청약이 취소된 때에는 이사가 이를 공동으로 인수한 것으로 본다(상법 제428조 제1항).

② 회사성립 후 주식을 발행하는 경우 신주의 인수방법에 관한 사항에 대하여 정관에 정함이 없으면 이사회의 결의(정관에 정함이 있는 때에는 주주총회의 결의)로 이를 정하여야 한다(상법 제416조).

③ 신주의 인수인은 회사의 동의가 있는 경우에 한하여 신주에 대한 납입채무와 회사에 대한 채권을 상계할 수 있다(상법 제421조 제2항).

④ 회사성립의 날로부터 2년을 경과한 후에 주식을 발행하는 경우 회사는 주주총회의 특별결의와 법원의 인가를 얻어 주식을 액면미달의 가액으로 발행할 수 있다(상법 제417조 제1항).

⑤ 신주발행무효의 소에서 신주발행을 무효로 하는 판결이 확정된 때에는 판결의 대세적 효력은 인정되나 소급효는 인정되지 않는다(상법 제430조, 제190조 본문/제431조 제1항).

정답_②

**문 25_** 상법상 비상장주식회사의 주주의 위법행위유지청구와 신주발행유지청구에 관한 설명으로 **틀린** 것은? (2018년 공인회계사)

① 신주발행유지청구는 회사가 법령 또는 정관에 위반하거나 현저하게 불공정한 방법에 의한 신주발행으로 주주가 불이익을 받을 염려가 있는 경우에 할 수 있다.

② 신주발행유지청구는 이사가 아니라 회사에 대하여 신주발행을 유지할 것을 청구하는 것이다.

③ 신주발행유지청구를 할 수 있는 주주는 발행주식총수의 100분의 1 이상에 해당하는 주식을 가진 주주이어야 한다.

④ 위법행위유지청구는 이사가 법령 또는 정관에 위반한 행위를 하여 이로 인하여 회사에 회복할 수 없는 손해가 생길 염려가 있는 경우에 할 수 있다.

⑤ 위법행위유지청구는 회사를 위하여 이사에 대하여 그 행위를 유지할 것을 청구하는 것이다.

**문 26_** 비상장 주식회사의 신주발행 사례에 관한 설명으로 **틀린** 것은? (2012년 공인회계사)

> 甲주식회사의 정관에는 주주총회의 결의에 의하여 신주발행을 하는 것으로 정하고 있다. 대표이사 A는 자신과 주주 B의 이익을 위하여 신주발행을 추진하면서 이에 반대하는 주주 C에게 신주발행을 위한 주주총회의 소집통지를 하지 않았다. 한편 주주 C가 참석하지 않은 주주총회에서는 시가에 훨씬 못 미치는 가액으로 신주를 발행하기로 결의하고 주주 C에 대하여 신주인수권의 행사에 관한 최고를 하지 않았다.

① 甲회사의 신주발행의 효력은 납입기일의 다음 날부터 생기며 그 효력이 발생하기 이전이라면 주주 C는 甲회사를 상대로 신주발행의 유지를 청구할 수 있다.

② 대표이사 A가 주주 B로부터 현물출자를 받고 상법 소정의 현물출자의 검사절차를 이행하지 않았다면 신주발행이나 이로 인한 변경등기는 무효가 된다.

③ 주주 C는 신주발행의 효력이 발생한 이후에는 그 날로부터 6개월 이내에 신주발행 무효의 소를 제기할 수 있다.

④ 주주 B는 대표이사 A와 통모하여 현저하게 불공정한 가액으로 주식을 인수하였다면 甲회사에 대하여 공정한 발행가액과의 차액에 상당한 금액을 지급할 의무가 있다.

⑤ 대표이사 A는 신주를 시가에 훨씬 못 미치는 가액으로 발행한 것이 임무해태에 해당하므로 甲회사에 대하여 손해배상책임을 부담한다.

---

**해 설 및 정 답**

신주발행유지청구를 할 수 있는 주주는 불이익을 받을 염려가 있는 주주(단독주주)이며(상법 제424조), 위법행위유지청구를 할 수 있는 주주는 발행주식총수의 100분의 1 이상에 해당하는 주식을 가진 주주이어야 한다(상법 제402조).
① ② 상법 제424조 ④ ⑤ 상법 제402조
정답_③

현물출자의 검사절차를 거치지 아니하였다고 하여 현물출자가 무효가 되는 것은 아니다. 현물출자는 정관이나 이사회(정관의 정함에 의한 주주총회)의 결의를 거쳐 그 출자 목적물의 평가가액이 현저히 불공정 가액이 아닌 한 유효하게 된다.
정답_②

**문 27_** 다음 사례에 관한 상법상 설명 중 옳은 것은?(이견이 있으면 판례에 의함)

(2013년 공인회계사)

> 甲주식회사(수권자본금 50억원, 자본금 8억원, 주주가 A와 B 2명 뿐인 비상장회사) 대표이사 A는 회사 자금사정이 급격하게 어려워지자 긴박하게 회사의 경영자금을 조달하기 위하여 이사회의 결의로 제3자인 C에게 발행가를 액면가 이상으로 신주를 배정하였다(甲회사의 정관에는 "이사회는 새로운 기술의 도입이나 긴급한 경영자금의 조달이라는 경영목적을 위해서는 주주 아닌 제3자에게 신주를 배정할 수 있다"고 규정되어 있음). C는 2억원의 신주대금의 납입을 위하여, 이사회의 결정내용대로 재산가액 4천만원의 부동산의 출자를 비롯하여, 이행기가 도래해 있는 甲회사에 대한 4천만원의 금전채권을 가지고 상계하고 나머지는 현금으로 지급하였다.

① C가 A와 공모하여 현저하게 불공정한 발행가액으로 주식을 인수했다고 하더라도 C가 공정한 발행가액과의 차액에 상당하는 금액을 회사에 지급하면 甲회사에 대한 A의 손해배상책임은 발생하지 않는다.

② B는 C에 대한 신주발행이 위법하고 이로 인하여 자신이 불이익을 입을 염려가 있다고 판단하면 A를 상대방으로 하여 신주발행유지의 소를 제기할 수 있다.

③ C의 재산가액 4천만원의 부동산 출자는 법원이 선임한 검사인의 검사나 공인된 감정인의 감정이라는 검사절차가 있어야 적법하다.

④ C가 甲회사에 대한 4천만원의 금전채권으로 상계한 것은 甲회사의 동의가 있는 경우에만 신주대금 납입으로서 유효하다.

⑤ 판례에 따르면 만일 甲회사가 오직 경영권 방어만을 목적으로 C에게 신주를 배정하였더라도 C에 대한 신주발행은 유효하다.

① C가 A와 공모하여 현저하게 불공정한 발행가액으로 주식을 인수했다고 하더라도 C가 공정한 발행가액과의 차액에 상당하는 금액을 회사에 지급하더라도 甲회사에 대한 A의 손해배상책임은 영향을 받지 않는다(제424조의2 제3항).

② B는 C에 대한 신주발행이 위법하고 이로 인하여 자신이 불이익을 입을 염려가 있다고 판단하면 회사를 상대방으로 하여 신주발행유지의 소를 제기할 수 있다(제424조).

③ C의 재산가액 4천만원의 부동산 출자는 회사의 자본금의 5분의 1을 초과하지 아니하고 5천만원을 넘지 아니하므로 법원이 선임한 검사인의 검사나 공인된 감정인의 감정이라는 검사절차를 필요로 하지 않는다(제422조 제2항 제1호).

⑤ 판례에 따르면 만일 甲회사가 오직 경영권 방어만을 목적으로 C에게 신주를 배정하였더라도 C에 대한 신주발행은 무효의 사유에 해당한다(대판 2009. 1.30, 2008다50776).

정답_④

**문 28_상법상 신주발행에 관한 설명으로 옳은 것은?**

(2020년 공인회계사)

① 신주발행 유지청구의 상대방은 현저하게 불공정한 방법으로 주식을 발행하는 회사의 이사이다.

② 신주인수권증서를 상실한 자는 신주인수권증서를 재발급 받아야만 주식의 청약을 할 수 있다.

③ 회사가 성립한 날로부터 1년을 경과한 후에 주식을 발행하는 경우, 회사는 이사회의 결의와 법원의 허가를 얻어서 주식을 액면미달의 가액으로 발행할 수 있다.

④ 판례에 의하면, 회사가 정관이나 이사회의 결의로 신주인수권을 양도할 수 있음을 정하지 않았다면 신주인수권의 양도는 회사의 승낙이 있더라도 회사에 대하여 효력이 없다.

⑤ 신주의 인수인이 납입기일에 납입 또는 현물출자의 이행을 하지 아니한 때에는 그 권리를 잃는다.

① 신주발행 유지청구의 상대방은 현저하게 불공정한 방법으로 주식을 발행하는 회사이다(상법 제424조).

② 신주인수권증서를 상실한 자는 주식청약서에 의하여 주식의 청약을 할 수 있다(상법 제420조의5 제1항).

③ 회사가 성립한 날로부터 2년을 경과한 후에 주식을 발행하는 경우, 회사는 이사회의 결의와 법원의 허가를 얻어서 주식을 액면미달의 가액으로 발행할 수 있다(상법 제417조 제1항).

④ 상법 제416조 제5호에 의하면, 회사의 정관 또는 이사회의 결의로 주주가 가지는 신주인수권을 양도할 수 있는 것에 관한 사항을 결정하도록 되어있는바, 신주인수권의 양도성을 제한할 필요성은 주로 회사측의 신주발행사무의 편의를 위한 것에서 비롯된 것으로 볼 수 있고, 또 상법이 주권발행 전 주식의 양도는 회사에 대하여 효력이 없다고 엄격하게 규정한 것과는 달리 신주인수권의 양도에 대하여는 정관이나 이사회의 결의를 통하여 자유롭게 결정할수 있도록 한 점에 비추어 보면, 회사가 정관이나 이사회의 결의로 신주인수권의 양도에 관한 사항을 결정하지 아니하였다 하여 신주인수권의 양도가 전혀 허용되지 아니하는 것은 아니고, 회사가 그와 같은 양도를 승낙한 경우에는 회사에 대하여도 그 효력이 있다(대법원 1995. 5. 23. 선고 94다36421 판결).

⑤ 신주의 인수인이 납입기일에 납입 또는 현물출자의 이행을 하지 아니한 때에는 그 권리를 잃는다(상법 제423조 제2항).

정답_⑤

**문 29_상법상 주식회사의 신주발행에 관한 설명으로 틀린 것은?**

(2017년 공인회계사)

① 신주의 인수인은 납입기일에 인수가액의 전액을 납입하지 않으면 실권절차 없이 바로 인수인으로서의 권리를 잃는다.

② 회사는 신기술의 도입, 재무구조의 개선 등 회사의 경영상 목적을 달성하기 위하여 필요한 경우 정관이 정하는 바에 따라 주주 외의 자에게 신주를 배정할 수 있다.

③ 회사가 성립한 날로부터 2년을 경과한 후에는 주주총회의 특별결의와 법원의 인가를 얻어서 주식을 액면미달의 가액으로 발행할 수 있다.

④ 신주의 인수인은 회사의 동의를 얻더라도 납입채무와 회사에 대한 채권을 상계할 수 없다.

⑤ 신주인수권증서를 상실한 자는 주식청약서에 의하여 주식의 청약을 할 수 있지만 그 청약은 신주인수권증서에 의한 청약이 있는 때에는 그 효력을 잃는다.

신주의 인수인은 회사의 동의를 얻어 납입채무와 회사에 대한 채권을 상계할 수 있다(제421조 제2항).

정답_④

**문 30_**상법상 신주인수에 관한 설명으로 틀린 것은?

(2021년 공인회계사)

① 신주의 인수인은 회사의 동의없이 자신의 주금납입채무와 그 회사에 대한 채권을 상계할 수 없다.

② 이사는 신주의 인수인으로 하여금 그 배정한 주수에 따라 납입기일에 그 인수한 주식에 대한 인수가액의 전액을 납입시켜야 한다.

③ 신주인수권증서를 상실한 자는 신주인수권증서를 재발급 받지 아니하면 주식청약서에 의한 주식의 청약을 할 수 없다.

④ 신주의 발행으로 인한 변경등기를 한 날로부터 1년을 경과한 후에는 신주를 인수한 자는 주식청약서의 요건의 흠결을 이유로 하여 그 인수의 무효를 주장할 수 없다.

⑤ 신주의 발행으로 인한 변경등기가 있은 후에 아직 인수하지 아니한 주식이 있거나 주식인수의 청약이 취소된 때에는 이사가 이를 공동으로 인수한 것으로 본다.

① 신주의 인수인은 회사의 동의없이 자신의 주금납입채무와 그 회사에 대한 채권을 상계할 수 없다(상법 제421조 제2항).
② 이사는 신주의 인수인으로 하여금 그 배정한 주수에 따라 납입기일에 그 인수한 주식에 대한 인수가액의 전액을 납입시켜야 한다(상법 제421조 제1항).
③ 신주인수권증서를 상실한 자는 주식청약서에 의한 주식의 청약을 할 수 있다(상법 제420조의5 제1항).
④ 신주의 발행으로 인한 변경등기를 한 날로부터 1년을 경과한 후에는 신주를 인수한 자는 주식청약서의 요건의 흠결을 이유로 하여 그 인수의 무효를 주장할 수 없다(상법 제427조).
⑤ 신주의 발행으로 인한 변경등기가 있은 후에 아직 인수하지 아니한 주식이 있거나 주식인수의 청약이 취소된 때에는 이사가 이를 공동으로 인수한 것으로 본다(상법 제428조).
정답_③

**문 31_**甲주식회사의 정관은 신주발행사항은 이사회가 결정한다고 규정하고 있으며, 甲회사는 회사자금을 조달할 목적으로 신주를 발행하면서 주식의 소유비율에 따라 주주들에게 신주를 배정하였다. 이에 관한 상법상 설명으로 옳은 것은? (2016년 공인회계사)

① 판례에 의하면 甲회사의 정관규정 또는 신주발행에 관한 이사회결의에서 신주인수권의 양도에 관한 사항을 정하지 않았다고 하더라도 신주인수권의 양도가 전혀 허용되지 않는 것은 아니다.

② 甲회사는 주주들이 신주인수의 청약을 하지 않아 실권된 주식을 다시 제3자에게 배정할 수 없다.

③ 이사회 결의에서 신주인수권 양도에 관한 사항을 정한 경우 주주들은 신주인수권증서를 발행받아야 신주인수권을 취득할 수 있다.

④ 주주가 신주를 인수한 후 납입기일까지 납입을 하지 않으면 甲회사가 별도로 해제의 의사표시를 해야 실권이 이루어진다.

⑤ 신주를 인수한 주주가 납입기일에 이행기가 도래한 甲회사에 대한 금전채권을 가지고 있다면 회사의 동의 없이 주주의 일방적 의사표시만으로 주식대금 납입의무와 상계할 수 있다.

② 甲회사는 주주들이 신주인수의 청약을 하지 않아 실권된 주식을 다시 제3자에게 배정할 수 있다.
③ 이사회 결의에서 신주인수권 양도에 관한 사항을 정한 경우 신주배정일에 구체적 신주인수권을 갖는다.
④ 주주가 신주를 인수한 후 납입기일까지 납입을 하지 않으면 실권이 된다(제423조 제2항).
⑤ 신주를 인수한 주주가 납입기일에 이행기가 도래한 甲회사에 대한 금전채권을 가지고 있다면 회사의 동의가 있어야 주주의 일방적 의사표시만으로 주식대금 납입의무와 상계할 수 있다(제421조 제2항).
정답_①

**문 32_**상법상 2014년 12월 12일 설립된 甲주식회사의 신주발행에 관한 설명으로 틀린 것은? (2018년 공인회계사)

① 甲회사는 주주총회의 특별결의와 법원의 인가를 얻어서 2016년 11월 15일 주식을 액면미달의 가액으로 발행할 수 있다.

② 신주의 인수인은 회사의 동의 없이 그 납입채무와 회사에 대한 채권을 상계할 수 없다.

③ 신주인수권증서를 상실한 자는 주식청약서에 의하여 주식을 청약할 수 있으나 그 청약은 신주인수권증서에 의한 청약이 있는 때에는 그 효력을 상실한다.

④ 신주발행의 무효는 주주·이사 또는 감사에 한하여 신주를 발행한 날로부터 6월 내에 소만으로 주장할 수 있다.

⑤ 신주발행무효의 소가 제기되고 그 무효의 판결이 확정된 경우 그 판결은 제3자에 대하여도 그 효력이 있고 발행된 신주는 장래에 대하여 그 효력을 잃는다.

주식회사의 신주발행시 액면미달발행을 위해서는 회사성립후 2년이 경과하여야 한다(상법 제417조 제1항). 따라서 甲회사는 주주총회의 특별결의와 법원의 인가를 얻더라도 2016년 11월 15일 주식을 액면미달의 가액으로 발행할 수 없다.
② 상법 제421조 제2항 ③ 상법 제420조의5
④ 상법 제429조 ⑤ 상법 제430조, 제190조 본문, 제431조 제1항

정답_①

**문 33_**상법상 신주발행에 관한 설명으로 틀린 것은? (이견이 있으면 판례에 의함) (2021년 공인회계사)

① 회사가 현저하게 불공정한 방법에 의하여 주식을 발행함으로써 주주가 불이익을 받을 염려가 있는 경우에, 그 주주는 회사에 대하여 그 발행을 유지할 것을 청구할 수 있다.

② 이사와 통모하여 현저하게 불공정한 발행가액으로 주식을 인수한 자에 대해서 공정한 발행가액과의 차액에 상당한 금액의 지급을 청구하는 주주의 대표소송이 허용된다.

③ 신주의 인수인이 납입기일에 납입하지 아니한 때에는 그 권리를 잃는다.

④ 신주발행무효의 판결이 확정되면 신주는 소급하여 그 효력을 잃는다.

⑤ 회사가 정관이나 이사회 결의로 신주인수권의 양도에 관한 사항을 결정하지 아니하였다 하여도 회사가 신주인수권의 양도를 승낙한 경우에는 그 양도는 회사에 대하여도 효력이 있다.

① 회사가 현저하게 불공정한 방법에 의하여 주식을 발행함으로써 주주가 불이익을 받을 염려가 있는 경우에, 그 주주는 회사에 대하여 그 발행을 유지할 것을 청구할 수 있다(상법 제424조).
② 이사와 통모하여 현저하게 불공정한 발행가액으로 주식을 인수한 자에 대해서 공정한 발행가액과의 차액에 상당한 금액의 지급을 청구하는 주주의 대표소송이 허용된다(상법 제424조의2 제2항).
③ 신주의 인수인이 납입기일에 납입하지 아니한 때에는 그 권리를 잃는다(상법 제423조 제2항).
④ 신주발행무효의 판결이 확정되면 신주는 장래에 대하여 효력을 잃는다(상법 제431조 제1항).
⑤ 회사가 정관이나 이사회 결의로 신주인수권의 양도에 관한 사항을 결정하지 아니하였다 하여도 회사가 신주인수권의 양도를 승낙한 경우에는 그 양도는 회사에 대하여도 효력이 있다(판례).

정답_④

**문 34_**상법상 주식회사의 신주발행에 관한 설명으로 틀린 것은?

(2014년 공인회계사)

① 신주의 발행시기가 다르거나 종류가 다른 주식은 이사회에서 각기 발행가를 달리 정할 수 있다.

② 비상장회사가 액면미달발행을 하려면 회사성립 후 2년이 경과하여야 하고 주주총회의 특별결의를 얻은 후 법원의 인가를 받아야 한다.

③ 신주발행무효의 소의 판결은 소급효가 있으므로 판결시까지 이루어진 신주인수인의 주금납입이나 그 신주에 대한 이익배당은 무효가 된다.

④ 회사는 신주배정기준일을 정하고 그 날의 주주명부에 기재된 주주가 신주인수권을 가진다는 뜻을 그 날의 2주간 전에 공고하여야 한다(주주명부폐쇄 제외).

⑤ 주주의 신주인수권에 대해서만 신주인수권증서를 발행할 수 있고 제3자의 신주인수권에 대해서는 이를 발행할 수 없다.

**문 35_**상법상 신주발행의 하자에 관한 설명으로 틀린 것은?

(2016년 공인회계사)

① 현저하게 불공정한 방법에 의하여 주식을 발행함으로써 주주가 불이익을 받을 염려가 있는 경우 그 주주는 회사에 대하여 그 발행을 유지할 것을 청구할 수 있다.

② 이사와 통모하여 현저하게 불공정한 가액으로 주식을 인수한 자에 대하여 공정한 발행가액과의 차액지급을 청구하는 소에 관하여는 주주대표소송에 관한 규정이 준용된다.

③ 신주발행의 무효는 주주·이사 또는 감사에 한하여 신주를 발행한 날로부터 6월 내에 소만으로 이를 주장할 수 있다.

④ 신주발행무효의 판결이 확정된 경우 신주는 소급하여 그 효력을 상실하므로 확정판결 전에 이루어진 신주의 양도는 무효가 된다.

⑤ 신주발행무효의 판결이 확정된 때에는 회사는 신주의 주주에 대하여 그 납입한 금액을 반환하여야 한다.

## ▶ 주식회사의 정관변경

**문 36_** 최근 사업연도 말 현재의 자산총액이 2조원 이상인 상장회사의 정관변경에 관한 상법상 설명으로 틀린 것은? (2016년 공인회계사)

① 정관을 변경함으로써 어느 종류주식의 주주에게 손해를 미치게 될 때에는 주주총회의 특별결의 외에 그 종류주식의 주주의 총회의 결의가 있어야 한다.

② 주주에게 정관변경을 위한 주주총회의 소집을 통지할 때에는 그 의안의 요령을 기재하여야 한다.

③ 주주총회에 집중투표를 배제하기 위한 정관변경 의안을 상정하려는 경우 그 밖의 사항의 정관 변경에 관한 의안과 별도로 상정하여야 한다.

④ 집중투표를 배제한 정관규정을 변경하려는 경우 의결권 없는 주식을 제외한 발행주식총수의 3%를 초과하는 수의 주식을 가진 주주는 그 초과하는 주식에 관하여 의결권을 행사하지 못한다.

⑤ 정관의 변경은 이를 등기해야 하며 등기를 함으로써 정관변경의 효력이 발생한다.

정관의 변경은 정관변경의 결의로써 그 효력이 발생한다.

정답_⑤

**문 37_** 주식회사의 정관변경에 관한 다음 설명 중에서 옳은 것은?

① 통설에 의하면 회사의 본점소재지의 지명이 변경된 경우에도 주주총회의 결의에 의한 정관변경의 절차를 밟아야 한다.

② 통설과 판례에 의하면 정관변경은 주주총회의 결의 이외에 공증인의 인증이 있어야 그 효력이 발생한다.

③ 정관변경의 경우에는 서면인 정관의 변경이 있어야 그 효력이 발생한다.

④ 통설에 의하면 원시정관에 정관을 변경할 수가 없다는 규정이 있는 경우에는 정관을 변경할 수가 없다.

⑤ 통설과 판례에 의하면 정관의 변경내용이 등기사항인 경우에도 정관변경의 효력은 등기 여부와 관계없이 발생한다.

① 행정구역의 변경은 상법상 정관변경의 내용이 아니다.
② ③ 정관변경은 총회결의로써 효력이 발생한다.
④ 변경금지문언을 변경하여 정관변경이 가능하다는 것이 통설의 입장이다.

정답_⑤

**문 38**_다음 중 주식회사의 정관변경의 효력에 관한 설명으로 틀린 것은? (2007년 공인회계사)

① 정관의 절대적 기재사항인 회사의 본점 소재지를 변경하는 경우에 주주총회의 특별결의를 거치지 않더라도 정관변경의 효력이 발생한다.

② 정관변경은 공증인의 인증을 받지 않더라도 주주총회의 특별결의만으로 그 효력이 발생한다.

③ 정관의 절대적 기재사항인 수권주식총수를 증가시키고자 하는 경우에는 반드시 주주총회의 특별결의를 거쳐야 정관변경의 효력이 발생한다.

④ 정관의 변경으로 어느 종류의 주주에게 손해를 입히게 될 때에는 의결권 있는 그 종류의 주주총회 결의가 있어야만 정관변경의 효력이 발생한다.

⑤ 주식을 분할하기 위한 정관변경은 주주총회의 특별결의가 있어야 그 효력이 발생한다.

**문 39**_상법상 주식회사 정관의 변경에 관한 설명 중 틀린 것은? (2009년 공인회계사)

① 정관의 기재사항을 일부 삭제하거나 수정하는 것도 정관 변경에 해당된다.

② 정관의 변경에 관한 의안의 요령은 주주총회의 소집통지와 공고에 기재하여야 한다.

③ 정관의 임의적 기재사항 변경은 주주총회의 특별결의를 거치지 않아도 된다.

④ 설립당시의 원시정관에 기재된 발기인·설립시 발행한 주식총수 및 변태설립사항은 역사적 사실로서 정관변경의 대상이 아니다.

⑤ 법령의 개정 또는 지명의 변경에 의하여 정관의 기재사항이 변경되는 경우는 상법상의 정관변경에 해당하지 않는다.

정관의 변경으로 어느 종류의 주주에게 손해를 입히게 될 때에는 그 종류의 주주들이 모인 종류주주총회결의가 있어야 정관변경의 효력이 발생한다. 그렇다면 그 종류주주들이 모인 주주총회에서 그 종류주주는 당연 의결권이 있는 것이다. 따라서 위 지문에서 "의결권있는 그 종류의 주주총회"라는 것이 틀린 것은 아니다.

정답_①(확정답안 ①,④)

정관의 기재사항은 절대적 기재사항이든 상대적 기재사항이든 임의적 기재사항이든 이들의 변경은 정관변경에 해당하므로 주주총회의 특별결의를 거쳐야 된다.

정답_③

## ▶ 자본금 감소

**문 40_**상법상 자본금의 감소에 관한 설명으로 옳은 것은?

(2019년 공인회계사)

① 회사가 결손의 보전을 위하여 감자하는 경우 그에 관한 의안의 주요내용은 주주총회 소집통지에 기재하여야 한다.

② 사채권자는 사채권자집회의 결의가 없더라도 자본금 감소에 대한 이의를 제기할 수 있다.

③ 주식병합으로 감자하는 경우 단주가 있는 때에는 그 부분에 대하여 발행한 신주를 경매하여 그 대금을 자본금에 전입하여야 한다.

④ 주식병합으로 감자하는 경우 단주가 있는 때에는 거래소의 시세없는 주식은 법원의 허가가 없어도 회사와 주주가 협의한 가격으로 매각할 수 있다.

⑤ 감자무효는 주주 · 이사 또는 감사만이 감자로 인한 변경등기가 된 날부터 6개월 내에 소만으로 주장할 수 있다.

① 회사가 결손의 보전을 위하여 감자하는 경우 그에 관한 의안의 주요내용은 주주총회 소집통지에 기재하여야 한다(상법 제438조 제3항).

② 사채권자가 이의를 제기하려면 사채권자집회의 결의가 있어야 한다(상법 제439조 제3항).

③ 주식병합으로 감자하는 경우 단주가 있는 때에는 그 부분에 대하여 발행한 신주를 경매하여 각주수에 따라 그 대금을 종전의 주주에게 지급하여야 한다(상법 제443조 제1항 본문).

④ 주식병합으로 감자하는 경우 단주가 있는 때에는 거래소의 시세없는 주식은 법원의 허가를 받아 경매외의 방법으로 매각할 수 있다(상법 제443조 제1항 단서).

⑤ 감자무효는 주주·이사 또는 감사·청산인·파산관재인 또는 자본금의 감소를 승인하지 아니한 채권자만이 감자로 인한 변경등기가 된 날부터 6개월 내에 소만으로 주장할 수 있다(상법 제445조).

정답_①

# 12 진도별 모의고사

## ▶ 자본금 감소

**문 1_**상법상 주식회사의 자본금의 감소에 관한 설명으로 옳은 것은? (2016년 공인회계사)

① 결손의 보전을 위하여 자본금을 감소하기 위해서는 주주총회의 특별결의가 있어야 한다.

② 회사는 결손의 보전을 위한 자본금의 감소를 결의한 날부터 2주내에 회사채권자에 대하여 1월 이상의 기간을 정하여 그 기간 내에 이의를 제출할 것을 공고해야 한다.

③ 주주총회는 자본금의 감소를 결의하면서 감소의 방법을 전혀 정하지 않고 추후 이사회가 정하게 할 수 있다.

④ 자본금 감소의 채권자보호절차에서 사채권자가 이의를 제기하려면 사채권자집회의 결의가 있어야 한다.

⑤ 자본금 감소의 무효를 인정하는 판결이 확정되면 그 판결은 제3자에 대하여도 효력이 있지만 소급효는 없다.

**문 2_**주식회사의 자본금 감소에 관한 설명 중 옳은 것은? (2006년 공인회계사)

① 자본금 감소를 하려면 채권자에게 2주 이상의 기간을 정하여 이의제출기간을 주어야 한다.

② 자본금 감소의 무효는 주주, 이사, 감사, 청산인, 파산관재인, 자본금 감소를 승인하지 아니한 이의채권자에 한하여 소로서만 주장할 수 있다.

③ 자본금 감소의 무효는 주주총회의 특별결의일로부터 6월 이내에 소만으로 제기하여야 한다.

④ 자본금 감소무효의 소에는 판결의 소급효가 인정되지 않는다.

⑤ 자본금 감소의 효력이 발생하는 시기는 채권자보호절차 또는 주식소각 및 주식병합의 절차 중에서 최종의 절차가 종료하는 때가 아니라, 변경등기를 한 때이다.

① 결손의 보전을 위하여 자본금을 감소하기 위해서는 주주총회의 보통결의가 있으면 된다(제438조 제2항).

② 회사는 결손의 보전을 위한 자본금의 감소의 경우에는 채권자보호절차를 필요로 하지 않는다(제439조 제2항).

③ 주주총회는 자본금의 감소를 결의하면서 감소의 방법을 정하여야 한다(제439조 제1항).

⑤ 자본금 감소의 무효를 인정하는 판결이 확정되면 그 판결은 제3자에 대하여도 효력이 있고, 소급효가 있다(제446조 참조).

정답_④

① 자본금 감소를 하려면 채권자에게 1월 이상의 기간을 정하여 이의제출기간을 주어야 한다(제439조 제2항, 제232조).

② 제445조

③ 자본금 감소의 무효는 자본감소로 인한 변경등기일로부터 6월 이내에 소만으로 제기하여야 한다(제445조).

④ 자본금 감소무효의 소에는 판결의 소급효가 인정된다(제446조 참조).

⑤ 자본금 감소의 효력이 발생하는 시기는 채권자보호절차 또는 주식소각 및 주식병합의 절차 중에서 최종의 절차가 종료하는 때이다(제441조).

정답_②

**문 3_** 상법상 주식회사의 자본금감소 및 감자무효의 소에 관한 설명으로 틀린 것은?

(2018년 공인회계사)

① 결손의 보전을 위하여 자본금을 감소하는 경우에는 주주총회의 결의를 거치지 않아도 된다.

② 자본금감소를 위한 채권자보호절차에서 사채권자가 이의를 제기하려면 사채권자집회의 결의가 있어야 한다.

③ 판례에 의하면 주주총회의 자본금감소결의에 하자가 있더라도 그 하자가 극히 중대한 자본금감소가 존재하지 아니하는 정도에 이르는 등의 특별한 사정이 없는 한 자본금감소의 효력이 발생한 후에는 감자무효의 소에 의해서만 다툴 수 있다.

④ 자본금감소를 위한 채권자보호절차에서 이의를 제기하지 않은 채권자는 감자무효의 소를 제기할 수 없다.

⑤ 감자무효의 소가 그 심리 중에 원인이 된 하자가 보완되고 회사의 현황과 제반사정을 참작하여 감사를 무효로 하는 것이 부적당하다고 인정한 때에는 법원은 그 청구를 기각할 수 있다.

**해 설 및 정 답**

결손의 보전을 위하여 자본금을 감소하는 경우에는 주주총회의 보통결의를 거치면 된다(상법 제438조 제2항, 제368조 제1항).
② 상법 제439조 제3항 ③ 대법원 2010. 2.11.선고 2009다83599판결
④ 상법 제445조 ⑤ 상법 제446조, 제189조

정답_①

## ▶ 주식회사의 회계

**문 4_** 상법상 주식회사의 회계에 관한 설명으로 틀린 것은?

(2020년 공인회계사)

① 이익준비금으로 자본금의 결손 보전에 충당하고도 부족한 경우에만 자본준비금으로 결손 보전에 충당할 수 있다.

② 회사는 주식배당의 경우를 제외하고는 그 자본금의 2분의 1이 될 때까지 매 결산기 이익배당액의 10분의 1 이상을 이익준비금으로 적립하여야 한다.

③ 회사는 정관으로 금전 외의 재산으로 배당을 할 수 있음을 정할 수 있다.

④ 회사는 적립된 자본준비금 및 이익준비금의 총액이 자본금의 1.5배를 초과하는 경우에, 주주총회의 결의에 따라 그 초과한 금액 범위에서 자본준비금과 이익준비금을 감액할 수 있다.

⑤ 연 1회의 결산기를 정한 회사는 영업연도 중 1회에 한하여 이사회 결의로 중간배당을 할 수 있음을 정관으로 정할 수 있다.

① 이익준비금으로 자본금의 결손 보전에 충당하고도 부족한 경우에만 자본준비금으로 결손 보전에 충당할 수 있다는 규정은 삭제되었으므로, 결손 보전의 충당순서에는 제한이 없다(상법 제460조).
② 회사는 주식배당의 경우를 제외하고는 그 자본금의 2분의 1이 될 때까지 매 결산기 이익배당액의 10분의 1 이상을 이익준비금으로 적립하여야 한다(상법 제458조).
③ 회사는 정관으로 금전 외의 재산으로 배당을 할 수 있음을 정할 수 있다(상법 제462조의4 제1항).
④ 회사는 적립된 자본준비금 및 이익준비금의 총액이 자본금의 1.5배를 초과하는 경우에, 주주총회의 결의에 따라 그 초과한 금액 범위에서 자본준비금과 이익준비금을 감액할 수 있다(상법 제461조의2).
⑤ 연 1회의 결산기를 정한 회사는 영업연도 중 1회에 한하여 이사회 결의로 중간배당을 할 수 있음을 정관으로 정할 수 있다(상법 제462조의3 제1항).

정답_①

**문5_** 상법상 주식회사의 회계규정에 관한 설명으로 <u>틀린</u> 것은?

(2014년 공인회계사)

① 이사는 정기총회회일의 6주간 전에 재무제표 및 영업보고서를 작성하여 이사회의 승인을 받은 후 감사 또는 감사위원회에 제출하여야 한다.

② 상장회사의 감사 또는 감사위원회는 이사에게 감사보고서를 주주총회일의 1주전까지 제출할 수 있다.

③ 자본준비금은 자본거래에서 발생한 잉여금을 재원으로 하여 적립되는 법정준비금이다.

④ 회사의 법정준비금의 총액이 자본금의 1.5배를 초과하는 경우 주주총회의 보통결의에 따라 그 초과한 금액 범위에서 자본준비금과 이익준비금을 감액할 수 있다.

⑤ 회사가 액면주식을 발행하고 있는 경우 법정준비금을 자본금으로 전입하면 신주가 발행되므로 순자산이 그 만큼 증가한다.

회사가 액면주식을 발행하고 있는 경우 법정준비금을 자본금으로 전입하면 신주가 발행되므로 자본금은 증가하지만, 준비금이 자본금으로 바뀌는 것일 뿐이므로 순자산은 변동없다.

정답_⑤

**문6_** 상법상 회사의 회계에 관한 설명 중 <u>틀린</u> 것은?

(2005년 공인회계사)

① 이사(대표이사)는 재무제표 및 그 부속명세서 등을 정기총회 회일의 1주간 전부터 본점에 비치하여 주주와 회사채권자에게 공시하여야 한다.

② 주식회사는 상인이므로 특칙이 있는 경우를 제외하고 상법 총칙의 상업장부에 관한 규정이 적용된다.

③ 정기주주총회에서 재무제표의 승인을 한 후 2년 내에 다른 결의가 없으면 이사 또는 감사의 부정행위에 대한 것을 포함하여 회사는 이사와 감사의 책임을 해제한 것으로 본다.

④ 이사(대표이사)는 재무제표와 그 부속명세서 및 영업보고서를 작성하여 이사회의 승인을 받은 후 정기총회의 회일 6주간 전에 감사 또는 감사위원회에 제출하여야 한다.

⑤ 회사채권자는 영업시간 내에는 언제든지 본점에 비치된 감사보고서를 열람할 수 있다.

이사 또는 감사의 부정행위에 대해서는 책임 해제를 인정하지 않는다(제450조 단서).

정답_③

## 문 7_상법상 주식회사의 회계에 관한 설명으로 틀린 것은?

(2017년 공인회계사)

① 주주는 영업시간 내에 언제든지 재무제표를 열람할 수 있으며 회사가 정한 비용을 지급하고 그 서류의 등본이나 초본의 교부를 청구할 수 있다.

② 회사는 정관이 정하는 바에 따라 주주총회의 결의로 준비금의 전부 또는 일부를 자본금에 전입할 수 있다.

③ 이사는 매 결산기에 영업보고서를 작성하여 주주총회의 승인을 얻어야 한다.

④ 회사는 자본거래에서 발생한 잉여금을 자본준비금으로 적립하여야 한다.

⑤ 회사는 적립된 자본준비금 및 이익준비금의 총액이 자본금의 1.5배를 초과하는 경우 주주총회의 결의에 따라 그 초과한 금액 범위에서 자본준비금과 이익준비금을 감액할 수 있다.

**해 설 및 정 답**

이사는 매 결산기에 영업보고서를 작성하여 주주총회에 보고하여야 하고(제449조 제2항), 재무제표는 승인을 얻어야 한다(제449조 제1항).
정답_③

## 문 8_상법상 주식회사의 공시에 관한 설명으로 옳은 것은?

(2011년 공인회계사)

① 이사는 회사의 정관·주주총회 의사록·이사회 의사록을 본점과 지점에 비치하여야 한다.

② 이사는 정기총회에서 재무제표를 승인하면 그 다음 날부터 재무제표·영업보고서·감사보고서를 본점에 3년간 비치하여야 한다.

③ 주주와 회사채권자는 회사가 정한 비용을 지급하고 재무제표·영업보고서·감사보고서의 등본이나 초본의 교부를 청구할 수 있다.

④ 이사는 재무제표에 대한 정기총회의 승인을 얻은 경우 지체없이 대차대조표와 영업보고서를 공고하여야 한다.

⑤ 발행주식총수의 100분의 1 이상에 해당하는 주식을 가진 주주와 회사채권자는 영업시간 내에 언제든지 회계의 장부와 서류의 열람을 청구할 수 있다.

① 이사는 회사의 정관·주주총회 의사록을 본점과 지점에 비치하여야 한다(상법 제396조 제1항). 그러나 이사회 의사록은 비치의무가 없다.
② 이사는 정기주주총회 1주전부터 재무제표·영업보고서·감사보고서를 본점에 5년간 비치하여야 한다(상법 제448조 제1항).
④ 이사는 재무제표에 대한 정기총회의 승인을 얻은 경우 지체없이 대차대조표를 공고하여야 한다(상법 제449조 제3항).
⑤ 발행주식총수의 100분의 3 이상에 해당하는 주식(상장회사 : 1만분의 10)을 가진 주주는 이유를 붙인 서면으로 회계의 장부와 서류의 열람을 청구할 수 있다(상법 제466조).
정답_③

**문 9**_주식회사와 관련된 서류 중 주주의 열람 또는 등사 청구에 대하여 회사가 이유를 붙여 거절하거나 청구가 부당함을 증명하여 거절할 수 있음을 상법에서 명문의 규정으로 허용하는 것으로만 묶은 것은?

(2016년 공인회계사)

> (가) 주주명부
> (나) 이사회의사록
> (다) 회계의 장부와 서류
> (라) 재무제표
> (마) 주주총회의사록

① (가), (나)   ② (나), (다)   ③ (다), (라)
④ (라), (마)   ⑤ (가), (마)

(나) 회사는 주주의 이사회의사록 열람청구에 대하여 이유를 붙여 이를 거절할 수 있다(제391조의3 제4항).
(다) 회사는 주주(발행주식 총수의 100분의 3 이상에 해당하는 주식을 가진 주주)의 회계의 장부와 서류의 열람 또는 등사청구에 대하여 그 청구가 부당함을 증명하면 이를 거절할 수 있다(제466조 제2항 반대해석).
(가)(라)(마) 주주명부, 주주총회의사록, 재무제표는 주주와 회사채권자는 영업시간 내에는 언제든지 열람 또는 등사를 청구할 수 있다(제396조 제2항, 제448조 제2항).

정답_②

**문 10**_상법상 준비금의 자본금 전입에 관한 설명으로 틀린 것은?

(2012년 공인회계사)

① 자본준비금과 이익준비금은 어느 것이나 순서에 관계없이 그 전부 또는 일부의 자본금 전입이 가능하다.
② 준비금의 자본금 전입에 의해 발행된 신주의 효력이 발생하는 시기는 이사회의 결의에 의한 경우 그 결의일이고 주주총회의 결의에 의한 경우는 배정기준일이다.
③ 준비금의 자본금 전입에 의해 발행된 신주에 대한 이익배당에 관하여는 정관이 정하는 바에 의하여 신주의 효력이 발생하는 날이 속하는 영업년도의 직전 영업년도 말일에 신주가 발행된 것으로 할 수 있다.
④ 종전 주식에 대하여 약식질이 설정되어 있는 경우 등록질이 설정된 경우와 마찬가지로 준비금의 자본금 전입에 의해 발행된 신주에 물상대위가 인정된다.
⑤ 판례에 의하면 준비금의 자본금 전입으로 발행되는 신주는 구주식의 과실에 해당하지 아니하므로 구주식을 매매하여 인도하기 전에 발행된 신주는 매매의 목적물에 포함되지 않는다.

준비금의 자본금전입에 의해 발행된 신주의 효력이 발생하는 시기는 이사회의 결의에 의한 경우 배정기준일이고 주주총회의 결의에 의한 경우는 그 결의일이다(제461조 제3항, 제4항).

정답_②

**문 11**_주식회사의 법정준비금에 관한 기술 중 **틀린** 것은 어느 것인가?

① 회사는 자본금의 2분의 1을 초과하여 적립한 이익준비금을 주주에게 배당할 수 있다.

② 법정준비금은 자본의 결손전보와 자본금 전입에만 사용할 수 있다.

③ 법정준비금을 자본금에 전입하는 경우에는 먼저 이익준비금을 전입한 다음에 자본준비금을 전입하여야 한다.

④ 법정준비금을 사용하여 자본금의 결손전보를 하는 것은 주주총회의 승인을 얻어야 확정된다.

⑤ 자본준비금의 적립한도에는 제한이 없다.

> 자본전입의 경우에는 순서에 제한이 없으므로, 어떤 준비금이든 먼저 사용할 수 있다.
>
> 정답_③

**문 12**_상법상 준비금의 자본금 전입(상법 제461조)에 관한 설명 중 **틀린** 것은? (2002년 공인회계사)

① 자본금 전입이 가능한 준비금은 법정준비금만을 지칭하는 것으로 해석하는 것이 일반적이다.

② 준비금의 자본금 전입은 정관으로 주주총회에서 결정하기로 정한 경우가 아니면 이사회의 결의에 의하여 정한다.

③ 이사회의 결의에 의해서 준비금을 자본금 전입하여 신주를 발행한 경우, 그 신주의 주주는 신주배정일 현재 주주명부상의 주주가 된다.

④ 준비금의 자본금 전입에 따라 발행되는 신주에 대해서는 종전의 주식을 목적으로 한 질권을 행사할 수 없다.

⑤ 준비금의 자본금 전입에 따른 주식 발행 후에는 이에 관하여 변경등기를 하여야 한다.

> 준비금의 자본전입은 무상신주의 발행이 되므로, 발행되는 신주에 대해서 종전의 주식을 목적으로 한 질권을 행사할 수 있다(제461조 제7항).
>
> 정답_④

**문 13_**주식회사의 준비금에 관한 설명 중 옳은 것은?

(2006년 공인회계사)

① 준비금의 자본금 전입은 주주총회의 결의사항으로 하는 것이 원칙이지만, 정관의 규정으로 이사회의 권한사항으로 할 수 있다.

② 회사는 적립된 자본준비금 및 이익준비금의 총액이 자본금의 1.5배를 초과하는 경우에는 ~~주주총회의 결의에 따라~~ 그 초과한 금액 범위에서 자본준비금과 이익준비금을 감액할 수 있다.

③ 통설에 따르면, 자본금에 전입할 수 있는 준비금에는 법정준비금과 임의준비금이 모두 포함된다.

④ 준비금의 자본금 전입에 의하여 신주가 발행되는 경우에, 종전의 주식을 목적으로 하는 약식질에 대하여는 물상대위가 인정되지 않는다.

⑤ 준비금의 자본금 전입을 위한 이사회의 결의가 있는 때에는, 그 결의가 있는 날의 주주명부상의 주주가 신주의 주주가 된다.

① 준비금의 자본금 전입은 이사회의 결의사항으로 하는 것이 원칙이지만, 정관의 규정으로 주주총회의 권한사항으로 할 수 있다(제461조 제1항).

③ 통설에 따르면, 자본금에 전입할 수 있는 준비금에는 법정준비금에 한정되고, 임의준비금은 포함되지 않는다.

④ 준비금의 자본금 전입에 의하여 신주가 발행되는 경우에, 종전의 주식을 목적으로 하는 약식질에 대하여는 물상대위가 인정된다(제461조 제7항, 제339조).

⑤ 준비금의 자본금 전입을 위한 이사회의 결의가 있는 때에는, 이사회가 정한 일정한 날의 주주명부상의 주주가 신주의 주주가 된다(제461조 제3항).

정답_②

**문 14_**상법상 주식회사의 이익배당에 관한 설명 중 가장 옳은 것은?

① 회사는 대차대조표상의 순자산액으로부터 자본금의 액 및 그 결산기까지 적립된 법정준비금을 공제한 액을 한도로 하여 이익배당을 할 수 있다.

② 연1회의 결산기를 정한 회사의 경우에는 주주총회결의로 영업연도 중 1회에 한하여 중간배당을 할 수 있다.

③ 회사는 주주총회의 결의에 의하여 이익의 배당을 새로이 발행하는 주식으로써 할 수 있다.

④ 배당가능이익이 없음에도 불구하고 배당이 이루어진 경우에는 회사채권자는 이를 회사에 반환할 것을 청구할 수 없다.

⑤ 판례에 의하면 주주총회에서 소주주에게 유리하고 대주주에게 불리한 차등배당을 결의한 것은 차등배당을 받는 대주주 전원이 그 결의에 찬성하였더라도 무효이다.

①④ 제462조 제1항 및 제2항, ② 중간배당은 이사회의 결의에 의해 가능하다.

⑤ 소주주에게 유리한 차등배당은 무효가 아니라는 것이 판례의 입장이다.

정답_③

**문 15_**상법상 중간배당에 관한 설명 중 틀린 것은?

(2006년 공인회계사)

① 결산기를 연 1회로 정한 회사만 영업연도 중 1회에 한하여 중간배당을 할 수 있다.

② 중간배당은 정관의 규정에 의하여 이사회의 결의로만 가능하다.

③ 이사회의 결의가 있은 날로부터 1월 이내에 중간배당금을 지급하여야 하지만, 정관의 규정에 의한 주주총회의 결의로 지급시기를 따로 정할 수 있다.

④ 중간배당금의 시효기간은 5년이다.

⑤ 배당가능이익을 초과한 중간배당은 당연 무효이며, 회사채권자는 직접 주주에 대하여 위법배당액을 회사에 반환할 것을 청구할 수 있다.

**문 16_**상법상 주식회사의 이익배당에 관한 설명으로 틀린 것은?

(2014년 공인회계사)

① 회사의 배당가능이익은 대차대조표의 순자산액에서 자본금의 액, 그 결산기까지 적립된 자본준비금과 이익준비금의 합계액, 그 결산기에 적립하여야 할 이익준비금의 액 및 대통령령으로 정하는 미실현이익을 공제한 액을 한도로 할 수 있다.

② 주식배당은 회사가 새로이 발행하는 주식으로 배당하는 것이고 그 회사가 이미 가지고 있는 자기주식으로 배당하는 것은 현물배당에 해당한다.

③ 회사는 정관의 정함이 없어도 이사회의 결의에 의하여 금전 외의 재산으로 배당할 수 있다.

④ 연 1회의 결산기를 정한 회사는 영업연도 중 1회에 한하여 이사회의 결의로 일정한 날을 정하여 그 날의 주주에 대하여 중간배당을 할 수 있음을 정관으로 정할 수 있다.

⑤ 배당가능이익이 없는데도 금전배당을 한 경우에 회사채권자는 주주에게 배당받은 이익을 회사에 반환할 것을 청구할 수 있다.

② 중간배당은 정관의 규정에 의하여 이사회의 결의로 할 수 있다. 그러나 이사가 1인인 때에는 중간배당은 주주총회의 결의로 할 수 있다.

③ 중간배당의 경우, 이사회에서 배당금지급시기를 따로 정할 수 있다(제464조의2 제1항, 단서).

정답_②,③

회사는 정관의 정함에 의하여 금전 외의 재산으로 배당할 수 있다(제462조의4 제1항).

정답_③

**문 17_**상법상 이익배당에 관한 다음 설명 중 옳은 것은?

(2004년 공인회계사)

① 중간배당은 정관에 규정이 없더라도 할 수 있다.

② 주식배당은 회사가 이미 가지고 있는 자기주식으로써 할 수 있다.

③ 이익배당은 종류주식의 경우를 제외하고는 원칙적으로 각 주주가 가진 주식의 수에 따라 지급한다.

④ 이익배당총액을 주식으로 배당할 수 있다.

⑤ 이익배당금의 지급청구권은 1년간 이를 행사하지 아니하면 소멸시효가 완성한다.

① 중간배당은 정관에 규정이 있어야 한다(제462조의3 제1항).
② 주식배당은 신주의 발행이므로 자기주식으로 할 수는 없다.
④ 이익배당액의 2분의 1을 넘어 주식배당을 할 수는 없다.
⑤ 이익배당금지급청구권의 소멸시효기간은 5년이다(제464조의2 제2항).

정답_③

**문 18_**상법상 비상장주식회사의 이익배당에 관한 설명으로 틀린 것은?

(2017년 공인회계사)

① 이익배당은 각 주주가 가진 주식 수에 따라 하여야 하지만 이익배당에 관한 종류주식의 경우에는 다르게 정할 수 있다.

② 주주총회의 결의에 의하여 이익배당을 새로이 발행하는 주식으로써 하는 경우 그 배당은 이익배당총액의 2분의 1에 상당하는 금액을 초과하지 못한다.

③ 회사가 이익배당안을 결의한 경우 주주의 배당금 지급청구권은 주식과 독립하여 양도할 수 있고 5년의 소멸시효가 적용된다.

④ 판례에 의하면 대주주가 스스로 배당받을 권리를 포기하거나 소액주주의 배당률보다 낮게 하기 위하여 주주총회에서 차등배당을 하기로 한 결의는 유효하다.

⑤ 회사가 정관으로 금전 외의 재산으로 배당할 것을 정한 경우 일정 수 미만의 주식을 보유한 주주에게 금전 외의 재산 대신 금전을 지급하기로 정할 수 없다.

회사가 정관으로 금전 외의 재산으로 배당할 것을 정한 경우 일정 수 미만의 주식을 보유한 주주에게 금전 외의 재산 대신 금전을 지급하기로 정할 수 있다(제462조의4 제2항 2호).

정답_⑤

**문 19**_상법상 주식회사의 위법배당에 관한 설명으로 옳은 것은?

(2013년 공인회계사)

① 정관에 의하여 중간배당이 가능한 회사가 중간배당을 현물배당으로 했다면 그 외의 소정의 요건을 갖추어도 위법한 배당이 된다.

② 배당가능이익 없이 주식배당이 이루어진 경우에는 회사채권자도 신주발행무효의 소를 제기할 수 있다.

③ 상법 제462조 제1항의 배당가능이익의 범위 내에서 이익배당한 경우에도 그 절차나 시기가 위법한 경우에는 회사나 채권자는 주주에게 위법배당금을 회사에 반환할 것을 청구할 수 있다.

④ 위법한 주식배당으로 신주발행이 무효가 되면 회사는 배당받았던 주주에게 신주의 액면총액을 환급해 주어야 한다.

⑤ 대표이사가 이익배당에 관한 주주총회나 이사회에서 현물배당에 관한 결의가 없었음에도 정관규정만을 근거로 현물배당을 한 경우 회사는 주주에 대하여 지급한 현물의 반환을 청구할 수 있다.

**문 20**_상법상 주식회사의 배당에 관한 설명으로 옳은 것은?

(2010년 공인회계사)

① 회사는 주주총회의 보통결의에 의해 이익배당총액의 3분의 2를 초과하지 않는 범위 내에서 이익의 배당을 새로이 발행하는 주식으로 할 수 있다.

② 연 1회의 결산기를 정한 회사는 영업연도 중 1회에 한하여 이사회의 결의로 일정한 날을 정하여 그 날의 주주에 대해 이익을 배당할 수 있음을 정관으로 정할 수 있다.

③ 회사는 주주총회의 결의에 의하여 회사가 영업에 의하여 취득한 이익을 금전 외의 재산으로 배당할 수 있다.

④ 이익배당은 각 주주가 가진 주식의 수에 따라 지급되기 때문에, 여러 종류의 주식이 발행되어 있더라도 그 주식의 종류에 따라 배당에 관하여 다른 정함을 할 수 없다.

⑤ 신주인수권의 행사에 의해 발행된 주식에 대한 이익배당에 관하여는 정관이 정하는 바에 따라 그 납입기일이 속하는 영업연도 말에 신주가 발행된 것으로 할 수 있다.

---

**해 설 및 정 답**

① 정관에 의하여 중간배당이 가능한 회사가 중간배당을 현물배당으로 했다면 그 외의 소정의 요건을 갖추었다면 유효하다.

② 배당가능이익 없이 주식배당이 이루어진 경우에 신주발행무효의 소는 주주, 이사, 감사에 한하여 제기할 수 있다(제429조).

③ 상법 제462조 제1항의 배당가능이익의 범위 내에서 이익배당한 경우에도 그 절차나 시기가 위법한 경우라도 회사나 채권자는 주주에게 위법배당금을 회사에 반환할 것을 청구할 수 없다.

④ 위법한 주식배당으로 신주발행이 무효가 되면 회사는 주주가 납입했던 것이 아니므로 배당받았던 주주에게 신주의 액면총액을 환급할 책임이 없다.

정답_⑤

① 회사는 주주총회의 보통결의에 의해 이익배당총액의 2분의 1을 초과하지 않는 범위 내에서 이익의 배당을 새로이 발행하는 주식으로 할 수 있다.

③ 회사는 정관으로 금전 외의 재산으로 배당을 할 수 있음을 정할 수 있다(제462조의4 제1항).

④ 이익배당은 각 주주가 가진 주식의 수에 따라 지급되지만, 여러 종류의 주식이 발행되어 있는 때에는 그 주식의 종류에 따라 배당에 관하여 다른 정함을 할 수 있다.

⑤ 신주인수권의 행사에 의해 발행된 주식에 대한 이익배당에 관하여는 정관이 정하는 바에 따라 그 납입기일이 속하는 영업연도의 직전 영업년도 말에 신주가 발행된 것으로 할 수 있다.

정답_②

**문 21_상법상 주식회사의 위법배당에 관한 설명 중 틀린 것은?**

(2008년 공인회계사)

① 배당가능이익을 초과하거나 또는 배당가능이익이 없음에도 불구하고 이익배당을 한 경우는 위법배당이 된다.

② 위법배당은 무효이므로 회사는 주주에 대하여 부당이득의 반환을 청구할 수 있으며, 이 경우 주주의 선의 또는 악의는 불문한다.

③ 위법배당시의 회사채권자뿐만 아니라 그 후의 모든 회사채권자도 위법배당을 받은 주주에 대하여 그 배당금을 회사에 반환할 것을 청구할 수 있다.

④ 회사채권자의 반환청구권은 채권액과 관계없이 위법배당액의 전액에 대하여 인정되며 채권 보전의 필요성은 문제되지 않는다.

⑤ 이사가 악의 또는 중대한 과실에 의한 임무해태로 위법배당을 함으로써 회사채권자에게 손해를 입힌 경우 회사채권자는 직접 당해 이사를 상대로 손해배상을 청구할 수 없다.

이사가 악의 또는 중대한 과실에 의한 임무해태로 위법배당을 함으로써 회사채권자에게 손해를 입힌 경우 회사채권자는 직접 당해 이사를 상대로 손해배상을 청구할 수 있다(제401조 제1항).

정답_⑤

**문 22_다음 중 주식배당에 관한 설명으로 틀린 것은?**

(2007년 공인회계사)

① 회사는 주주총회의 보통결의에 의해 이익배당 총액의 2분의 1에 상당하는 금액을 초과하지 않는 범위에서 이익배당을 새로이 발행하는 주식으로써 할 수 있다.

② 주식배당으로 발행하는 주식의 발행가액은 주식의 권면액이며, 종류주식을 발행한 경우에 우선주에 대하여는 우선주로 배당할 수 있다.

③ 주식배당을 받은 주주는 주식배당의 결의를 한 주주총회가 종료한 때부터 신주의 주주가 된다.

④ 신주에 대한 이익이나 이자의 배당에 관하여는 정관이 정하는 바에 의하여 그 주주총회가 종결한 때가 속하는 영업연도의 말에 신주가 발행된 것으로 정할 수 있다.

⑤ 기명주식의 등록질의 경우에 질권자는 주식배당에 의해 주주가 받을 주식에 대하여도 질권을 행사할 수 있다.

신주에 대한 이익이나 이자의 배당에 관하여는 정관이 정하는 바에 의하여 그 주주총회가 종결한 때가 속하는 영업연도의 직전영업연도 말에 신주가 발행된 것으로 정할 수 있다(제462조의2 제4항).

정답_④

**문 23_**상법상 액면주식을 발행한 주식회사의 주식배당에 관한 설명으로 옳은 것은? (2015년 공인회계사)

① 주식배당은 회사가 신주를 발행하지 않고 이미 가지고 있는 자기주식으로써 할 수도 있다.

② 주식배당에 의한 신주의 발행가액은 주주총회의 특별결의로 주식의 시가로 결정할 수 있다.

③ 주식배당을 받은 주주는 주주총회의 주식배당 결의가 있은 영업연도말에 신주의 주주가 된다.

④ 이사는 주식배당에 관한 주주총회의 결의가 있는 때 지체없이 배당받을 주주와 주주명부에 기재된 질권자에게 그 주주가 받을 주식의 종류와 수를 통지하여야 한다.

⑤ 주식의 등록질의 경우 질권자는 주식배당에 의해 주주가 받을 주식에 대하여 질권을 행사할 수는 없다.

① 주식배당은 특수한 신주발행이므로, 회사가 신주를 발행하지 않고 이미 가지고 있는 자기주식으로써 할 수 없다.
② 주식배당에 의한 신주의 발행가액은 권면액으로 한다(제462조의2 제2항).
③ 주식배당을 받은 주주는 그 주주총회의 종결한 때로부터 신주의 주주가 된다(제462조의2 제4항).
⑤ 주식의 등록질의 경우 질권자는 주식배당에 의해 주주가 받을 주식에 대하여 질권을 행사할 수는 있다(제462조의2 제6항).
정답_④

**문 24_**상법상 주식회사의 서류의 비치와 열람에 관한 설명으로 틀린 것은? (2018년 공인회계사)

① 주주는 영업시간 내에 이사회의사록의 열람을 청구할 수 있고 회사는 그 청구에 의하여 이유를 붙여 거절할 수 있다.

② 주주총회의사록은 본점과 지점에 비치해야 하고 회사채권자는 영업시간 내에 언제든지 이의 열람을 청구할 수 있다.

③ 감사보고서는 정기총회일의 1주간 전부터 본점에 5년간 비치하여야 하고 주주는 영업시간 내에 언제든지 이를 열람할 수 있다.

④ 회사채권자는 이유를 붙인 서면으로 회계의 장부와 서류의 열람을 청구할 수 있다.

⑤ 합병계약서는 합병을 한 날 이후 6개월이 경과하는 날까지 본점에 비치하여야 하고 회사채권자는 영업시간 내에 언제든지 이의 열람을 청구할 수 있다.

주주는 이유를 붙인 서면으로 회계의 장부와 서류의 열람을 청구할 수 있다(상법 제466조 제1항). 회사채권자는 회계장부열람청구권이 없다.
① 상법 제393조의3 제4항 ② 상법 제396조 ③ 상법 제448조 ⑤ 상법 제522조의2
정답_④

**문 25_**다음의 사례에 관한 설명으로 틀린 것은? (2010년 공인회계사)

> 신규사업에 실패한 甲주식회사(비상장회사)의 대표이사 A는 주주총회를 무사히 치르기 위해 甲회사의 주주 B에게 도와 달라고 요청하였다. 이에 대하여 B는 도움을 주는 대가로 자신이 경영하는 乙회사에서 甲회사의 선물용 비누세트를 제작할 수 있게 해달라고 A에게 요구하였다. A는 B의 요청을 받아들여 甲회사와 乙회사간에는 비누세트 공급계약이 체결되었고, 甲회사는 대금을 지급하고 선물용 비누세트를 수령하였다. 그 후 甲회사의 주주총회는 B의 호의적 발언과 찬성하는 의결권의 행사에 의해 무사히 종료되었다.

① 만약 甲회사가 乙회사로부터 비누세트를 받지 않기로 하고 대금 상당액을 지급한 경우에는 주주 B의 권리행사와 관련하여 이익을 공여한 것으로 추정한다.

② 甲회사가 乙회사부터 받은 비누세트의 가액이 대금에 비하여 현저하게 적은 경우 그 대금의 지급은 주주 B의 권리행사와 관련하여 공여된 것으로 추정한다.

③ 乙회사는 대금을 甲회사에게 반환하여야 하고, 그 반대급부로 인도한 비누세트를 甲회사로부터 반환받을 수 있다.

④ 대표이사 A는 甲회사에 대하여 손해배상책임을 부담하지만, 甲회사가 乙회사로부터 대금을 반환받은 경우에는 그 책임이 소멸한다.

⑤ 甲회사의 주주 C는 발행주식총수의 100분의 1 이상의 주식을 확보하여 대표소송의 방법으로 乙회사에 대해 대금의 반환을 청구할 수 있다.

설문은 "이익공여의 금지" 규정에 관한 내용이다. 이에 따라 대표이사 A는 甲회사에 대하여 손해배상책임을 부담하며, 甲회사가 乙회사로부터 대금을 반환받은 경우라도 그 책임을 면할 수 없다.

정답_④

▶ 사 채

**문 26_상법상 사채에 관한 설명으로 옳은 것은?**

(2020년 공인회계사)

① 사채관리회사는 사채권자를 위하여 사채에 관한 채권을 변제받기 위하여 필요한 재판상 또는 재판 외의 모든 행위를 할 수 있다.

② 사채의 인수인은 그 사채의 사채관리회사가 될 수 있다.

③ 기명사채의 이전은 취득자의 성명과 주소를 사채원부에 기재하고 그 성명을 채권에 기재하지 아니하면, 그 취득자는 회사에 대항하지 못하지만 제3자에게는 대항할 수 있다.

④ 사채의 모집이 완료된 때에는 사채인수인은 사채의 전액을 납입하여야 하고, 이 경우 분할납입은 허용되지 않는다.

⑤ 판례에 의하면, 전환사채발행무효의 소에는 신주발행무효의 소에 관한 6월 내의 제소기간 규정이 유추적용되지 않는다.

① 사채관리회사는 사채권자를 위하여 사채에 관한 채권을 변제받기 위하여 필요한 재판상 또는 재판 외의 모든 행위를 할 수 있다(상법 제484조 제1항).

② 사채의 인수인은 그 사채의 사채관리회사가 될 수 없다(상법 제480조의3 제2항).

③ 기명사채의 이전은 취득자의 성명과 주소를 사채원부에 기재하고 그 성명을 채권에 기재하지 아니하면, 그 취득자는 회사 기타의 제3자에게는 대항할 수 없다(상법 제479조 제1항).

④ 사채의 모집이 완료된 때에는 사채인수인은 사채의 전액 또는 제1회의 납입을 시켜야 한다(상법 제476조 제1항). 따라서 전액 또는 분할납입이 허용된다.

⑤ 전환사채 발행의 경우에도 신주발행무효의 소에 관한 상법 제429조가 유추적용되므로 전환사채발행무효 확인의 소에 있어서도 상법 제429조 소정의 6월의 제소기간의 제한이 적용된다 할 것이나, 이와 달리 전환사채 발행의 실체가 없음에도 전환사채 발행의 등기가 되어 있는 외관이 존재하는 경우 이를 제거하기 위한 전환사채발행부존재 확인의 소에 있어서는 상법 제429조 소정의 6월의 제소기간의 제한이 적용되지 아니한다(대법원 2004. 8. 16. 선고 2003다9636 판결).

정답_①

**문 27_상법상 주식회사의 사채발행에 관한 설명으로 옳은 것은?**

(2016년 공인회계사)

① 이사회는 정관의 규정에 따라 대표이사에게 사채의 금액 및 종류를 정하여 1년을 초과하지 아니하는 기간 내에 사채를 발행할 것을 위임할 수 있다.

② 사채를 발행하는 회사는 사채권자의 보호를 위하여 반드시 사채관리회사를 정하여 사채의 관리를 위탁해야 한다.

③ 사채의 인수인이 은행인 경우 인수인도 그 사채의 사채관리회사가 될 수 있다.

④ 사채관리회사는 사채권자를 위하여 사채에 관한 채권을 변제받기 위하여 필요한 재판상의 행위를 할 수 없다.

⑤ 사채권자집회의 결의는 사채권자 전원이 찬성하더라도 법원의 인가가 있어야 효력이 발생한다.

② 사채를 발행하는 회사는 사채권자의 보호를 위하여 사채관리회사를 정하여 사채의 관리를 위탁할 수 있다(제480조의2).

③ 사채의 인수인이 은행인 경우 인수인은 그 사채의 사채관리회사가 될 수 없다(제480조의3 제2항).

④ 사채관리회사는 사채권자를 위하여 사채에 관한 채권을 변제받기 위하여 필요한 재판상의 행위를 할 수 있다(제484조 제1항).

⑤ 사채권자집회의 결의는 사채권자 전원이 찬성하면 법원의 인가가 없어도 효력이 발생한다(제498조 제1항).

정답_①

**문 28**_상법상 주식회사의 사채에 관한 설명으로 옳은 것은?

(2017년 공인회계사)

① 사채를 발행하기 위하여는 주주총회의 결의가 필요하다.

② 사채의 납입에는 분할납입이 가능하지만 사채의 상환에는 분할상환이 인정되지 않는다.

③ 사채의 상환청구권은 5년간 행사하지 아니하면 소멸시효가 완성된다.

④ 사채관리회사가 둘 이상 있을 때에는 그 권한에 속하는 행위는 공동으로 하여야 한다.

⑤ 사채권자는 이사회의 승인을 받아야 기명식의 채권을 무기명식으로 할 것을 회사에 청구할 수 있다.

① 사채를 발행하기 위하여는 이사회의 결의가 필요하다(제469조 제1항).
② 사채의 납입에는 분할납입이 가능하고, 사채의 상환에도 사채청약서의 정함에 의하여 분할상환이 인정된다(제474조 제2항 8호 참조).
③ 사채의 상환청구권은 10년간 행사하지 아니하면 소멸시효가 완성된다(제487조 제1항).
⑤ 사채권자는 언제든지 기명식의 채권을 무기명식으로 할 것을 회사에 청구할 수 있다(제480조).

정답_④

**문 29**_상법상 사채에 관한 설명으로 틀린 것은?

(2021년 공인회계사)

① 전환사채의 전환으로 회사의 자본금은 증가하지 않는다.

② 주주 이외의 자에게 신주인수권부사채를 발행하는 경우, 신주인수권의 내용에 관하여 정관에 규정이 없으면 주주총회의 특별결의로써 이를 정하여야 한다.

③ 사채의 모집이 완료한 때에는 이사는 지체없이 인수인에 대하여 각 사채의 전액 또는 제1회의 납입을 시켜야 한다.

④ 정관으로 정하는 바에 따라 이사회는 대표이사에게 사채의 금액 및 종류를 정하여 1년을 초과하지 아니하는 기간 내에 사채를 발행할 것을 위임할 수 있다.

⑤ 사채권자집회의 결의는 법원의 인가를 받음으로써 그 효력이 생기지만, 그 종류의 사채권자 전원이 동의한 결의에는 법원의 인가가 필요하지 않다.

① 전환사채의 전환으로 사채가 주식으로 전환되므로, 회사의 자본금은 증가한다.
② 주주 이외의 자에게 신주인수권부사채를 발행하는 경우, 신주인수권의 내용에 관하여 정관에 규정이 없으면 주주총회의 특별결의로써 이를 정하여야 한다(상법 제513조 제3항).
③ 사채의 모집이 완료한 때에는 이사는 지체없이 인수인에 대하여 각 사채의 전액 또는 제1회의 납입을 시켜야 한다(상법 제476조 제1항).
④ 정관으로 정하는 바에 따라 이사회는 대표이사에게 사채의 금액 및 종류를 정하여 1년을 초과하지 아니하는 기간 내에 사채를 발행할 것을 위임할 수 있다(상법 제469조 제4항).
⑤ 사채권자집회의 결의는 법원의 인가를 받음으로써 그 효력이 생기지만, 그종류의 사채권자 전원이 동의한 결의에는 법원의 인가가 필요하지 않다(상법 제498조 제1항, 제2항).

정답_①

**문 30_** 상법상 전환사채발행의 하자에 관한 설명으로 옳은 것은?

(2012년 공인회계사)

① 상법은 전환사채의 발행 무효의 주장방법으로 전환사채발행 무효의 소를 명문으로 인정하고 그 구체적인 내용에 관하여는 신주발행 무효의 소에 관한 규정을 준용한다.

② 전환사채발행 무효의 소에 대한 원고 승소판결은 형성판결로서 대세적 효력이 있으며 전환권 행사에 의해 발행된 신주는 소급하여 무효가 된다.

③ 판례에 의하면 전환사채발행의 무효원인이 이사회결의 하자에서 비롯된 경우 이사회결의 하자의 소 또는 전환사채발행 무효의 소 중에서 선택하여 다툴 수 있다.

④ 판례에 의하면 전환사채발행의 하자를 다투고자 하는 경우 전환사채가 주식으로 전환된 이후에도 신주발행 무효의 소에 의할 것이 아니라 전환사채발행 무효의 소에 의하여야 한다.

⑤ 판례에 의하면 전환사채발행의 경우 신주발행의 경우와는 달리 전환사채발행 부존재확인의 소를 별도의 쟁송수단으로 인정하지 않는다.

① 상법은 전환사채의 발행 무효의 주장방법으로 전환사채발행 무효의 소를 명문으로 인정하고 있지 않으며, 판례가 신주발행무효의 소의 규정을 유추적용할 수 있다고 한다(대법원 2004. 6.25 선고 2000다37326 판결).
② 전환사채발행 무효의 소에 대한 원고 승소판결은 형성판결로서 대세적 효력이 있으며 전환권 행사에 의해 발행된 신주는 무효가 되지만, 소급효가 없다(제431조 제1항).
③ 판례에 의하면 전환사채발행의 무효원인이 이사회결의 하자에서 비롯된 경우, 전환사채발행 무효의 소를 제기한 경우에는 이사회결의 의무효의 소는 전환사채발행무효의 소에 흡수된다.
⑤ 판례에 의하면 전환사채발행의 경우 신주발행의 경우와는 달리 전환사채발행 부존재확인의 소를 별도의 쟁송수단으로 인정한다(참고판례: 전환사채 발행의 실체가 없음에도 전환사채 발행의 등기가 되어 있는 외관이 존재하는 경우 이를 제거하기 위한 전환사채발행 부존재 확인의 소에 있어서는 상법 제429조 소정의 6월의 제소기간의 제한이 적용되지 아니한다(대법원 2004. 8. 16. 선고 2003다9636 판결)).

정답_④

**문 31_** 상법상 전환사채에 관한 설명으로 옳은 것은?

(2019년 공인회계사)

① 전환청구권은 형성권으로서 전환사채권자가 전환을 청구한 때에 전환의 효력이 발생한다.

② 주주 외의 자에 대하여 전환사채를 발행하는 경우 주주명부 폐쇄기간 중에는 전환청구가 금지된다.

③ 주주 외의 자에 대하여 전환사채를 발행하는 경우 회사는 전환으로 인하여 발행할 주식의 종류와 수를 주주에게 통지하여야 한다.

④ 회사가 법령 또는 정관에 위반하거나 현저하게 불공정한 방법에 의하여 전환사채를 발행하는 경우에도 주주의 전환사채발행유지청구권은 인정되지 않는다.

⑤ 회사가 전환사채를 발행한 때에는 그 납입이 완료된 날로부터 본점소재지에서는 2주간 내 지점소재지에서는 3주간 내에 전환사채의 등기를 하여야 한다.

① 전환청구권은 형성권으로서 전환사채권자가 전환을 청구한 때에 전환의 효력이 발생한다(상법 제516조 제2항, 제350조 제1항).
② 주주 외의 자에 대하여 전환사채를 발행하는 경우라도 주주명부폐쇄기간 중에 전환청구를 할 수 있으나, 그 기간중에 전환된 주식의 주주는 그 기간중의 주주총회에서는 의결권을 행사할 수 없다(상법 제516조 제2항, 제350조 제2항).
③ 신주발행의 경우에는 상법 제418조 제4항에 따라 주주 외의 자에게 신주를 배정하는 경우 그 발행할 주식의 종류와 수를 주주에게 통지하여야 하지만, 주주 외의 자에 대하여 전환사채를 발행하는 경우 회사는 전환으로 인하여 발행할 주식의 종류와 수를 주주에게 통지하여야 한다는 규정이 없다.
④ 회사가 법령 또는 정관에 위반하거나 현저하게 불공정한 방법에 의하여 전환사채를 발행하는 경우에도 주주의 전환사채발행유지청구권은 인정된다(상법 제516조 제1항, 제424조).
⑤ 회사가 전환사채를 발행한 때에는 그 납입이 완료된 날로부터 2주간 내에 본점소재지에서 전환사채의 등기를 하여야 한다(상법 제514조의2 제1항). 그러나 지점소재지에서의 등기는 규정이 없다.

정답_①

**문 32_**상법상 주식회사의 전환사채 또는 신주인수권부사채에 관한 설명으로 틀린 것은? (2015년 공인회계사)

① 전환사채는 사채권자에게 발행회사의 주식으로 전환할 수 있는 권리가 인정된 사채이다.

② 전환사채의 인수권을 가진 주주는 그가 가진 주식의 수에 따라서 전환사채의 배정을 받을 권리가 있으나 각 전환사채의 금액 중 최저액에 미달하는 단수에 대하여는 그러하지 아니하다.

③ 신주인수권부사채의 신주인수권이란 신주의 발행을 청구할 수 있는 권리를 의미하고 사채권자가 이를 행사하면 회사는 당연히 신주를 발행하여야 한다.

④ 신주인수권부사채는 사채권과 신주인수권증권을 분리하여 발행하는 것이 원칙이다.

⑤ 판례에 의하면 경영권방어만을 목적으로 전환사채를 우호세력에게 제3자 배정방식으로 발행하는 것은 무효이다.

**문 33_**상법상 전환사채에 관한 설명으로 옳은 것은? (2011년 공인회계사)

① 상법은 전환사채의 발행에 무효사유가 있는 경우 그 무효를 인정하기 위하여 신주발행무효의 소를 준용하는 규정을 두고 있다.

② 전환사채는 주식으로 전환될 수 있는 권리가 부착된 특수한 사채이므로 주주총회의 결의에 의해서만 발행할 수 있다.

③ 판례에 의하면 전환사채발행무효의 소는 전환사채를 발행한 날로부터 3개월 내에 제기되어야 한다.

④ 전환사채의 전환으로 인하여 발행할 주식의 수는 전환청구 기간 내에는 그 발행을 보류하여야 한다.

⑤ 전환사채의 발행에는 전환사채발행유지청구권이 인정되나 불공정한 가액으로 인수한 자의 책임은 인정되지 않는다.

**해 설 및 정 답**

신주인수권부사채는 신주인수권만을 양도할 수 있는 것에 관하여 정한 경우에 한하여 사채권과 신주인수권증권을 분리하여 발행한다(제516조의5 제1항).

정답_④

① 상법은 전환사채의 발행에 무효사유가 있는 경우 그 무효를 인정하기 위하여 신주발행무효의 소를 준용하는 규정을 두고 있지는 않으나 판례에 의하면 준용된다.

② 전환사채는 주식으로 전환될 수 있는 권리가 부착된 특수한 사채이며, 주주에 대한 발행은 이사회의 결의로 발행할 수 있다(제513조 제1항).

③ 판례에 의하면 전환사채발행무효의 소는 신주발행무효의 소의 규정이 준용되므로, 전환사채를 발행한 날로부터 6개월 내에 제기되어야 한다.

⑤ 전환사채의 발행에는 전환사채발행유지청구권이나 불공정한 가액으로 인수한 자의 책임이 인정된다(상법 제516조 제1항, 제424조, 제424조의2).

정답_④

**문 34_**상법상 전환사채와 신주인수권부사채에 관한 설명으로 틀린 것은?

(2018년 공인회계사)

① 주주 외의 자에게 전환사채를 발행하는 경우에는 신기술의 도입, 재무구조의 개선 등 회사의 경영상 목적을 달성하기 위하여 필요한 경우에 한한다.

② 전환사채를 발행한 때에는 전환사채의 납입이 완료된 날로부터 2주간 내에 본점의 소재지에서 전환사채의 등기를 하여야 한다.

③ 전환사채권자가 전환을 청구하는 경우 그 청구한 때에 전환의 효력이 발생한다.

④ 판례에 의하면 신주인수권부사채 발행의 경우에는 신주발행무효의 소에 관한 상법 제429조가 유추적용되지 않는다.

⑤ 각 신주인수권부사채에 부여된 신주인수권의 행사로 인하여 발행할 주식의 발행가액의 합계액은 각 신주인수권부사채의 금액을 초과할 수 없다.

판례에 의하면 신주인수권부사채 발행의 경우에는 신주발행무효의 소에 관한 상법 제429조가 유추적용된다(대법원 2004.8. 20. 선고 2003다20060 판결).

① 상법 제513조 제3항 ② 상법 제514조의2 제1항

③ 상법 제516조 제2항, 제350조 제1항 ⑤ 상법 제516조의2 제3항

정답_④

**문 35_**상법상 주식회사의 신주인수권부사채에 관한 다음 설명 중 가장 옳지 <u>않은</u> 것은?

① 분리형 신주인수권부사채의 경우 신주인수권의 양도는 신주인수권증권의 교부에 의해서만 가능하다.

② 분리형 신주인수권부사채의 경우 신주인수권의 행사는 신주발행청구서에 신주인수권증권을 첨부하여 회사에 제출함으로써 한다.

③ 신주인수권의 행사로 인하여 발행할 주식의 발행가액총액은 신주인수권부사채의 발행가액총액과 일치하여야 한다.

④ 신주인수권의 행사로 인하여 발행되는 신주의 효력발생시기는 대용납입이 인정되지 않는 경우 신주의 발행가액의 전액이 납입된 때이다.

⑤ 신주인수권부사채를 목적으로 한 질권자는 대용납입이 인정되지 않는 경우 신주인수권의 행사로 인하여 발행되는 주식에 대하여 물상대위권을 행사할 수 없다.

신주인수권의 행사로 인하여 발행할 주식의 발행가액총액은 신주인수권부사채의 발행가액총액을 초과할 수 없다.

정답_③

## 문 36_상법상 신주인수권부사채에 관한 설명 중 틀린 것은?

(2006년 공인회계사)

① 사채권자는 신주인수권부사채의 상환에 갈음하여 주금(株金)을 대용납입한 경우 사채의 상환기일에 주주가 된다.
② 비분리형의 경우 신주인수권은 채권의 교부에 의하여 사채권과 함께 양도한다.
③ 신주인수권증권이 발행된 경우에 신주인수권의 양도는 신주인수권증권의 교부에 의하여서만 이를 행한다.
④ 신수인수권의 행사의 결과 신주가 발행된 경우, 이익이나 이자의 배당에 관하여 주주로 보는 시기는 그 납입을 한 때가 속하는 영업연도말로 한다.
⑤ 대용납입의 경우를 제외하고, 신주인수권의 행사로 발행되는 주식에 대하여는 물상대위가 인정되지 않는다.

사채권자는 신주인수권부사채의 상환에 갈음하여 주금(株金)을 대용납입한 경우에는 신주인수권행사(청구)의 서류를 제출한 때 주주가 된다(제516조의2 제2항 5호).

정답_①

## ▶ 상장회사

## 문 37_상법상 상장주식회사의 감사 · 감사위원회에 관한 설명으로 옳은 것은?

(2019년 공인회계사)

① 모회사의 감사는 당해회사 이사의 직을 겸할 수 없으나 자회사의 이사의 직은 겸할 수 있다.
② 감사위원회위원은 경업금지의무나 회사의 사업기회유용금지의무를 부담하지 않는다.
③ 감사는 신주발행유지청구권과 이사에 대한 위법행위유지청구권을 행사할 수 없다.
④ 최근 사업연도 말 현재의 자산총액이 2조원 이상인 상장회사는 주주총회에서 선임된 이사 중에서 이사회 결의를 통해 감사위원회위원을 선임할 수 있다.
⑤ 감사 또는 감사위원회는 이사에게 감사보고서를 주주총회일의 1주 전까지는 제출할 수 있다.

① 모회사의 감사는 당해회사나 자회사의 이사의 직은 겸할 수 없다(상법 제411조).
② 감사위원회위원은 이사이므로 경업금지의무나 회사의 사업기회유용금지의무를 부담한다.
③ 감사는 신주발행유지청구권은 행사할 수 없으나(상법 제424조), 이사에 대한 위법행위유지청구권을 행사할 수 있다(상법 제402조).
④ 최근 사업연도 말 현재의 자산총액이 2조원 이상인 상장회사는 주주총회에서 선임된 이사 중에서 주주총회 결의를 통해 감사위원회위원을 선임할 수 있다(상법 제542조의12 제1항).
⑤ 감사 또는 감사위원회는 이사에게 감사보고서를 주주총회일의 1주 전까지는 제출할 수 있다(상법 제542조의12 제6항).

정답_⑤

**문 38_** 상법상 주주총회의 결의에 의하여 상근감사를 두어야 하는 주식회사가 상근감사로 선임할 수 있는 자격이 있는 자로 옳은 것은?

(2019년 공인회계사)

① 미성년자, 피성년후견인 또는 피한정후견인
② 해당 회사의 상무에 종사하는 이사의 직계존속
③ 파산선고를 받고 복권되지 아니한 자
④ 상장회사의 특례에 따른 감사위원회의 위원으로 재임하였던 자
⑤ 금고 이상의 형을 선고받고 그 집행이 끝나거나 집행이 면제된 후 2년이 지나지 아니한 자

상법 제542조의10 제2항 참조(① 미성년자, 피성년후견인 또는 피한정후견인, ② 해당 회사의 상무에 종사하는 이사의 직계존속, ③ 파산선고를 받고 복권되지 아니한 자, ⑤ 금고 이상의 형을 선고받고 그 집행이 끝나거나 집행이 면제된 후 2년이 지나지 아니한 자는 상근감사가 될 수 없다. 그러나 ④ 상장회사의 특례에 따른 감사위원회의 위원으로 재임하였던 자는 상근감사가 될 수 있다).

정답_④

**문 39_** 상법상 사외이사를 두어야 하는 상장주식회사의 사외이사에 관한 설명으로 옳은 것은?

(2018년 공인회계사)

① 최근 사업연도 말 현재의 자산총액이 3천억원인 상장회사는 사외이사를 3명 이상으로 하되 이사 총수의 4분의 1 이상이 되도록 하여야 한다.
② 회사의 최대주주가 자연인인 경우 본인과 그 배우자 및 직계존속·비속은 그 회사의 사외이사가 될 수 없다.
③ 사외이사의 선임으로 인하여 사외이사의 수가 상법상의 이사회의 구성요건에 미달하게 되면 당해 결산기에 관한 정기주주총회에서 그 요건에 합치되도록 사외이사를 선임하여야 한다.
④ 최근 사업연도 말 현재의 자산총액이 7천억원인 상장회사가 주주총회에서 사외이사를 선임하려는 때에는 사외이사 후보추천위원회의 추천을 받은 자 중에서 선임하여야 한다.
⑤ 사외이사 후보추천위원회 설치의무가 있는 회사가 설치하는 사외이사 후보추천위원회는 사외이사가 총위원의 3분의 2 이상이 되도록 구성하여야 한다.

① 최근 사업연도 말 현재의 자산총액이 2조원인 상장회사는 사외이사를 3명 이상으로 하되 이사 총수의 4분의 1 이상이 되도록 하여야 한다(상법 제542조의8 제1항).
② 상법 제542조의8 제2항, 제382조 제3항
③ 사외이사의 선임으로 인하여 사외이사의 수가 상법상의 이사회의 구성요건에 미달하게 되면 그 사유가 발생한 후 처음으로 소집되는 주주총회에서 그 요건에 합치되도록 사외이사를 선임하여야 한다(상법 제542조의8 제3항).
④ 최근 사업연도 말 현재의 자산총액이 2조원이상인 상장회사가 주주총회에서 사외이사를 선임하려는 때에는 사외이사 후보추천위원회의 추천을 받은 자 중에서 선임하여야 한다(상법 제542조의8 제5항).
⑤ 사외이사 후보추천위원회 설치의무가 있는 회사가 설치하는 사외이사 후보추천위원회는 사외이사가 총위원의 과반수가 되도록 구성하여야 한다(상법 제542조의8 제4항).

정답_②

▶ **유한회사**

**문 40**_상법상 유한회사에 관한 설명으로 <u>틀린</u> 것은?

(2014년 공인회계사)

① 유한회사는 1인 사원에 의한 설립이 가능하며 사원의 수에 제한이 없다.

② 사원은 출자좌수에 따라 지분을 가지는데 출자 1좌의 금액은 100원 이상으로 균일하게 하여야 한다.

③ 업무집행기관은 이사이고 감사는 임의기관으로 되어 있으며 감사위원회제도는 인정되지 않는다.

④ 유한회사는 자본금을 증가하거나 사채발행을 통하여 필요한 자금을 조달할 수 있다.

⑤ 사원은 1출좌 1의결권을 행사할 수 있지만 정관의 정함에 의하여 출자 1좌에 대하여 복수의 의결권을 행사할 수 있다.

유한회사는 자본금을 증가시켜 자금조달을 할 수 있으나, 사채제도가 인정되지 않으므로 사채발행을 통하여 필요한 자금을 조달할 수 없다.

정답_④

# 13 진도별 모의고사

## 유한회사

**문 1**_상법상 유한회사에 관한 설명 중 틀린 것은?

(2008년 공인회계사)

① 유한회사의 자본금의 증가는 정관변경의 절차에 따른 사원총회의 특별결의를 요한다.

② 유한회사는 주식회사의 모집설립에 해당하는 방법으로 설립할 수 없다.

③ 유한회사는 사원의 지분에 관하여 무기명식의 증권발행이 금지된다.

④ 유한회사의 설립시 자본결함이 있는 경우에 회사성립 당시의 사원은 회사에 대하여 그 부족액을 연대하여 지급할 책임이 있다.

⑤ 유한회사는 감사위원회제도를 인정하지 않는 대신 감사를 필요기관으로 하고 있다.

유한회사의 감사는 정관에 의하여 둘 수 있는 임의기관으로 하고 있다(제568조 제1항).

정답_⑤

**문 2**_상법상 유한회사에 관한 설명으로 옳은 것은? (2021년 공인회계사)

① 금전출자에 의한 자본금 증가의 경우에 출자의 인수를 한 자는 그 자본금 증가의 등기일로부터 이익배당에 관하여 사원과 동일한 권리를 가진다.

② 이사가 회사에 대하여 소를 제기하는 경우에는 감사만 그 소에 관하여 회사를 대표한다.

③ 이사가 수인인 경우 정관에 다른 정함이 없으면 각 이사가 회사를 대표한다.

④ 현물출자의 목적인 재산의 자본금 증가 당시의 실가가 자본금 증가의 결의에 의하여 정한 가격에 현저하게 부족한 때에는 그 결의에 동의한 사원은 회사에 대하여 그 부족액을 연대하여 지급할 책임이 있다.

⑤ 회사의 설립취소는 그 사원 · 이사 · 감사에 한하여 회사설립일로부터 2년 내에 소만으로 이를 주장할 수 있다.

① 금전출자에 의한 자본금 증가의 경우에 출자의 인수를 한 자는 그 납입한 때로부터 이익배당에 관하여 사원과 동일한 권리를 가진다(상법 제590조).

② 이사가 회사에 대하여 소를 제기하는 경우에는 사원총회에서 그 소에 관하여 회사를 대표를 정하여야 한다(상법 제563조).

③ 이사가 수인인 경우에 정관에 다른 정함이 없으면 사원총회가 회사를 대표할 이사를 정한다(상법 제562조 제2항).

④ 현물출자의 목적인 재산의 자본금 증가 당시의 실가가 자본금 증가의 결의에 의하여 정한 가격에 현저하게 부족한 때에는 그 결의에 동의한 사원은 회사에 대하여 그 부족액을 연대하여 지급할 책임이 있다(상법 제593조 제1항).

⑤ 회사의 설립무효는 그 사원·이사감사에 한하여 회사설립일로부터 2년 내에 소만으로 이를 주장할 수 있다(상법 제552조). 설립취소는 취소권자에 한하여 소를 제기할 수 있다.

정답_④

**문 3_상법상 유한회사에 관한 설명으로 틀린 것은?**

(2015년 공인회계사)

① 정관규정에 따라 감사를 둔 경우 소수사원은 감사해임의 소를 제기할 수 없다.

② 주식회사와 달리 설립취소의 소가 인정되며 그 절차는 합명회사와 같다.

③ 사후증자에는 성관면경을 위한 특별결의와 같은 요건의 의결정족수가 필요하다.

④ 사원의 권리행사와 관련하여 주식회사의 주주에 대한 이익공여금지규정이 준용된다.

⑤ 유한회사는 분할 또는 분할합병 할 수 없으므로 이를 이유로 해산할 수 없다.

사원의 권리행사와 관련하여 주식회사의 주주에 대한 이익공여금지규정이 준용되지 않는다(제583조).

정답_④

**문 4_상법상 유한회사에 관한 설명으로 틀린 것은?**

(2020년 공인회계사)

① 이사가 수인인 경우에 정관에 다른 정함이 없으면 사원총회에서 회사를 대표할 이사를 선정하여야 한다.

② 현물출자의 목적인 재산의 회사성립 당시의 실가(實價)가 정관에 정한 가격에 현저하게 부족한 때에는, 회사성립 당시의 사원은 회사에 대하여 그 부족액을 연대하여 지급할 책임이 있다.

③ 회사설립의 무효는 그 사원, 이사와 감사에 한하여 회사성립의 날로부터 2년 내에 소만으로 이를 주장할 수 있다.

④ 정관으로 이사를 정하지 아니한 때에는 회사성립 전에 사원총회를 열어 이를 선임하여야 한다.

⑤ 감사가 없는 경우, 이사는 이사 전원의 승인이 있는 때에 한하여 자기 또는 제3자의 계산으로 회사와 거래를 할 수 있다.

① 이사가 수인인 경우에 정관에 다른 정함이 없으면 사원총회에서 회사를 대표할 이사를 선정하여야 한다(상법 제561조 제2항).

② 현물출자의 목적인 재산의 회사성립 당시의 실가(實價)가 정관에 정한 가격에 현저하게 부족한 때에는, 회사성립 당시의 사원은 회사에 대하여 그 부족액을 연대하여 지급할 책임이 있다(상법 제550조 제1항).

③ 회사설립의 무효는 그 사원, 이사와 감사에 한하여 회사성립의 날로부터 2년 내에 소만으로 이를 주장할 수 있다(상법 제552조 제1항).

④ 정관으로 이사를 정하지 아니한 때에는 회사성립 전에 사원총회를 열어 이를 선임하여야 한다(상법 제547조 제1항).

⑤ 감사가 없는 경우, 이사는 사원총회의 승인이 있는 때에 한하여 자기 또는 제3자의 계산으로 회사와 거래를 할 수 있다(상법 제564조 제3항).

정답_⑤

**문5_**유한회사의 계산에 관한 설명 중 틀린 것은? (2005년 공인회계사)

① 유한회사는 매 결산기에 대차대조표를 작성하여야 하지만, 이를 공고할 의무는 없다.

② 유한회사의 이익배당에서는 정관의 규정에 의하여 차등배당을 할 수 있다.

③ 유한회사에서는 법정준비금을 자본금 결손의 전보에 사용하거나 자본금에 전입할 수 있다.

④ 유한회사는 정관으로 회계장부열람청구권을 단독사원권으로 할 수 있고, 이 경우에는 재무제표의 부속명세서는 이를 작성하지 아니한다.

⑤ 유한회사의 경우에도 중간배당이 인정된다.

유한회사는 준비금의 자본금 전입에 관한 제461조는 제583조에서 준용되지 않고 있다. 따라서 유한회사의 계산의 경우에는 준비금의 자본금 전입이 인정되지 않는다. 다만, 자본결손의 전보에는 사용할 수 있다(제583조, 제460조).

정답_③

**문6_**상법상 유한회사에 관한 설명으로 옳은 것은?

(2017년 공인회계사)

① 이사가 수인인 경우에 정관에 다른 정함이 없으면 이사회에서 회사를 대표할 이사를 선정하여야 한다.

② 이사는 감사가 있는 경우에도 사원총회의 승인이 있는 때에 한하여 자기 또는 제3자의 계산으로 회사와 거래를 할 수 있다.

③ 유한회사는 정관으로 정한 경우에 사원총회의 특별결의로 주식회사로 그 조직을 변경할 수 있다.

④ 유한회사는 사원총회의 특별결의에 의하여 자본금을 증가할 수 있으며 그 결의를 한 때에 자본금증가의 효력이 생긴다.

⑤ 자본금증가 후에 아직 인수되지 아니한 출자가 있는 때에는 자본금증가결의에 동의한 사원과 이사, 감사가 인수되지 아니한 출자를 공동으로 인수한 것으로 본다.

① 이사가 수인인 경우에 정관에 다른 정함이 없으면 사원총회에서 회사를 대표할 이사를 선정하여야 한다(제562조 제2항).

② 이사는 감사가 있는 경우에는 감사, 감사가 없는 경우에는 사원총회의 승인이 있는 때에 한하여 자기 또는 제3자의 계산으로 회사와 거래를 할 수 있다(제564조 제3항).

④ 유한회사는 사원총회의 특별결의에 의하여 자본금을 증가할 수 있으며 그 변경등기를 한 때에 자본금증가의 효력이 생긴다(제585조, 제592조).

⑤ 자본금증가 후에 아직 인수되지 아니한 출자가 있는 때에는 이사, 감사가 인수되지 아니한 출자를 공동으로 인수한 것으로 본다(제594조 제1항).

정답_③

**문 7_상법상 유한회사에 관한 설명으로 틀린 것은?**

(2010년 공인회계사)

① 각 사원의 의결권은 원칙적으로 출자 좌수에 따라 비례하지만, 정관의 정함에 의해 출자 1좌에 대하여 복수의결권을 부여할 수 있다.

② 이사는 감사가 있는 때에는 그 승인이, 감사가 없는 때에는 사원총회의 승인을 얻어야만 자기 또는 제3자의 계산으로 회사와 거래할 수 있다.

③ 총회의 결의를 하여야 할 경우에 총사원의 동의가 있는 때에는 서면결의를 할 수 있지만, 그 결의는 특정사항에 관하여 하는 경우에만 인정된다.

④ 회사 성립 당시 현물출자는 법원이 선임한 검사인의 조사를 받아야 하고, 영업 전부의 양도의 경우에는 사원총회의 특별결의를 얻어야 한다.

⑤ 회사가 이사에 대하여 또는 이사가 회사에 대하여 소를 제기하는 경우에는 사원총회에서 그 소에 관하여 회사를 대표할 자를 선정한다.

유한회사의 설립시 현물출자에 대해서는 사원의 실가전보책임이 인정되므로, 주식회사의 경우와 달리 변태설립사항조사절차를 요하지 않는다.

정답_④

---

▶ **외국회사**

**문 8_상법상 외국회사에 관한 설명 중 틀린 것은?** (2009년 공인회계사)

① 외국회사가 대한민국 내에서 영업을 하고자 하는 때에는 대한민국에서의 대표자를 정하고 영업소를 설치한 후 이를 등기하여야 한다.

② 외국에서 설립된 회사라도 대한민국에서 영업할 것을 주된 목적으로 하는 경우 대한민국 국내법을 준거법으로 적용한다.

③ 외국회사의 한국 내 대표자에 대하여는 합명회사의 대표사원의 권한과 손해배상책임에 관한 규정을 준용한다.

④ 외국회사가 국내 영업소 설치등기 후 정당한 사유 없이 1년 내에 영업을 개시하지 않는 경우 법원은 이해관계인의 청구 또는 직권으로 영업소의 폐쇄를 명할 수 있다.

⑤ 외국회사의 영업소를 폐쇄하는 경우 법원은 대한민국에 있는 그 외국회사 재산 전부에 대해 청산의 개시를 명할 수 있다.

외국회사가 국내 영업소 설치등기 후 정당한 사유 없이 1년 내에 영업을 개시하지 않는 경우 법원은 이해관계인 또는 검사의 청구가 있는 때에는 영업소의 폐쇄를 명할 수 있다(제619조 제1항).

정답_④

## ▶ 어음법 · 수표법

**문 9_** 어음과 수표에 관한 설명으로 <u>틀린</u> 것은? (2021년 공인회계사)

① 일반횡선수표의 지급인은 은행 또는 지급인의 거래처에만 지급할 수 있다.

② 발행일자 후 정기출급의 환어음에는 이자의 약정을 적어도 이를 적지 아니한 것으로 본다.

③ 약속어음의 금액을 글자와 숫자로 적은 경우에 그 금액에 차이가 있으면 글자로 적은 금액을 어음금액으로 한다.

④ 환어음의 참가지급은 소지인이 만기나 만기 전에 상환청구권을 행사할 수 있는 모든 경우에 할 수 있으며, 그 지급은 피참가인이 지급할 전액을 지급하여야 한다.

⑤ 수표는 일람출급으로만 발행될 수 있으며, 기재된 발행일이 도래하기 전에 지급을 받기 위하여 제시된 수표는 그 발행일에 이를 지급하여야 한다.

① 일반횡선수표의 지급인은 은행 또는 지급인의 거래처에만 지급할 수 있다(수표법 제38조 제1항).
② 발행일자 후 정기출급의 환어음에는 이자의 약정을 적어도 이를 적지 아니한 것으로 본다(어음법 제6조 제1항).
③ 약속어음의 금액을 글자와 숫자로 적은 경우에 그 금액에 차이가 있으면 글자로 적은 금액을 어음금액으로 한다(어음법 제77조 제3항, 제7조).
④ 환어음의 참가지급은 소지인이 만기나 만기 전에 상환청구권을 행사할 수 있는 모든 경우에 할 수 있으며, 그 지급은 피참가인이 지급할 전액을 지급하여야 한다(어음법 제59조 이하 참조).
⑤ 수표는 일람출급으로만 발행될 수 있으며, 기재된 발행일이 도래하기 전에 지급을 받기 위하여 제시된 수표는 그 제시일에 이를 지급하여야 한다(수표법 제28조 제1항, 제2항).

정답_⑤

**문 10_** 어음과 수표에 관한 설명으로 <u>틀린</u> 것은? (2016년 공인회계사)

① 어음과 수표는 설권증권에 해당한다.

② 어음과 수표는 무인증권에 해당한다.

③ 어음과 수표는 법률상 당연한 지시증권에 해당한다.

④ 어음과 수표에는 반드시 지급받을 자 또는 지급받을 자를 지시할 자의 명칭의 기재가 있어야 한다.

⑤ 어음과 수표에는 반드시 발행인의 기명날인 또는 서명이 있어야 한다.

어음에는 반드시 지급받을 자 또는 지급받을 자를 지시할 자의 명칭의 기재가 있어야 한다(어음법 제1조, 제75조). 수표는 소지인출급식으로 발행할 수 있으므로 지급받을 자 또는 지급받을 자를 지시할 자의 명칭의 기재가 없어도 된다(수표법 제5조 제3항).

정답_④

**문 11_** 환어음과 약속어음의 차이점에 관한 설명으로 옳은 것은? (백지어음은 고려하지 않음) (2019년 공인회계사)

① 약속어음의 경우 주채무자가 존재하지만 환어음의 경우에는 주채무자가 존재하지 않을 수 있다.

② 약속어음의 발행인은 상환의무자이지만 환어음의 발행인은 상환의무자가 아니다.

③ 약속어음의 소지인은 인수가 거절되면 만기가 도래하기 전이라도 상환의무자에게 상환청구권을 행사할 수 있지만 환어음의 경우에는 그러하지 아니하다.

① 약속어음의 경우 발행인이 주채무자이고, 환어음의 경우에는 지급인이 인수행위를 한 경우에만 주채무자가 되므로 지급인이 인수하지 아니하면 주채무자가 존재하지 않게 된다.
② 약속어음의 발행인은 주채무자이지만 환어음의 발행인은 최종상환의무자이다.
③ 환어음의 소지인은 인수가 거절되면 만기가 도래하기 전이라도 상환의무자에게 상환청구권을 행사할 수 있지만, <u>약속어음의 경우에는 인수제도가 없으므로</u> 그러하지 아니하다.
④ <u>약속어음을 발행하는 때에는 발행인, 수취인만이 기재되지만</u> 환어음을 발행하는 때에는 발행인, 수취인, 지급인이 기재된다.
⑤ 약속어음이나 환어음이나 <u>모두 설권증권</u>이다.

정답_①

④ 환어음을 발행하는 때에는 발행인, 수취인만이 기재되지만 약속어음을 발행하는 때에는 발행인, 수취인, 지급인이 기재된다.

⑤ 약속어음은 설권증권이지만 환어음은 비설권증권이다.

**문 12** 환어음과 수표에 부가적 기재를 한 경우 그 법률효과에 관한 설명으로 틀린 것은? (2012년 공인회계사)

① 수표의 발행인이 일정한 날에 지급할 것을 위탁하는 뜻의 문구를 기재한 경우 이는 기재되지 아니한 것으로 본다.

② 환어음의 발행인이 어음금액을 분할하여 각기 다른 날에 지급할 것을 위탁하는 뜻의 문구를 기재한 경우 그 기재대로 효력이 인정된다.

③ 환어음의 소지인이 어음금액의 일부를 양도한다는 뜻의 문구를 기재하여 배서·교부한 경우 그 배서행위는 무효이다.

④ 수표의 지급인이 지급보증을 하면서 수표의 기재사항을 변경한 부분은 이를 변경하지 아니한 것으로 본다.

⑤ 환어음의 어음보증인이 환어음의 발행인을 피보증인으로 하는 어음보증을 하면서 어음금액의 일부를 보증한다는 뜻의 문구를 기재한 경우 그 기재대로 효력이 인정된다.

환어음의 발행인이 어음금액을 분할하여 각기 다른 날에 지급될 킷을 위탁하는 뜻의 문구를 기재한 경우 그 기재대로 효력이 없다(어음법 제33조 제2항).

정답_②

**문 13_**어음상의 법률관계에 관한 설명 중 틀린 것은? (2008년 공인회계사)

① 을이 인수행위를 한 후 갑이 의사무능력 상태에서 환어음을 발행하였다면 을은 어음채무를 부담하지 않는다.

② 발행이 인수의 선행행위라고 전제할 때, 갑이 기명날인 또는 서명을 하지 않고 을을 지급인으로 기재하여 환어음을 발행한 후 을이 인수하였다면 을은 어음채무를 부담하지 않는다.

③ 어음의 발행은 선행하는 어음행위가 존재하지 않으므로 어음행위독립의 원칙이 적용될 여지가 없다.

④ 어음보증의 경우 어음법상 명문의 규정으로 어음행위독립의 원칙이 인정되고 있다.

⑤ 배서의 경우 어음행위독립의 원칙이 적용된다는 것이 통설과 판례의 입장이다.

을이 인수행위를 한 후 갑이 의사무능력 상태에서 환어음을 발행하였다면, 갑의 어음발행은 실질적으로 무효가 되지만 을은 어음행위독립의 원칙에 따라 인수에 따른 채무를 부담한다.

정답_①

**문 14**_A는 B에게 1,000만원의 범위에서 어음금액을 보충할 수 있는 보충권을 부여하고 어음금액을 기재하지 않은 채 지급일이 2012년 4월 1일인 약속어음을 B에게 발행하였다. 이에 관한 설명으로 옳은 것은? (이견이 있으면 판례에 의함) (2012년 공인회계사)

① B는 2012년 5월 1일에 어음금액을 1,000만원으로 보충하였다면 A에게 어음금의 지급을 청구할 수 없다.

② B가 어음금액을 2,000만원으로 기재한 후 이를 중과실 없이 믿은 C에게 어음을 배서·교부한 경우 A는 C에게 1,000만원의 한도에서 어음채무를 부담한다.

③ B가 어음금액을 보충하지 않은 채 어음을 타인에게 양도하고자 하는 경우 지명채권 양도방식에 의하여야 한다.

④ B가 어음금액을 보충하지 않은 채 A를 상대로 어음금의 지급을 청구하는 소송을 제기한 경우 A가 부담하는 어음채무의 소멸시효는 중단된다.

⑤ B가 어음금액을 보충하지 않은 상태에서 어음을 분실한 경우 공시최고에 의한 제권판결을 받을 수 없다.

**문 15**_A가 B에게 2013년 2월 1일을 만기일로 하는 약속어음을 발행하면서 어음금액을 공란으로 비워두고 500만원의 범위 내에서 보충할 수 있는 보충권을 수여하였다. 아래 설명 중 틀린 것은?(이견이 있으면 판례에 의함) (2013년 공인회계사)

① B는 만기일 이전에 어음금액의 보충 없이 C에게 어음금액이 공란인 약속어음을 배서양도할 수 있다.

② B가 만기일 이전에 어음금액을 1,000만원으로 보충한 후 어음을 C에게 배서양도한 경우 C가 이러한 사실에 대하여 악의 또는 중과실이 없는 경우라면 약속어음이 만기에 지급제시된 때 A는 C에게 1,000만원을 지급하여야 한다.

③ 판례에 따르면 B가 C에게 어음금액을 1,000만원의 범위 내에서 보충할 수 있다고 설명하여 C가 그러한 사실을 믿고 어음을 배서양도 받은 후 A에게 보충권의 내용에 관하여 직접 조회하지 않고 만기일에 1,000만원으로 어음금액을 보충하여 지급제시한 경우에 특별한 사정이 없는 한 A는 C에게 1,000만원을 지급하여야 한다.

④ B가 어음금액을 보충하지 아니한 상태에서 어음을 분실한 경우 B는 공시최고에 의한 제권판결을 받을 수 있다.

⑤ 판례에 따르면 B가 어음금액을 보충하지 않은 채 만기에 A에게 지급제시하였다가 지급을 거절당한 후 A를 상대로 어음금의 지급을 청구하는 소송을 제기한 경우 변론종결시까지 어음금액을 보충하였다면 A가 부담하는 어음채무의 소멸시효는 중단된다.

**문 16_** 어음의 "기명날인 또는 서명"에 관한 설명으로 틀린 것은? (이견이 있으면 판례에 의함)　　(2013년 공인회계사)

① 법인이 어음행위를 하는 경우 대표기관의 기명날인 없이 법인의 명칭만을 기재하고 법인의 인감을 날인한 것은 무효이다.
② 자연인의 기명은 어음행위자의 본명과 일치하여야만 한다.
③ 거래상의 유통을 목적으로 하는 어음의 경우 날인 대신 무인(拇印)으로 한 어음행위는 무효이다.
④ 기명의 명의와 날인의 명의가 반드시 일치해야 하는 것은 아니다.
⑤ 흔히 "사인(signature)"이라고 하여 성명의 일부 또는 전부를 도형화하여 표시하는 것 중 이를 통해 서명자의 성명을 식별할 수 없다면 서명으로 인정되지 않는다.

자연인의 기명은 어음행위자의 본명과 일치할 필요가 없으며, 거래계에서 동일성이 인식되면 된다(대판 1969.7.22., 69다742).
정답_②

**문 17_** 어음상 기명날인 또는 서명에 관한 설명으로 옳은 것은? (이견이 있으면 판례에 의함)　　(2016년 공인회계사)

① 기명은 반드시 어음행위자의 본명과 일치해야 한다.
② 법인이 어음행위를 하는 경우 대표기관의 기명날인 없이 법인의 명칭만을 기재하고 법인의 인감을 날인한 것은 무효이다.
③ 어음상 기명의 명의와 날인의 명의는 반드시 일치하여야 한다.
④ 무인(拇印) 또는 지장(指章)은 날인으로서의 효력을 가진다.
⑤ 성명의 일부 또는 전부를 도형화하여 표시하는 속칭 "사인(signature)"은 이를 통해 서명자의 성명을 식별할 수 없다 하여도 자필로 기재한 경우에는 서명으로 인정된다.

① 기명은 반드시 어음행위자의 본명과 일치하지 않아도 된다.
③ 어음상 기명의 명의와 날인의 명의는 반드시 일치할 필요가 없고, 동일성만 인식되면 된다.
④ 무인(拇印) 또는 지장(指章)은 날인으로서의 효력이 없다.
⑤ 성명의 일부 또는 전부를 도형화하여 표시하는 속칭 "사인(signature)"은 이를 통해 서명자의 성명을 식별할 수 없다면 자필로 기재한 경우에도 서명으로 인정되지 않는다.
정답_②

**문 18_**다음 중 어음행위의 성립요건에 관한 설명으로 옳은 것은? (통설 및 판례에 의함)　　　　　　　　(2007년 공인회계사)

① 어음의 발행인란에 수인이 공동발행인으로서 기명날인 또는 서명되어 있는 경우, 어음상의 권리자는 공동발행인 전원을 상대로 하여서만 어음상의 채무이행을 청구할 수 있다.

② 미성년자가 법정대리인의 허락을 얻어 회사의 무한책임사원이 된 경우에, 그 사원자격으로 하는 미성년자의 어음행위는 법정대리인의 동의를 얻어야 한다.

③ 어음행위가 상대방과 통정한 허위의 의사표시에 의한 경우 그 행위는 무효이므로, 어음행위자는 현재의 어음소지인인 제3자가 선의라 하더라도 그 무효를 가지고 대항할 수 있다.

④ 서명(署名)이란 어음행위자가 자기의 성명을 자서하는 것으로, 타이프라이터 · 스탬프 등으로 어음행위자를 표시하는 것도 서명에 해당한다.

⑤ 어음행위에 의사표시의 흠결이나 하자가 있는 경우 그러한 어음행위는 취소할 수 있는데, 그 취소의 상대방은 어음행위의 직접 상대방뿐만 아니라 현재의 어음소지인도 포함된다.

---

**해 설 및 정 답**

① 공동발행인들은 합동책임을 지므로, 각 발행인에 대하여 어음상의 채무이행을 청구할 수 있다.
② 미성년자가 법정대리인의 허락을 얻어 회사의 무한책임사원이 된 경우, 그 사원자격으로 하는 행위에 대해서는 능력자로 본다(상법 제7조). 따라서 그 사원자격에서 하는 어음행위는 법정대리인의 동의를 요하지 않는다.
③ 통정허위표시에 의한 어음행위의 무효는 인적항변사유에 해당하므로, 현재의 어음소지인인 제3자가 선의인 경우, 제3자에 대해서는 무효라는 항변을 주장할 수 없다.
④ 서명은 자필의 성명서명을 하는 것이므로, 타이프라이터나 스탬프에 의해 어음행위자를 표시하는 것은 서명이 될 수 없다.

정답_⑤

---

**문 19_**어음행위에 관한 설명으로 **틀린** 것은?　　(2015년 공인회계사)

① 환어음에 관한 어음행위에는 발행, 인수, 배서, 보증, 참가인수의 다섯 가지가 있다.

② A가 甲을 발행인으로 인쇄한 용지에 甲의 날인 없이 발행한 약속어음에 배서한 乙은 어음행위독립의 원칙상 그 피배서인 丙에 대하여 어음상의 책임을 부담한다.

③ 甲이 乙과 통모하여 실제 乙에게 어음상의 권리를 취득하게 할 의사가 없이 약속어음을 발행한 경우 甲의 乙에 대한 어음발행행위는 통정허위표시로 무효이다.

④ 甲이 배서에 "서울특별시 내에서만 어음을 양도할 것"의 조건을 붙여 乙에게 양도한 경우 그 조건은 무익적 기재사항이다.

⑤ 환어음 지급인 甲이 어음금액 500만원 중 일부인 200만원 부분에 대해서만 인수하는 경우 그 200만원 인수행위는 유효하다.

---

A가 甲을 발행인으로 인쇄한 용지에 甲의 날인 없이 발행한 약속어음은 발행이라는 어음행위가 형식적으로 무효이므로, 어음행위독립의 원칙이 적용되지 않는다. 따라서 위의 배서한 乙은 그 피배서인 丙에 대하여 어음상의 책임을 부담하지 않는다(어음법 제7조).

정답_②

해 설 및 정 답

**문 20_** 어음행위와 의사표시의 하자에 관한 설명 중 **틀린** 것은?

(2003년 공인회계사)

① 상대방과 통정한 허위의 어음행위는 무효이나, 그 무효로 선의의 제3자에게 대항하지 못한다.

② 어음행위의 내용의 중요부분에 착오가 있는 때에는 취소할 수 있으나, 그 착오가 어음행위자의 중대한 과실로 인한 때에는 취소하지 못한다.

③ 어음행위는 어음행위자가 진의 아님을 알고 한 것이라도 그 효력이 있으나 상대방이 어음행위자의 진의 아님을 알았거나 이를 알 수 있었을 경우에는 무효로 한다.

④ 사기에 의한 어음행위는 무효이나, 그 무효로 선의의 제3자에게 대항하지 못한다.

⑤ 어음행위에 의사표시의 하자가 있어 무효 또는 취소가 된 경우에도 그 어음 자체가 무효로 되는 것은 아니다.

사기에 의한 어음행위는 취소할 수 있으나, 그 취소로 선의의 제3자에게 대항할 수 없다(민법 제110조).

정답_④

**문 21_** 어음행위의 대리에 관한 설명 중 **틀린** 것은?

(2006년 공인회계사)

① X 주식회사의 대표이사 A가 대표관계를 표시하지 않고 단지 자신을 발행인으로 하여 B에게 약속어음을 발행한 경우, X는 어음상의 책임을 부담하지 않는다.

② X 주식회사의 대표이사 A가 배서를 함에 있어서 회사의 명칭을 기재하고 A의 기명날인 없이 회사의 법인인(法人印)만을 날인하여 어음행위를 한 경우, 그 행위는 무효이다.

③ X 주식회사의 대표이사 A가 이사회의 승인을 얻지 않고 자신을 수취인으로 하여 약속어음을 발행한 후 이러한 사정을 모르는 B에게 배서양도하였다면, X는 A 및 B에게 대항할 수 있다.

④ A가 아무런 권한없이 B의 대리인인 것처럼 어음행위의 성립요건을 갖추어 자신의 채권자인 C에게 어음을 발행한 경우라 하더라도 B가 이를 추인하였다면, B는 C에게 어음상의 책임을 부담한다.

⑤ B의 협의의 무권대리인 A는 어음소지인에게 어음상의 책임을 부담하지만, A가 어음소지인에 대하여 어음금액을 지급한 때에는 B의 전자에 대하여 B와 동일한 권리를 갖는다.

①② 법인의 어음행위는 법인명(X)과 대표관계 및 대표자(A)의 기명날인 또는 서명이 있어야 하며, 이에 흠결이 있다면 어음행위로서의 효력이 없다.
③ 대표이사(A)의 권한남용행위로써, 제3자(B)가 선의이고 중대한 과실이 없다면, 회사(X)는 제3자(B)에 대하여 책임을 진다.
④ 무권대리행위를 추인하면, 유권대리행위로써 추인한 본인(B)으로서는 어음상의 책임을 진다.
⑤ 어음법 제8조

정답_③

**문 22_** A가 발행받은 약속어음의 발행인란에는 '甲의 대리인 乙'이라고 기재되어 있고 乙의 날인이 되어 있으나, 乙이 대리권을 가진 자인지 여부는 불명확하다. A의 어음상 권리에 관한 설명으로 **틀린** 것은? (2020년 공인회계사)

① 乙에게 대리권이 없는 경우, 특별한 사정이 없는 한 A는 甲에 대한 어음상 권리를 취득하지 못하고 乙에 대한 어음상 권리만을 취득한다.

② 乙에게 대리권이 없는 경우, A와 甲 사이에 민법상 표현대리(表見代理)가 성립한다면 A는 甲에 대한 어음상 권리를 취득한다.

③ A와 甲 사이에 민법상 표현대리가 성립하여 A가 甲에 대한 어음상 권리를 취득하는 경우, A는 표현대리인 乙에 대한 어음상 권리도 취득한다.

④ 乙에게 대리권이 있는 경우, A는 甲에 대한 어음상 권리를 취득한다.

⑤ 乙에게 대리권이 있는 경우, 만일 발행인란에 '乙'이라고만 기재되어 있고 乙의 날인이 되어 있다면, A는 甲에 대한 어음상 권리를 취득한다.

**문 23_** A로부터 적법하게 대리권을 수여받은 B는 A를 위하여 C에게 약속어음을 발행하였다. 이 경우에 관한 설명으로 **틀린** 것은? (2014년 공인회계사)

① 어음면에 "어음금액의 일부인 100만원을 지급하였음"이라는 문구가 기재되어 있다면 A는 누구에게나 일부지급의 항변을 할 수 있다.

② A와 C사이의 원인관계가 무효로 되었고 그 후 D가 C로부터 A를 해할 것을 알고 어음을 취득하였다면 A는 C와의 원인관계의 무효로써 D에 대하여 항변할 수 있다.

③ A가 C의 자금조달을 돕기 위해 원인관계 없이 약속어음을 발행한 경우라도 어음 자체의 효력에는 영향이 없다.

④ A에 대하여 C가 가지는 주채무이행청구권은 만기일로부터 3년간 행사하지 아니하면 시효로 소멸한다.

⑤ 판례에 의하면 B가 A로부터 부여받은 1천만원의 어음금액에 관한 대리권의 범위를 초과하여 약속어음을 발행하였다면 A는 어음상 책임을 부담하지 않는다.

**해설 및 정답**

① 乙에게 대리권이 없는 경우, 특별한 사정이 없는 한 A는 甲에 대한 어음상 권리를 취득하지 못하고 乙에 대한 어음상 권리만을 취득한다(어음법 제77조 제2항, 제8조).

② 乙에게 대리권이 없는 경우, A와 甲 사이에 민법상 표현대리(表見代理)가 성립한다면 A는 甲에 대한 어음상 권리를 취득한다(민법 제125조).

③ A와 甲 사이에 민법상 표현대리가 성립하여 A가 甲에 대한 어음상 권리를 취득하는 경우, A는 표현대리인 乙에 대한 어음상 권리도 취득한다(어음법 제77조 제2항, 제8조).

④ 乙에게 대리권이 있는 경우, 즉, 유권대리 행위이므로 A는 甲에 대한 어음상 권리를 취득한다.

⑤ 어음행위의 대리에는 현명주의(즉, 본인의 표시가 있어야 함)를 택하고 있다. 따라서 乙에게 대리권이 있는 경우라도 만일 발행인란에 '乙'이라고만 기재되어 있고 乙의 날인이 되어 있다면 이는 乙,의 어음행위에 불과하므로, A는 乙에 대한 어음상 권리를 취득할 뿐이고 甲에 대해서는 어음상의 권리를 취득하지 못한다.

정답_⑤

판례에 의하면 B가 A로부터 부여받은 1천만원의 어음금액에 관한 대리권의 범위를 초과하여 약속어음을 발행하였다면 A는 1천만원의 범위에서 책임을 진다(대판 2001.2.23., 2000다45303·45310).

정답_⑤

**문 24_**어음법상 협의의 무권대리인의 책임발생요건과 효과에 관한 설명 중 **틀린** 것은?　　　　　(2002년 공인회계사)

① 무권대리인은 대리방식을 갖추고 대리인으로서 기명날인 또는 서명을 하여야 한다.

② 상대방은 대리권의 흠결에 대해서 선의이어야 한다.

③ 해제조건설에 의하면 무권대리인은 어음행위시에 어음상의 책임을 진다.

④ 무권대리인은 상대방의 선택에 따라 어음상의 책임 또는 손해배상책임을 진다.

⑤ 무권대리인이 어음금액을 지급한 때에는 본인과 동일한 권리를 갖는다.

무권대리인은 본인이 부담하였다면 책임질 범위내에서 어음상의 책임을 부담할 뿐, 손해배상책임을 지는 것은 아니다.

정답_④

**문 25_**A는 甲으로부터 대리권을 수여받지 못했음에도 대리관계를 표시하여 甲 명의로 乙에게 약속어음을 발행하였다. 한편 甲은 A에게 대리권이 존재하는 듯한 외관의 형성에 기여한 바가 없다. 이에 관한 설명으로 **틀린** 것은? (다수설 및 판례에 의함)

　　　　　(2010년 공인회계사)

① 甲의 추인을 받은 乙이 丙에게 약속어음을 배서양도하면 丙은 甲에 대한 어음채권을 취득한다.

② 甲이 乙에게 추인하면 乙은 甲과 A 모두에 대하여 어음채권을 행사할 수 있다.

③ 甲이 추인을 거절한 경우 약속어음 발행 당시 A가 대리인이 아님을 乙이 알았다면 乙은 A로부터 어음금을 지급받을 수 없다.

④ 甲이 추인을 거절한 경우 A에게 대리권 없음을 알지 못한데 대하여 乙에게 과실이 있더라도 A의 어음채무는 성립한다.

⑤ 乙은 민법상 표현대리의 요건이 충족되었음을 주장하여 甲에게 어음채무의 이행을 청구할 수 없다.

甲이 추인을 하면 A의 대리행위는 소급하여 유권대리행위가 되는 것이므로, 甲이 어음상 채무자가 되고 A는 책임이 소멸한다.

정답_②

**문 26_어음과 수표의 위조·변조에 관한 설명으로 틀린 것은?**

(2016년 공인회계사)

① 위조어음에 배서한 자가 선의·무중과실이라면 자신의 배서에 대한 어음상 책임을 지지 아니한다.

② 판례에 의하면 어음소지인으로부터 어음상 청구를 받은 자가 자신의 기명날인 또는 서명이 위조된 것이라고 주장하면 어음소지인이 그 기명날인 또는 서명이 진정한 것임을 증명할 책임을 진다.

③ 판례에 의하면 원칙적으로 피위조자는 어음소지인의 선의·악의를 불문하고 위조의 항변을 할 수 있다.

④ 어음·수표의 문구가 변조된 경우에는 변조 전에 기명날인하거나 서명한 자는 원래 문구에 따라 책임을 진다.

⑤ 어음·수표의 문구가 변조된 경우에는 그 변조 후에 기명날인하거나 서명한 자는 변조된 문구에 따라 책임을 진다.

위조어음에 배서한 자는 자신의 배서에 대한 어음상 책임을 진다(어음법 제7조).

정답_①

**문 27_다음 중 어음의 위조·변조에 관한 설명으로 틀린 것은?**
**(통설 및 판례에 의함)**

(2007년 공인회계사)

① A가 권한 없이 X를 발행인으로 하여 작성한 어음을 Y에게 교부하고 Y는 이를 선의의 Z에게 배서양도한 경우, X는 원칙적으로 Y는 물론 Z에 대하여도 어음상의 책임을 지지 않는다.

② X주식회사의 경리사원 A가 X의 직인 및 대표이사의 개인인장을 보관하면서 어음행위를 대행하던 중, 거래관계에 있던 B와 공모하여 B에게 X 명의로 약속어음을 발행하고 B는 이를 C에게 배서양도한 경우, X는 C에게 민법상 사용자책임을 부담할 수 있다.

③ 위 ②의 어음에 있어서 액면금액이 1억원으로 기재되어 있으나 C가 동 어음을 할인함에 있어 B에게 7천만원을 지급한 경우, C가 X에 대하여 청구할 수 있는 금액은 7천만원이다.

④ 발행인 X, 어음금액 1천만원으로 되어 있는 약속어음을 Y(제1배서인)로부터 교부받은 A가 어음금액을 4천만원으로 변경하여 이를 B에게, B는 C에게 배서양도한 경우, C에 대한 A·X·Y의 어음상의 책임은 동일하다.

⑤ 위 ④의 어음에 있어서 어음금액에 대한 변경이 교묘하게 이루어져 어음면상 변경 사실이 명백하게 나타나 있지 않다면, 그 변경에 대한 입증은 X가 하여야 한다.

어음변조의 경우, 변조전에 기명날인 또는 서명한 자는 변조전의 문언에 따라 책임을 지고, 변조후에 기명날인 또는 서명한 자는 변조후의 문언에 따라 책임을 진다(어음법 제69조). 변조자는 어음에 기명날인 또는 서명한 경우에는 변조후의 문언에 따라 책임을 진다. 따라서 위 ④의 지문에서 A는 4천만원에 대하여 어음상의 책임을 지고, X와 Y는 1천만원에 대하여 어음상의 책임을 진다.

정답_④

**문 28_**어음의 위조와 변조에 관한 설명 중 옳은 것은?

(2009년 공인회계사)

① 판례에 의하면, 위조발행된 약속어음을 취득하여 동 어음을 배서양도한 자의 어음상 책임이 인정된다.

② 어음의 피위조자는 선의의 어음소지인에 대해 어음상의 책임을 진다.

③ 판례에 의하면, 어음 발행인이 자신의 기명날인이 위조된 것임을 주장할 경우 그 위조에 대한 입증책임은 해당 어음의 발행인에게 있다.

④ 판례에 의하면, 위조된 배서를 진정한 것으로 믿고 어음을 유상취득한 경우 그 손해액은 해당 어음액면 상당액이다.

⑤ 판례에 의하면, 위조된 어음을 만기에 지급하는 지급인은 사기 또는 중과실이 없으면 어음법에 의하여 책임을 면한다.

**문 29_**어음·수표의 위조 또는 변조에 관한 설명으로 틀린 것의 개수는? (판례에 의함)

(2011년 공인회계사)

> ㄱ. 발행인이 수취인란을 공란으로 하여 발행·교부한 백지어음을 제1배서인으로부터 배서양도 받은 어음소지인이 수취인을 '이성수'로 보충한 후 '주식회사 선진축산 대표이사 이성수'로 정정한 경우는 어음의 변조에 해당한다.
>
> ㄴ. 무권리자가 수표발행인인 회사의 상호가 변경된 후에 그 회사의 상호변경 전에 적법하게 발행되었던 백지수표의 발행인란의 기명부분만을 임의로 사선으로 지우고 그 밑에 변경 후의 상호를 써넣은 경우는 수표의 위조나 변조에 해당하지 않는다.
>
> ㄷ. 약속어음의 양수인이 배서 없이 그 어음을 제3자에게 양도하였다가 상환의무를 이행하고 이를 환수하여 정당한 소지인이 되었을 때 배서란에 배서하고 기명날인한 경우는 어음의 위조에 해당한다.
>
> ㄹ. 어음발행인이 그의 어음보증인의 동의 없이 수취인명의를 변경기재하였다면 어음보증인과의 관계에서 어음의 변조에 해당한다.

① 0개      ② 1개      ③ 2개

④ 3개      ⑤ 4개

---

### 해 설 및 정 답

② 어음의 피위조자는 선의의 어음소지인에 대해 어음상의 책임을 지지 않는 것이 원칙이다.

③ 판례에 의하면, 어음 발행인이 자신의 기명날인이 위조된 것임을 주장할 경우 그 위조에 대한 입증책임은 해당 어음의 소지인에게 있다.

④ 판례에 의하면, 위조된 배서를 진정한 것으로 믿고 어음을 유상취득한 경우 그 손해액은 해당 어음의 취득금액(할인금액)이나.

⑤ 판례에 의하면, 위조된 어음을 만기에 지급하는 지급인은 선의의 경우 면책약정이 있는 경우에는 책임을 면할 수 있고, 이러한 면책약정은 유효하다고 본다.

정답_①

ㄱ. 발행인이 수취인란을 공란으로 하여 발행·교부한 백지어음을 제1배서인으로부터 배서양도 받은 어음소지인이 수취인을 '이성수'로 보충한 후 '주식회사 선진축산 대표이사 이성수'로 정정한 경우는 어음의 변조에 해당하지 않는다(대법원 1995.5.9. 선고 94다40659 판결).

ㄷ. 약속어음의 양수인이 배서 없이 그 어음을 제3자에게 양도하였다가 상환의무를 이행하고 이를 환수하여 정당한 소지인이 되었을 때 배서란에 배서하고 기명날인한 경우는 어음의 위조에 해당하지 않는다(대법원 1989.12. 8. 선고 88도753 판결).

ㄴ. 대법원 1996. 10. 11. 선고 94다55163 판결

ㄹ. 대법원 1981. 11. 24. 선고 80다2345 판결

정답_③

**문 30_** 어음과 관련한 선의취득에 관한 설명으로 <u>틀린</u> 것은? (이견이 있으면 판례에 의함) (2021년 공인회계사)

① 어음의 선의취득에 의해 모든 어음채무자들의 항변은 소멸한다.

② 이득상환청구권은 선의취득의 대상이 될 수 없다.

③ 악의 또는 중대한 과실로 인하여 어음을 취득한 자에게는 선의취득이 인정되지 않는다.

④ 어음의 선의취득으로 인하여 치유되는 하자와 관련된 양도인의 범위는, 양도인이 무권리자인 경우뿐만 아니라 대리권의 흠결이나 하자 등의 경우도 포함된다.

⑤ 양도인이나 그 어음 자체에 의하여 양도인의 실질적 무권리성을 의심하게 할 만한 사정이 있는데도 불구하고 이와 같이 의심할 만한 사정에 대하여 상당하다고 인정될 만한 조사를 하지 아니하고 만연히 양수한 경우에는 양수인의 중대한 과실이 인정된다.

① 어음의 선의취득이 되더라도 어음채무자들의 물적항변은 소멸하지 않는다. 인적항변사유도 대항하지 못할 뿐 소멸하는 것은 아니다.
② 이득상환청구권은 지명채권이라는 판례의 입장으로 보면 선의취득의 대상이 될 수 없다.
③ 악의 또는 중대한 과실로 인하여 어음을 취득한 자에게는 선의취득이 인정되지 않는다 (판례).
④ 어음의 선의취득으로 인하여 치유되는 하자와 관련된 양도인의 범위는, 양도인이 무권리자인 경우뿐만 아니라 대리권의 흠결이나 하자 등의 경우도 포함된다(판례).
⑤ 양도인이나 그 어음 자체에 의하여 양도인의 실질적 무권리성을 의심하게 할 만한 사정이 있는데도 불구하고 이와 같이 의심할 만한 사정에 대하여 상당하다고 인정될 만한 조사를 하지 아니하고 만연히 양수한 경우에는 양수인의 중대한 과실이 인정된다(판례).

정답_①

**문 31_** 어음의 선의취득에 관한 설명으로 옳은 것은? (2018년 공인회계사)

① 유실된 어음은 선의취득의 대상이 된다.

② 지시금지어음이 배서가 연속된 경우 그 배서에는 자격수여적 효력이 있고 그 결과 선의취득이 인정된다.

③ 판례에 의하면 백지어음의 선의취득은 인정되지 않는다.

④ 입질배서의 경우 피배서인은 질권을 선의취득할 수 없다.

⑤ 기한후배서의 경우 자격수여적 효력이 인정되므로 선의취득도 인정된다.

② 지시금지어음은 지명채권양도방법과 그 효력으로서만 양도할 수 있다. 따라서 그 어음에 배서가 연속된 경우라도 그 배서에는 자격수여적 효력이 없다. 따라서 그 결과 선의취득이 인정되지 않는다.
③ 판례에 의하면 백지어음도 미완성의 유효한 증권이므로 선의취득은 인정된다(대법원 1994.11.18.선고 94다23098판결).
④ 입질배서의 경우 피배서인은 질권을 선의취득할 수 있다.
⑤ 기한후배서의 경우 자격수여적 효력이 인정되지만, 지명채권양도의 효력만 인정되므로 선의취득이 인정되지 않는다.

정답_①

**문 32_** 어음의 양수인이 어음을 선의취득할 수 <u>없는</u> 경우는? (배서금지어음이 아닌 것으로 전제함) (2020년 공인회계사)

① 배서가 연속된 어음을 소지하고 있는 무권리자가 '배서금지' 문구를 기재한 후 자신의 명의로 배서하여 그 어음을 교부한 경우

② 배서가 연속된 어음을 소지하고 있는 무권리자가 '무담보' 문구를 기재한 후 자신의 명의로 배서하여 그 어음을 교부한 경우

① 배서가 연속된 어음을 소지하고 있는 무권리자가 '배서금지' 문구를 기재한 후 자신의 명의로 배서하여 그 어음을 교부한 경우, 배서금지배서 이후에도 다시 배서할 수 있으므로 (어음법 제15조 제2항 참조), 형식적 배서의 연속이 있는 경우 그 어음의 소지인에게는 선의취득이 인정된다.
② 배서가 연속된 어음을 소지하고 있는 무권리자가 '무담보' 문구를 기재한 후 자신의 명의로 배서하여 그 어음을 교부한 경우, 무담보배서로서 스스로 담보책임을 지지 않는다는 것일 뿐이다(어음법 제15조 제1항 참조). 따라서 배서의 연속이 있는 경우 그 어음의 소지인에게는 선의취득이 인정된다.

③ 배서가 연속되고 그 최후 배서의 '피배서인'란이 기재되지 않은 어음을 소지하고 있는 무권리자가 그 어음에 배서하지 않고 단순히 교부한 경우

④ 배서가 연속된 어음을 소지하고 있는 무권리자가 자신의 명의로 공연한 입질배서를 하여 그 어음을 교부한 경우

⑤ 배서가 연속된 어음을 소지하고 있는 무권리자가 자신의 명의로 공연한 추심위임배서를 하여 그 어음을 교부한 경우

③ 배서가 연속되고 그 최후 배서의 '피배서인'란이 기재되지 않은 어음을 소지하고 있는 무권리자가 그 어음에 배서하지 않고 단순히 교부한 경우, 최종의 소지인은 배서의 연속에 의하여 권리를 증명함으로써 적법한 소지인으로 추정되므로(어음법 제16조 제1항), 선의취득이 인정된다.

④ 배서가 연속된 어음을 소지하고 있는 무권리자가 자신의 명의로 공연한 입질배서를 하여 그 어음을 교부한 경우, 배서이 연속이 있는 경우 그 소지인은 질권에 대한 선의취득이 인정된다.

⑤ 배서가 연속된 어음을 소지하고 있는 무권리자가 자신의 명의로 공연한 추심위임배서를 하여 그 어음을 교부한 경우, 무권리자의 배서는 단지 추심위임이므로 피배서인은 무권리자의 대리인에 불과할 뿐이고, 또한 추심위임배서의 경우에는 피배서인인 어음소지인은 독립된 경제적 이익이 없으므로 선의취득이 인정되지 않는다.

정답_⑤

**문 33_** 다음에서 C가 약속어음을 선의취득할 수 있는 경우는?

(2012년 공인회계사)

① A의 약속어음을 절취한 B가 자신을 피배서인으로 하는 A 명의의 배서를 하여 선의이며 중과실 없는 C에게 어음을 배서·교부한 경우

② A가 약속어음을 분실하였는데 이를 습득한 B가 지명채권 양도방식으로 선의이며 중과실 없는 C에게 어음채권을 양도한 경우

③ A가 약속어음을 의사무능력 상태에서 B에게 배서·교부하였고 B가 지급제시기간 경과 후 선의이며 중과실 없는 C에게 배서·교부한 경우

④ A가 B 소유의 약속어음을 보관하던 중 사망하였는데 A의 자녀인 C가 그 어음을 A의 소유라고 중과실 없이 믿고 점유하는 경우

⑤ A가 분실한 배서금지어음을 B가 습득하여 A 행세를 하면서 선의이며 중과실 없는 C에게 배서·교부한 경우

②는 지명채권양도방식으로 양도하므로 선의취득이 인정되지 않고, ③의 경우 지급제시기간 경과 후의 배서로서 지명채권양도의 효력이 인정되므로(어음법 제20조 제1항) 선의취득이 인정되지 않고, ④는 상속이므로 선의취득이 인정되지 않고, ⑤의 배서금지어음은 배서가 인정되지 않으며 지명채권양도방법으로 양도되어야 하고 따라서 선의취득이 인정되지 않는다.

정답_①

**문 34_** 어음과 수표상 권리의 시효에 관한 설명으로 틀린 것은?

(2021년 공인회계사)

① 어음소지인이 약속어음 발행인의 보증인에 대하여 갖는 어음상 청구권은 만기일로부터 1년간 행사하지 아니하면 소멸시효가 완성된다.

② 지급보증을 한 지급인에 대한 수표상의 청구권은 제시기간이 지난 후 1년간 행사하지 아니하면 소멸시효가 완성된다.

③ 배서인의 다른 배서인에 대한 청구권은 그 배서인이 어음을 환수한 날 또는 그 자가 제소된 날부터 6개월간 행사하지 아니하면 소멸시효가 완성된다.

④ 수표소지인의 배서인, 발행인, 그 밖의 채무자에 대한 상환청구권은 제시기간이 지난 후 6개월간 행사하지 아니하면 소멸시효가 완성된다.

⑤ 인수인에 대한 환어음상의 청구권은 만기일부터 3년간 행사하지 아니하면 소멸시효가 완성된다.

① 어음소지인이 약속어음 발행인의 보증인에 대하여 갖는 어음상 청구권은 만기일로부터 3년간 행사하지 아니하면 소멸시효가 완성된다(어음법 제77조 제1항, 제70조 제1항).
② 지급보증을 한 지급인에 대한 수표상의 청구권은 제시기간이 지난 후 1년간 행사하지 아니하면 소멸시효가 완성된다(수표법 제58조).
③ 배서인의 다른 배서인에 대한 청구권은 그 배서인이 어음을 환수한 날 또는 그 자가 제소된 날부터 6개월간 행사하지 아니하면 소멸시효가 완성된다(어음법 제70조 제3항).
④ 수표소지인의 배서인, 발행인, 그 밖의 채무자에 대한 상환청구권은 제시기간이 지난 후 6개월간 행사하지 아니하면 소멸시효가 완성된다(수표법 제51조 제1항).
⑤ 인수인에 대한 환어음상의 청구권은 만기일부터 3년간 행사하지 아니하면 소멸시효가 완성된다(어음법 제70조 제1항).

정답_①

**문 35_** 어음법·수표법상 시효에 관한 설명으로 틀린 것은?

(2016년 공인회계사)

① 인수인에 대한 환어음상의 청구권은 만기일부터 1년간 행사하지 아니하면 소멸시효가 완성된다.

② 환어음의 소지인의 배서인과 발행인에 대한 청구권은 적법한 기간 내에 작성시킨 거절증서의 날짜부터 1년간 행사하지 아니하면 소멸시효가 완성된다.

③ 환어음의 배서인의 다른 배서인과 발행인에 대한 청구권은 그 배서인이 어음을 환수한 날 또는 그 자가 제소된 날부터 6개월간 행사하지 아니하면 소멸시효가 완성된다.

④ 수표의 소지인의 배서인, 발행인, 그 밖의 채무자에 대한 상환청구권은 제시기간이 지난 후 6개월간 행사하지 아니하면 소멸시효가 완성된다.

⑤ 수표의 채무자의 다른 채무자에 대한 상환청구권은 그 채무자가 수표를 환수한 날 또는 그 자가 제소된 날부터 6개월간 행사하지 아니하면 소멸시효가 완성된다.

인수인에 대한 환어음상의 청구권은 만기일부터 3년간 행사하지 아니하면 소멸시효가 완성된다(어음법 제70조 제1항).

정답_①

**문 36**_어음의 소멸시효에 관한 설명으로 틀린 것은?

(2017년 공인회계사)

① 어음의 소멸시효를 적용할 때에는 만기가 공휴일인 경우 그에 이은 제1거래일로부터 기산한다.

② 무비용상환문구가 적혀 있는 경우 소지인의 배서인에 대한 청구권은 어음의 만기일로부터 1년간 행사하지 않으면 소멸시효가 완성된다.

③ 배서인의 다른 배서인에 대한 청구권은 그 배서인이 어음을 환수한 날 또는 그 자가 제소된 날부터 6개월간 행사하지 아니하면 소멸시효가 완성된다.

④ 판례에 의하면 소멸시효가 완성된 어음채무를 일부 변제한 경우 액수에 관해 다툼이 없는 한 그 채무 전체를 묵시적으로 승인하고 시효이익을 포기한 것으로 추정한다.

⑤ 판례에 의하면 장래 발생할 구상금채무를 담보하기 위하여 채무자가 채권자에게 발행한 어음의 경우 어음의 소멸시효는 피담보채무가 발생한 시점을 기산점으로 삼아야 한다.

어음의 소멸시효를 적용할 때에는 만기가 공휴일인 경우 그 날부터 기산한다. 다만, 그 기간의 말일이 법정휴일이면 말일 이후의 제1거래일까지 기간을 연장한다(어음법 제72조 제2항).

정답_①

**문 37**_A가 B에게 발행하고 B가 C에게, C가 다시 D에게 배서양도한 것으로 기재된 약속어음에 있어서, A가 B에 대하여 가지고 있는 다음에 열거한 항변 중 A가 선의이며 과실 없는 C와 D 모두의 청구를 거절할 수 있는 항변은 전부 몇 개인가? (통설 및 판례에 의함)

(2004년 공인회계사)

> ㄱ. 무능력을 이유로 발행을 취소하였다는 항변
> ㄴ. 원인관계가 무효라는 항변
> ㄷ. 융통어음이라는 항변
> ㄹ. 어음의 만기가 도래하지 않았다는 항변
> ㅁ. 어음이 사기에 의해 발행되었다는 항변

① 1개　　　② 2개　　　③ 3개
④ 4개　　　⑤ 5개

설문에서 물적항변사유는 무능력을 이유로 발행을 취소하였다는 항변과 만기미도래의 항변이다. 따라서 답은 2개이다.

정답_②

**문 38_어음의 항변 및 융통어음에 관한 설명으로 틀린 것은? (이견이 있으면 판례에 의함)** (2021년 공인회계사)

① 융통어음이란 타인으로 하여금 어음에 의하여 제3자로부터 금융을 얻게 할 목적으로 수수되는 어음을 말한다.

② 융통어음을 발행한 자는 피융통자에 대하여 어음상의 책임을 부담하지 아니한다.

③ 기한후배서는 지명채권양도의 효력밖에 없으므로 인적항변의 절단이 인정되지 않는다.

④ 어음소지인이 어음채무자를 해할 것을 알고 어음을 취득한 경우, 그 어음채무자는 종전의 소지인에 대한 인적 관계로 인한 항변으로써 그 어음소지인에게 대항할 수 있다.

⑤ 어음상에 발행인으로 기명날인하여 외관을 갖춘 어음을 작성한 자는 그 어음이 도난으로 인하여 그의 의사에 의하지 아니하고 유통되었다는 항변으로 누구에게든 대항할 수 있다.

**해 설 및 정 답**

① 융통어음이란 타인으로 하여금 어음에 의하여 제3자로부터 금융을 얻게 할 목적으로 수수되는 어음을 말한다.
② 융통어음을 발행한 자는 피융통자에 대하여 어음상의 책임을 부담하지 아니한다.
③ 기한후배서는 지명채권양도의 효력밖에 없으므로 인적항변의 절단이 인정되지 않는다.
④ 어음소지인이 어음채무자를 해할 것을 알고 어음을 취득한 경우, 그 어음채무자는 종전의 소지인에 대한 인적 관계로 인한 항변으로써 그 어음소지인에게 대항할 수 있다.
⑤ 어음상에 발행인으로 기명날인하여 외관을 갖춘 어음을 작성한 자는 그 어음이 도난으로 인하여 그의 의사에 의하지 아니하고 유통되었다는 항변으로 선의의 제3자에게는 대항하지 못하는 인적항변에 속한다(어음학설 중 판례가 취하는 권리외관설의 입장).

정답_⑤

**문 39_어음의 항변에 관한 설명으로 틀린 것은?** (2017년 공인회계사)

① 어음채무자는 추심위임배서의 배서인에게 대항할 수 있는 항변으로써만 소지인에게 대항할 수 있다.

② 어음채무자는 소지인이 그 채무자를 해할 것을 알고 어음을 취득한 경우가 아닌 한 입질배서의 배서인에 대한 인적 항변사유로써 그 소지인에게 대항하지 못한다.

③ 어음요건의 흠결이나 시효소멸과 같은 항변사유가 있는 경우 어음채무자는 그 항변사유로써 어음소지인에게 대항할 수 있다.

④ 상속에 의하여 어음이 이전된 경우 어음채무자는 피상속인에 대한 인적 항변사유로써 상속인에게 대항할 수 없다.

⑤ 판례에 의하면 악의의 항변을 하려면 항변사유의 존재를 인식하는 것만으로는 부족하고 자기가 어음을 취득함으로써 항변이 절단되고 채무자가 손해를 입게 될 사정이 객관적으로 존재한다는 사실까지도 충분히 알아야 한다.

인적항변의 절단이 인정되기 위해서는 어음의 본래의 유통방법(배서 또는 교부)에 의하여 유통되어야 하므로, 상속에 의하여 어음이 이전된 경우 어음채무자는 피상속인에 대한 인적항변사유로써 상속인에게 대항할 수 있다는 것이 통설의 입장이다.

정답_④

**문 40**_환어음의 발행인 또는 양도인에게 어음법에 따른 담보책임이 인정되는 경우는? (상환청구권 보전절차는 이행된 것으로 전제함) (2020년 공인회계사)

① 환어음의 발행인이 지급을 담보하지 아니한다는 뜻의 문구를 기재한 경우

② 소지인출급식배서에 의하여 환어음을 양수한 자가 배서하지 아니하고 교부만으로 어음을 양도한 경우

③ 환어음의 소지인이 무담보문구를 기재하여 배서·교부의 방식으로 어음을 양도한 경우

④ 환어음의 소지인이 의사무능력 상태에서 배서·교부의 방식으로 어음을 양도한 경우

⑤ 발행인의 부주의로 발행인의 기명날인 및 서명이 모두 누락된 환어음을 발행받은 수취인이 다시 배서·교부의 방식으로 그 어음을 양도한 경우

① 환어음의 발행인이 지급을 담보하지 아니한다는 뜻의 문구를 기재한 경우는 적지아니한 것으로 본다(어음법 제9조 제2항). 따라서 발행인은 지급거절이 있는 경우에 담보책임을 진다.

② 소지인출급식배서에 의하여 환어음을 양수한 자가 배서하지 아니하고 교부만으로 어음을 양도한 경우에는 어음을 양수한 자가 배서를 하지 아니하였으므로 담보책임을 지지 않는다.

③ 환어음의 소지인이 무담보문구를 기재하여 배서·교부의 방식으로 어음을 양도한 경우에는 자기의 피배서인을 포함한 모든 후자에 대하여 담보책임을 지지 않는다(어음법 제15조 제1항).

④ 환어음의 소지인이 의사무능력 상태에서 배서·교부의 방식으로 어음을 양도한 경우는 어음행위가 무효가 되고, 이는 물적항변사유에 해당하므로 누구에 대해서도 어음상 담보책임을 지지 않는다.

⑤ 발행인의 부주의로 발행인의 기명날인 및 서명이 모두 누락된 환어음을 발행받은 수취인이 다시 배서·교부의 방식으로 그 어음을 양도한 경우에는 어음요건이 형식적으로 무효가 된다. 따라서 이 이후의 배서는 어음행위의 독립성(어음법 제7조)이 인정되지 아니하므로 무효가 되므로 어음상 담보책임을 지지 않는다.

정답_①

# 14 진도별 모의고사

## 어음법·수표법

**문 1_**甲은 乙의 자금융통을 도와주기 위하여 乙을 수취인으로 한 약속어음을 발행하면서 어음상의 책임을 부담하지 않는다는 합의를 하였다. 이후 乙은 이 어음을 C에게 배서하였는데 C는 그 어음이 대가 없이 발행된 융통어음임을 알고 취득하였다. C가 만기에 甲에게 어음금지급을 청구하는 경우에 관한 설명 중 옳은 것은? (판례에 의함)                             (2005년 공인회계사)

① 경제적 대가관계 없이 호의적으로 발행된 융통어음은 원인관계가 없어 무효인 어음이다.

② 甲은 C에게 어음금지급을 거절하지 못한다.

③ 융통어음의 항변은 물적항변이므로 甲은 C에게 어음금지급을 거절하지 못한다.

④ 甲은 C에게 악의의 항변을 제기하여 어음금지급을 거절할 수 있다.

⑤ 융통어음의 항변은 물적항변이므로 甲은 C에게 어음금지급을 거절할 수 있다.

## 해설 및 정답

본 설문은 융통어음의 항변에 관한 것이다. 융통어음의 융통자는 융통어음을 취득한 제3자가 비록 융통어음임을 알고 있다 하더라도 이로써 제3자에게 대항할 수 없으므로(대법원 1979.10.30.선고, 79다479판결), 위 설문에서 甲은 C에게 어음금지급을 거절할 수 없다.
① 융통어음은 현실적 상거래없이 자금융통의 목적으로 발행되는 어음으로 유효한 어음이다.
③, ⑤ 융통어음의 항변은 인적항변사유에 해당한다.
④ 융통어음임은 악의의 항변에 의한 대항을 인정하지 않는다(대법원 1996. 5.14.선고, 96다3449판결). 다만, 피융통자가 융통자에게 교환어음을 교부한 경우에 그 교환어음이 지급거절된 사실을 알고 융통어음을 취득한 제3자에 대해서는 융통자는 융통어음이라는 항변을 할 수 있다(대법원 1995.1.20.선고, 94다50489판결).

정답_②

**문 2_**어음의 이득상환청구권에 관한 설명으로 틀린 것은? (이견이 있으면 판례에 의함)                             (2015년 공인회계사)

① 이득상환청구권은 어음관계자들의 이해 조정을 위한 어음상의 권리이다.

② 판례에 의하면 원인관계에 있는 채권의 "지급을 담보하기 위하여" 어음이 발행된 경우 어음채권이 시효로 소멸하였다고 하더라도 이득상환청구권은 발생하지 않는다.

③ 판례에 의하면 모든 어음채무자에 대해 어음상의 권리를 상실하고 일반법상의 구제방법마저도 상실한 경우에야 비로소 이득상환청구권이 발생한다.

이득상환청구권은 어음관계자들의 이해 조정을 위한 어음법상의 권리이다.

정답_①

④ 판례에 의하면 이득상환청구권은 양도할 수 있지만 선의취득은 인정하지 않는다.

⑤ 판례에 의하면 이득상환청구권자가 어음을 소지하더라도 어음상의 권리가 소멸할 당시 자신이 적법한 소지인이었다는 사실과 의무자에게 실질관계로 인한 이득이 있다는 사실 등 모든 요건을 증명하여야 한다.

**문 3_**이득상환청구권에 관한 설명으로 틀린 것은? (이견이 있으면 판례에 의함)  (2017년 공인회계사)

① 백지어음은 백지보충이 이루어지지 않는 한 보충권의 시효완성으로 백지어음상의 권리가 소멸하더라도 이득상환청구권이 발생하지 않는다.

② 어음상의 권리가 소멸할 당시에 원인채권이 존재하였더라도 이후 원인채권이 소멸하게 되면 이득상환청구권이 발생한다.

③ 이득상환청구권은 지명채권의 성질을 가지므로 선의취득이 허용되지 않는다.

④ 어음상의 권리자가 제3자의 선의취득에 의해 권리를 상실한 경우 그 권리자에게는 이득상환청구권이 발생하지 않는다.

⑤ 약속어음의 발행인이 어음채무의 시효의 완성으로 지급을 면하게 된 경우 그가 반환하여야 할 이득은 어음금이 아니라 수취인으로부터 어음발행의 원인관계로 받은 급부의 가액이다.

어음상의 권리가 소멸할 당시에 원인채권이 존재하였다면 이득상환청구권이 발생하지 않는다(대판1959.9.10, 4291민상717). 원인관계상의 채무를 담보하기 위하여 어음이 발행되거나 배서된 경우에는 어음채권이 시효로 소멸되었다고 하여도 발행인 또는 배서인에 대하여 이득상환청구권은 발생하지 않는다고 할 것인바, 이러한 이치는 그 원인관계상의 채권 또한 시효 등의 원인으로 소멸되고 그 시기가 어음채무의 소멸 시기 이전이든지 이후이든지 관계없이 마찬가지라고 보는 것이 당원의 견해이다(대판 2000. 5. 26., 2000다10376).

정답_②

**문 4_**을로부터 건물을 매수한 갑은 매매대금의 지급을 위하여 을에게 약속어음을 발행하였다. 그런데 을이 이 약속어음을 소지하고 있던 중 어음채권의 행사를 게을리하여 갑에 대한 어음채권의 소멸시효가 완성되었다. 이 경우 법률관계에 관한 설명 중 틀린 것은?  (2008년 공인회계사)

① 모든 어음상 채무자에 대한 어음채권이 소멸하기만 하면 이득상환을 청구할 수 있다는 견해에 따르면 을은 갑에게 이득상환청구권을 행사할 수 있다.

② 판례에 의하면 을의 매매대금채권이 존속하는 한 을은 이득상환청구권을 행사할 수 없다.

이득상환청구권의 법적성질에 대해 통설은 지명채권으로 보기 때문에, 통설에 의할 경우에는 이득상환청구권의 행사시에는 약속어음의 소지를 요하지 않는다.

정답_⑤

③ 만약 갑이 매매대금의 지급에 갈음하여 을에게 약속어음을 발행하고, 을이 소지하고 있던 중 어음상의 권리가 소멸시효 완성으로 인하여 소멸하였다면 을은 이득상환청구권을 행사할 수 있다.

④ 을이 이득상환청구권을 가지고 있다고 가정할 경우 위 약속어음에 배서하여 교부한 것만으로는 그 양수인이 갑에게 이득상환청구권을 행사할 수 없다는 것이 통설과 판례의 입장이다.

⑤ 을이 이득상환청구권을 가지고 있다고 가정할 경우 위 약속어음을 소지하고 있어야 갑에게 이득상환청구권을 행사할 수 있다는 것이 통설의 입장이다.

**문 5_** 어음의 실질관계에 관한 설명으로 옳은 것은?(이견이 있으면 판례에 의함) (2018년 공인회계사)

① A가 B에게 물품대금의 지급을 위하여 환어음을 발행한 경우 그 어음발행의 원인인 물품대금채무를 자금관계라 한다.

② A가 B에게 물품대금채무의 지급을 위하여 약속어음을 발행한 경우 물품대금채무는 원칙적으로 소멸한다.

③ A가 B에게 물품대금채무의 지급을 위하여 약속어음을 발행하였는데 물품매매계약이 취소된 경우 A는 B에게 어음채무이행을 거절할 수 있다.

④ A가 B에게 발행한 약속어음이 기존채무의 지급을 위하여 발행한 것인지 지급에 갈음하여 발행한 것인지 명시된 합의가 없다면 지급에 갈음하여 발행된 것으로 본다.

⑤ A가 B에게 기존채무의 지급을 담보하기 위하여 약속어음을 발행한 경우 B는 기존채권과 어음채권 중에서 어음채권을 먼저 행사하여야 한다.

**문 6_** 어음관계와 원인관계에 관한 설명 중 **틀린** 것은?

(2008년 공인회계사)

① 갑이 을에 대해 부담하는 매매대금채무의 지급에 갈음하여 병이 발행한 약속어음을 을에게 배서·교부하였다면 갑의 매매대금채무는 소멸한다.

② 갑이 을에 대해 부담하는 매매대금채무의 지급을 위하여 병이 발행한 약속어음을 을에게 배서·교부하였다면 갑의 매매대금채무는 소멸하지 않는다.

③ 갑이 을에 대해 부담하는 매매대금채무를 담보하기 위하여 을에게 약속어음을 발행하였다면 갑의 매매대금채무는 소멸하지 않는다.

④ 갑이 을에 대해 부담하는 매매대금채무를 담보하기 위하여 을에게 약속어음을 발행하여 을이 이를 소지하던 중 매매계약이 취소되었다면 갑은 을의 어음채권 행사에 대해 이행을 거절할 수 있다.

⑤ 위 ④의 약속어음을 을이 다시 병에게 배서·교부한 경우 갑과 을 사이의 매매계약이 취소되었다면 매매계약에 취소원인이 있음을 알지 못한 병에 대해 갑은 어음채무를 부담하지 않는다.

갑이 을에 대해 부담하는 매매대금채무를 담보하기 위하여 을에게 약속어음을 발행하여 을이 이를 소지하던 중 매매계약이 취소되었다면, 이는 갑과 을간의 인적항변사유가 되므로 갑은 을의 어음채권행사에 대하여 이행을 거절할 수 있다. 그런데, 위 약속어음을 을이 다시 병에게 배서·교부한 경우, 매매계약의 취소원인이 있음을 알지 못한 병에 대해서는 인적항변이 절단되므로(어음법 제17조 본문), 병에 대해 갑은 어음채무를 부담하여야 한나.

정답_⑤

**문 7_** 어음관계와 원인관계에서 원인채무이행과 어음반환에 관한 설명으로 **틀린** 것은? (판례에 의함)

(2011년 공인회계사)

① 채권자가 어음채권의 만족을 얻지 못하여 원인채권을 행사할 경우 그 원인채권을 변제받은 사실만으로 어음채권이 소멸하는 것은 아니다.

② 채권자가 원인채권을 변제받고 어음을 유통시키면 채무자에게는 2중변제의 위험이 존재하게 된다.

③ 채권자가 원인채권을 행사하여 변제받는 때에는 특약이 없다면 이와 동시이행으로 어음을 반환하여야 한다.

④ 채권자가 원인채무의 변제기가 도래하여 그 이행을 최고한 경우 채무자가 어음의 반환과의 동시이행을 주장하지 않고 단순히 이행을 거절하더라도 이행지체가 되지 않는다.

⑤ 원인채권의 변제여부에 관하여 다툼이 있는 경우 어음이 반환되어 채무자가 이를 소지하고 있다면 원인채권이 변제된 것으로 추정된다.

채권자가 원인채무의 변제기가 도래하여 그 이행을 최고한 경우 채무자가 어음의 반환과의 동시이행을 주장하지 않고 단순히 이행을 거절하더라도 이행지체가 된다(대법원 1993.11.9.선고 11203. 11210(반소)판결).

정답_④

**문8_**다음 사례에서 B의 법적 지위에 관한 설명으로 틀린 것은? (이견이 있으면 판례에 의함)　(2020년 공인회계사)

> A는 2020. 1. 20. B로부터 외상으로 원자재를 구입하면서 매매대금 1천만원을 2020. 2. 3.에 지급하기로 합의하였다. 그 다음날 A는 甲으로부터 발행받은 만기 2020. 2. 10., 어음금액 1천만원인 약속어음을 위 매매대금 채무의 '지급을 위하여' B에게 배서·교부하였다. B는 A로부터 약속어음을 양수하면서 어음상 만기가 A의 매매대금 채무의 이행기인 2020. 2. 3.과 달리 2020. 2. 10.임을 알았지만 아무런 문제도 제기하지 않았다.

① 2020. 1. 21. B가 甲이 발행한 약속어음을 취득하여도 그 시점에 B의 A에 대한 매매대금 채권이 소멸하지 않는다.

② 특별한 사정이 없는 한 B의 A에 대한 매매대금 채권의 변제기는 2020. 2. 10.까지 유예된 것으로 해석된다.

③ 2020. 2. 10. B는 甲에 대한 어음상 권리를 행사하지 않고 A에 대한 매매대금 채권을 선택하여 행사할 수 있다.

④ 2020. 2. 10. B가 甲에게 어음상 권리를 행사하여 어음금 1천만원을 지급받으면 A의 B에 대한 매매대금 채무도 소멸한다.

⑤ 2020. 2. 10. B가 甲에게 약속어음을 지급제시 하였으나 지급을 받지 못하여 A에게 매매대금 채무의 이행을 청구한 경우, A는 동시이행의 항변권을 행사하여 甲이 발행한 약속어음의 반환을 청구할 수 있다.

**문9_**A가 B에게 약속어음을 발행한 후 그 원인관계가 소멸하였으나 B는 그 약속어음을 A에게 반환하지 않고 C에게 배서·교부하였다. C가 A에게 어음금 지급을 청구해 온 경우의 법률관계에 관한 설명으로 틀린 것은?　(2012년 공인회계사)

① C가 어음을 취득할 때 원인관계가 소멸하였다는 사실과 항변이 절단되어 A에게 피해를 줄 것이라는 사실을 알았다면 A는 C에게 어음채무의 이행을 거절할 수 있다.

② C가 어음을 취득할 때 원인관계의 소멸사실을 몰랐으나 이후 그 사실을 알게 되더라도 A는 C에게 어음채무의 이행을 거절할 수 없다.

---

**해 설 및 정 답**

위 설문에서 유의할 것은 '지급을 위하여' 약속어음이 발행되었으므로, 매매대금채권은 소멸하지 않고, 어음채권과 병존한다는 점이다. 또한 이러한 어음의 경우에는 먼저 어음상 권리를 행사하고, 그 행사를 할 수 없는 때에 매매대금채권을 행사할 수 있다. 어음상 권리가 변제에 의하여 소멸하면 매매대금채권도 소멸하게 된다. 따라서 위 지문중 ①과 ④는 옳은 것이 되고 ③은 틀린 것이 된다.

② 어음이 "지급을 위하여" 교부된 것으로 추정되는 경우 채권자는 어음채권과 원인채권 중 어음채권을 먼저 행사하여 만족을 얻을 것을 당사자가 예정하였다고 할 것이어서 채권자로서는 어음채권을 우선 행사하고 그에 의하여 만족을 얻을 수 없을 때 비로소 채무자에 대하여 기존의 원인채권을 행사할 수 있는 것이므로, 채권자가 기존채무의 변제기보다 후의 일자가 만기로 된 어음을 교부받은 때에는 특단의 사정이 없는 한 기존채무의 지급을 유예하는 의사가 있었다고 보아야 한다(대법원 2001.2.13. 선고 2000다5961 판결).

⑤ 기존의 원인채권과 어음채권이 병존하는 경우에 채권자가 원인채권을 행사함에 있어서 채무자는 원칙적으로 어음과 상환으로 지급하겠다고 하는 항변으로 채권자에게 대항할 수 있다(대법원 2010.7.29. 선고 2009다69692 판결).

**[참고판례]** 기존채무와 어음, 수표채무가 병존하는 경우 원인채무의 이행과 어음, 수표의 반환이 동시이행의 관계에 있다 하더라도 채권자가 어음, 수표의 반환을 제공을 하지 아니하면 채무자에게 적법한 이행의 최고를 할 수 없다고 할 수는 없고, 채무자는 원인채무의 이행기를 도과하면 원칙적으로 이행지체의 책임을 지고, 채권자로부터 어음, 수표의 반환을 받지 아니하였다 하더라도 이 어음, 수표를 반환하지 않음을 이유로 위와 같은 항변권을 행사하여 그 지급을 거절하고 있는 것이 아닌 한 이행지체의 책임을 면할 수 없다(대법원 1993. 11.9. 선고 93다11203, 11210(반소) 판결).

정답_③

C의 배서의 경우에는 A가 B에 대해 갖는 인적항변은 절단되는 것이 원칙이다. 다만, A가 C의 '악의(채무자를 해할 것을 안 것; 항변이 절단되고 채무자가 손해를 입게 될 사정이 객관적으로 존재한다는 사실까지도 충분히 알았다는 것)'를 입증하면 인적항변은 절단되지 않게 된다(어음법 제17조)는 것이 판례 및 통설의 입장이다.

정답_③

③ 판례에 의하면 C는 원인관계의 소멸과 관련하여 자신에게 해의가 없음을 입증할 책임을 부담한다.

④ B가 C에게 배서·교부한 시점이 지급제시기간 경과 후라면 A는 원인관계가 소멸하였음을 C에게 주장하여 어음채무의 이행을 거절할 수 있다.

⑤ 판례에 의하면 C가 어음을 취득할 때 원인관계의 소멸을 중과실로 알지 못한 경우 A는 C에게 어음채무의 이행을 거절할 수 없다.

**문 10_환어음의 기재사항에 관한 설명으로 틀린 것은?**

(2013년 공인회계사)

① 어음금액을 "100만원 또는 200만원"이라고 기재한 경우 무효이다.

② 지급위탁문구에 "구입상품에 하자가 없는 경우에 지급함"과 같이 조건을 붙인 경우는 무효이다.

③ 지급인의 명칭을 실재하지 않는 가공의 인물로 기재한 경우는 무효이다.

④ 판례에 따르면 만기를 11월 31일로 기재한 경우 이를 무효로 보지 아니하고 만기를 11월 30일로 보아 유효하다.

⑤ 지급지를 "서울", "여의도"와 같이 사회적으로 통용되는 일정한 지역을 표시하는 명칭을 기재하는 것도 유효하다.

지급인의 명칭을 실재하지 않는 가공의 인물로 기재한 경우도 무방하나, 지급받을 수 없으므로 상환청구를 할 수 밖에 없게 된다.

정답_③

**문 11_어음상 법률관계에 관한 설명으로 틀린 것은?**

(2010년 공인회계사)

① 만기일에 발행인이 생존해 있는 것을 조건으로 기재하여 행한 약속어음의 발행은 그 조건 부분만이 무효이다.

② 배서에 어음 외의 사정을 조건으로 붙인 경우 그 조건 부분만이 무효이다.

③ 지급인이 환어음의 만기를 변경하여 인수하면 그 변경한 문언대로 어음채무를 부담한다.

④ 지급인이 환어음의 만기를 변경하여 인수하면 어음소지인은 상환의무자를 상대로 상환청구권을 행사할 수 있다.

⑤ 어음보증에 조건을 붙인 경우 그 효력에 관하여 어음법상 규정이 없지만, 유익적 기재사항으로 보는 것이 대법원 판례의 입장이다.

만기일에 발행인이 생존해 있는 것을 조건으로 기재하여 행한 약속어음의 발행은 그 발행이 무효가 된다.

정답_①

**문12_** 환어음상 이자에 관한 설명으로 틀린 것은?

(2016년 공인회계사)

① 일람출급의 환어음에 발행인이 어음금액에 이자가 붙는다는 약정 내용을 적은 경우 이러한 기재는 유효하다.

② 일람 후 정기출급의 환어음에 발행인이 어음금액에 이자가 붙는다는 약정 내용을 적은 경우 이러한 기재는 유효하다.

③ 발행일자 후 정기출급의 환어음에 발행인이 어음금액에 이자가 붙는다는 약정 내용을 적은 경우 이러한 기재는 유효하다.

④ 환어음에 이율이 적혀 있지 아니하면 이자를 약정한다는 내용이 적혀 있더라도 이자를 약정하지 아니한 것으로 본다.

⑤ 환어음의 소지인은 상환청구권에 의하여 연 6퍼센트의 이율로 계산한 만기 이후의 이자의 지급을 청구할 수 있다.

**문13_** 어음의 발행에 관한 다음 설명 중 옳은 것은 몇 개인가?

(2014년 공인회계사)

---

㉠ 어음금액 1억원 중 5천만원은 2014년 1월 5일에 지급하고 5천만원은 2014년 2월 5일에 지급하는 것으로 기재한 환어음은 무효이다.

㉡ A가 환어음을 C에게 발행하면서 지급인 B를 위해 지급사무를 대행해줄 제3자 "D"를 기재하여도 이러한 "D"의 기재는 기재하지 않은 것으로 본다.

㉢ A와 B가 환어음의 발행인으로서 중첩적으로 기명날인하여도 어음의 효력에는 영향이 없다.

㉣ A가 B에게 2014년 1월 5일에 1천만원 어음금액의 약속어음을 발행하면서 "발행일 후 1년"으로 만기를 기재하고 "연 3%의 이자를 지급한다"고 기재하였다면 A는 만기시에 1천30만원의 어음상의 채무를 부담한다.

㉤ A가 B를 지급인으로 하여 C에게 환어음을 발행하면서 "D의 계산에서 지급하여 주시오"라는 문구를 기재하였다면 이 어음은 효력이 없다.

---

① 1개       ② 2개       ③ 3개
④ 4개       ⑤ 5개

**해 설 및 정 답**

발행일자 후 정기출급의 환어음에 발행인이 어음금액에 이자가 붙는다는 약정 내용을 적은 경우 이러한 기재는 효력이 없다(어음법 제5조 제1항 단서).

정답_③

㉡ A가 환어음을 C에게 발행하면서 지급인 B를 위해 지급사무를 대행해줄 제3자 "D"를 기재하여도 이러한 "D"의 기재는 효력이 있다(어음법 제4조).

㉣ A가 B에게 2014년 1월 5일에 1천만원 어음금액의 약속어음을 발행하면서 "발행일 후 1년"으로 만기를 기재하고 "연 3%의 이자를 지급한다"고 기재하였다면, 확정일출급어음에의 이자의 기재는 효력이 없으므로(어음법 제5조 제1항), A는 만기시에 1천만원의 어음상의 채무를 부담한다.

㉤ A가 B를 지급인으로 하여 C에게 환어음을 발행하면서 "D의 계산에서 지급하여 주시오"라는 문구를 기재하였다면 이 어음은 효력이 있다(어음법 제3조 제3항).

정답_②

**문 14_** 어음의 만기에 관한 설명으로 **틀린** 것은?

(2021년 공인회계사)

① 일람 후 정기출급의 환어음 만기는 인수한 날짜 또는 거절증서의 날짜에 따라 정한다.

② 발행일자 후 또는 일람 후 1개월 반 또는 수개월 반이 될 때 지급할 환어음은 먼저 전월(全月)을 계산한다.

③ 일람출급의 환어음은 발행일부터 1년 내에 지급을 받기 위한 제시를 하여야 하고, 배서인은 이 기간을 단축하거나 연장할 수 있다.

④ 발행지와 세력(歲曆)을 달리하는 지(地)에서 확정일에 지급할 환어음의 만기일은 지급지의 세력에 따라 정한 것으로 본다.

⑤ 발행일자 후 또는 일람 후 1개월 또는 수개월이 될 때 지급할 환어음은 지급할 달의 대응일(對應日)을 만기로 하고, 대응일이 없는 경우에는 그 달의 말일을 만기로 한다.

① 일람 후 정기출급의 환어음 만기는 인수한 날짜 또는 거절증서의 날짜에 따라 정한다(어음법 제35조 제1항).

② 발행일자 후 또는 일람 후 1개월 반 또는 수개월 반이 될 때 지급할 환어음은 먼저 전월(全月)을 계산한다(어음법 제36조 제5항).

③ 일람출급의 환어음은 발행일부터 1년 내에 지급을 받기 위한 제시를 하여야 하고, 배서인은 이 기간을 단축할 수 있다(어음법 제34조 제1항). 배서인은 기간의 연장을 할 수 없다.

④ 발행지와 세력(歲曆)을 달리하는 지(地)에서 확정일에 지급할 환어음의 만기일은 지급지의 세력에 따라 정한 것으로 본다(어음법 제37조 제4항).

⑤ 발행일자 후 또는 일람 후 1개월 또는 수개월이 될 때 지급할 환어음은 지급할 달의 대응일(對應日)을 만기로 하고, 대응일이 없는 경우에는 그 달의 말일을 만기로 한다(어음법 제36조 제1항).

정답_③

**문 15_** 어음의 만기에 관한 설명으로 **틀린** 것은?

(2015년 공인회계사)

① 어음의 만기를 2015년 2월 중순이라 기재한 경우 2월 15일을 뜻하는 확정일출급 어음이다.

② 발행일자 후 정기출급 어음에서 2015년 1월 31일에 발행하면서 1개월 후를 만기로 기재한 경우 2월 28일(말일)이 만기가 된다.

③ 발행인은 2015년 1월 15일에 일람출급으로 어음을 발행하면서 2015년 2월 16일까지 지급제시를 금지한다는 내용을 적을 수는 없다.

④ 판례에 의하면 2015년 2월 2일에 확정일출급 약속어음을 발행하면서 만기를 2015년 1월 20일로 기재한 경우 그 약속어음은 무효이다.

⑤ 일람 후 정기출급 환어음은 그 발행한 날부터 1년 내에 인수를 위한 제시를 하여야 하는데 발행인은 그 기간을 단축하거나 연장할 수 있다.

발행인은 2015년 1월 15일에 일람출급으로 어음을 발행하면서 2015년 2월 16일까지 지급제시를 금지한다는 내용을 적을 수는 있다(어음법 제22조 제3항).

정답_③

**문 16**_환어음 또는 수표의 발행에 관한 설명으로 옳은 것은?

(2020년 공인회계사)

① 수표의 발행인이 만기를 기재하면 그 수표는 무효이다.
② 환어음의 발행인이 지급지를 기재하지 않았다면 발행지를 지급지로 본다.
③ 일람출급 환어음의 발행인이 이자가 붙는다는 약정을 기재하면서 이율을 기재하지 않으면 그 환어음은 무효이다.
④ 환어음의 발행인은 제3자방(第3者方)에서 어음금을 지급하는 것으로 기재할 수 있고, 이 때 제3자방이 지급인의 주소지에 있든 다른 지(地)에 있든 무관하다.
⑤ 수표의 발행인이 지급인에게 수표자금을 예치하고 이를 수표에 의해 처분할 수 있는 계약을 체결하지 않은 채 발행한 수표는 무효이다.

① 수표의 발행인이 <u>만기를 기재하면 이를 적지 아니한 것으로 볼 뿐이며</u>(수표법 제28조 제1항), 그 수표가 무효로 되는 것은 아니다.
② 약속어음의 발행인이 지급지를 기재하지 않았다면 발행지를 지급지로 본다(어음법 제76조 제2항). 환어음의 경우에는 지급인의 명칭에 부기한 지를 지급지로 본다(어음법 제2조 2호).
③ 일람출급 환어음의 발행인이 이자가 붙는다는 약정을 기재하면서 이율을 기재하지 않으면 <u>이자를 약정하지 아니한 것으로 볼 뿐이</u>며(어음법 제5조 제2항), 그 환어음이 무효가 되는 것은 아니다.
④ 환어음의 발행인은 제3자방(第3者方)에서 어음금을 지급하는 것으로 기재할 수 있고, 이 때 제3자방이 지급인의 주소지에 있든 다른 지(地)에 있든 무관하다(어음법 제4조).
⑤ 수표의 발행인이 지급인에게 수표자금을 예치하고 이를 수표에 의해 처분할 수 있는 계약을 체결하지 않은 채 발행한 수표라도 <u>수표로서의 효력에 영향을 미치지 아니하므로</u>, 수표가 무효로 되는 것은 아니다(수표법 제3조).

정답_④

**문 17**_백지어음에 관한 다음의 설명 중 옳은 것은? (통설 및 판례에 의함)

(2004년 공인회계사)

① 백지어음의 경우 어음행위의 성립시기는 백지를 보충한 때이다.
② 발행인의 기명날인은 없고 배서인의 기명날인만 있는 경우에는 백지어음이 성립되지 않는다.
③ 만기 이외의 사항이 백지인 경우에 보충권은 만기로부터 5년 이내에 행사하여야 한다.
④ 백지어음에 대해서는 선의취득이 인정되지 않는다.
⑤ 소지인이 부당보충된 어음임을 알고 취득한 경우에도, 발행인은 자신이 유효하게 보충권을 수여한 범위 안에서는 당연히 어음상의 책임을 진다.

① 백지어음의 어음행위는 그 행위시에 성립하는 것이다.
② 배서인의 기명날인만으로 백지배서가 인정되므로, 백지어음이 성립한다.
③ 만기 이외의 사항의 보충권은 만기로부터 3년 이내에 행사하여야 한다는 것이 판례의 입장이다.
④ 백지어음도 유효한 유가증권이므로 선의취득이 인정된다.

정답_⑤

**문 18_** A는 B에게 5백만원의 금액을 보충할 수 있는 보충권을 수여하면서 어음금액과 수취인란을 공란으로 하는 약속어음을 확정일출급식으로 발행하였고 B는 이를 C에게 배서양도하였다. 이 경우에 관한 설명으로 옳은 것은?(이견이 있으면 판례에 의함)

(2018년 공인회계사)

① C가 만기 전에 어음금액을 5백만원으로 보충하고 수취인란을 보충하지 않은 채 A에 대하여 어음금지급청구를 하면 A는 이를 지급하여야 한다.

② C가 만기 전에 어음금액을 8백만원, 수취인을 B로 보충한 후 이러한 사정을 알고 있는 D에게 배서양도한 경우 A는 D에 대하여 어음상 아무런 책임을 지지 않는다.

③ C가 A에 대하여 어음의 소멸시효가 완성되기 전에 어음금청구의 소를 제기하였으나 소멸시효가 완성된 후 그 소의 변론종결전에 백지를 전부 보충하면 소멸시효는 중단된 것으로 본다.

④ C가 만기로부터 1년이 경과한 후에 백지보충권을 행사한 경우 C는 B에 대하여 상환청구권을 행사할 수 있다.

⑤ C가 어음금액과 수취인란을 보충하는 경우 C의 기명날인 또는 서명이 반드시 필요하다.

① C가 만기 전에 어음금액을 5백만원으로 보충하고 수취인란을 보충하지 않은 채 A에 대하여 어음금지급청구를 하면, 미보충의 백지어음에 의한 어음금청구권은 인정되지 않으므로(대법원 1986.9.9.선고 85다카2011판결), A는 이를 지급하지 않아도 된다.

② C가 만기 전에 어음금액을 8백만원, 수취인을 B로 보충한 후 이러한 사정을 알고 있는 D에게 배서양도한 경우 A는 D에 대하여 보충권을 부여한 5백만원의 범위내에서 그 책임을 진다.

③ 대법원 2010.5.20. 선고 2009다48312 판결

④ C가 만기로부터 1년이 경과한 후에 백지보충권을 행사한 경우에는 상환청구권 보전을 위한 거절증서작성기간이 경과하였으므로, C는 B에 대하여 상환청구권을 행사할 수 없다.

⑤ 백지어음은 어음행위자 적어도 1인의 기명날인 또는 서명만 있으면 되므로, A의 기명날인 또는 서명이 있는 한 C가 어음금액과 수취인란을 보충하는 경우 C의 기명날인 또는 서명이 반드시 필요하지 않다.

정답_③

**문 19_** 백지어음에 관한 설명으로 옳지 <u>않은</u> 것은?

① 백지어음이 되기 위해서는 백지어음행위자의 기명날인 또는 서명이 있어야 하고, 어음요건의 일부 또는 전부가 흠결되어야 한다.

② 백지어음이 부당보충된 경우에 이러한 어음을 부당보충된 사실에 대하여 악의 또는 중과실이 없이 취득한 자는 보충된 내용대로의 권리를 취득하고, 백지어음행위자는 어음소지인에게 부당보충의 항변을 주장하지 못한다.

③ 만기백지의 어음은 어음요건의 흠결로 무효가 된다.

④ 백지어음을 선의취득한 자는 그 어음과 함께 백지보충권을 취득하고, 이에 기하여 백지를 보충하여 백지어음행위를 한 자에 대하여 어음상의 권리를 행사할 수 있다.

⑤ 백지어음의 보충은 보충권이 시효로 소멸하기까지는 지급기일 후에도 이를 행사할 수 있고, 어음의 주채무자인 발행인에 대하여 어음금청구소송을 제기한 경우에는 변론종결시까지만 보충권을 행사하면 된다.

만기백지의 어음은 일람출급어음으로 본다(어음법 제2조제2항).

정답_③

**문 20_**다음 중 백지어음 또는 백지수표에 관한 설명으로 옳은 것은? (통설 및 판례에 의함) (2007년 공인회계사)

① 미완성으로 발행한 환어음에 미리 한 합의와 다른 보충을 한 경우에, 소지인이 중과실로 인하여 이를 취득하였다면 그 소지인에게 대항할 수 있다.

② 백지어음은 어음행위자의 기명날인 또는 서명을 포함하여 어음요건의 전부 또는 일부를 흠결한 어음을 말한다.

③ 백지어음행위자가 사망하거나 대리권의 흠결 등의 사유가 생긴 경우에는 백지보충권도 소멸한다.

④ 발행일을 백지로 하여 발행된 수표의 백지보충권의 소멸시효기간은 백지보충권을 행사할 수 있는 때로부터 3년이다.

⑤ 발행일이 기재되지 아니한 채 발행된 약속어음을 지급제시 기간 내에 보충하지 않고 지급제시하였다 하더라도 배서인에 대한 상환청구권은 존속한다.

② 백지어음은 어음요건의 전부 또는 일부가 흠결되더라도, 적어도 어음행위자 1인의 기명날인 또는 서명은 있어야 한다.
③ 백지어음행위자가 사망하거나 대리권의 흠결 등의 사유가 생긴 경우에도 백지보충권은 소멸하지 않는다.
④ 발행일을 백지로 하여 발행된 수표의 백지보충권의 소멸시효기간은 백지보충권을 행사할 수 있는 때로부터 6개월이다(대판2001.10.23, 99다64018).
⑤ 발행일이 기재되지 아니한 채 발행된 약속어음을 지급제시기간내에 보충하지 않고 지급제시를 하였다면, 이는 적법한 지급제시로 볼 수 없으므로 배서인에 대한 상환청구권은 발생하지 않는다(대판1995.9.15, 95다23071 참조).

정답_①

**문 21_**백지어음에 관한 판례의 입장으로 틀린 것은?

(2009년 공인회계사)

① 백지약속어음의 경우 수취인이나 그 소지인에게 보충권을 수여할 의사가 없었다는 점에 대한 입증책임은 발행인이 부담한다.

② 수취인이 백지인 채로 발행된 어음은 인도에 의하여 어음법적으로 유효하게 양도될 수 있다.

③ 만기백지어음에서 만기도래 전에 배서가 행해진 경우 만기도래 후에 백지보충하더라도 동 배서는 기한전 배서이다.

④ 백지어음에 대한 제권판결을 받은 자는 어음 외의 의사표시로 백지부분에 대하여 보충권을 행사할 수 없다.

⑤ 백지어음의 소지인이 보충권을 행사하지 않으면 이득상환청구권을 행사할 수 없다.

백지어음에 대한 제권판결을 받은 자는 어음 외의 의사표시로 백지부분에 대하여 보충권을 행사할 수 있다는 것이 판례의 입장이다(대판 1998.9.4., 97다57573).

정답_④

**문 22_**어음의 배서에 관한 설명 중 옳은 것은? (통설 및 판례에 의함)

(2006년 공인회계사)

① X로부터 어음을 양수받은 정당한 어음소지인 B가 자신의 배서 앞뒤에 허무인 A 및 C를 기재하여 Y에게 양도한 경우에는 배서의 연속성이 부정된다.

② X로부터 액면가 1억원의 어음을 양수받은 A가 배서란에 '5천만원에 내하여 부담보'라고 기재하여 B에게 양도한 경우에, A는 5천만원에 대하여는 B와 그 후자 모두에 대하여 담보책임을 지지 않는다.

③ B가 A로부터 배서양도 받은 어음에 대하여 예금부족 등의 사유로 지급을 거절한다는 취지의 지급담당은행의 부도선언이 보전(補箋)에 기재되어 있다면, B는 A에 대하여 상환청구권을 행사할 수 없다.

④ A는 X와의 물건매매계약에서 매매대금을 어음으로 받아 이를 B에게, B는 C에게 배서양도하였으나, 물건의 하자를 이유로 매매계약이 해제되었다면 X는 C에게 어음금의 지급을 거절할 수 있다.

⑤ B가 자신의 채무자 A로부터 채권담보를 위해 질권설정계약만을 체결하고 X가 발행한 환어음을 양도배서 받아 C에게 다시 배서양도한 경우, C 및 그 후자에게는 권리이전적 효력이 인정되지 않는다.

① 형식적 배서연속은 배서란에 허무인이 존재하더라도 관계없다.

③ 어음의 상환청구권행사에는 지급거절증서가 작성되어야 하고, 지급인의 지급거절의 선언이 거절증서작성과 같은 효력을 갖지 못한다. 다만 수표의 경우에는 지급인의 거절선언이 거절증서와 같은 효력을 갖는다.

④ 매매계약의 해제는 인적항변사유이므로 X는 A에게 인적항변을 주장할 수 있으나, C에게 이음금지급을 거칠일 수 없다.

⑤ 양도배서받은 어음상의 권리이전적 효력은 인정된다. 권리이적적 효력이 인정되지 않는 배서는 공연한 추심위임배서나 공연한 입질배서의 경우이다.

정답_②

**문 23_**어음의 배서에 관한 설명으로 틀린 것은?(2021년 공인회계사)

① 환어음을 인수하지 아니한 지급인도 피배서인이 될 수 있다.

② 날짜를 적지 아니한 배서는 지급거절증서 작성기간이 지난 후에 한 것으로 추정한다.

③ 공연한 추심위임배서의 경우 어음의 채무자는 배서인에게 대항할 수 있는 항변으로써만 소지인에게 대항할 수 있다.

④ 기한후배서란 지급거절증서가 작성된 후에 한 배서 또는 지급거절증서 작성기간이 지난 후에 한 배서를 말한다.

⑤ 발행인이 환어음에 "지시 금지"라는 글자 또는 이와 같은 뜻이 있는 문구를 적은 경우에는 그 어음은 지명채권의 양도 방식으로만, 그리고 그 효력으로써만 양도할 수 있다.

① 환어음을 인수하지 아니한 지급인도 피배서인이 될 수 있다(어음법 제11조 제3항).

② 날짜를 적지 아니한 배서는 지급거절증서 작성기간이 지난전에 한 것으로 추정한다(어음법 제20조 제2항).

③ 공연한 추심위임배서의 경우 어음의 채무자는 배서인에게 대항할 수 있는 항변으로써만 소지인에게 대항할 수 있다(어음법 제18조 제2항).

④ 기한후배서란 지급거절증서가 작성된 후에 한 배서 또는 지급거절증서 작성기간이 지난 후에 한 배서를 말한다(어음법 제20조 제1항).

⑤ 발행인이 환어음에 "지시금지"라는 글자 또는 이와 같은 뜻이 있는 문구를 적은 경우에는 그 어음은 지명채권의 양도 방식으로만, 그리고 그 효력으로써만 양도할 수 있다(어음법 제11조 제2항).

정답_②

**문 24_**환어음의 배서에 관한 설명으로 틀린 것은?

(2018년 공인회계사)

① 소지인에게 지급하라는 소지인출급의 배서는 백지식 배서와 같은 효력이 있다.

② 말소한 배서는 배서의 연속에 관하여 배서를 하지 아니한 것으로 보지만 어음을 절취한 자가 배서를 말소한 경우 그 배서는 말소되지 않은 것으로 본다.

③ 어음의 배서인은 반대의 문구가 없으면 인수와 지급을 담보한다.

④ 무담보배서를 한 배서인은 자신의 피배서인을 포함하여 그 이후의 모든 어음취득자에 대하여 담보책임을 부담하지 않는다.

⑤ 입질배서에는 권리이전적 효력이 인정되지 않는다.

**문 25_**A는 지급일을 2012년 2월 27일로 기재하여 B에게 약속어음을 발행하였고, B는 그 어음을 다시 C에게 배서·교부하였다. 그런데 A는 지급일에 지급이 어려워질 것이 예상되자 지급일을 연기하고자 한다. 이에 관한 설명으로 틀린 것은? (2012년 공인회계사)

① A와 C가 어음 외에서 지급유예를 합의하였는데 C가 그 합의를 무시하고 2012년 2월 27일 A에게 어음금 지급을 청구한 경우 A는 어음채무의 이행을 거절할 수 있다.

② A와 C가 어음 외에서 지급유예를 합의한 후 C가 이러한 사정을 알 수 없었던 D에게 배서·교부한 경우 D가 2012년 2월 27일 A에게 어음금 지급을 청구하면 A는 어음채무의 이행을 거절할 수 없다.

③ A가 C로부터 어음을 회수하고 그 대신 지급일이 2012년 3월 27일로 기재된 새로운 약속어음을 C에게 발행한 경우 B는 새로운 어음에 배서하지 않은 이상 C에게 상환의무를 부담하지 않는다.

④ A와 C 두 사람만 합의하여 지급일을 2012년 3월 27일로 변경기재 한 경우 C는 2012년 2월 27일 A에게 어음금 지급을 청구할 수 없다.

⑤ A와 C 두 사람만 합의하여 지급일을 2012년 3월 27일로 변경기재 한 경우 C는 B에 대한 상환청구권을 보전하기 위해 2012년 2월 27일 및 그에 이은 2거래일 내에 A에게 지급제시할 필요는 없다.

**문 26_특수한 배서에 관한 설명으로 옳은 것은?**

(2013년 공인회계사)

① 무담보배서가 있는 경우 배서인은 자기의 직접 피배서인에 대해서만 담보책임을 부담하고 그 이후의 자에 대하여는 담보책임을 부담하지 아니한다.

② 배서금지배서가 있는 경우 배서에 의하여 어음을 양도할 수 없다.

③ 기한후배서가 있는 경우 피배서인은 배서인에게 상환청구가 가능하다.

④ 공연한 추심위임배서가 있는 경우 피배서인은 배서인에게 상환청구가 가능하다.

⑤ 공연한 입질배서가 있는 경우 피배서인이 선의이고 무중과실이면 어음상의 권리에 대한 질권을 선의취득한다.

① 무담보배서가 있는 경우 배서인은 자기의 직접 피배서인을 포함한 모든 이후의 자에 대하여는 담보책임을 부담하지 아니한다.

② 배서금지배서가 있는 경우라도 배서에 의하여 어음을 양도할 수 있다.

③ 기한후배서가 있는 경우 피배서인은 배서인에게 상환청구가 가능하지 않다.

④ 공연한 추심위임배서가 있는 경우 피배서인은 배서인에게 상환청구가 가능하지 않다.

정답_⑤

**문 38_어음법상 배서의 효력에 관한 설명으로 옳은 것은?**

(2020년 공인회계사)

① 약속어음의 소지인이 지급제시기간 경과 후에 타인에게 어음을 배서·교부한 경우, 그 배서에는 권리이전적 효력이 없다.

② 약속어음의 발행인이 자신이 발행하였던 약속어음을 배서·교부의 방식으로 취득한 경우, 만기가 남아 있어도 다시 어음에 배서할 수 없다.

③ 채권자가 공연한 입질배서를 받아 소지하고 있던 환어음을 타인에게 양도할 생각으로 다시 배서·교부한 경우, 어음금 지급청구권이 양수인에게 이전된다.

④ 환어음의 소지인이 만기일에 지급인에 대한 지급제시를 하지 않은 채 그 날 어음을 타인에게 배서·교부한 경우, 그 배서는 만기 전 배서와 같은 효력이 있다.

⑤ 배서인이 환어음에 날짜를 적지 아니한 채 행한 배서는 지급거절증서 작성기간이 지난 후에 한 것으로 추정한다.

① 약속어음의 소지인이 지급제시기간 경과 후에 타인에게 어음을 배서·교부한 경우, 그 배서에는 권리이전적 효력이 있다. 다만, 이로 인하여 권리보전절차의 흠결이 있는 경우 상환청구권을 행사할 수 없을 뿐이고, 만기로부터 3년간 발행인에게 어음금청구권은 행사할 수 있다.

② 약속어음의 발행인이 자신이 발행하였던 약속어음을 배서·교부의 방식으로 취득한 경우, 만기가 남아 있으면 다시 어음에 배서할 수 있다(어음법 제11조 제3항).

③ 채권자가 공연한 입질배서를 받아 소지하고 있던 환어음을 타인에게 양도할 생각으로 다시 배서·교부한 경우에는 질권에 대한 대리권을 수여하는 추심위임배서만의 효력이 있을 뿐이므로(어음법 제19조), 어음금 지급청구권이 양수인에게 이전되지 않는다.

④ 환어음의 소지인이 만기일에 지급인에 대한 지급제시를 하지 않은 채 그 날 어음을 타인에게 배서·교부한 경우는 만기후의 배서이므로, 그 배서는 만기 전 배서와 같은 효력이 있다(어음법 제20조 제1항).

⑤ 배서인이 환어음에 날짜를 적지 아니한 채 행한 배서는 지급거절증서 작성기간이 지나기 전에 한 것으로 추정한다(어음법 제20조 제2항).

정답_④

**문 28_**어음의 배서에 관한 설명으로 틀린 것은? (이견이 있으면 판례에 의함) (2015년 공인회계사)

① 약속어음 앞면의 "귀하 또는 귀하의 지시인에게 어음금액을 지급하겠음"이라는 인쇄문구 중 "또는 귀하의 지시인"의 문구를 삭제하더라도 배서금지어음은 아니다.

② 배서는 피배서인을 지명하지 아니하고 할 수 있으며 배서문구조차 기재하지 않고 배서인이 기명날인 또는 서명만 함으로써도 할 수 있다.

③ 백지식 배서의 경우 소지인은 백지를 보충하지 않고 또 배서도 하지 아니하고 어음을 교부만으로 제3자에게 양도할 수 있다.

④ 어음의 배서가 甲→A회사, A회사 대표이사 乙→丙 순으로 기재되어 있는 경우 피배서인 A회사와 배서인 A회사 대표이사 乙은 동일성을 인정할 수 없으므로 배서가 불연속이다.

⑤ 甲→乙, 乙→丙, 乙→丁 순서로 각각 배서 양도된 약속어음에 있어서 중간에 있는 乙→丙간의 배서가 말소되면 배서의 연속이 있는 것으로 간주한다.

**문 29_**A로부터 약속어음을 발행받은 B는 피배서인란을 공란으로 둔 채 C에게 어음을 배서하여 교부하였다. C가 어음을 다시 D에게 양도하거나 직접 어음을 가지고 A에게 어음상 권리를 행사하고자 하는 경우에 관한 설명으로 틀린 것은? (지명채권양도방식은 고려하지 않음) (2019년 공인회계사)

① C는 공란인 피배서인란에 D의 명의를 기재한 후 배서하지 아니하고 어음의 교부만으로 D에게 어음을 양도할 수 있다.

② 피배서인란을 공란으로 둔 채 C가 직접 A에게 어음상 권리를 행사하더라도 C는 적법한 어음의 소지인으로 추정된다.

③ C는 공란인 피배서인란에 C 자신의 명의를 기재한 후 배서하지 아니하고 어음의 교부만으로 D에게 어음을 양도할 수 있다.

④ C는 공란인 피배서인란을 보충하지 아니하고 또 배서도 하지 아니하고 어음의 교부만으로 D에게 어음을 양도할 수 있다.

⑤ C는 공란인 피배서인란을 보충하지 아니하고 다시 배서하여 교부함으로써 D에게 어음을 양도할 수 있다.

**문 30_**어음의 배서에 관한 설명으로 틀린 것은? (이견이 있으면 판례에 의함) (2017년 공인회계사)

① 배서에 있어서는 배서일자의 기재가 요건이므로 배서일자가 발행일자보다 앞서는 경우 그 배서는 효력이 없다.

② 백지식 배서의 다음에 다른 배서가 있는 경우에는 그 배서를 한 자는 백지식 배서에 의하여 어음을 취득한 것으로 본다.

③ 배서인이 자기의 배서 이후에 새로 하는 배서를 금지한 경우 그 배서인은 어음의 그 후의 피배서인에 대하여 담보의 책임을 지지 아니한다.

④ 피배서인의 명칭이 '여의도상사'로 기재되고 이어진 배서의 배서인이 '주식회사 여의도상사 대표이사 홍길동'으로 기재된 경우 배서의 연속이 인정된다.

⑤ 피배서인이 '홍길동'으로 기재되고 이어진 배서의 배서인이 '주식회사 여의도상사 대표이사 홍길동'으로 기재된 경우 (형식적) 배서의 연속이 인정되지 않는다.

배서에 있어서는 배서일자의 기재가 배서의 요건이 아니므로 배서일자가 발행일자보다 앞서는 경우라도 그 배서는 효력이 있다(대판 1968.6.25., 68다243).

정답_①(확정답 ①, ⑤)

**문 31_**A는 2013년 5월 1일에 발행일로부터 6월을 만기로 하는 약속어음을 B에게 발행하였고, B는 C에게 "지급을 담보하지 않는다"는 문구를 기재하여 배서·교부하였다. 2013년 8월 1일에 C는 D에게 특별한 문구의 기재 없이 배서·교부하였다. 이 경우에 관한 설명으로 옳은 것은? (모든 당사자에 있어서 어음시효는 문제 삼지 않음) (2014년 공인회계사)

① A는 D에 대하여 어음금 지급을 거절할 수 있다.

② C의 배서는 지명채권양도의 효력밖에 없다.

③ D는 B에게 다시 배서할 수 있다.

④ B는 C에 대하여 지급담보책임을 부담한다.

⑤ D가 2013년 9월 1일에 다시 E에게 피배서인을 지명하지 아니하고 배서·교부하였다면 D는 지급담보책임을 부담하지 않는다.

① A는 주채무자이므로 D에 대하여 어음금 지급을 거절할 수 없다.

② B는 무담보배서를 한 것이므로 C도 배서을 할 수 있고, 이는 일반 배서의 효력이 있다.

④ B는 C에 대하여 지급담보책임을 부담하지 않는다(어음법 제15조 제1항).

⑤ D가 2013년 9월 1일에 다시 E에게 피배서인을 지명하지 아니하고 배서·교부하였다면 D는 지급담보책임을 부담한다.

정답_③

**문 32_** 발행인 X로부터 약속어음을 교부받은 A는 이를 B에게, B는 C에게, C는 D에게 순차적으로 배서양도하였다. 이 때 C는 자신의 채권자인 D에게 질권을 설정하기 위하여 이 어음을 교부하였으나 그러한 뜻이 어음면에 나타나 있지 않은 경우, 그 법적 효력에 관한 설명으로 옳은 것은? (2007년 공인회계사)

① D는 질권자이므로 C에 대하여만 어음금지급청구권을 행사할 수 있다.

② D는 어음상의 권리자로서 동 어음을 타인에게 배서양도할 수 있다.

③ X는 C가 D에 대하여 가지는 실질관계에 기한 항변사유로써 D의 어음금지급청구를 거절할 수 있다.

④ C는 D와의 원인계약이 해제되었다 하더라도 이를 이유로 D의 어음금지급청구에 대항할 수 없다.

⑤ D로부터 어음을 배서양도 받은 자는 D에게는 상환청구권을 행사할 수 있지만, C에게는 이를 행사할 수 없다.

위 설문은 숨은 입질배서에 관한 내용으로서, 숨은 입질배서의 성질은 신탁배서로 본다. 그렇다면 숨은 입질배서는 양도배서로서의 효력이 나타나게 된다. 이를 기준으로 지문을 살펴보면 다음과 같다.
① D는 양도배서를 받은 자이므로, 자기의 전자들에 대해 어음상의 권리를 행사할 수 있다.
② D는 양도배서를 받은 자이므로 다시 타인에게 배서양도할 수 있다.
③ X의 인적항변사유로 D에게 대항하지 못한다.
④ C는 D와의 원인계약이 해제되었다면, 이로써 D에게 항변을 주장할 수 있다.
⑤ D로부터 어음을 배서양도받은 자는 자기의 전자들에 대해 어음상의 권리를 행사할 수 있다.
정답_②

**문 33_** A가 B에게 약속어음을 발행하고, B는 그 어음에 '추심하기 위하여'라는 문구를 기재하여 C에게 배서·교부한 경우의 법률관계에 관한 설명으로 틀린 것은? (2012년 공인회계사)

① B의 어음채권이 C에게 이전되는 것은 아니며 C는 B의 어음채권을 대리 행사할 수 있는 권한을 취득할 뿐이다.

② B가 C로부터 어음을 회수하여 C에 대한 배서를 그대로 둔 채 다시 D에게 배서양도하였다면 배서의 연속이 단절된다.

③ C가 A에게 어음채권을 행사한 경우 A와 B 사이에 존재하던 원인관계가 소멸하였다면 A는 이러한 사유로 C에게 대항할 수 있다.

④ C가 A에게 어음채권을 행사한 경우 A는 C에 대한 인적 항변사유를 주장하여 어음금 지급을 거절할 수 없다.

⑤ C는 지급제시기간 내에 A에게 어음금 지급을 청구하여 지급을 받지 못한 경우 B에게 상환청구권을 행사하지 못한다.

B가 C로부터 어음을 회수하여 C에 대한 배서를 그대로 둔 채 다시 D에게 배서양도하였다면 배서의 연속이 단절되지 않는다. 추심위임배서는 어음상의 권리행사에 대한 대리권을 부여하는 것이지, 어음상의 권리가 이전되는 것은 아니다. 따라서 공연한 추심위임배서이므로 B가 D에게 어음상의 권리를 이전하는 배서를 하는 경우 이는 배서의 연속이 당연히 인정된다.
정답_②

**문 34**_A는 B로부터 전자부품을 외상으로 공급받고 그 매매대금 채무의 이행을 위해 약속어음을 B에게 발행하였으나 그 후 매매계약이 해제되었다. 이후 B는 "추심을 위하여"라고 기재하여 위 어음을 다시 C에게 배서하여 교부하였고 C는 어음의 취득 당시 매매계약의 해제 사실을 알지 못하였다. A, B, C의 법적 지위에 관한 설명으로 틀린 것은? (2019년 공인회계사)

① B가 행한 배서에는 권리이전적 효력이 없다.
② C가 A에게 어음상 권리를 행사한 경우 A는 매매계약의 해제를 항변으로 주장할 수 없다.
③ C는 다시 "추심을 위하여"라고 기재하여 타인에게 어음을 배서하여 교부할 수 있다.
④ C가 A에게 어음상 권리를 행사하는 경우 C는 B의 대리인으로 추정된다.
⑤ B가 C로부터 어음을 회수하였다면 B는 C에게 행한 배서를 말소하지 않아도 A에게 어음상 권리를 행사할 수 있다.

**문 35**_어음소지인 A는 X가 발행한 어음의 어음금을 추심하기 위한 취지에서 B에게 양도배서를 하였지만, 이러한 사유를 기재하지 않은 것을 이용하여 B가 어음채무자에게 추심하지 않고 C에게 배서하여 양도하였다. 이 경우 옳은 것을 모두 포함하고 있는 것은? (통설 및 판례에 의함) (2006년 공인회계사)

> ㄱ. A와 B의 행위는 통정허위표시이므로 무효이다.
> ㄴ. B가 C에게 양도하지 않은 상태에서 X에 대한 어음금지급청구는 유효하다.
> ㄷ. B가 C에게 양도하기 전 A는 B에게 담보책임을 진다.
> ㄹ. A는 어음소지인 C에게 원칙적으로 대항할 수 없다.
> ㅁ. A가 무권리자라 하더라도 B는 선의취득을 주장할 수 없다.

① ㄱ, ㄷ, ㄹ   ② ㄴ, ㄷ, ㅁ   ③ ㄱ, ㄹ, ㅁ
④ ㄴ, ㄷ, ㄹ   ⑤ ㄴ, ㄹ, ㅁ

**문 36**_어음의 기한후배서에 관한 설명으로 옳은 것은? (이견이 있으면 판례에 의함) (2017년 공인회계사)

① 만기 이후 지급거절이 되지 않고 지급거절증서의 작성기간도 경과하기 전에 한 배서는 기한후배서이다.

---

위 설문은 어음법 제18조의 추심위임배서에 관한 내용이다. 이에 따르면 ②의 C가 A에게 어음상 권리를 행사한 경우 A는 매매계약의 해제를 항변으로 주장할 수 있다(어음법 제18조 제2항).

정답_②

설문은 숨은 추심위임배서의 효력에 관한 문제이다.
ㄱ. 숨은 추심위임배서는 신탁배서로써의 효력을 갖는다는 것이 판례와 통설의 입장이다. 숨은 추심위임은 통정허위표시가 아니라, 유효한 배서로 보는 것이 통설과 판례의 입장이다(대판1990.4. 13., 89다카1084).
ㄴ. B는 A로부터 숨은 추심위임배서를 받은 자이므로 X에 대해 어음상의 권리를 행사할 자격을 갖는다(자격수여적 효력인정). 따라서 X에 대해 어음금지급청구를 할 수 있다.
ㄷ. A는 B에게 추심위임을 한 것이므로, 인적항변을 주장하여 B에게 담보책임을 지지 않는다(담보적 효력 없음).
ㄹ. B가 C에게 양도배서한 경우에는 인적항변의 절단이 인정되므로, A는 C에게 대항할 수 없다는 것이 통설의 입장이다.
ㅁ. 신탁배서설의 입장에서는 A가 무권리자라 하더라도 B는 선의취득을 주장할 수 없고, C는 당연히 어음상의 권리를 취득한다.

정답_⑤

① 만기 이후 지급거절이 되지 않고 지급거절증서의 작성기간도 경과하기 전에 한 배서는 만기후배서로써 만기전의 배서와 같은 효력이 있다(어음법 제20조 제1항).

② 기한후배서는 지명채권양도의 효력이 있으므로 어음채무자에 대한 통지 · 승낙 등 대항요건을 갖추어야 한다.

③ 기한후배서 여부를 결정하는 자료가 되는 것은 실제 배서한 일자가 아니라 배서란에 기재된 일자이다.

④ 날짜를 적지 아니한 기한후배서는 지급거절증서의 작성기간이 지나기 전에 한 것으로 본다.

⑤ 지급거절증서의 작성기간 경과 전에 백지식배서에 의해 어음을 취득한 자가 지급거절증서의 작성기간 경과 후에 백지를 보충하더라도 기한후배서가 되는 것은 아니다.

**문 37_** 2017년 12월 20일 A가 B에게 발행한 약속어음이 B→C→D의 순으로 양도되었다. 어음의 만기가 2018년 2월 30일로 기재되어 있는 경우 다음의 설명 중 틀린 것은?(2018년 2월 말일은 28일이며 3월 1일만 공휴일임) (2018년 공인회계사)

① 판례에 의하면 만기가 세력에 없는 날인 2018년 2월 30일로 기재되어 있어도 어음의 만기로서 유효하다.

② D가 A에게 지급을 받기 위한 제시를 하여야 하는데 이 경우 지급을 할 날은 2018년 2월 28일(수)이 된다.

③ D가 지급제시함이 없이 2018년 3월 2일(금)에 E에게 어음을 배서양도한 경우 이는 만기후배서이며 만기 전의 배서와 같은 효력이 있다.

④ D가 2018년 3월 2일(금)에 어음교환소에서 어음의 지급제시를 한 경우 이는 지급을 받기 위한 제시로서의 효력이 있다.

⑤ A가 D에게 2018년 2월 12일(월)에 어음금을 지급하고자 하는 경우 D는 어음금을 지급받을 의무가 있고 D가 이를 거절하면 수령지체가 된다.

**문 38_** 환어음의 인수에 관한 설명으로 옳은 것은?
(2018년 공인회계사)

① 어음의 단순한 점유자는 인수제시를 할 수 없다.

② 배서인이 인수를 위한 어음의 제시를 금지한다는 내용을 어음에 적으면 그 효력이 있다.

③ 어음의 지급인이 만기를 변경하여 인수하면 인수를 거절한 것으로 보지만 인수인은 그 인수 문구에 따라 책임을 진다.

④ 어음의 소지인은 인수를 위하여 제시한 어음을 지급인에게 반드시 교부하여야 한다.

---

② 기한후배서는 지명채권양도의 효력이 있으나, 배서에 의하여 어음상 권리가 이전하므로 어음채무자에 대한 통지 · 승낙 등 대항요건을 갖추어야 하는 것은 아니다(대판 1997.11.14, 97다38145).

③ 기한후배서 여부를 결정하는 자료가 되는 것은 실제 배서한 일자이다(대판 1964.5.26, 63다967).

④ 날짜를 적지 아니한 기한후배서는 지급거절증서의 작성기간이 지나기 전에 한 것으로 추정한다(어음법 제20조 제2항).

**정답_⑤**

A가 D에게 2018년 2월 12일(월)에 어음금을 지급하고자 하는 경우, 즉 만기 전에는 D는 어음금을 지급받을 의무가 없으므로(어음법 제40조 제1항), D가 이를 거절하더라도 수령지체가 되지 않는다.

① ② 참고판례 : 대법원 1981. 7. 28. 선고 80다1295 판결(발행일의 기재가 1978.2.30인 약속어음은 같은 해 2.말일을 발행일로 하는 약속어음으로서 유효하다).

③ 어음법 제20조 제1항 ④ 어음법 제38조 제2항

**정답_⑤**

① 어음의 단순한 점유자도 인수제시를 할 수 있다(어음법 제21조).

② 배서인이 기간을 정하거나 정하지 아니하고 인수를 위하여 어음을 제시하여야 한다는 내용을 적을 수 있다(어음법 제22조 제1항). 그러나 인수를 위한 어음의 제시를 금지한다는 내용은 발행인이 적을 수 있고, 배서인은 인수제시금지문구를 어음에 적더라도 그 효력이 없다.

③ 어음의 지급인이 만기를 변경하여 인수하면 인수를 거절한 것으로 보지만 인수인은 그 인수 문구에 따라 책임을 진다(어음법 제26조 제2항).

⑤ 어음에 지급담당자가 기재되어 있는 경우 인수제시는 지급인에게 할 수 없고 지급담당자에게 하여야 한다.

④ 어음의 소지인은 인수를 위하여 제시한 어음을 지급인에게 교부할 필요가 없다(어음법 제24조 제2항).
⑤ 어음의 인수제시는 지급인에게 하여야 하므로(어음법 제21조), 어음에 지급담당자가 기재되어 있는 경우라도 인수제시는 지급인에게 하여야 한다.
정답_③

## 문 39_환어음의 인수제시에 관한 설명으로 틀린 것은?

(2019년 공인회계사)

① 발행인은 환어음에 기간을 정하거나 정하지 아니하고 인수를 위하여 어음을 제시해야 한다는 내용을 적을 수 있다.
② 환어음이 제3자방에서 지급하여야 하는 것인 경우 발행인은 인수를 위한 어음의 제시를 금지한다는 내용을 어음에 적을 수 없다.
③ 발행인이 인수를 위한 어음의 제시를 금지한 환어음을 소지한 자는 그 어음을 배서하여 교부할 때 인수를 위하여 어음을 제시해야 한다는 내용을 적을 수 있다.
④ 일람 후 정기출급 환어음의 발행인은 어음을 발행한 날로부터 6개월 내에 인수를 위한 어음의 제시를 해야 한다는 내용을 기재할 수 있다.
⑤ 지급인은 환어음의 소지인에게 첫 번째 인수제시일의 다음 날에 두 번째 인수제시를 할 것을 청구할 수 있다.

① 발행인은 환어음에 기간을 정하거나 정하지 아니하고 인수를 위하여 어음을 제시해야 한다는 내용을 적을 수 있다(어음법 제22조 제1항).
② 환어음이 제3자방에서 지급하여야 하는 것인 경우 발행인은 인수를 위한 어음의 제시를 금지한다는 내용을 어음에 적을 수 없다(어음법 제22조 제2항 단서).
③ 발행인이 인수를 위한 어음의 제시를 금지한 환어음을 소지한 자는 그 어음을 배서하여 교부할 때 인수를 위하여 어음을 제시해야 한다는 내용을 적을 수 없다(어음법 제22조 제4항).
④ 일람 후 정기출급 환어음의 발행인은 어음을 발행한 날로부터 6개월 내에 인수를 위한 어음의 제시를 해야 한다는 내용을 기재할 수 있다(어음법 제23조 제2항).
⑤ 지급인은 환어음의 소지인에게 첫 번째 인수제시일의 다음 날에 두 번째 인수제시를 할 것을 청구할 수 있다(어음법 제24조 제1항).
정답_③

## 문 40_환어음의 인수에 관한 설명으로 틀린 것은?

(2021년 공인회계사)

① 어음을 인수한 지급인은 다시 어음에 배서할 수 있다.
② 인수의 말소는 어음의 반환 전에 한 것으로 추정한다.
③ 발행인이 인수를 담보하지 아니한다는 뜻의 모든 문구는 적지 아니한 것으로 본다.
④ 어음의 앞면에 지급인의 단순한 기명날인 또는 서명이 있으면 인수로 본다.
⑤ 발행인은 일정한 기일(期日) 전에는 인수를 위한 어음의 제시를 금지한다는 내용을 적을 수 있다.

① 어음을 인수한 지급인은 다시 어음에 배서할 수 있다(어음법 제11조 제3항).
② 인수의 말소는 어음의 반환 전에 한 것으로 추정한다(어음법 제29조 제2항).
③ 발행인이 지급을 담보하지 아니한다는 뜻의 모든 문구는 적지 아니한 것으로 본다(어음법 제9조 제2항).
④ 어음의 앞면에 지급인의 단순한 기명날인 또는 서명이 있으면 인수로 본다(어음법 제31조 제3항).
⑤ 발행인은 일정한 기일(期日) 전에는 인수를 위한 어음의 제시를 금지한다는 내용을 적을 수 있다(어음법 제22조 제2항).
정답_③

## 어음법·수표법

**문 1_환어음의 인수에 관한 설명으로 옳은 것은?** (2011년 공인회계사)

① 지급인이 '김갑동'으로 기재된 어음을 실제로 타인인 '이을동'이 인수하면 이 인수는 유효하다.

② 어음에 인수의 기재를 한 지급인이 그 어음의 반환 전에 인수의 기재를 말소한 경우 인수를 거절한 것으로 본다.

③ 인수의 기재의 말소는 어음의 반환 전에 한 것으로 간주된다.

④ 지급인이 어음의 반환 전에 인수의 기재를 말소하였더라도 어음소지인이나 다른 어음채무자에게 서면으로 인수를 통지한 경우 그 통지 상대방 이외의 자에게도 인수의 문구에 따라 책임을 진다.

⑤ 판례에 의하면 지급인은 어음에 인수의 문구를 기재하지 않았더라도 어음 외의 서면으로 인수의 뜻을 통지한 경우에는 인수인으로서의 책임을 진다.

① 지급인이 '김갑동'으로 기재된 어음을 실제로 타인인 '이을동'이 인수하면 이는 인수의 효력이 없다.
③ 인수의 기재의 말소는 어음의 반환 전에 한 것으로 추정한다(어음법 제29조 제1항).
④ 지급인이 어음의 반환 전에 인수의 기재를 말소하였더라도 어음소지인이나 다른 어음채무자에게 서면으로 인수를 통지한 경우 그 통지 상대방에 대하여 인수의 문구에 따라 책임을 진다(어음법 제29조 제2항).
⑤ 지급인이 환어음에 인수문언의 기재 및 기명날인 등을 하지 아니한 채 소지인 등에게 인수의 통지를 한 경우에는 그 지급인에 대하여 어음법 제29조 제2항에 따른 어음상의 책임을 물을 수 없다(대법원2008.9.11. 선고 2007다74683 판결).

정답_②

**문 2_어음의 보증에 관한 설명으로 틀린 것은?** (2017년 공인회계사)

① 어음금액의 일부만을 보증하는 일부보증이 가능하다.

② 판례에 의하면 어음보증은 조건부로 하더라도 그 조건은 유익적 기재사항으로서 유효하다.

③ 배서인은 이전의 다른 배서인을 피보증인으로 하여 어음보증을 할 수 없다.

④ 보증에는 누구를 위하여 한 것임을 표시하여야 하지만 그 표시가 없는 경우에는 발행인을 위하여 보증한 것으로 본다.

⑤ 지급인 또는 발행인의 기명날인이 아닌 한 환어음의 앞면에 단순한 기명날인이 있는 경우에는 보증을 한 것으로 본다.

배서인은 이전의 다른 배서인을 피보증인으로 하여 어음보증을 할 수 있다(어음법 제30조 제2항).

정답_③

**문 3_** 어음보증에 관한 설명 중 옳은 것은? (2006년 공인회계사)

① 보증은 담보된 채무가 그 방식에 하자가 있는 경우 외에는 어떠한 사유로 인하여 무효가 된 때에도 효력이 있다.

② 환어음의 지급은 보증에 의하여 금액의 일부에 대한 담보를 할 수 없다.

③ 환어음의 지급인을 피보증인으로 하더라도 유효하다.

④ 피보증인을 표시하지 않은 경우는 소지인을 위한 보증으로 본다.

⑤ 어음보증은 반드시 어음 표면에 '보증'이라는 문언을 표시하고 보증인이 기명날인 또는 서명하여야 효력이 있다.

① 어음법 제32조 제2항(어음행위독립성)

② 환어음의 지급은 보증에 의하여 금액의 일부에 대한 담보를 할 수 있다(어음법 제30조 제1항).

③ 환어음의 지급인은 어음채무자가 아니므로 피보증인이 될 수 없다.

④ 피보증인을 표시하지 않은 경우는 발행인을 위한 보증으로 본다(어음법 제31조 제4항).

⑤ 어음보증은 어음 표면에 '보증'이라는 문언을 표시하고 보증인이 기명날인 또는 서명하여야 효력이 있다. 그러나, 환어음의 표면에 단순한 기명날인 또는 서명이 있는 경우에도 이를 보증으로 본다(어음법 제31조 제2항, 제3항).

정답_①

**문 4_** A가 B에게 약속어음을 발행하였고, B는 이 약속어음을 C에게 배서양도 하였다. 이 경우에 관한 설명으로 옳은 것은?

(2014년 공인회계사)

① D가 어음보증을 하면서 누구를 위하여 보증을 하는지 표시하지 아니하였으면 D의 어음보증은 B를 위하여 한 것으로 본다.

② E가 어음등본에 어음보증행위를 했다면 어음보증의 효력이 없다.

③ B가 A를 위하여 어음보증행위를 할 수 있다.

④ F가 B를 위하여 어음금액의 일부를 어음보증했다면 어음보증의 효력이 없다.

⑤ G가 B를 위하여 어음보증을 하면 B의 어음상 채무가 방식의 흠으로 무효가 되어도 어음보증의 효력을 가진다.

① D가 어음보증을 하면서 누구를 위하여 보증을 하는지 표시하지 아니하였으면 D의 어음보증은 A를 위하여 한 것으로 본다(어음법 제31조 제4항).

② E가 어음등본에 어음보증행위를 했다면 어음보증의 효력이 있다(어음법 제67조 제3항).

④ F가 B를 위하여 어음금액의 일부를 어음보증했다면 어음보증의 효력이 있다(어음법 제30조 제1항).

⑤ G가 B를 위하여 어음보증을 하면 B의 어음상 채무가 방식의 흠으로 무효가 되면 어음보증은 효력이 없다(어음법 제32조 제2항).

정답_③

**문 5_** 甲은 乙로부터 구입한 상품의 대금지급조로 약속어음을 작성하여 Y로부터 어음보증을 받아 乙에게 교부하고 乙은 동 어음을 다시 丙에게 배서양도하였다. 다음 중 Y가 乙 또는 丙에 대하여 어음에 관한 보증 책임을 부담하는 경우로 옳은 것은? (다툼이 있을 경우 판례에 의함) (2009년 공인회계사)

① 丙이 어음을 양수한 후에 甲과 乙간의 매매계약이 해제되었고 丙이 이 사정을 알면서 Y에게 어음보증채무의 이행을 청구한 경우

② 위 어음에 기재된 만기의 날로부터 3년이 경과한 후 丙이 Y에게 어음보증채무의 이행을 청구한 경우

③ 甲과 乙간의 매매계약이 유효한 상황에서 Y가 어음 뒷면에 단순히 기명날인한 경우

①의 경우에는 인정항변의 절단이 되고, 갑을 간의 매매계약이 실질적으로 무효가 되더라도 Y의 어음보증은 유효하므로, Y의 보증책임은 인정된다.

그러나 ②의 경우에는 소멸시효로 인하여 주채무가 소멸하였으므로, 보증인의 채무도 소멸하여 보증책임을 지지 않는다. ③의 경우 Y가 어음 뒷면에 단순히 기명날인을 한 경우는 배서가 되므로, 보증책임이 인정되는 것은 아니다. ④의 경우에는 보증시 조건을 붙인 경우 그 조건은 유익적 기재사항에 해당하므로, 보증인의 보증책임이 인정되지 않는다.

⑤의 경우 피보증인의 어음행위는 방식에 하자가 되므로, 어음보증은 효력이 없고 따라서 Y는 보증책임을 부담하지 않는다.

정답_①

④ Y가 어음금액의 지급을 지급기일까지 보증한다는 문구를 기재하였는데 지급기일 경과 후 丙이 Y에 대해 어음보증채무의 이행을 청구한 경우

⑤ 피보증인 甲이 약속어음의 발행인 란에 기명 없이 날인만 한 경우

**문6_** 甲이 발행한 약속어음에 A가 어음보증을 하였으며, 그 이후 甲은 이 어음을 乙에게, 乙은 丙에게 각 배서양도하였다. 이 경우 후자의 항변을 원용하는 경우에 해당하는 것은? (2011년 공인회계사)

> ㄱ. 乙이 어음과 상환하지 않고서 丙에게 어음금을 지급하였는데 丙이 다시 甲에게 청구하는 때 甲이 乙의 항변사유를 주장하는 경우
> ㄴ. 丙이 甲에게 어음금을 지급받은 후 다시 A에게 청구하는 때 A가 甲의 항변사유를 주장하는 경우
> ㄷ. 丙이 甲으로부터 어음금을 지급받고도 다시 乙에게 상환청구하는 때 乙이 甲의 항변사유를 주장하는 경우
> ㄹ. 甲, 乙간의 원인관계가 취소된 후 丙이 이 사실을 알고 어음을 취득한 때 A가 丙의 청구에 대하여 甲의 항변사유를 주장하는 경우
> ㅁ. 乙, 丙간의 원인관계가 부존재한 때 甲이 丙의 청구에 대하여 乙의 항변사유를 주장하는 경우

① ㄱ, ㄴ     ② ㄱ, ㅁ     ③ ㄴ, ㄷ
④ ㄷ, ㄹ     ⑤ ㄹ, ㅁ

**문7_** 인수와 지급에 관한 설명 중 옳은 것은? (2005년 공인회계사)

① 지급제시기간 내에 환어음의 지급을 위한 제시가 없는 때에는 각 어음채무자는 소지인의 비용과 위험부담으로 어음금액을 관할관서에 공탁할 수 있다.

② 일람후정기출급의 환어음은 그 일자로부터 1년 내에 인수를 위하여 이를 제시하여야 하고, 배서인은 1년의 기간을 단축 또는 연장할 수 있다.

③ 일람후정기출급의 환어음인 경우에 발행인은 인수를 위하여 어음의 제시를 금지하는 뜻을 어음에 기재할 수 있다.

④ 인수에서는 지급과는 달리 유예기간(猶豫期間)이 인정되지 않는다.

⑤ 일람출급의 환어음의 소지인은 지급을 할 날 또는 이에 이은 2거래일 내에 지급을 위한 제시를 하여야 한다.

후자의 항변이란 어음채무자의 후자가 갖는 항변을 그 어음채무자가 이를 원용하는 것을 말한다. ㄴ. ㄷ. ㄹ.은 전자의 항변의 사유에 해당한다.

정답_②

① 어음법 제42조.
② 일람후정기출급의 환어음은 그 일자로부터 1년 내에 인수를 위하여 이를 제시하여야 하고, 배서인은 1년의 기간을 단축할 수 있다(어음법 제23조 제1항, 제3항). 따라서 배서인의 기간연장은 인정되지 않는다.
③ 일람후정기출급의 환어음인 경우에 발행인은 기간을 정하여 인수제시금지를 할 수 있으나, 기간을 정하지 않고 인수를 위하여 어음의 제시를 금지하는 뜻을 어음에 기재할 수는 없다(어음법 제22조 제2항 참조).
④ 인수에서는 지급과는 달리 유예기간이 인정된다(어음법 제24조).
⑤ 일람출급의 환어음의 소지인은 원칙적으로 발행일로부터 1년내에 지급을 위한 제시를 하여야 한다(어음법 제34조 제1항).

정답_①

**문 8** 2008년 1월 7일(월요일)이 만기로 기재된 환어음상 권리의 행사에 관한 설명 중 옳은 것은? (2008년 공인회계사)

① 환어음의 단순한 점유자는 인수제시와 마찬가지로 지급제시도 할 수 있다.

② 환어음의 소지인이 2008년 1월 9일까지 유효한 지급제시를 하지 않았다면 상환의무자에 대한 어음상 권리뿐 아니라 인수인에 대한 어음상 권리도 행사할 수 없다.

③ 소지인에게 보충시킬 목적으로 수취인란을 비워두고 발행된 환어음의 소지인이 2008년 1월 9일까지 수취인란을 보충하지 않은 채 수 차례 지급제시를 했을 뿐이라면 상환청구권을 상실한다.

④ 지급장소가 별도로 어음에 기재되어 있는 경우 환어음 소지인이 2008년 1월 9일에 그 지급장소 이외의 장소에서 행한 지급제시는 유효하다.

⑤ 지급장소가 지급지 외의 장소로 기재된 경우에도 2008년 1월 9일에 유효하게 지급제시를 하기 위해서는 당해 지급장소에서 지급제시를 하여야 한다.

**문 9** 환어음의 지급에 관한 설명으로 옳은 것은? (2014년 공인회계사)

① 확정일 출급의 어음의 소지인은 만기일 또는 그 날 이후 2거래일내에 지급제시를 하여야 하므로 만기일이 법정휴일인 경우에는 실질적으로 지급제시행사가 가능한 기간이 축소될 수 있다.

② 어음소지인의 적법한 지급제시에 대하여 어음채무자가 어음소지인의 의사를 묻지않고 일정기간 어음소지인의 권리행사를 정지시켜달라고 요청하는 것은 재판상으로 허용될 수 있다.

③ 어음채무자는 적법한 기간내에 어음의 지급을 받기 위한 제시가 없으면 어음소지인의 비용으로 어음금액을 관할 관서에 공탁할 수 있으나 이로 인한 위험부담은 감수하여야 한다.

④ 발행인이 특정한 종류의 통화로 지급한다는 뜻(외국통화 현실지급 문구)을 어음에 기재한 경우에도 그 특정통화가 지급지 통화와 다른 경우에는 지급인이 만기일의 가격에 따라 지급지의 통화로 지급할 수 있다.

⑤ 만기에 지급하는 지급인은 배서의 연속이 제대로 되어있는지를 조사하고 사기 또는 중대한 과실 없이 지급하면 배서인의 기명날인 또는 서명의 진위 여부를 조사하지 아니하여도 면책된다.

---

① 환어음의 단순한 점유자는 인수제시와 달리 지급제시는 할 수 없다.

② 환어음의 소지인이 2008년 1월 9일까지 유효한 지급제시를 하지 않았다면 상환의무자에 대한 어음상 권리는 행사할 수 없으나, 주채무자인 인수인에 대한 어음상 권리는 만기로부터 3년 내에는 행사할 수 있다.

③ 소지인에게 보충시킬 목적으로 수취인란을 비워두고 발행된 환어음의 소지인이 2008년 1월 9일까지 수취인란을 보충하지 않은 채 수 차례 지급제시를 했을 뿐이라면, 이는 백지어음에 의한 지급제시에 해당하므로 지급제시로서의 효력이 없고, 따라서 상환청구권을 보전하는 효력도 없기 때문에 상환청구권을 상실한다.

④ 지급장소가 별도로 어음에 기재되어 있는 경우 환어음 소지인이 2008년 1월 9일에 그 지급장소 이외의 장소에서 행한 지급제시는 효력이 없다.

⑤ 지급장소가 지급지 외의 장소로 기재된 경우에는 지급장소의 기재가 없는 지급지의 효력이 인정되므로 2008년 1월 9일에 유효하게 지급제시를 하기 위해서는 지급지에서 지급제시를 하여야 한다.

정답_③

① 확정일 출급의 어음의 소지인은 만기일 또는 그 날 이후 2거래일내에 지급제시를 하여야 하므로 만기일이 법정휴일인 경우에는 그에 이은 제1거래일이 지급할 날이 되므로(어음법 제72조 제1항), 실질적으로 지급제시행사가 가능한 기간이 축소되지 않는다.

② 어음소지인의 적법한 지급제시에 대하여 어음채무자가 어음소지인의 의사를 묻지않고 일정기간 어음소지인의 권리행사를 정지시켜달라고 요청하는 것은 재판상으로 허용될 수 없다(어음법 제74조).

③ 어음채무자는 적법한 기간내에 어음의 지급을 받기 위한 제시가 없으면 어음소지인의 비용과 위험부담으로 어음금액을 관할 관서에 공탁할 수 있다(어음법 제42조).

④ 발행인이 특정한 종류의 통화로 지급한다는 뜻(외국통화 현실지급 문구)을 어음에 기재한 경우에는 그 외국통화로 지급하여야 한다(어음법 제41조 제3항).

정답_⑤

**문 10**_A는 B로부터 인수를 받은 후 만기 2019년 2월 19일인 환어음을 발행하였다. 인수인 B의 지급행위의 효력에 관한 설명으로 <u>틀린</u> 것은? (2019년 2월 18일부터 2019년 2월 22일까지는 공휴일이 존재하지 아니함) (2019년 공인회계사)

① B가 2019년 2월 18일 적법한 어음상 권리자가 아니지만 외형상 배서가 연속된 어음을 제시한 자에게 어음금을 지급하면 어음금 지급책임을 면하지 못한다.

② B가 2019년 2월 21일 적법한 어음상 권리자가 아니지만 외형상 배서가 연속된 어음을 제시한 자에게 선의 · 무과실로 어음금을 지급하면 어음금 지급책임을 면하지 못한다.

③ B가 2019년 2월 22일 적법한 어음상 권리자가 아니지만 외형상 배서가 연속된 어음을 제시한 자에게 선의 · 무과실로 어음금을 지급하면 어음금 지급책임을 면한다.

④ B는 2019년 2월 21일까지 지급을 받기 위한 제시가 없으면 어음금액을 관할 관서에 공탁함으로써 어음금 지급책임을 면한다.

⑤ B가 2019년 2월 18일 적법한 어음상 권리자에게 어음금을 지급하려 하는 경우 어음상 권리자는 이를 수령할 의무가 없다.

위의 설문은 어음법 제38조의 확정일출급어음의 지급제시기간(지급을 할 날 또는 그날 이후의 2거래일)과 제39조 및 제40조의 지급에 관한 규정에 따라 해결된다. 이에 따르면 ②의 B가 2019년 2월 21일 적법한 어음상 권리자가 아니지만 외형상 배서가 연속된 어음을 제시한 자에게 선의무과실로 어음금을 지급하면 어음금 지급책임을 면한다(어음법 제40조 제3항).

정답_②

**문 11**_A가 B에게 약속어음을 발행하고, B는 C에게 그 어음을 배서 · 교부하면서 피배서인을 기재하지 않았다. C가 D에게 다음과 같은 방식으로 어음을 양도하는 때 어음상 상환의무를 부담하게 되는 경우는? (2012년 공인회계사)

① B가 행한 배서의 피배서인란을 빈 칸으로 둔 채 C가 피배서인란을 빈 칸으로 하는 배서를 하여 D에게 어음을 교부한 경우

② B가 행한 배서의 피배서인란의 빈 칸에 C가 D의 이름을 기재하여 어음을 교부한 경우

③ B가 행한 배서의 피배서인란을 빈 칸으로 둔 채 C가 D에게 배서 없이 어음을 교부한 경우

④ B가 행한 배서의 피배서인란의 빈 칸에 C가 자신의 이름을 기재하여 지명채권 양도방식에 따라 어음을 D에게 양도한 경우

⑤ B가 행한 배서의 피배서인란을 빈 칸으로 둔 채 C가 D에게 어음을 배서 · 교부하면서 '무담보'라는 문구를 기재한 경우

B가 행한 배서의 피배서인란을 빈 칸으로 둔 채 C가 피배서인란을 빈 칸으로 하는 배서를 하여 D에게 어음을 교부한 경우에는 담보책임이 인정되지만, ②③은 C의 명의가 어음에 배서인으로 기재되어 있지 않고 ④는 지명채권 양도방법에 의하고 ⑤는 무담보배서를 하였으므로 담보책임(상환의무의 부담)이 인정될 수 없다.

정답_①

**문 12_**환어음의 상환청구에 관한 설명이다. 옳은 것은?

(2002년 공인회계사)

① 상환청구권자는 1차적으로는 최후의 정당한 어음소지인이고, 2차적으로는 상환의무를 이행하고 어음을 환수하여 새로이 어음소지인이 된 자이다.

② 상환의무자는 어음소지인에 대하여 주채무자와 연대하여 어음채무를 부담한다.

③ 인수를 하였거나 하지 아니한 지급인의 파산은 환어음의 만기전의 실질적 상환청구요건이 아니다.

④ 일람출급어음의 경우 지급거절증서의 작성기간은 지급을 할 날에 이은 2거래일 내이다.

⑤ 어음소지인은 지급거절증서 작성일에 이은 2거래일내에 자기의 배서인과 발행인에 대하여 지급거절이 있었음을 통지하여야 한다.

② 상환의무자는 어음소지인에 대해 주채무자와 합동책임을 진다.
③ 인수를 하였거나 하지 아니한 지급인의 파산은 만기전 상환청구의 원인이 된다(어음법 제43조 2호).
④ 일람출급의 경우 거절증서작성기간은 발행일로부터 1년 이내이다(제44조 제1항).
⑤ 어음소지인은 지급거절증서작성일에 이은 4거래일내에 자기의 배서인과 발행인에게 상환청구통지를 하여야 한다(제45조 제1항).

정답_①

**문 13_**甲은 乙을 수취인으로 하는 약속어음을 발행하고 교부하였는데 이 어음은 乙에게서 A → B → C의 순서로 각각 배서 양도되었다. 어음채무자의 책임형태에 관한 다음 설명 중 틀린 것은?

(2015년 공인회계사)

① C가 친한 친구인 A에 대하여 상환청구권을 면제하더라도 그것이 甲의 어음상의 채무를 소멸시키는 것은 아니다.

② C가 A를 상대로 상환청구를 해서 A가 이를 이행한 경우에도 B는 A에 대하여 여전히 어음상의 채무를 부담한다.

③ C가 A를 상대로 상환청구를 해서 A가 이를 이행한 경우에도 乙은 A에 대하여 여전히 어음상의 채무를 부담한다.

④ C가 발행인 甲에 대한 청구에 집중하여 만기일로부터 3년의 시간이 흐른 경우 乙에 대한 어음상의 청구권은 행사할 수 없다.

⑤ C에 대한 甲의 어음채무발생원인과 A의 어음채무발생원인은 각각 다르다.

C가 A를 상대로 상환청구를 해서 A가 이를 이행한 경우에, A는 전자에 대하여 상환청구를 할 수 있을 뿐이고, 후자에 대하여는 반대채권의 대항을 받으므로 B는 A에 대하여 어음상의 채무를 부담하지 않는다.

정답_②

**문 14_** 갑이 2008년 1월 3일을 만기로 기재한 약속어음을 을에게 발행하였고, 을은 동년 1월 3일에 갑에게 이를 지급제시 하였으나 지급이 거절되자 지급거절증서를 작성한 후 동년 1월 10일에 병에게 배서 · 교부하였다. 이 경우 어음상의 권리관계에 관한 설명 중 옳은 것은? (통설 및 판례에 의함)  (2008년 공인회계사)

① 갑이 을에게 약속어음을 발행한 원인관계가 소멸하였다면 갑은 병에게 어음채무의 이행을 거절할 수 있다.

② 만약 을의 무권대리인이 을 명의의 배서를 하였다면 이러한 사정을 알지 못한 데 중대한 과실이 없는 병은 약속어음을 선의취득할 수 있다.

③ 병은 을에게 상환의무의 이행을 청구할 권리를 갖는다.

④ 을이 갑에게 어음채권의 양도를 통지하거나 갑이 이를 승낙하지 않았다면 병은 어음채권을 취득할 수 없다.

⑤ 병은 자신이 실질적으로 어음상 권리를 취득한 과정을 입증해야 갑에게 어음채권을 행사할 수 있다.

**문 15_** 배서가 연속된 환어음을 지급제시한 자에게 행한 지급의 효력에 관한 설명으로 틀린 것은?  (2010년 공인회계사)

① 만기일 이전에 환어음을 지급제시한 자가 무권리자임을 과실없이 알지 못한 인수인이 어음금을 지급한 경우 그 어음채무를 면하지 못하는 것이 원칙이다.

② 지급제시기간 경과 후에 환어음을 지급제시한 자가 무권리자임을 과실없이 알지 못한 인수인이 어음금을 지급한 경우 그 어음채무를 면한다.

③ 만기일의 다음 날 환어음을 지급제시한 자가 무권리자임을 과실없이 알지 못한 인수인이 어음금을 지급한 경우 그 어음채무를 면한다.

④ 인수인이 환어음의 무권리자에게 행한 지급의 효력이 인정되는 경우 진정한 어음권리자는 상환청구절차를 통해 보호받을 수 있다.

⑤ 상환의무자는 환어음을 제시한 자가 무권리자임을 과실없이 알지 못한 채 지급하면 그 어음채무를 면한다.

**해 설 및 정 답**

사례는 기한후배서의 효력에 관한 내용이다. 기한후배서의 경우 권리이전적 효력이 있으나, 이는 지명채권양도의 효력에 따른다. 한편, 기한후배서의 경우 자격수여적효력이 인정된다. 그러나 담보적 효력이 없고, 선의취득도 인정되지 않는다. 그리고 기한후배서의 경우에는 인적항변의 절단이 인정되지 않는다. 따라서 갑이 을에게 약속어음을 발행한 원인관계가 소멸하였다면 갑은 병에게 어음채무의 이행을 거절할 수 있다.

정답_①

질문내용에 따라 배서가 연속된 환어음의 소지인은 적법한 소지인으로 추정되므로, 배서 연속된 어음에 대해 인수인이 무권리자에게 지급한 경우라도 사기 또는 중대한 과실이 없으면 면책되어진다. 따라서 진정한 어음권리자는 어음의 소지가 없으므로 어음상 권리를 행사할 수 없고, 지급받은 무권리자에게 그 책임을 물을 수 있을 뿐이다.

정답_④

**문 16_**어음의 소지인이 상환청구권 보전절차를 이행한 것으로 전제할 경우 다음 중 그 후자의 전부 또는 일부에 대해 담보책임을 부담하는 경우는 모두 몇 개인가? (2008년 공인회계사)

---

ㄱ. A는 '무담보'라는 문구를 기재하여 배서·교부하였다.

ㄴ. B는 새로운 배서를 금지하는 뜻을 기재하여 배서·교부하였다.

ㄷ. C는 약속어음에 기재된 만기인 3월 15일에 지급제시하지 않고 당해 날짜에 어음을 배서·교부하였다.

ㄹ. 피배서인란을 빈 칸으로 둔 배서방식에 의하여 어음을 취득한 D는 자신으로부터 어음을 취득하는 자의 명의를 그 빈 칸에 기재한 후 어음을 교부하였다.

ㅁ. E는 '배서금지'라는 문구가 기재된 약속어음을 발행받은 후 이에 배서·교부하였다.

---

① 1개  ② 2개  ③ 3개
④ 4개  ⑤ 5개

ㄱ. A는 '무담보'라는 문구를 기재하여 배서·교부하였다면, A는 자기의 피배서인을 비롯한 모든 후자에 대하여 담보책임을 지지 않는다.
ㄴ. B는 새로운 배서를 금지하는 뜻을 기재하여 배서·교부하였다면, B는 자기의 피배서인을 제외한 모든 후자인 피배서인에 대해서는 담보책임을 지지 않는다. 따라서 자기의 피배서인에 대해서는 담보책임을 부담한다.
ㄷ. C는 약속어음에 기재된 만기인 3월 15일에 지급제시하지 않고 당해 날짜에 어음을 배서·교부하였다면, 이는 만기후의 배서로서 만기전의 배서와 동일한 효력이 있으므로, 담보책임이 있다.
ㄹ. 피배서인란을 빈 칸으로 둔 배서방식에 의하여 어음을 취득한 D는 자신으로부터 어음을 취득하는 자의 명의를 그 빈 칸에 기재한 후 어음을 교부하였다. 이는 백지식배서에 의하여 어음을 취득한 D가 자신의 명의를 어음상에 기재하지 않았으므로 담보적 책임이 없다.
ㅁ. E는 '배서금지'라는 문구가 기재된 약속어음을 발행받은 후 이에 배서·교부하였다. 이 약속어음은 배서금지어음에 해당하므로 지명채권양도의 방법으로 어음상의 권리가 이전되고, 따라서 담보적 효력이 인정되지 않는다.
정답_②

---

**문 17_**환어음의 상환청구에 관한 설명으로 틀린 것은? (2014년 공인회계사)

① 발행인이 인수제시를 금지한 경우에도 발행인이 파산한 경우에는 만기 전 상환청구를 할 수 있다.

② 적법한 지급제시기간 내에 완전한 어음을 지급제시하여야 만기의 상환청구를 할 수 있다.

③ 어음소지인이 상환청구사유가 발생하였음에도 자기의 배서인과 발행인에게 이를 어음법 제45조 제1항의 소정의 기간 내에 통지하지 않으면 상환청구권을 잃는다.

④ 상환청구권자는 어음에 반대문구가 없다면 그 전자 중 1명을 지급인으로 하여 그 자의 주소에서 지급할 일람출급의 새 어음을 발행하여 상환청구권을 행사할 수 있다.

⑤ 어음소지인의 자신의 전자에 대한 상환청구는 다른 상환의무자에 대한 청구권의 소멸시효 완성에 영향을 미치지 아니한다.

어음소지인이 상환청구사유가 발생하였음에도 자기의 배서인과 발행인에게 이를 어음법 제45조 제1항의 소정의 기간 내에 통지하지 않더라도 상환청구권을 잃는 것은 아니다(어음법 제45조 제6항).
정답_③

**문 18_**어음의 상환청구에 관한 설명 중 옳은 것은?

(2008년 공인회계사)

① 환어음의 지급인이 일부지급하는 경우 어음소지인은 이를 거절하지 못하므로 지급받은 금액을 공제한 잔액에 한하여 지급거절로 인한 상환청구권을 행사할 수 있다.

② 환어음의 만기가 도래하기 전에 지급인 또는 인수인의 지급정지, 강제집행의 부주효가 발생하여 만기전 상환청구절차를 개시하고자 한다면 원칙적으로 인수거절증서를 작성해야 한다.

③ 약속어음의 경우 환어음의 만기전 상환청구에 관한 규정을 준용하는 어음법 규정이 없으므로 만기전 상환청구가 인정될 수 없다.

④ 환어음의 발행인이 지급거절증서의 작성을 면제한 때에는 그 어음의 소지인은 어느 경우든지 지급제시 없이 상환청구할 수 있다.

⑤ 약속어음의 발행인 또는 환어음의 지급인이 미리 지급거절 의사를 표시한 경우에는 지급제시기간 내에 지급제시하지 않아도 된다.

---

**문 19_**甲은 2015년 1월 10일에 만기일을 2015년 2월 1일로 기재한 약속어음을 乙에게 발행하고(단 2월 1일은 일요일이고 그 날 이후 5일간은 영업거래일임), 乙은 거절증서작성을 면제하고 丙에게 배서 양도하였다. 이에 대한 설명으로 옳은 것은? (2015년 공인회계사)

① 소지인 丙이 지급제시하여야 할 지급제시기간은 2015년 2월 3일에 종료한다.

② 소지인 丙이 2015년 2월 2일에 지급제시하지 않은 채 이를 丁에게 양도하면 만기후배서가 되며 만기후배서에는 담보적 효력이 없다.

③ 소지인 丙이 지급제시하지 않은 채 2015년 2월 4일에 丁에게 배서 양도하면 기한후배서가 되는데 이 경우 인적항변은 절단된다.

④ 소지인 丙이 2015년 2월 2일에 지급제시 하였으나 어음금 지급의 연기를 위하여 甲과 丙이 합의하여 만기를 변경하였는데 그 변경된 만기는 乙에게 유효하다.

⑤ 소지인 丙이 날짜를 적지 아니하고 한 배서는 지급거절증서 작성기간이 지나기 전에 한 것으로 추정한다.

---

② 환어음의 만기가 도래하기 전에 지급인 또는 인수인의 지급정지, 강제집행의 부주효가 발생하여 만기전 상환청구절차를 개시하고자 한다면, 원칙적으로 지급제시를 하고 지급거절증서를 작성해야 상환청구권을 행사할 수 있다(어음법 제44조 제5항).

③ 약속어음의 경우에도 발행인의 파산 등이 있을 수 있으므로 만기전 상환청구가 인정된다는 것이 통설의 입장이다.

④ 환어음의 발행인이 지급거절증서의 작성을 면제한 때에는 그 어음의 소지인은 지급거절증서의 작성없이 상환청구할 수 있다는 뜻이지, 지급제시없이 상환청구할 수 있다는 뜻은 아니다. 따라서 지급제시 없이는 상환청구할 수 없다.

⑤ 약속어음의 발행인 또는 환어음의 지급인이 미리 지급거절의사를 표시한 경우에도 지급제시기간 내에 지급제시하지 않으면 상환청구권을 행사할 수 없다.

정답_①

---

① 소지인 丙이 지급제시하여야 할 지급제시기간은 지급할 날 2월2일, 그에 이은 2거래일에 해당하는 2015년 2월 4일에 종료한다(어음법 제38조 제1항).

② 소지인 丙이 2015년 2월 2일에 지급제시하지 않은 채 이를 丁에게 양도하면 만기후배서가 되며 만기후배서는 만기전배서와 동일한 효력이 있으므로 담보적 효력이 있다(어음법 제20조 제1항).

③ 소지인 丙이 지급제시하지 않은 채 2015년 2월 4일에 丁에게 배서 양도하면 거절증서 작성기간이 경과하지 않았으므로 기한후배서가 아니다.

④ 소지인 丙이 2015년 2월 2일에 지급제시하였으나 어음금 지급의 연기를 위하여 甲과 丙이 합의하여 만기를 변경하였는데 그 변경된 만기는 乙에게는 변조에 해당한다.

⑤ 어음법 제20조 제2항

정답_⑤

**문 20**_환어음의 상환청구에 관한 설명으로 <u>틀린</u> 것은?

(2016년 공인회계사)

① 만기에 지급이 되지 아니한 경우 소지인은 배서인, 발행인, 그 밖의 어음채무자에 대하여 상환청구권을 행사할 수 있다.

② 인수의 전부 또는 일부의 거절이 있는 경우 소지인은 배서인, 발행인, 그 밖의 어음채무자에 대하여 만기 전에도 상환청구권을 행사할 수 있다.

③ 확정일출급, 발행일자 후 정기출급 또는 일람 후 정기출급 환어음의 지급거절증서는 지급을 할 날 이후의 2거래일 내에 작성시켜야 한다.

④ 일람출급 어음의 지급거절증서는 원칙적으로 인수를 위한 제시기간 내에 작성시켜야 한다.

⑤ 발행인, 배서인 또는 보증인이 환어음상에 거절증서 작성 면제의 문구를 적고 기명날인 또는 서명한 경우 소지인은 법정기간 내 어음의 제시 및 통지 의무가 면제된다.

발행인, 배서인 또는 보증인이 환어음상에 거절증서 작성 면제의 문구를 적고 기명날인 또는 서명한 경우에도 법정기간 내 어음의 제시 및 통지 의무가 면제되는 것은 아니다.

정답_⑤

**문 21**_약속어음의 필요적 기재사항으로 <u>틀린</u> 것은?

(2015년 공인회계사)

① 지급인　　　② 발행인의 기명날인 또는 서명

③ 지급받을 자　④ 발행일

⑤ 조건 없이 일정한 금액을 지급할 것을 약속하는 뜻

약속어음은 발행인과 지급인이 같으므로, 지급인은 필요적 기재새항이 아니다(어음법 제75조).

정답_①

**문 22**_어음요건에 관한 설명으로 옳은 것은? (판례에 의함)

(2011년 공인회계사)

① 약속어음의 발행일의 기재가 어느 해 2월 30일로 되어 있는 경우 이 어음은 불가능한 것을 기재한 것으로서 무효이다.

② 약속어음에서 지급지가 포항시로 되어 있는데 그 지급장소를 서울특별시로 기재하였다면 이 약속어음은 무효이다.

③ 국내에서 발행되고 유통될 것임이 분명한 경우에도 약속어음에서 발행지의 기재는 불가결한 요건이다.

④ 확정일출급의 약속어음에서 발행일의 기재는 어음요건이 아니라고 보아야 한다.

⑤ 약속어음의 지급장소로서 '甲은행 능곡지점'이라고 기재한 경우 지급지란 자체는 백지이더라도 지급장소의 기재에 의하여 지급지가 보충된다.

① 약속어음의 발행일의 기재가 어느 해 2월 30일로 되어 있는 경우 그 달의 말일에 발행한 어음으로서의 효력이 있다(대법원 1981.7.28. 선고 80다1295 판결).

② 약속어음에서 지급지가 포항시로 되어 있는데 그 지급장소를 서울특별시로 기재하였다면 이 약속어음은 지급장소의 기재가 없는 포항시를 지급지로 한 어음으로 인정된다(대법원 1970.7.24. 선고 70다965 판결).

③ 국내에서 발행되고 유통될 것임이 분명한 경우에 약속어음에서 발행지의 기재가 없더라도 유효한 어음으로서 인정된다(대법원 1988.4.23.선고 95다36466 판결).

④ 확정일출급의 약속어음에서 발행일의 기재는 어음요건에 해당한다.

정답_⑤

**문 23_**어음요건과 수표요건의 흠에 관한 어음법·수표법의 규정으로 틀린 것은? (2016년 공인회계사)

① 환어음에 지급지가 적혀 있지 아니한 경우 지급인의 명칭에 부기한 지(地)를 지급지 및 지급인의 주소지로 본다.

② 환어음에 발행지가 적혀 있지 아니한 경우 발행인의 명칭에 부기한 지(地)를 발행지로 본다.

③ 약속어음에 지급지가 적혀 있지 아니한 경우 발행지를 지급지 및 발행인의 주소지로 본다.

④ 약속어음에 만기가 적혀 있지 아니한 경우 일람 후 정기출급의 약속어음으로 본다.

⑤ 수표에 지급지가 적혀 있지 아니한 경우 지급인의 명칭에 부기한 지(地)의 기재나 그 밖의 다른 표시가 없는 경우에는 발행지에서 지급할 것으로 한다.

약속어음에 만기가 적혀 있지 아니한 경우 일람출급의 약속어음으로 본다(어음법 제76조 제1호).

정답_④

---

**문 24_**수표의 요건에 관한 설명으로 틀린 것은? (2017년 공인회계사)

① 지급지의 기재가 없고 지급인의 명칭에 부기한 지가 수개인 경우에는 수표의 맨 앞에 적은 지에서 지급할 것으로 한다.

② 발행지의 기재가 없고 발행인의 명칭에 부기한 지나 그 밖의 다른 표시가 없는 경우에는 지급지에서 발행한 것으로 한다.

③ 판례에 의하면 국내수표는 국내어음의 경우와 마찬가지로 발행지의 기재가 없더라도 유효하다.

④ 판례에 의하면 발행일에 대한 기재가 없더라도 수표면의 어느 부분에 일정한 날을 표시하는 기재가 있는 경우에는 그 일자를 발행일자로 보아야 한다.

⑤ 기명식수표에 '지시금지'라는 글자를 적은 경우 그 수표는 지명채권의 양도방식으로만 그리고 그 효력으로써만 양도할 수 있다.

발행지의 기재가 없고 발행인의 명칭에 부기한 지가 없는 때에는 그 수표는 무효가 된다. 지급지나 그 밖의 다른 표시가 없는 경우에는 발행지에서 지급할 것으로 한다(수표법 제2조).

정답_②

**문 25_**甲은 지급인을 A로, 발행일을 실제 발행일인 2010. 2. 1. 이 아닌 2010. 2. 22.로 기재하기로 乙과 합의한 후 乙에게 수표를 발행하였다. 이에 관한 설명으로 틀린 것은? (다수설 및 판례에 의함)

(2010년 공인회계사)

① A는 2010. 2. 2. 乙의 지급제시에 대하여 甲의 계산으로 지급할 수 있다

② 乙이 2010. 2. 10. A에게 지급제시함에 따라 甲이 손해를 입은 경우 乙에게 채무불이행에 의한 손해배상책임을 청구할 수 없다.

③ 乙이 지급제시하지 않은 채 2010. 2. 12. 丙에게 배서양도한 후, 丙이 2010. 2. 20. A에게 지급제시하여 지급이 거절된 경우 乙에게 상환청구권을 행사할 수 있다.

④ 乙이 지급제시하지 않은 채 2010. 2. 12. 丙에게 배서양도한 후, 丙이 2010. 2. 20. A에게 지급제시함에 따라 甲이 손해를 입은 경우 丙에게 채무불이행에 의한 손해배상책임을 청구할 수 없다.

⑤ 乙이 지급제시하지 않은 채 2010. 2. 12. 丙에게 배서양도한 후, 丙이 2010. 3. 3. A에게 지급제시하여 지급이 거절된 경우 乙에게 상환청구권을 행사할 수 있다.

**해 설 및 정 답**

설문은 "선일자수표"에 관한 내용으로써 수표의 발행일 이전에 제시하지 않는다는 합의에 위반하여 제시함으로써, 수표발행인이 손해가 있다면 채무불이행에 의한 손해배상책임을 물을 수 있다.

정답_②

**문 26_**어음과 수표에 관한 설명으로 옳은 것은?

(2018년 공인회계사)

① 수취인과 만기는 환어음의 요건이나 수표의 요건은 아니다.
② 환어음의 인수인과 지급보증인은 같은 의무를 부담하는 주채무자이다.
③ 약속어음과 수표의 발행인은 상환의무로서 지급담보책임을 진다.
④ 환어음과 수표의 지급인에 대한 배서는 배서로서 유효하고 지급인이 하는 배서도 유효하다.
⑤ 환어음과 수표의 지급인 자격에는 제한이 없지만 지급담당자는 은행에 한한다.

① 수취인과 만기는 환어음의 요건이나 수표의 요건은 아니다(어음법 제1조, 수표법 제1조).
② 환어음의 인수인은 주채무자이지만(어음법 제26조 제1항), 지급보증인은 상환의무자와 같은 의무를 부담하는 자일뿐 주채무자는 아니다(수표법 제55조 제3항 참조).
③ 약속어음과 수표의 발행인은 상환의무로서 지급담보책임을 진다(어음법 제15조 제1항, 수표법 제18조 제1항).
④ 환어음의 지급인에 대한 배서는 배서로서 유효하고 지급인이 하는 배서도 유효하지만, 수표의 지급에 대한 배서는 영수증의 효력만이 있고 지급인이 하는 배서는 무효이다(수표법 제15조 제3항, 제5항).
⑤ 환어음의 지급인에는 자격에 제한이 없으나, 수표의 지급인과 지급담당자는 은행에 한한다(수표법 제3조, 제8조).

정답_①

**문 27_**수표의 지급보증에 관한 설명으로 <u>틀린</u> 것은?

(2018년 공인회계사)

① 지급보증을 한 지급인은 제시기간이 지나기 전에 수표가 제시된 경우에만 지급할 의무를 부담한다.
② 지급인이 지급보증을 거절하면 수표소지인은 자신의 모든 배서인에 대하여 상환청구권을 행사할 수 있다.
③ 지급보증을 한 지급인에 대한 수표상의 청구권은 제시기간이 지난 후 1년간 행사하지 아니하면 소멸시효가 완성된다.
④ 지급보증은 수표의 앞면에 지급보증 또는 그 밖에 지급을 하겠다는 뜻을 적고 날짜를 부기하여 지급인이 기명날인하거나 서명하여야 한다.
⑤ 지급보증은 조건없이 하여야 하며 지급보증에 의하여 수표의 기재사항을 변경한 부분은 이를 변경하지 아니한 것으로 본다.

**문 28_**수표의 지급보증에 관한 설명 중 옳은 것은?

(2008년 공인회계사)

① 지급보증인은 수표의 소지인이 지급제시기간 내에 수표를 지급제시한 경우에 한하여 수표상의 채무를 부담한다.
② 지급보증인은 수표상의 채무를 이행한 후 수표의 발행인 등에 대해 수표상의 권리를 취득한다.
③ 조건을 붙여 지급보증을 한 경우 지급보증은 무효이다.
④ 지급보증인에 대한 수표금채권의 소멸시효 기간은 지급제시기간 경과 후 6개월이다.
⑤ 지급인이 지급보증을 하면 수표의 발행인, 배서인 등은 책임을 면한다.

**문 29_**수표에 부가적 기재를 하는 경우 그 법률효과에 관한 설명으로 <u>틀린</u> 것은?

(2015년 공인회계사)

① 수표에 적은 인수의 문구는 이를 적지 아니한 것으로 본다.
② 기명식 수표에 "또는 소지인에게"라는 글자 또는 이와 같은 뜻이 있는 문구를 적어 발행한 경우 소지인출급식 수표로 본다.
③ 수표에 적은 이자의 약정은 유익적 기재사항이다.
④ 수표는 일람출급으로 하며 이에 위반되는 모든 문구는 적지 아니한 것으로 본다.
⑤ 발행인이 지급을 담보하지 아니한다는 뜻의 모든 문구는 적지 아니한 것으로 본다.

지급인이 지급보증을 거절하더라도 수표소지인은 자신의 모든 배서인에 대하여 상환청구권을 행사할 수 없다는 점에서 환어음의 인수와 차이가 있다.
① 수표법 제55조 제1항 ③ 수표법 제58조
④ 수표법 제53조 제2항 ⑤ 수표법 제54조
정답_②

② 지급보증은 지급제시기간내에 제시한 때에 한하여 지급의무를 부담하는 수표행위로서, 지급보증인이 수표상의 채무를 이행하더라도 수표상의 권리를 취득하는 것은 아니다.
③ 조건을 붙여 지급보증을 한 경우 지급보증은 조건을 붙이지 않은 지급보증의 효력이 있다(수표법 제54조 제1항).
④ 지급보증인에 대한 수표금채권의 소멸시효 기간은 지급제시기간 경과 후 1년이다(수표법 제58조).
⑤ 지급인이 지급보증을 하면 수표의 발행인, 배서인 등은 책임을 면하지 못한다(수표법 제56조).
정답_①

수표에 적은 이자의 약정은 무익적 기재사항이다(수표법 7조).
정답_③

**문 30_**A가 B에게 발행한 수표의 양도방식에 관한 설명으로 <u>틀린</u> 것은? (2020년 공인회계사)

① A가 수취인란에 B의 명의를 기재하지 않은 경우, B는 수표에 배서하지 않고 단순한 교부에 의하여 수표를 양도할 수 있다.

② A가 "B에게 지급하여 주십시오"라고 기재한 경우, B는 배서·교부의 방식으로 수표를 양도할 수 없다.

③ A가 "B 또는 그 지시인에게 지급하여 주십시오"라고 기재한 경우, B는 배서·교부의 방식으로 수표를 양도할 수 있다.

④ A가 "B 또는 소지인에게 지급하여 주십시오"라고 기재한 경우, B는 수표에 배서하지 아니하고 단순한 교부에 의하여 수표를 양도할 수 있다.

⑤ A가 '지시금지'라는 문구와 함께 "B에게 지급하여 주십시오"라고 기재한 경우, B는 지명채권의 양도방식으로만 수표를 양도할 수 있다.

① A가 수취인란에 B의 명의를 기재하지 않은 경우, 소지인출급식수표로 보며(수표법 제5조 제3항), B는 수표에 배서하지 않고 단순한 교부에 의하여 수표를 양도할 수 있다(수표법 제17조 제2항 3호).

② A가 "B에게 지급하여 주십시오"라고 기재한 경우, B는 배서·교부의 방식으로 수표를 양도할 수 있다(수표법 제14조 제1항).

③ A가 "B 또는 그 지시인에게 지급하여 주십시오"라고 기재한 경우, B는 배서·교부의 방식으로 수표를 양도할 수 있다(수표법 제14조 제1항).

④ A가 "B 또는 소지인에게 지급하여 주십시오"라고 기재한 경우, 이는 소지인출급식수표로 보기 때문에(수표법 제5조 제2항), B는 수표에 배서하지 아니하고 단순한 교부에 의하여 수표를 양도할 수 있다.

⑤ A가 '지시금지'라는 문구와 함께 "B에게 지급하여 주십시오"라고 기재한 경우, 이는 배서금지수표에 해당하므로 B는 지명채권의 양도방식으로만 수표를 양도할 수 있다.

정답_②

**문 31_**A은행에 정기예금을 들었던 B가 만기에 예금을 해지하면서 현금 대신 A은행으로부터 수취인이 공란인 자기앞수표를 발행받은 경우에 관한 설명으로 옳은 것은? (2019년 공인회계사)

① 자기앞수표의 발행인은 A은행에게 자기앞수표를 발행해 줄 것을 의뢰한 B이다.

② 자기앞수표를 분실한 B가 수표금의 지급중지를 A은행에 청구하는 행위는 수표법상의 지급위탁의 취소행위에 해당한다.

③ B가 지급제시 없이 자기앞수표를 1개월 동안 보관하던 중 마음을 바꾸어 A은행에게 자기앞수표를 제시하고 지급을 청구한 경우 A은행은 수표금 지급의무를 이행해야 한다.

④ B가 1개월 동안 자기앞수표를 보관하다가 C에게 배서·교부의 방식으로 양도한 경우 B는 상환의무를 부담하지 않는다.

⑤ B가 C에 대한 외상대금채무의 지급을 위하여 자기앞수표를 C에게 교부하기로 합의하고 자기앞수표를 C에게 교부하면 B의 외상대금채무는 그 시점에 소멸한다.

① 자기앞수표란 수표법 제6조 제3항에 따라 발행인과 지급인이 동일한 자이므로, <u>발행인은 A은행 자신이다.</u>

② 자기앞수표의 경우에는 발행인이 지급인이므로 <u>지급위탁의 취소가 인정되지 않는다.</u> [참조판례] 상호신용금고가 대출일에 대출금을 금융기관이 발행한 자기앞수표로 교부한 경우, 거래통념상 자기앞수표는 현금과 다름없이 취급되는 것이므로 위 자기앞수표의 교부로서 대출은 실행되어 당연히 약정이자가 발생된다 할 것이고, 그 후 위 상호신용금고에 의하여 위 수표에 대한 피사취신고가 있었다고 하더라도 이는 원래 의미로서의 수표의 지급위탁 취소가 아니라 단지 사고신고에 불과한 것이다(대법원 2003. 5. 16. 선고 2002다65745 판결).

③ B가 지급제시 없이 자기앞수표를 1개월 동안 보관하던 중 마음을 바꾸어 A은행에게 자기앞수표를 제시하고 지급을 청구한 경우에는 수표법 제29조 제1항에 위반된 행위로서, <u>A은행은 지급위탁의 취소가 없으면 수표금을 지급할 수 있을 뿐이며, 이행의무를 부담하는 것은 아니다</u>(수표법 제32조 제2항 참조).

④ B가 1개월 동안 자기앞수표를 보관하다가 C에게 배서교부의 방식으로 양도한 경우, 이는 수표법 제24조 제1항에 따라 기한후배서에 해당하므로 담보적 효력이 없다. 따라서 B는 상환의무를 부담하지 않는다.

⑤ B가 C에 대한 외상대금채무의 <u>지급을 위하여</u> 자기앞수표를 C에게 교부하기로 합의하고 자기앞수표를 C에게 교부하면, 지급의 방법으로 어음을 교부한 것이므로 B의 외상대금채무는 그 시점에 소멸하지 않는다.

정답_④

**문 32_**수표의 지급에 관한 설명으로 옳은 것은? (2017년 공인회계사)

① 수표의 지급제시기간 중의 휴일은 지급제시기간에 산입하지 아니한다.

② 선일자수표의 지급제시기간을 계산할 때는 기재된 발행일자를 기산일로 하지만 그 시효를 계산할 때에는 실제 발행일자를 기산점으로 한다.

③ 지급보증은 수표의 뒷면에 '지급보증'이라고 적고 날짜를 부기하여 지급인이 기명날인하거나 서명하여야 한다.

④ 지급위탁의 취소는 수표행위가 아니어서 수표면에 할 수 없고 방식의 제한으로 인하여 구두로는 할 수 없다.

⑤ 지급위탁의 취소는 지급제시기간이 지난 후에만 그 효력이 있다.

**해 설 및 정 답**

① 수표의 지급제시기간 중의 휴일은 지급제시기간에 산입한다(수표법 제60조 제2항 2문).
② 선일자수표의 지급제시기간을 계산할 때는 기재된 발행일자를 기산일로 하지만 그 시효를 계산할 때에는 수표상에 기재된 발행일자를 기산점으로 한다(수표법 제29조 제4항 참조).
③ 지급보증은 수표의 앞면에 '지급보증'이라고 적고 날짜를 부기하여 지급인이 기명날인하거나 서명하여야 한다(수표법 제53조 제2항).
④ 지급위탁의 취소는 의사표시의 통지로서 지급인에게 효력이 발생하므로, 통지의 방식에 제한이 없다.

정답_⑤

**문 33_**A는 B로부터 물품을 구매하고 대금지급을 위해 C은행을 지급인으로 하는 당좌수표를 2003년 5월 1일자로 발행하면서 수표상에는 그 발행일을 2003년 7월 1일로 기재하였다. A는 B에게 수표를 교부하면서 2003년 7월 1일 이전에는 수표를 타인에게 양도하거나 지급제시하지 않기로 합의하였으나, B는 2003년 6월 1일에 C에게 이 수표를 지급제시하여 부도처리되었다. 다음 설명 중 옳은 것은?(통설 및 판례에 의함) (2004년 공인회계사)

① A가 발행한 수표는 사실에 반하는 것으로서 무효이다.

② 2003년 7월 1일 이전에는 지급제시가 불가능하므로 C의 지급거절과 부도처분은 부당하다.

③ A는 자신이 발행한 수표가 부도처리되었으므로 부정수표단속법에 의한 형사처벌의 대상이 된다.

④ B는 A가 부도처분으로 입은 손해에 대해 손해배상책임이 없다.

⑤ 2003년 7월 1일 이전에 지급제시하지 않기로 하는 A, B간의 합의는 선량한 풍속 기타 사회질서에 반하는 것으로서 무효이다.

위 설문은 선일자수표의 지급제시와 그 효력에 관한 문제이다. 선일자수표도 유효하며, 발행일이전에 지급제시 된 경우에도 지급하여야 하므로 ①과 ②는 틀린 지문이 된다. 수표의 부도에 따른 손해배상책임은 당연히 부담하므로 ④도 틀린 지문이 된다. 한편, 당사자 간의 약정은 유효하므로 ⑤도 틀린 지문이다.

정답_③

**문 34**_수표법상 수표에 관한 설명으로 **틀린** 것은?

(2021년 공인회계사)

① 수표에 적은 이자의 약정은 적지 아니한 것으로 본다.

② 수표는 인수하지 못하며, 수표에 적은 인수의 문구는 적지 아니한 것으로 본다.

③ 소지인에게 지급하라는 소지인출급의 배서는 백지식 배서와 같은 효력이 있다.

④ 수표의 소지인은 일부지급을 거절할 수 있다.

⑤ 발행인이 지급을 담보하지 아니한다는 뜻의 모든 문구는 적지 아니한 것으로 본다.

① 수표에 적은 이자의 약정은 적지 아니한 것으로 본다(수표법 제7조).

② 수표는 인수하지 못하며, 수표에 적은 인수의 문구는 적지 아니한 것으로 본다(수표법 제4조).

③ 소지인에게 지급하라는 소지인출급의 배서는 백지식 배서와 같은 효력이 있다(수표법 제6조 제3항).

④ 수표의 소지인은 일부지급을 거절할 수 없다(수표법 제34조 제2항).

⑤ 발행인이 지급을 담보하지 아니한다는 뜻의 모든 문구는 적지 아니한 것으로 본다(수표법 제12조).

정답_④

**문 35**_수표에 관한 설명으로 **틀린** 것은? (2019년 공인회계사)

① 발행인은 자신을 지급받을 자로 하여 수표를 발행할 수 있다.

② 기명식 수표에 "또는 소지인에게"라는 글자를 적었을 때에는 소지인출급식수표로 본다.

③ 수표에 일람출급에 위반되는 문구를 적은 경우 그 문구는 적지 아니한 것으로 본다.

④ 수표의 소지인은 지급인의 일부지급을 거절하지 못한다.

⑤ 수표의 소지인은 그 수표에 횡선을 그을 수 없다.

① 발행인은 자신을 지급받을 자로 하여 수표를 발행할 수 있다(수표법 제6조 제1항).

② 기명식 수표에 "또는 소지인에게"라는 글자를 적었을 때에는 소지인출급식수표로 본다(수표법 제5조 제2항).

③ 수표에 일람출급에 위반되는 문구를 적은 경우 그 문구는 적지 아니한 것으로 본다(수표법 제28조 제1항).

④ 수표의 소지인은 지급인의 일부지급을 거절하지 못한다(수표법 제34조 제2항).

⑤ 수표의 소지인은 그 수표에 횡선을 그을 수 있다(수표법 제37조 제1항).

정답_⑤

**문 36**_횡선수표에 관한 설명으로 **틀린** 것은? (2013년 공인회계사)

① 수표에 횡선을 그을 수 있는 자는 발행인만이다.

② 두 줄의 횡선 내에 아무런 지정을 하지 아니하거나 "은행" 또는 이와 같은 뜻이 있는 문구를 적었을 때에는 일반횡선이다.

③ 두 줄의 횡선 내에 은행의 명칭을 적었을 때에는 특정횡선이다.

④ 일반횡선은 특정횡선으로 변경할 수 있으나, 특정횡선은 일반횡선으로 변경하지 못한다.

⑤ 은행은 자기의 거래처 또는 다른 은행에서만 횡선수표를 취득할 수 있다.

발행인뿐만 아니라 소지인도 수표에 횡선을 그을 수 있다(수표법 제37조 제1항).

정답_①

**문37_**다음 중 수표에 관한 설명으로 옳은 것은? (2007년 공인회계사)

① 횡선수표라 함은 표면에 두 줄의 평행선이 그어진 것으로, 수표에 횡선을 그을 수 있는 자는 수표의 발행인이나 소지인이다.

② 수표계약 없이 수표를 발행하거나 수표자금이 없음에도 수표를 발행한 경우 그 수표의 효력은 부정된다.

③ 일반횡선수표의 지급인은 자신의 거래처 또는 횡선 속에 지정된 은행에 대해서만 지급할 수 있다.

④ 수표의 발행일을 실제 발행일의 후일로 기재한 경우에는 수표에 기재된 날에 제시 및 지급될 수 있을 뿐이다.

⑤ 지급인이 지급보증을 한 경우에는 소지인이 지급제시기간 경과 후에 수표를 제시하더라도 지급인은 지급의무를 부담한다.

**문38_**甲은 상품대금조로 乙에게 당좌수표를 발행하였는데, 乙은 이 수표에 두 줄의 횡선을 그어 丙에게 배서양도 하였다. 다음 설명 중 옳은 것은? (2009년 공인회계사)

① 乙이 횡선 내에 '은행' 또는 이와 동일한 의의가 있는 문자를 기재한 경우 특정횡선수표가 된다.

② 乙이 횡선 내에 특정은행 명을 기재하였고 그 특정은행이 지급인으로 기재된 은행과 동일한 경우 기재된 특정은행은 자기의 거래처에 한하여 지급할 수 있다.

③ 乙이 횡선 내에 '은행' 또는 이와 동일한 의의가 있는 문자를 기재한 경우 丙이 다시 그 횡선 내에 특정은행 명을 기재할 수 없다.

④ 은행은 자기의 거래처 또는 다른 은행이 아니더라도 횡선수표를 자유로이 취득할 수 있다.

⑤ 횡선 내에 기재된 은행이 아닌 제3의 은행이 수표금을 지급할 경우 그 제3의 은행은 이로 인하여 생긴 손해가 수표금액을 초과하더라도 수표법상의 손해배상책임을 진다.

**문 39_수표의 특성에 관한 설명으로 틀린 것은?**(2011년 공인회계사)

① 환어음의 인수와 대비되는 수표의 지급보증을 할 경우 지급보증인은 무조건적인 책임을 부담한다.

② 수표는 지급증권이지 신용증권이 아니므로 인수금지규정을 회피할 수 있는 지급인의 배서를 금지하고 있다.

③ 수표에는 도난·분실에 대비하여 지급위탁취소제도가 인정되나 제시기간 경과 후에만 효력이 발생한다.

④ 수표의 지급증권성을 유지하기 위하여 지급인의 수표보증을 금지하고 있다.

⑤ 수표에는 등본이 인정되지 아니하고 복본은 분실의 염려가 있는 국제간 또는 원격지에 송부되는 경우에 한하여 인정된다.

**문 40_수표에 관한 설명으로 옳은 것은?** (2014년 공인회계사)

① A가 지급인인 B은행에 대하여 C에게 발행한 수표의 지급위탁을 취소하였다 하더라도 B은행은 지급제시기간 중에는 수표금을 C에게 지급할 수 있다.

② A가 지급인 B은행과 자금을 수표에 의하여 처분할 수 있는 명시적 계약을 체결하지 않고 C에게 수표를 발행하였다면 그 수표는 수표로서의 효력이 없다.

③ A가 지급인을 B은행으로하여 C에게 발행한 수표에 인수문구가 기재되어 있다면 그 문구대로 법적 효력이 발생한다.

④ A가 C에게 B은행을 지급인으로하여 "C에게 지급하시오. 그리고 지시금지"라는 문구를 기재하여 수표를 발행한 경우에도 C는 배서에 의해 D에게 수표를 양도할 수 있다.

⑤ A가 2014년 1월 5일에 C에게 수표를 발행하면서 수표상 발행일자를 2014년 1월 10일로 기재한 경우에는 C는 2014년 1월 10일 이후에 지급인인 B은행에 수표를 지급제시 하여야만 수표금액을 지급받을 수 있다.

환어음의 인수와 대비되는 수표의 지급보증을 할 경우 지급보증인은 지급제시기간 내에 수표를 제시한 때에만 지급책임을 부담하며(수표법 제55조), 제시기간경과 후에는 거절증서의 작성 등의 상환청구를 위한 요건이 갖추어져 있는 경우 제시기간 경과 후 1년 내에 상환의무자와 유사한 책임을 진다(수표법 제58조). 이 점에서 환어음의 인수인과 책임에 차이가 있다.

정답_①

② A가 지급인 B은행과 자금을 수표에 의하여 처분할 수 있는 명시적 계약을 체결하지 않고 C에게 수표를 발행하였더라도 그 수표는 수표로서의 효력이 있다(수표법 제3조).

③ A가 지급인을 B은행으로하여 C에게 발행한 수표에 인수문구가 기재되어 있다면, 수표에는 인수가 금지되므로 그 문구대로 법적 효력이 발생하지 않는다(수표법 제4조).

④ A가 C에게 B은행을 지급인으로하여 "C에게 지급하시오. 그리고 지시금지"라는 문구를 기재하여 수표를 발행한 경우에는, 지시금지수표이므로 C는 지명채권양도방법에 의해서만 D에게 수표를 양도할 수 있다(수표법 제14조 제2항).

⑤ A가 2014년 1월 5일에 C에게 수표를 발행하면서 수표상 발행일자를 2014년 1월 10일로 기재한 경우에는 C는 2014년 1월 10일 이전에 지급인인 B은행에 수표를 지급제시 하여 수표금액을 지급받을 수 있다(수표법 제28조 제2항).

정답_①

■ 저자 소개 ■

▋이 상 수

· 건국대학교 법학과 졸업
· 법학박사
· 독일 Köln대학 보험법연구소 객원연구원
· 한국능률협회 세무사과정 강사 역임
· 건국대 · 단국대 · 상명대 · 경희대 · 서경대 강사 역임
· (현) 웅지세무대학 교수

《주요저서 및 논문》
· 5일완성 최종정리 요점회사법 (회경사, 2017)
· 5일완성 최종정리 요점상법 [제7판] (회경사, 2016)
· 세무사 시험준비를 위한 회사법 진도별 모의고사 600제 [제11판] (회경사, 2021)
· CTA 회사법전 (형설출판사, 2018)
· 세무사회사법 (형설출판사, 2017)
· 상법기본강의 (피앤씨미디어, 2021)
· 타인을 위한 생명보험계약상의 보험수익자의 법적 지위에 관한 연구 (박사학위 논문, 1994)
· 독입법상 보험자의 파산과 보험계약자의 보호 (보험학회지, 1998)
· 집행임원제도 (법무연구, 2013)

[제10판]
공인회계사시험 준비를 위한
**상법 진도별모의고사 600제**

2008년 11월 20일   초 판 1쇄 발행
2021년 7월 30일   제10판 1쇄 발행
지은이 | 이 상 수
발행인 | 이 진 근
발행처 | 회 경 사
　　　　서울시 구로구 디지털로33길 11, 1008호
　　　　(구로동 에이스테크노 타워 8차)
　　　　전화 : 02·2025 - 7840 / 7841, FAX : 02·2025 - 7842
　　　　Homepage : http://www.macc.co.kr
　　　　E-mail : macc7@macc.co.kr
　　　　등록일 1993년 8월 17일 제16-447호

값 19,900원

ISBN 978-89-6044-229-0   13360

저자와의 협의하에 인지는 생략함